李鴻章的洋顧問：德璀琳與漢納根

張暢　劉悅　著

李鴻章的洋顧問：德璀琳與漢納根【目錄】

序

成嘉玲

明末清初，就已有一批金髮碧眼的西方傳教士揚帆東來中國，任職宮中，成為中西文化交流的先驅。這些傳教士可說是最早的一批洋顧問。他們為中國貢獻其所擁有的知識與技術，心存教化異教徒之念，是中國學習西方文化的過濾鏡。只是這種中西文化接觸曇花一現過後，中國回到閉關自守的狀態。到了晚清，時移勢轉，不論中國願不願意，西力衝擊打開門戶，形成了三千年未有的大變局。中國於是向西方學習，希望藉由打造堅船利砲來扭轉不利的局勢。由曾國藩、李鴻章等人所開啟的洋務運動過程中，除了仿效西方物質文明之外，也開始引進一批洋顧問。這些洋員經由種種途徑為清政府雇用，如招聘、主動投效、外國駐華使館推薦等等。

以一百五六十年前的條件，西方人願意遠隔重洋來到遙遠陌生的東方，除了那些基於傳教志向的傳教士們之外，當然是想要在中國有所功成名就。洋行固然是一個途徑，但是進入海關、郵政局、鐵路局等這些由西方人控制的機構中工作，享有高薪及優厚待遇，更被當成美差。本書的兩位主角：德璀琳與漢納根，就是這些洋員中的典型代表。

由於晚清的特殊時代性，李鴻章因而得以成為集政治、軍事、外交於一身的多元化人物，以李氏為中心，其幕府內聘用了包括德璀琳在內的許多洋顧問。我們現在會以批判性的眼光來審視這些洋顧問，指出他們總會以「東方主義」（orientalism）的遐想來看待中國，認為中國無法自我改造，中國停滯落後，只能接受外力衝擊；只有代表西方的他們，具有全面改變中國的主動能力。確實，只要列強施加壓力，甚至透過戰爭，除了割地賠款外，中國就會接著啟動新一波現代化的改革事業。然而，也如本書所敘述的，李鴻章與洋顧問們之間的互動，實際上他們只是受聘打工的被動角色，只有在中國願意接納的範圍內，他們的言論、技術與知識才有發揮的餘地。另一方面，過去的文學作品、電影等文本，要嘛以浪漫主義的筆調敘述中西異國情愛的驚天動地，要嘛就將這些洋人描述成蠻橫雄霸、貪欲無窮、卑睨東亞病夫的蛇鼠之輩，似乎都是由民族主義映射出的單一形象。

不過，就以本書所談的德璀琳為例，作為李鴻章最重要的洋顧問，德璀琳以津海關稅務司的職務之便，幾乎全面參與了李鴻章所主導的各項洋務事業。其角色與自我認同複雜多端，彰顯著總理衙門與北洋督府、漢人與滿族親貴、英德在華代理人的各種利益鬥爭。除了多次參與中外之間的秘密外交之外，象徵著中國近代化過程中最為顯著的北洋水師及海防建設，德璀琳以津海關稅務司的身分，負責提供所需經費。他又以其英租界董事局主席的職務，多次趁機擴張租界，推動天津城的各種現代化建設。當然，身為帝國主義者的一環，在「扶助」中國的同時，也不忘為自己攫取利益，在八國聯軍之際趁火打劫，盜賣開平煤礦。

經由德璀琳的介紹，日後成為他女婿的漢納根也來投入李氏幕下，擔任軍事方面的洋務事務。漢納根的在華事業，從修築北洋各處炮臺起，再親歷中日甲午海戰。一個陸軍炮兵出身的軍官，卻在戰時成了「北洋海防總監」。由於親身接觸，所以漢納根無法理解，為什麼北洋水師官兵皆願效死用命、血戰到底，而它的最高指揮官李鴻章卻一昧避戰，試圖仰賴列強的外交調停；他也無法接受，自己耗盡八年苦心所營造的海防炮臺，最後竟然用來給困在威海港內的北洋水師以最後的致命一擊。為何這場決定兩國命運的戰爭，情勢只能演變成日本舉全國之力來對付以一身當北洋乃至全國的李鴻章。此後，漢納根再度來華，展開了在中國的冒險事業，開辦井陘煤礦，成為德璀琳助手，推動天津各項新式事業。最後，在一次大戰期間，因德國僑民的身分而喪失一切。

在今日全球化時代移動旅行的我們，總會感受到國情、民族、在地的各種區別。不過，承載城市運作的各種基礎建設，如建築物、交通、照明、給水、地下水道，甚至國際性連鎖企業所形成的都市景觀，大致仍有相通的一面。但是在十九世紀，中西之間的區別，某種程度上是前近代農業社會與現代工業社會的區別。在德璀琳的帶領下，來華僑民們以通商口岸中的租界為中心，推動著天津城的各種現代化建設。甚至可以說，這些租界僑民，引領時代風潮，一點一滴地將西方從食衣住行各方面的物質文明，到教育、制度等精神文明搬到中國，從租界向城市、鄉村逐漸擴散，有其近代化示範的一面。

本書從德璀琳、漢納根這兩位外來和尚的個人經歷及作為起點，而將整個天津城邁向近代化的歷史一併提及。除了歷史學的功力外，也如同兩位作者所說，他們的背後實際上是一個團隊，也就是近代天津博物館的團隊，如此自然是介紹天津「古斯塔夫大王」的最佳團隊。尤其是為了寫作挖掘資料，作者們環球訪問漢納根後裔的神奇過程，確實是有上窮碧落下黃泉的氣概。

當然，寫作的成功與否，讀者是最終的法官。期待這本精彩的《李鴻章的洋顧問：德璀琳與漢納根》，能引領讀者們從不同的方向來重溫晚清那段巨變的歷史。

前言

「思想的生命力在於接觸和交流」[1]，一個國家和社會的進步也決不能在閉關鎖國的環境中。十九世紀中期，隨著中國國門的被動打開，大批西方僑民來到中國。他們的在華活動是中外文化交流的一條重要管道，因此僑民研究是近代中外關係史的一項重要內容。

在過去的研究中，一般稱這些隨帝國主義侵略而來華工作、生活的外國人為「淘金者」或「冒險家」。然而，近代僑民來華的這個時代，既是帶給中華民族恥辱的時代，也是近代中國由閉關自守、故步自封走向厲行自強、對外開放、並由傳統農業社會向現代工業社會轉變的時代。雖然他們來華的目的並不是為了幫助中國走向富國強民道路，但僑民通過其在華活動，參與和影響了中國的現代化進程，刺激和促進了中國社會在許多方面的變革，這使他們成為近代中西文化交流的橋樑與紐帶。

本書詳細介紹了晚清重臣、洋務派領袖李鴻章的兩位洋顧問：德國人古斯塔夫・德璀琳（Gustav Detring）和康斯坦丁・馮・漢納根（Constantin von Hanneken）在華一生的活動。作為有雄心壯志的年輕人，在晚清政府發動自強運動的環境下，他們得以幸運地參與到中國在軍事、經濟、外交、教育等各個方面的改革中，不但獲得了自身的成長，也在一片廣袤的天地間開創出屬於個人的一番事業。本書希望通過對這兩個人物在華的特殊經歷，即對他們如何努力適應和融入中國社會並在此取得事業成功的經歷進行描述，呈現出在華外國僑民群體的整體狀況，並分析其對中國現代化所發揮的作用。

德璀琳是一位成功的近代來華僑民。他年紀輕輕來到中國，擔任由外國人一手創辦的大清海關的洋員。像其他「淘金者」一樣，他夢想著在這裏開疆裂土、發財致富。為了在海關中出人頭地，他刻苦學習中文，努力結交各級清政府官員，並終於獲得當時中國最有權勢的大臣之一李鴻章的信任和倚重，得以躋身晚清政府所進行的各項現代化事業。他是一個典型的普魯士人，具有強勢的性格。這使他能夠在中國這個緩慢地向前發展的古老帝國裏毫不氣餒地堅持按照自己的理想去改造它，希望能夠使它符合西方的現代化要求。他積極參與北洋海軍的創立活動，幫助聯絡和驗收北洋水師向國外訂購的船艦，修建大沽船塢。他向李鴻章鼓吹建立鐵路、電報、電話等近代交通通訊系統。他還創辦了中國近代郵政事業。作為一名西方人，他比較熟悉西方外交規則，因此他多次代表李鴻章參與對外交涉活動。德璀琳不僅能力超群，而且野心勃勃。在李鴻章的支持下，他多次向總稅務司赫德的權威發起挑戰。儘管清政府的保守落後使德璀琳屢次提出的改革計畫付諸東流，而與赫德進行的爭鬥又總是失利，但是他仍然不屈不撓地繼續奮鬥，直到獲得自己所渴望的財富和地位。

漢納根在中國的發展是階段性的，一生對中國的最大貢獻是參與了中國近代軍事改革，包括海防建設和近代「新軍」的編練。第一次來華，他是經德璀琳介紹來給李鴻章作軍事顧問的。他用八年的時間為北洋海軍修建了世界一流的旅順、威海海防炮臺，之後載譽歸國。第二次來華，他參加了中日甲午海戰，英勇負傷，獲得清廷授予的提督軍銜。但在為清政府和李鴻章的效勞過程中，他由一開始對李鴻章的感激、敬仰和盡心竭力地出謀獻策，而逐步認識到，清政府和李鴻章等人的腐敗無能。深感失望的漢納根此後兩次來華都從事個人投資開發事業，一心一意地為積累個人財富而奮鬥。

德璀琳與漢納根不僅在中國奠定了一生事業發展的基礎，人生中最重要也是最美好的時光都是在此度過的。身為直隸總督兼北洋大臣，李鴻章駐在天津達四分之一個世紀，他也將這裏作為所指揮的洋務運動的策源地。為了便於從旁顧問，德璀琳在李鴻章的要求下，擔任津海關稅務司達二十二年之久，幾乎與李的任期相始終，並因此成為天津租界內地位最高的僑民。他對天津的城市化進程貢獻頗多，天津的第一條碎石子路、第一份報紙、海河整治工程、中國近代第一所大學的前身等等，都是由德璀琳首先創議和一手經辦的。漢納根則在天津老城修建了第一套排水系統。他還迎娶了德璀琳的長女，他們一起在天津租界組成了一個幸福的僑民大家庭，是眾多近代來華僑民的成功典範。

德璀琳與漢納根等西方僑民初到中國時，大都深受西方殖民主義的影響，特別是德璀琳，他是一名不折不扣的殖民主義者。剛在海關站穩腳跟，他就順應德國在世界範圍建立殖民地的要求，迫不及待地向德國政府提出了在長江附近的城鎮設立一個德國人居留地的計畫。然而，隨著在中國的時間越來越長，特別是因為深得李鴻章信任而在天津扎下根後，他的思想觀念開始逐漸轉化為一個在華僑民的立場。在此立場上，他一方面不忘記自己祖國的利益，不斷在李鴻章身邊為德國爭取好處，並把自己的德國同胞安排到李的身邊，如漢納根，同時積極游說德國政府和企業界加快向中國投入資本，以與其他列強爭奪各項權益；另一方面，在華多年他畢竟對中國產生了一定的感情，不願看到中國淪為在宗主國面前毫無地位、飽受壓榨和奴役的殖民地。

僑民是一群地位尷尬的中間人，不得不在夾縫中求生存。對於這種身處中西間的兩難處境，臺灣學者黃一農教授曾形象地用「兩頭蛇」來類比。有一首詩形容「兩頭蛇」的艱難處境是：「首鼠兩端乎，猶豫一身爾。蛇也兩而一，相牽無窮已。……屈伸非自甘，左右何能以。豈不各努力，努力徒縈累。」❷這首詩所指的「兩頭蛇」是明末接受了天主教的中國士大夫們，他們所面臨的主要是文化上的認同錯置，而德璀琳、漢納根們更多的則是利益上的兩難——有僑居國和本國之間的利益之爭，也有個人利益與國家利益衝突的困境，也因此而更加複雜艱難。

總結近代來華僑民對其本國所起的作用，可以說，僑民在中國各通商口岸的經商活動，促進了本國的貿易發展，使大批的本國工業製成品傾銷到中國的市場上來。但是，當利益發生矛盾時，他們卻無力對抗本國的壟斷財團和國際形勢的影響。德璀琳在開平煤礦上的如意算盤落空和漢納根在一戰中失去井陘煤礦，都說明：僑民是帝國主義殖民侵略的工具，而不是最大和最根本的受益者。

本書並不是一部傳記，因為這需要有兩位傳主全面、連續的資料，比如檔案、日記和通信等。而德璀琳、漢納根作為李鴻章的幕僚，更多時候、更多活動是在幕後秘密地進行，這使研究者很難從政府所保管的檔案中得到詳實有用的資訊；加之，兩人的活動距今已有一百多年的時間，德璀琳的宅邸又曾在義和團運動中被燒毀，大批珍貴資料付之一炬。其後代手中現存有一些一九〇〇年以後朝廷賜給的器物、勳章和一些股票、幾份文件等，只有漢納根的後代保存有一批漢納根在華期間與其家人的通信，從中可以找到二人部分活動的線索。

本書作者除了利用天津市檔案館有關德璀琳任職海關稅務司期間的工作檔案之外，還在近代天津博物館的大力支持下，多次赴海外與德璀琳後代進行聯繫，搜集到他們所保存的珍貴的私人信函和照片等。這使本書有可能釐清德璀琳、漢納根二人在中國一生的事業發展和主要活動，勾勒出他們的性格特徵，分析和評價他們對自強運動所發揮的重要作用、給予他們在近代中西文化交流史上應有的地位。在此，謹對近代天津博物館致以最誠摯的謝意！

第一章 清末洋務運動與洋顧問

第一節 德璀琳其人及其早期經歷

誰是德璀琳？

德璀琳（Gustav Adolf Ferdinand Detring, 1842-1913），德國北威州人，一生中絕大部分時間在中國度過。他是海關總稅務司英國人赫德（Robert Hart, 1835-1911）最重要的下屬之一和主要的競爭對手；曾長期作為直隸總督兼北洋大臣李鴻章的私人顧問（幕友）而參與李的各項洋務活動。德璀琳在中國近代史上是一位有著重要影響的在華外國人，在促進中西文化交流和中國現代化進程中都曾發揮重要的作用。

作為李鴻章最重要的幕僚之一，自一八七六年開始，德璀琳任職津海關稅務司二十二年，幾乎與李鴻章任職直隸總督兼北洋大臣的時間一樣長，得以參與了李的各項洋務活動，並由此涉足中國近代經濟、政治、軍事、外交、文化等各個方面。他被認為是一個能對李產生重要影響的洋顧問。德璀琳在海關的下屬慶丕（Paul King）曾記述：「他與總督（李鴻章）都喜歡玩政治。這位天津海關稅務

▶德璀琳像。

司常被召到衙門裏去參加『徹夜』的商談。」❶另一位海關同事安格聯（F. A. Aglen）評價道：「李鴻章的地位是如此令人生畏，以至於德璀琳是唯一敢告訴他不中聽的真話的人。」❷一位熟悉他的外國人評價他對李鴻章外交活動的重要影響，認為：「二十五年來他幾乎是中國實際上的外交部長，因而，北京的外交使團成員如果不先來天津見過德璀琳先生與李鴻章，他們將不會有什麼作為」❸；在租界的外國人圈內，他被稱作是「古斯塔夫大王」。德璀琳自己則形容李鴻章是「一隻沒有舵的航船」，而李鴻章在天津的時候，自己就是他的舵❹。此話雖然有德璀琳自誇的成分，但是二人之間的親密關係也是無可否認的。

作為清朝海關的稅務司、總稅務司赫德的得力下屬，德璀琳服務海關四十年，參與了海關的一系列重要活動。憑藉自己的努力和才能，在進入海關十年後，德璀琳已經在海關主管層中擁有一個比較突出的地位。一八七三年，他作為四個負責具體工作的稅務司之一，代表中國政府第一次參加了維也納世界博覽會；一八七八年他受赫德指派全權負責創辦中國郵政事業，建立了中國近代郵政系統，並發行了中國第一套郵票——大龍郵票。由於李鴻章的要求，德璀琳沒有像海關的其他稅務司那樣在海關的各個港口迴圈任職，成為赫德手下唯一不能隨意調動的人。並且，在李鴻章的支持下，他成為赫德在許多方面的有力競爭者。赫德在給親信金登幹的密函中多次談到德璀琳。儘管他反覆強調只要德璀琳的所作所為有利於中國他就不會在乎，說「（海關）這個場所足夠一打領袖人物在其中活動」❺，但他還是不得不提防極有才幹的德璀琳對他位置的挑戰。一八八五年夏，李鴻章向清廷提議，由德璀琳作為繼任者接替被提名為英國駐華公使的赫德。赫德為了不讓幾乎自己一手創辦的海關落入德璀琳和李鴻章手裏，最終竟忍痛放棄了這個可使他一生事業達到頂峰的職務而留任海關。這些事實都足以證明德璀琳在海關的地位和影響力。

作為在天津生活長達三十六年的外籍僑民、英租界董事局主席，並且由於與李總督大人「深厚而持久的友誼」，德璀琳在天津擁有極大的影響力，進而對近代天津的城市化進程產生了極其重要的作用。在德璀琳的建議和影響下，天津英租界得以幾次擴張，他還因此被多次選舉為英租界董事局主席，並長期擔任海河工程委員會的委員。在市政建設方面，他與大女婿漢納根一起，參與整治海河、清於疏浚，排乾海河兩岸沼澤、填埋地基，修建了天津第一條碎石子街道，建造了中國第一座市政大廈並修建了維多利亞花園，通過以上舉動使英租界成為天津各國租界中最大和建設最好的一個。在文化教育方面，他從海關撥款創建了中國第一所大學、北洋大學的前身——博文書院；與他人一起創辦了天津第一家英文報紙《中國時報》和天津第一家印刷廠天津印刷公司；後來又合夥創辦了《中外時報》。在娛樂方面，他創建了天津賽馬會，修築了世界一流的跑馬場。當他在津去世時，在華北頗具影響力的《京津泰晤士報》評價德璀琳說：「他對天津的持久繁榮所發揮的影響簡直是不可估量的。實在很難在我們的社會和公共生活中找出有哪一階段德璀琳先生沒有投入很大的和有益的力量」，而且「在將近四十年的時間裏，他在華北佔有如此權威和地位，以致我們不可能在想到天津時不想到他」❻。

一九一三年一月四日，七十一歲的德璀琳在天津自己的寓所病逝。按照他的要求，他被葬在自家花園的一角，永遠留在了這片他視作家園的土地上。

成長於「歐洲的搖籃」

一八四二年十二月二十四日，德璀琳出生於德國西部的尤利西市（Jülich）[7]，它屬於北萊茵——威斯特法倫州（Nordrhein-Westfalen），自一八一五年後被劃歸普魯士。德璀琳的父親是一名普魯士的公證師，母親則是瑞典人。德璀琳還有一個弟弟。他們一家於一八四〇年至一八五〇年在尤利西市居住。

德璀琳家族雖然並非貴族，但以其父親的工作，在當時的收入至少可以使家庭生活水平達到中等以上。只可惜，父親在德璀琳只有八歲的時候便過逝了。失去主要經濟來源使家庭社會經濟地位下降，逐漸走向沒落。父親去世後，德璀琳的母親只得帶著孩子們回到亞琛市（Aachen）的娘家。他的外祖父是退役的亞琛第四衛戍步兵部隊少校[8]。德璀琳後來雖然沒有從軍，但是從他的家族傳統來看，他對軍事具有天生的熱愛，也從不缺乏冒險和進取的精神。

▶這是德璀琳出生時尤利西市（Jülich）市政廳所在地，是一座建於一五四八年的古堡，德璀琳的出生證明在此頒發。作者攝於二〇一一年八月。

▶城堡內的市政廳。作者攝於二〇一一年八月。

亞琛與尤利西相距甚近，同屬於德國北萊茵——威斯特法倫州，靠近比利時與荷蘭邊境。它的面積更大、人口更多，經濟上以機械製造、紡織和礦山設備為主。最重要的一點，亞琛是一個古都，曾是歐洲中世紀的權力中心。由於很早就發現有優質的溫泉，又由於地處歐洲大陸的正中央，德國人、法國人和義大利人的祖先查理大帝（Charles the Great，或譯為查理曼大帝、卡爾大帝）把法蘭克王國的首都定在這裏。西元八〇〇年，他又加冕成為羅馬帝國的君主。在中世紀時期，查理大帝統治著大半個歐洲，而亞琛作為帝國的首都，是其權力的中心，因而也被稱為「歐洲的搖籃」。

查理大帝在亞琛修建了恢弘壯觀的大教堂，從西元九三六年至一五三一年，共有三十位皇帝或者國王的加冕儀式在此舉行。查理大帝還在這裏為自己修建了豪華氣派的皇宮，他的寶物，包括象徵神聖和權力的聖經、劍、王冠等，也被從羅馬和伊斯坦布爾帶到了皇宮，它們的存在增強了亞琛在德國乃至歐洲的重要地位。

德璀琳在亞琛上學一直到高中，這也是他的最後學歷。學校

▶亞琛古鎮。作者攝於二〇一一年八月。

▶亞琛大教堂。作者攝於二〇一一年八月。

就在大教堂和後來成為市政廳的皇宮之間。不知，在上下學的路上或者課餘時，德璀琳曾經多少次獨自或者與夥伴們一起，流連在已有一千年歷史、印滿查理大帝足跡的教堂和皇宮？多少次仰望教堂和皇宮高高的穹頂，遙想查理大帝金戈鐵馬、一統歐洲的光輝偉業？多少次讓那些金光閃閃、炫耀著權力和欲望的寶物晃花自己的雙眼……這些，又在他成長的少年心靈上烙下了怎樣的印記？

德璀琳的學校雖然是一所教會學校，但講授的課程頗為實用，除了宗教課程以及德語、法語、英語、義大利語和拉丁語以外，還設有數學、計算、繪圖、物理、化學、地理、自然史、寫作、聲樂等課程。這為德璀琳一生的事業發展奠定了紮實的學識和能力基礎。根據校方記載，德璀琳是一名非常出色的學生，並曾為高年級的學生寫過作文（不知道這算不算是一種作弊行為）❾。

▶學校簡圖，繪於學校百年紀念冊。作者攝於亞琛市檔案館，二〇一一年八月。

在德璀琳上學期間，學校發生了一件對學校和學生的發展影響至關重要的事情。學校董事會的保守派和改革派發生了激烈的鬥爭，保守派要求增加拉丁語而減少數學、計算、寫作等課程的授課時數，最終保守派獲勝。這導致了部分學生及家長的不滿，一些人因此而退學。雖然未有資料說明，德璀琳是否因為這個原因而未能畢業，但是這一事件也肯定會對他的觀念造成一定的影響，或許我們能從中找到德璀琳一生勇於改革、反對保守力量、追求實用性的最初的精神源泉。

亞琛地處歐洲中心、交通要津，當地居民生活富足而眼界開闊。從十八世紀開始，不少富庶的家庭開始收藏大量的東方藝術品，比如來自中國和日本的瓷器以及繪畫作品。到十九世紀，許多一般家庭中也收藏甚至日常使用一些來自中國的外銷瓷器。耳中聽著從馬可・波羅時代流傳下來的東方故事，眼前觀賞著這些既是藝術品、又是時髦奢侈品的收藏，生活在這樣一種氛圍中，很難不令生活在中下層、雄心勃勃而又缺少機會的年輕人心動神馳，對神秘東方充滿遐思。據校方記載，還是一個小男孩的時候，德璀琳就非常嚮往外國的事情。中學六年級時，德璀琳離開了在亞琛的市立學校，沒有得到畢業文憑，也無法繼續接受在當時普魯士已備受重視的高等教育，這使他不可能在本國獲得一份像其先輩那樣體面的工作，斷絕了進入上層社會的機會。之後，他義無反顧地離開了祖國。

▶亞琛富裕家庭中使用的中國瓷器。作者攝於二〇一一年八月。

德璀琳首先來到比利時首都布魯塞爾，進入一家絲綢店工作。再以後，他為《比利時星報》（*Etoile Belge*）工作，當了一名記者。德璀琳熱愛體育運動，業餘時間裏，他擔任布魯塞爾地區德國人體操協會的會長❿。在布魯塞爾期間，他還結識了對他此生影響至關重要的一位英國人，就是這個人推薦他為中國海關工作。一八六五年四月德璀琳抵達中國到海關正式任職。

德璀琳從事的這幾樣工作和活動對他的成長是一個很好的鍛煉：記者的職業可以培養一個人人際交往才能和敏銳的洞察力（或者反過來說，由於具有這樣的天賦並顯現了這種才能的苗頭，他才得以當上記者）；業餘時間堅持體育鍛煉為他迅速適應不同環境提供了良好的身體素質和旺盛的精力，這也為他後來遠赴條件艱苦的中國冒險打下了身體基礎。德璀琳早期經歷說明，他天生具有組織能力和領導欲，並且總是能夠抓住機會使自己更進一步。

在海關嶄露頭角

一八六五年四月，德璀琳初到中國海關[11]，從此開始了在華一生事業的發展。此時，海關的人事行政大權已經完全由赫德一人獨攬。一八六一年春，赫德趁署理總稅務司的機會，極力經營海關，利用總理衙門對自己的信任將人事大權抓到自己手中。一八六三年赫德被總理衙門正式任命為總稅務司後，「總稅務司為海關行政之長官，對於關員之任免絀陟，掌握全權，為他國行政長官無比之獨裁的行政長官。」[12]在信中，他不無得意地告訴金登幹說：「總理衙門對我說，『我們只認得您本人，您願意怎麼辦就怎麼辦，但如果任何人出了錯，您本人得負責』。」[13]赫德非常重視對於受過教育、有一定社會地位、有才能的各國年輕人的選拔。

德璀琳當初入選海關時，算不上是赫德所希望的理想人選。他的受聘更可能是由於他的國籍而非教育背景，因為他沒有接受過高等教育。而在他被聘用的同年，即一八六四年，赫德請求曾任美國駐華公使的蒲安臣（A. Burlingame）幫助招聘三名合適的美國年輕人時，提出的要求是：「年紀在十八歲至二十二歲之間，受過大學教育，……要有一般良好的才能，良好的社會地位，工作勤奮。」[14]顯然，德璀琳僅能滿足後三個條件。幸虧當時招聘高級人才到條件相對艱苦的遙遠的東方並不是一件容易的事情，這樣他才有幸中選。

自一八六五年進入海關後，德璀琳歷任職務均為負責徵稅的海關內班職員[15]。按照一八六九年十一月一日頒佈的《大清國海關管理章程》規定：海關內班職員第一次任命為三等丙級幫辦，以後按資歷晉級；由三等提升到二等幫辦再到一等幫辦及副稅務司，必須學習漢語，並通過相關考試，否則得在一個職位上連續服務不少於六年，才能得到提升；稅務司職位之任命由總稅務司從副稅務司及一等幫辦中遴選，不能熟練使用漢語者，不能任命為稅務司[16]。按照赫德原先的預期，一個初入海關的年輕人必須努力學習漢語，之後大約一年晉級一次，總共用八到十年的時間升到稅務司的位置；而能力不足又不肯學習漢語者，只能憑資歷晉升，即便苦熬十幾年亦不能晉升至稅務司。

從德璀琳一八六五年初入中國海關到一八七二年升任稅務司，整整用了七年時間。在這七年中，德璀琳的就職簡歷如下：一八六五年四月在煙臺、淡水（台北）海關任供事；一八六七

▶淡水海關稅務司官邸，建於一八七〇年德璀琳任期內，今稱「小白宮」。作者攝於二〇一〇年八月。

年在津海關任三等幫辦；一八六九年十月升二等幫辦；一八七〇年一月暫時代理淡水海關稅務司；一八七一年以二等幫辦任淡水海關代理稅務司；同年七月升頭等幫辦；一八七二年三月署鎮江海關稅務司。

德璀琳剛進海關時只是一個未列等的供事，兩年之後才當上三等幫辦。但是他沒有等到再連續服務滿六年，而只過了兩年即升至二等幫辦。這就意味著，從初入海關到升任二等幫辦的四年多時間裏，他一直在刻苦學習漢語，之後順利通過了包括漢語考試在內的所有考試，從而得以提前晉升。而兩次在台灣的任職對德璀琳來說意義尤為重大。一八六二年六月（另一說為一八六三年五月），淡水海關正式開關。德璀琳第一次到台之時，清廷又陸續在雞籠（今基隆）、打狗（今高雄）、安平（今台南）等地設立了海關，而以淡水總理台灣關務。在海關任職早期，德璀琳在台灣待的時間是最長的，這個階段也是台灣海關各口開放之初關務初興、諸事待舉的時期。雖然條件艱苦、工作繁重，但這為他全面學習掌握各種相關知識、拓展海關業務提供了大好的機會和施展才能的舞臺。正是第二次在台灣淡水海關任職期間，他幾乎一年一個臺階向上晉升，在來到中國七年後的第一個回國長假到

▶一八六七年的打狗港。

來之時[17]，就已經爬上了海關稅務司這個令人豔羨的職位。這一年，德璀琳三十歲，正好是孔子所說的「三十而立」。

與海關中同時期其他稅務司的升遷速度進行比較，對德璀琳的工作能力可以有更清晰的認識。根據一八七五年的《海關職員題名錄》，與德璀琳前後一年內進入海關的內班職員有杜德維（E. B. Drew）、廷得爾（E. C. Taintor）、吳德祿（F. E. Woodruff）、薄郎（H. O. Brown）、哲美森（C. Jamieson）、許妥瑪（T. F. Rughes）、馬根（F. A. Morgan）、班謨（J. L. Palm）、李輝華（L. Lefebvre）等九人[18]。從進入海關到一八七五年，杜德維僅用三年時間，德璀琳和吳德祿用七年、廷得爾八年、薄郎十年升任稅務司；哲美森八年時間升到副稅務司；許妥瑪、馬根、班謨九年時間升至頭等幫辦；李輝華六年時間只升至二等幫辦。其中杜德維畢業於美國哈佛大學[19]，廷得爾畢業於紐約聯合學院，吳德祿畢業於耶魯大學。考慮到德璀琳既沒有親友在海關作靠山、又沒有接受過高等教育，能在七年內升任稅務司，這個成績可以說是相當不錯的。

第一次回國休假

一八七三年德璀琳在海關任職已滿七年，他被批准首次回國休假兩年。此次休假可謂公私兼顧，除了回家探親以外，深受赫德器重的德璀琳還被指派參加了在維也納舉辦的國際博覽會，這是中國第一次參加國際博覽會，也是德璀琳登上人生更大舞臺的開始。

一八七〇年，奧匈帝國政府決定繼英國倫敦國際博覽會和法國巴黎國際博覽會後，於一八七三年五月一日在維也納舉行國際博覽會，並邀請中國參加。由於對外國博覽會的情況一無所知、對全國商務商情也瞭解不多，總理衙門責成赫德籌辦此事。從一八七〇年底開始，赫德就通知各口岸稅務司準備土特產作展品，並指定廣州稅務司包臘（E. C. Bowra）到各口岸催辦。屆時由德璀琳、葛德立（W. Cartwright）、杜德維、漢南（C. Hannen）和包臘組成代表團到維也納代表中國參加。代表團的組織工作卓有成效，中國展品在這次展覽會上獲得各國好評。為此，奧地利政府給與會的德璀琳等人發了勳章[20]，清政府也給德璀琳等人「賞給三品銜」以示獎勵[21]。從此直到一九〇五年止，中國海關承辦大小規模不等的博覽會約二十五次左右。

由於在維也納展會上的出色表現，在一八七八年舉辦的巴黎博覽會的組織活動中，德璀琳又發揮了極為重要的作用。他不僅負責為展會準備展品，而且負責設計中國館的建築和佈置北方展品。他甚至還想到了一個絕妙的主意，建議在巴黎展覽會上開設中國飯店，將中國美食介紹到歐洲的美食大國——法國。儘管赫德當時認為，「這個建議恐怕很難實行，因為派出廚師、堂倌，運送烹飪用具、調味汁和中國菜餚的各種調料、原料等等，是極其麻煩的」，而且經費有限。然而，他也認為，「巴黎也許是世界上做這樣一個嘗試的最好的地方——他們能夠製作出多麼引人入勝的菜餚供人們品嘗啊！」直到一八八三年赫德籌辦在倫敦舉辦的漁業展覽會（又稱食品博覽會）中國展區時，這個設想終於變為現實。所以德璀琳應當是將中國美食介紹到近代西方的創意人。由於展覽的成功，巴黎博覽會授予德璀琳「榮譽軍團」軍官的稱號[22]。以後他還參加了一九七九年的費城博覽會的策劃和準備工作[23]，展現了非常卓越的組織才能。這是後話。

此次回國，對德璀琳來說也算是榮歸故里。作為一位年薪兩千多英鎊、前途無量的年輕中國海關稅務司，德璀琳有理由驕傲地面對成長的家鄉親人和兒時的夥伴。此時的中國海關在赫德苦心經營之下，已經名聲大振。中國海關的工作薪酬待遇優厚，對西方人是頗具吸引力的。一八六九年海關規定，一名稅務司的年薪大約為六千兩至九千兩，約合兩千至三千英鎊。此外，內班職員工作七年後可享受兩年拿半薪的休假，並准予報銷本人及家庭成員（五名以內）的返程路費的一半。稅務司、單身的副稅務司和幫辦還可以安排宿舍。已婚的副稅務司和高級幫辦則給予房租補貼。內班和外辦職員都享受免費醫療[24]。這樣，在海關工作的人，「其薪水和其他進項加起來要遠超西方外交部門，再加上中國廉價的住房、食品和僕人，一個精打細算的傢伙就能節餘下他的一半薪水，並計劃提前退休。」[25]

回到德國後，德璀琳首先用在中國積攢下的薪金，為母親在亞琛租了一處大房，這裏也是他婚後的新房。在維也納，德璀琳還獲得了一份美妙的愛情，他結識了當地的一位富家小姐。既是薪水豐厚的中國海關官員，又剛剛在維也納博覽會上獲得了國際聲譽、證明了無可限量的前程，儀表堂堂、氣宇軒昂、能言善辯的德璀琳很快俘獲了小姐的芳心，兩人閃電結婚。據德璀琳後代說，這位小姐與歐洲最大的財閥羅斯柴爾德家族（Rothschild Family）也有親屬關係，後者為德璀琳日後在歐洲的一系列活動提供了可靠的財務擔保。至此，德璀琳來中國發展後的第一個階段，憑藉勤奮的個人努力、卓越的能力，善於捕捉和利用機會，終於取得了引人矚目的成就，並且成家立業。

說英語的在華德國僑民

德璀琳出生的那一年正是中國近代史上第一個不平等條約——《南京條約》簽訂的同一年。從那時開始，中國古老的大門逐漸被打開，越來越多的西方人湧入中國，其中也包括來自當時尚未統一的德意志商人。在近代，儘管早在十八世紀，由普魯士國王腓特烈二世特准設立、並從中分紅的「普魯士王家艾姆敦對華亞洲貿易公司」就從普魯士派船到中國，進行茶葉、生絲、絲織品和瓷器的貿易；但是，直到第一次鴉片戰爭英國戰勝中國後，即將打開一個擁有三億五千萬顧客的市場，中國才引起了普魯士的注意。

第一次鴉片戰爭之後的二十年中，野心勃勃的德意志商人紛紛前往中國。一八四九年初在中國只有三十三名德意志人，純粹由德意志商人經營的商行只有四家。而此後，越來越多的德意志商人在條約中所規定開放的通商口岸以及香港定居開業。一八六〇年，也就是德璀琳離開中學到比利時首都工作的前後，當普魯士東亞考察團到中國時，他們發現差不多所有通商口岸都有德意志商行[26]。

勇於冒險的航海家更是走在前面。十九世紀五〇年代，漢撒同盟城市、特別是漢堡的船，在中國沿海航運中佔有重要地位。根據漢堡領事的報告，一八五三年有二十五艘漢堡的船和九艘不萊梅的船、一八五五年有三十九艘漢堡的船和十艘不萊梅的船，駛入香港以及廣州附近的黃埔；一八五六年有九十艘漢堡的船駛入香港。普魯士考察團成員於一八六一年在天津為歐洲人新開放的停泊地見到十五艘漢堡船、四艘不萊梅的船和六艘其他國家的船。據他們估計，從事中國沿海貿易的德國船為二百艘，中國沿海航運絕大部分操在德國人手裏[27]。

中德《天津條約》的簽訂為德國商人進入中國市場掃清了障礙。該條約仿效英、法與中國簽訂的條約：條約承認德國商人享受與其他列強一樣的低稅則；德國公民獲准在為外商開放的口岸居留及在該處經營工商業，購置或租賃土地房屋、修建教堂以及在通商口岸之間用他們的交通工具運載貨物往來；中國政府保證保護德國僑民以對付中國民眾的襲擊；只有德國領事有權逮捕及處分德國僑民；中國政府應對任何德國人與德國人之間或德國人與其他外國人之爭執不加干涉；德國軍艦允許開往中國所有通商口岸。條約簽訂後不久，在天津，不晚於一八六二年四月，就已經至少有一位德國商人來到這裏經商了；他於一八六三年二月十二日被任命為普魯士皇家駐津領事代辦處的領事[28]。一八七〇年上海有德國人一百三十八人，僅次於英國人和美國人，在外僑中人數排第三位[29]。

德國社會中，一些出身中下層家庭的青年也來到中國尋找機會。第一次鴉片戰爭之後的「十五至二十年以來，有進取心的青年商人紛紛前往東印度和中國去，他們通常除了精神上的資本而外，別無其他資本。」由於英國是在華貿易量最大最具影響力的國家，通商口岸的英國洋行最多並且能提供更多的就業機會，所以這些來華的德國青年往往受雇於英國洋行。在這些英國洋行工作幾年後，熟悉了當地情況並積攢了一定的資本，他們再開創自己的事業。所以，通常他們跟英國的聯繫比跟本國更密切。「最初可能主要是高工資打動了他們，對可以錄用的職員，大的英國商行給三千至四千塔來爾。他們在這些位置上做上幾年，從小的、店主允許他們做的副業中賺到一些錢，熟悉了當地的情況，並且利用這些為日後自己獨立創業的基礎。」據說，差不多所有在中國的德國商行都是用這種方法創立起來的[30]。

這些德國洋行通常與德國的關係並不廣，而往往和英國商行保持密切的關係並用英國的資本來周轉。甚至於，一家德國瑞生洋行長期作為英國阿姆斯壯軍火廠的在華代理人進行商業活動。同英國密切的商務關係，在英國的優勢下所過的生活，以及經常與那些充滿了強烈的資產階級民族自豪感的英國人接觸，產生了一種奇怪的結果——德國商人中有許多人很快地模仿了英國的社交方式，甚至在彼此交際時講英語。一直到十九世紀九〇年代，相似的狀況仍然存在於上海、天津等德僑聚居的地方[31]。

「沒有祖國的冒險家」

德璀琳正是在這樣一種背景下來到中國。他與這些通商口岸中的外國僑民一樣，為了生存和發展而孜孜以求，並且跟英國的關係比跟本國的關係更為親密。與遙遠的祖國相比，英國所給與的機會和保護是更為實在的依靠，中國各地通商口岸的非英籍歐洲僑民，為了自身生存發展自然而然地選擇了這種「自私自利」的親英行為，當然也引起了國內同胞的強烈不滿和鄙視。

雖然備受在華外國僑民的推崇和李鴻章的重用，德璀琳在其本國並未受到政府的特別重視。只有普魯士王國曾授予他一枚二等王冠勳章，而統一後的德意志第二帝國卻從未給過他任何榮譽。同他在中國和世界所獲得的地位及榮譽相比，並考慮到他的老競爭對手赫德在英國所得到的榮譽，這顯然是非常令人尷尬的。

德璀琳在德國的壞名聲來自於那些駐華使節。德國駐華公使巴蘭德（M. v. Brandt）在成為德璀琳的朋友前，曾經很不友好地批評過德璀琳：「像很多在外國的德國人一樣，德璀琳屬於那種沒有祖國的冒險家。他和其他人一樣，曾經有很長一段時間以中國人自居，並且很明顯地拒絕參加在天津的德國戰艦上舉行的慶祝德皇和皇后生日的慶典，而其他德國人都以能參加此慶典為榮，德璀琳的這種行為看上去好像不屬於他本來的國家一樣。」[32]巴蘭德的繼任者紳珂（G. v. Schenk zu Schweinsberg）雖然客觀地認為，在德國與中國的利益關係上，德璀琳是完全中立的[33]。但紳珂很快被調走，他的繼任者海靖男爵（E. v. Heyking）更是處處與德璀琳為敵。「在海靖眼裏，德璀琳是一個不可信任、處處想著自己和哥兒們利益的中國化了的德國人。」[34]海靖不能理解，「一個德國人如何能夠為一個國家服務三十年，而這個國家的人民是他很不喜歡並且也是以一種非常傲慢的眼光來看待的，他還形容中國人為沒有『血性的民族』、既沒有能力交朋友也不懂得仇恨。」[35]海靖的敵意影響和阻撓了德璀琳的諸多計劃，為此，德璀琳不得不於一八九八年委託自己的大女婿漢納根到外交部提出抗議。

德璀琳雖然與德國來的使節們關係不那麼友好甚至於彼此敵視，但是他與本國的工商界卻關係密切。他與德國軍火商們建立聯繫，主要是通過漢納根父子。德國軍火輸往中國開始於十九世紀六〇年代，李鴻章在一八七五年就從德國軍火商代表李邁爾手中購買過一套野戰炮隊的裝備。對於剛剛在中英煙臺談判中得到李鴻章賞識的德璀琳來說，當時還沒有那麼大的影響力來直接介入李鴻章與德國軍火商之間的軍火買賣。這個時期李鴻章與德國之間軍火貿易的主要推手是德國駐華公使巴蘭德及其手下的天津領事館。在英國駐華外交官看來，巴蘭德「經常強迫中國人購買德國武器」。他利用自己與李鴻章的親密關係，抓住中俄伊犁危機和中法戰爭所造成的機會來為克虜伯、伏爾鏗等德國大軍火商推銷了大批軍火[36]。

雖然此時的德璀琳地位尚無法與巴蘭德相抗衡，但是軍火貿易的巨大利潤是德璀琳不可能棄之不顧的。於是，德璀琳在一八八〇年利用向李鴻章推薦老朋友漢納根作其私人軍事顧問的機會，增強對李鴻章在武器購買方面的影響力。很快，漢納根就成功說服李鴻章訂購了壹千隻步槍。接著，漢納根又勸說李鴻章進一步購買十五萬支步槍，漢納根父子將從中賺取總價款的百分之二十的傭金（不過這筆軍火買賣最終沒能成功）[37]。

總的來說，在中法戰爭之前，德璀琳的威望還不足以達到能夠為其謀取巨大利益的程度，特別是他的背後並沒有德國政府的支持。當一八八〇年七月德璀琳謀求取代赫德成為海關總稅務司的時候，支持他的只有李鴻章，而德國政府並沒有讓德璀琳取赫德而代之的打算。

一八九五年之後

一八九五年的中日甲午戰爭是中國近代史上的一個轉捩點，也是德璀琳和漢納根個人事業的轉捩點：甲午戰爭徹底暴露了清政府的軟弱無能，使列強掀起了瓜分中國的狂潮。李鴻章開始逐漸失勢，本來以李鴻章為靠山的德璀琳與漢納根也失去了原來的價值。當帝國主義列強可以肆無忌憚地侵略瓜分中國的情況下，誰還需要中間人呢？

德璀琳失去了他原本有限的作為德國在華利益維護者的價值。他對祖國本來的那一點忠誠也全部轉化為對個人利益的追求。在一八九七年時，他還堅決地反對盛宣懷利用比利時財團資本修築蘆漢鐵路的計劃；而到了一八九九年，德璀琳就決定與有比利時、法國等國財團背景的東方辛迪加合作，共同侵佔開平煤礦。這個轉變如此之大，除了涉及個人的巨大利益之外，是不可能有別的解釋的。

對日戰爭的結果之一，是使清政府認識到鐵路的重要性。戰後，李鴻章和張之洞建議修建一條貫通南北的鐵路幹線。一八九六年當李鴻章訪問比利時會見利奧波德二世時，就蘆漢鐵路的修築問題進行了商談。一八九六年十月十二日，中國鐵路督辦大臣盛宣懷建議，允許外國金融資本家參與修築蘆漢鐵路，但外國資本家必須是對中國沒有政治野心的國家的，如美國或比利時。皇帝批准了他的建議。作為李鴻章的下屬，盛宣懷的這項建議不過是執行李鴻章在歐洲時所制定的計劃而已。最後，俄法兩國均參與了比利時的築路計劃。

德璀琳希望在中國成立一個結合英國利益的類似海關的鐵路總局，而自己將成為總鐵路司——一個與赫德同等地位的在華外國人。為此，他一直在遊說李鴻章修建鐵路。早在十九世紀七〇年代，德國人就對在中國修建鐵路以與歐洲鐵路相連接一事極感興趣。作為鐵軌生產商，克虜伯曾命其營業經理部在一封致李鴻章恭賀其被任命為大學士的賀信中「提及鐵路」。但是，此後並無進展[38]。二十年後，克虜伯兵工廠甚至還送了一套小型的鐵路模型給李鴻章作為禮物。後來這套小型鐵路模型被李鴻章送給了慈禧太后，以獲得太后對修建鐵路的支持。身為德國人的德璀琳自然不能容忍盛宣懷那份排除了德國利益、尤其是排除了自身利益的合同。

在這份合同批准以前，德璀琳向皇帝遞了一個條陳說，鐵路督辦大臣盛宣懷「騎在虎背上，四面張望，而沒有一點獲得幫助的希望；他抱著宰割人民供老虎飽腹的主意。比利時是一個富有的小國，但是，它同中國的貿易是微不足道的，並且這兩個國家之間沒有很大的交情。他們怎麼會突然把這麼大的一筆款額借給中國呢？法國人實際是這件事情的主使人，並且有俄國人幫助他們，……俄法的目的是要獲得中國中部地區。」[39]但是，由於俄國和法國在甲午戰爭後成為中國的最新盟友，總理衙門和李鴻章得到了俄國代表提出的俄國政府的保證，以對抗列強的反對，因此德璀琳的阻撓沒有成功。

未幾，在八國聯軍入侵期間，為了佔有開平煤礦，德璀琳卻決定主動引進比利時的資本。這時他所列舉的理由竟然跟他先前反對盛宣懷向比利時借款的理由如出一轍——「比國作為財政來源有很大的重要性，同時也可以作為一個興辦事業的政治力量，因為它是個很小的國家，而不是個侵略的國家」，並且比利時的金融家多半和德、法、俄的財團有關[40]。

這說明，從中國在中日甲午戰爭中戰敗並由此而面臨列強的瓜分可能，到一九〇〇年八國聯軍入侵中國實際面臨列強的瓜分，德璀琳的思想經歷了一個巨大的轉變：一開始他極力想要保全中國，但之後他預計「中國將被列強瓜分，會出現多年的無政府狀態」[41]，於是他就完全拋開清政府的利益，轉而一心一意地為自己家族的利益打算了。

德璀琳與德國的對華殖民政策

在鐵血宰相俾斯麥的領導下，德國通過三次對外戰爭得到統一，而統一後的德國很快走上掠取海外殖民地、爭奪世界霸權的道路。尤其是一八八八年威廉二世登基後，迫不及待地要使德國從一個歐洲強國上升為一個世界強國，「要為自己要求在陽光下的地盤」。

在德國統一之前，俾斯麥清醒地認識到德國地處中歐、三面環敵的不利地理形勢，歐洲大陸上的強國法國和俄國，包括隔海相望雄踞世界霸主地位的英國，都不希望看到在歐洲大陸的心臟位置出現一個新的強大的國家來破壞歐洲的均勢[42]。因此俾斯麥認為，即便在統一後的一定時期內，應當推行「大陸政策」，把注意力集中在歐洲大陸，注意與俄國的友好關係以防止俄法結盟，對世界霸主英國則分外小心不去招惹，避免過早捲入海外殖民地的爭奪。所以，德國雖然在一定程度上參與了列強爭奪殖民地的狂潮，但是其主要目的是獲取德國的海外商業基地[43]，為同其他強國商人進行競爭的本國商人提供保護，並維持國內高漲的民族主義熱情以便因勢利導促進國內統一安定。

雖然俾斯麥反對奪取殖民地作為德國移民海外的居住點，但他並不是真的反對殖民主義。事實上，在蒲安臣代表清政府訪問歐洲時，俾斯麥還與蒲安臣秘密地討論過關於在中國獲得一個海軍基地的想法。接著，在一八七〇年俾斯麥再次秘密地要求德國駐華公使與美國駐華公使商議，在不引起同美國競爭的情況下在鼓浪嶼或者舟山群島取得一塊海軍基地。可以說，德璀琳在中國的親英行為，與俾斯麥對英國的態度是不相違背的；而他在一八九五年以前對俄法聯合擴大在華利益的防範，也與俾斯麥的大陸政策是完全一致的。

然而，一八八八年，威廉二世登基後，俾斯麥被迫於一八九〇年辭職。獨掌大權的威廉二世一改俾斯麥穩健靈活的對外政策，命令「全速前進」，從「大陸政策」轉而推行「世界政策」，加入列強間對海外殖民地的霸權爭奪。在中國，一八九六年德國為擴大對華影響力，與列強爭奪在華勢力範圍，聯合俄法，三國干涉日本歸還於中日甲午戰爭中佔領的遼東半島。德國藉機於一八九七年佔領膠東半島，在青島建立起它的「模範」殖民地。直到第一次世界大戰結束，德意志第二帝國崩潰，它對中國的殖民活動才告終結。

在德國的對華殖民活動中，德璀琳是發揮了一定作用的。但是他的思想與其本國的殖民政策並不始終相一致，這一點很耐人尋味。一八七二年施陶煦（A. v. Stosch）在國會提出的報告中提到，在長江沿岸的鎮江設立一個德國居留地的計劃。這個計劃是由時任鎮江關稅務司的德璀琳發起的。此項計劃引起了熱心殖民的上層統治者的關心。當時還是皇儲的威廉二世請首相俾斯麥認真研究這個計劃。但是首相堅持，做這種事的時機還未成熟。俾斯麥的反對出於以下幾方面的顧慮：一是預料中的中國政府和人民的反抗；二是德國國內大部分資產階級的反對；三是德國建國以後與歐洲各國關係而產生的顧慮[44]。

然而，二十多年後，當一八九六年德國政府向到訪德國的清政府代表李鴻章提出，作為對德國於三國干涉日本還遼所提供的幫助進行補償而允許德國在中國建立基地這個問題時，陪同李鴻章一起出訪的德璀琳卻提出了強烈的反對意見。他的建議是，清政府主動將膠州灣開放為通商口岸，轉讓使用權，以免被迫割讓土地；德國資本界則獲得開發貿易基地的可能並可打開內陸市場，而德國海軍也可以在維護中國領土完整及主權的前提下在那裏修建船塢和碼頭。最終，德璀琳這個「道德獲取」的計劃卻兩頭落空：清政府總理衙門的大臣們埋怨，正是德璀琳引起了德國人對膠州灣的注意；而德國政府顯然也對保持中國的領土完整並不感興趣[45]。

德璀琳並不是在華僑民中唯一遇到這種尷尬處境的。身為僑民，他們既希望本國在華擁有強大的影響力從而有利於自己在華的商業利益和保證人身財產安全；出於同樣的考慮，他們也希望本國在保持優勢條件下能與中國政府儘量保持友好。同時，僑居中國多年，他們或多或少地對中國產生了一定的感情，對中國所遭遇的列強侵略寄予了一定的同情，這使他們不願看到中國淪為在宗主國面前毫無地位、飽受壓榨和奴役的殖民地。為此，德璀琳等在華僑民盡其所能地使中國一方面最大程度地開放其市場、一方面最大程度地保持獨立地位。

然而，在近代列強與中國優劣明顯的實力較量中，在帝國主義壟斷財團來勢洶洶的掠奪下，在殖民主義赤裸裸的蠶食侵略面前，他們的願望，無論是出於道德的還是利己的動機，卻總是落空，並且顯得那麼不合時宜。正如德國學者施密特所指出的：「在帝國主義時代，在距離列強，尤其是德國，可以不費一槍一炮就迫使中國割讓土地僅剩一年半的時候，僅僅是為了使一個其弱勢對所有人都有好處的國家強大起來就主動放棄自己的經濟利益和殖民擴張，這樣的要求勢必顯得荒唐可笑。」[46]

隨著中國一步步走向被列強瓜分的境地，德璀琳在中國的事業也開始走向衰落。作為一名僑民，從他踏上中國土地的那一天起，他的命運就已經與僑居國的命運緊密地聯繫在了一起。

第二節　漢納根其人及其早期經歷

誰是漢納根？

漢納根（Constantin Alexander Stephan von Hanneken, 1854-1925），德國人。他是德璀琳的朋友，也是他的大女婿。

漢納根一生四次來華。第一次是一八七九年，二十年五歲的普魯士退役軍官漢納根來到中國，投身海防建設八年，載譽歸國；第二次是一八九三年，這一次只待了兩年，於甲午戰後失望而歸；第三次是一八九九年，在天津創業二十年，後於第一次世界大戰結束後被遣送回國；第四次是在一九二二年，這一次直到一九二五年，他在天津去世。他在中國一共生活了三十年三年，把最好的黃金年華與中國、與天津緊緊地聯結在了一起。

漢納根一生對中國的最大貢獻是參與了中國近代軍事改革，包括海防建設和近代「新軍」的編練。漢納根用長達八年的時間，苦心營造了達到當時國際先進水平的旅順和威海衛炮臺。中日甲午之戰，漢納根親歷了「高陞號事件」，之後以北洋海軍督察的身分參加了甲

▶漢納根肖像。

午海戰，臨危受命並在激戰中受傷。戰後，光緒皇帝授予他提督銜（清軍「提督」銜相當於將軍）。他最早提出了全部以西式訓練方法和西方先進裝備編練十萬新軍，儘管他不久後離開了小站，但是這並沒有改變清政府乃至後來的民國政府以德國陸軍為榜樣、進行軍事改革的既定方針。尤其在袁世凱小站練兵的計劃書中，我們不難找到漢納根建議的影子。

漢納根與他的岳父德璀琳一樣，是清朝末年來華「淘金」的眾多外籍僑民的典型代表。他一生的事業皆繫於僑居地——中國的命運，他們的命運應清末的洋務運動而起，飄洋過海來華定居，受聘於清政府，參與到洋務運動方方面面的改革之中。正如漢納根的父親寄予的期望：「你現在正好趕上中國重整經濟、政治等方面秩序的歷史時刻。你應該抓住這個難得的機會。赫德先生在重整財政秩序方面抓住了機會。現在他至少已經控制了中國一部分的財政大權。而中國軍事秩序方面的改革即將進行，我希望你能抓住這次大好的機會，積極參與到軍事改革的浪潮中去。」[47]然而，在中國官場的多年經歷，再加上寄予厚望的編練新軍計劃遭受挫折，漢納根認識到，儘管經過甲午海戰用鮮血證明了他的忠誠，但他仍然是不被信任的外國人，是不可能真正將自己對中國軍事改革的夢想付諸實施的。

甲午戰後，漢納根離開清政府和李鴻章，在天津投身報業、餐飲業和市政建設等領域，最大的投資是在河北省投資創辦了井陘煤礦。不過，這並沒有使他掙脫命運的擺佈。二十年之後，在第一次世界大戰期間，身為德國人，漢納根一家被作為敵僑看管；戰後，所有財產被沒收，尤其是他苦心經營的井陘煤礦也被收回，一家人被遣送回國。

漢納根初次來華時風華正茂、躊躇滿志，他不甘心屈從命運的安排，不願意在祖輩居住的宅第裏終老一生。他一心想要到遙遠的東方去探險，儘管並不知道在冒險的盡頭，等待自己的將會是什麼：好運、厄運，還是馬馬虎虎的運氣？這些都不重要，重要的是改變的力量和勇氣。如老漢納根所說：「當初，如果說我以相對比較輕鬆的心情同意你去冒險，那是因為我認識到你身上抗擊命運的能力，並且我也相信你作為一個男人可以戰勝命運帶給你的危險的未知數。」[48]而當一九二二年他最後一次來華時，距離生命的終點只剩下不到三年的時間，他已經無力再抗拒命運的安排。花甲之年的他只能乞求中國政府，推念過去自己對中國的貢獻而歸還自己部分財產。一九二五年三月十四日，漢納根因肺炎醫治無效於天津逝世，終年七十一歲。不久，他的遺體由夫人和孩子護送運回德國。

從青年到盛年再到暮年，從「漢大人」到階下囚，漢納根在華的一生冒險可謂跌宕起伏、多姿多彩，但他終究還是沒能戰勝命運對他的捉弄。在那個多災多難的時代，無論是殖民者還是被殖民者，又有誰能真正掌握自己的命運呢？

年輕的退役炮兵少尉

一八五四年十二月一日，漢納根出生在德國萊茵河最大支流摩澤爾（Mosel）河畔風景如畫的特里爾（Trier）。那裏是德國最古老的市鎮，至今留存著大量古羅馬時期的遺跡。一八一五年，特里爾與亞琛一樣被劃歸普魯士。

漢納根是一個法國姓氏，至今在法國勃艮第地區的一個村子裏還有一百多位居民姓漢納根。大約在十五世紀或十六世紀，這個家族因為在法國組織抗議活動被驅逐到德國。起初他們主要在教會任職，大約在一七七〇年，一位先輩娶了德國貴族女子為妻，成為普魯士軍官和地主，並被封為世襲貴族。從那以後家族中有許多男人從軍，堪稱軍人世家。

漢納根的祖父是位將軍，他的兩個兒子也都是將軍。漢納根的父親老漢納根（Bernhard von Hanneken）是特里爾當地駐軍的少將司令官，對軍事理論頗有研究，還曾出版過一本書，對研究中國和亞洲的政治、經濟、軍事狀況也有濃厚的興趣。漢納根是他的第三個兒子。

在這個世襲軍人家庭裏，漢納根少年時期即被送到普魯士的卡得特（Cadet）軍官學校去學習。一八七三年他十九歲的時候，在東普魯士第八步兵團第四十五營任候補軍官，之後晉升為少尉軍官。一八七七年，他被調到駐紮在德國中部城市美因茨（Meinz）的野戰炮兵團第二十七營任職。然而不久，漢納根即遇到麻煩，斷送了自己在軍隊的前程，不得不離開軍隊。

麻煩是這樣惹下的：當時的德國社會矛盾很尖銳，社會黨人反對帝制，主張共和。因此社會黨人和堅持保皇立場的軍人之間嫌隙很深。一天，漢納根和幾個青年軍官穿著軍服走在街上，一個社會黨人迎面走來，指責他們不應當為皇帝效勞，雙方發生了激烈口角。不過，「秀才遇到兵——有理說不清」，那個社會黨人被血氣方剛的漢納根痛揍了一頓。這場衝突引發了社會黨人在全國範圍的抗議。為了平息事端，官方命令漢納根退役。

漢納根的衝動讓自己付出了巨大的代價。不過他此舉也顯露了其家族的性格特徵——幾百年前漢納根的祖先由法國被放逐到德國，他家的姓氏就是法國姓氏；而他的父親老漢納根作為一位普魯士將軍，也曾有過受貶的經歷。

有一次，老漢納根陪同當時的皇儲、後來的德皇威廉二世檢閱軍隊。也許是為了考察部屬對自己是否足夠忠誠，皇儲指著天空，對老漢納根說：「你看，天上飛過來一隻鴨子。」

老漢納根實事求是地說：「不，那是一隻灰鵝。」

皇儲面露慍色：「明明是鴨子，你怎麼把它說成灰鵝？！」

「灰鵝就是灰鵝！」老漢納根堅持說：「你命令它是鴨子，想必就是鴨子了。」

皇儲：「鴨子就是鴨子！」[49]

老漢納根的誠實惹惱了皇儲，失去了未來皇帝的信任，後來就一直賦閑在家。漢納根的行為頗有乃父之風，真是有其父必有其子！這個故事我們並不陌生，在中國的秦朝時也發生過「指鹿為馬」的事情，只能讓人不禁感歎：專制獨裁者為鞏固權力所使用的手段何其相似！

▶德皇威廉二世畫像。

恰在年輕的漢納根前途一片迷茫、內心憂慮而忐忑不安之時，從他的朋友德璀琳那裏，傳來了一個令他振奮的消息、一個即將改變他命運航向的機會。一八七九年，李鴻章不僅積極購買軍艦發展北洋海軍，而且也開始修築沿海炮臺以鞏固海防。李鴻章對德璀琳說，想找一位畢業於歐洲軍事學校的軍官，要求是：這位軍官應具有豐富的軍事知識，持續關注軍事科學的每一個進展，並能把理論上的發現和改進運用到實踐中去。具有應對實戰的訓練經驗，並且能夠翻譯一些軍事理論方面的著作。具有評判清軍軍官們的能力，並協助培養提高軍官們的作戰技能。於是，德璀琳立即推薦了漢納根。

對德璀琳幾乎言聽計從的李鴻章立刻答應了他的舉薦。不過這個建議似乎遭到了總稅務司赫德的阻撓。雖然口口聲聲為中國利益著想，但赫德畢竟是英國人，他時時不忘維護英國的在華利益，自然不願意尚處於起步階段的中國海防被德國人所掌握。由於向國外聘用外國人需要經過海關，所以他設法將此事壓了下來。當然，同樣野心勃勃的德璀琳為了今後可以想見的巨大商業利益，也決不會讓此事不了了之。於是，他繞過赫德，直接給漢納根打電報，要求他立即動身前來中國。

航向中國

為了得到李鴻章軍事顧問一職，在德璀琳的指示下，漢納根做了積極的準備。自一八七八年初失去普魯士軍職後，經過德璀琳的啟發，他開始有意到中國尋求發展。他系統學習了機械製圖、建築力學、建築工程設計、特別是與軍工機械和軍事工程相關的課業，同時還學習了海關的通用語言英語，以備將來與其他在華的外國同事進行交流。

一八七九年九月，接到德璀琳的電報，漢納根立刻啟程，搭乘客輪「喀什噶爾號」（Kashgar），航向中國。這一趟海上航行用了足足一個多月的時間。

如果說在德國時的漢納根對中國的所有認識還只是想像的話，那船行至錫蘭（今斯里蘭卡）以後，他就開始實實在在地接觸中國人了。「現在我們船上有很多有辮子的同伴，他們是去香港的頭等艙的旅客。而我有閒暇來觀察我未來的同胞。」漢納根愉快而又好奇地觀察著中國人的行動坐臥，傾聽著中國人說話的聲音，中國男人頭上梳的辮子令他印象深刻。他渴望對中國人有更深層次的瞭解，期盼著中國人中能有用英語交談的人與自己交流。經過新加坡時，漢納根發現這裏基本上是一個中國城市，「所有的都凌亂不堪，……都在繁忙的喧鬧中，哪裡有一個傢伙在工作，就有十個人在旁邊大喊」。日後漢納根在中國官場和軍隊生活中，一定會再一次想起並印證自己最初在新加坡對華人社會的這個印象。船駛到香港時，漢納根對中國人有了進一步的瞭解：「中國人都是些友好的傢伙，他們看起來非常尊重我們。」[50]

漢納根抵達天津後，德璀琳為他的到來精心安排了一次熱情的見面活動，把他介紹給上層社會許多中外知名人士。在等待李鴻章面試的這段時間裏。精力旺盛的漢納根在天津城裏乃至四郊轉了個遍。他發現，這是一座以水見長的城市，大大小小的河流如蛛網般密布，到處是濕地窪地。大多數中國人居住環境簡陋。窮人多住著屋頂上覆以茅草的土坯房，有的甚至只是用幾根木棍或竹竿搭成的三角形窩棚，外面鋪以葦席用來遮風擋雨。條件好一點的有半截青磚半截土坯的房子。而富人的房子則很講究，多為方形或長方形高牆圍成的深宅大院。

漢納根注意到天津的城市衛生條件惡劣：偌大一座城市的生活用水主要依靠河水、井水和池水；排水則是往就近的污水溝裏隨意排放，談不上給排水系統設施；居民缺乏良好的衛生習慣，衣著骯髒，隨地吐痰便溺；離住宅區不遠隨處可見糞場，每有大風大雨，難聞的臭味和粉塵會飄出很遠，污水也會肆意蔓延。這座城市的市政建設也很落後：諾大一座城市幾乎沒有一座像點樣的公共廁所；

整個市區只有四、五條鋪著石板的馬路，寬不過八、九步，其他幾百條道路清一色全是土路；路面凹凸不平走起路來深一腳淺一腳，遇到水坑或淤泥只能跳過去；老百姓養的家禽、家畜等也經常倘佯在大街上，行人走在大街上被家畜絆倒是一點也不奇怪的。

從工業革命後的歐洲來到前工業社會的中國，城市建設方面的巨大落差和迥異的文化風俗是顯而易見的事實。漢納根的看法應當是客觀真實的，沒有理由指責漢納根對天津城市環境和風土民情的負面評價是殖民主義者的態度。而且，除去物質上的落差，漢納根發現，「雖然不少中國人外表骯髒，但樂於助人是這個國家底層人民所特有的美德。」

與李鴻章的初次見面

一八七九年十一月二日，對飄洋過海隻身來到陌生的中國謀生的漢納根來說，這是命運攸關的一天。他的內心交織著興奮和緊張，因為總督李鴻章安排在這天召見漢納根。後來他在寫給父親的信中，詳細描述了李鴻章接見他的過程。

漢納根為這次會面做了精心準備。他換了一套正式的禮服，在下午三點鐘之前趕到德璀琳的家裏，由德璀琳帶領，雇了兩頂轎子，前往總督官邸。官邸是座巨大

▶李鴻章畫像。

的兩層石頭建築，處處雕梁畫棟。漢納根幾乎難以想像，這位似乎擁有無限權力的大人就是住在這麼豪華的地方。

在第一個庭院的候客室裏，即尋常所謂的「二堂」，德璀琳和漢納根受到了天津地方行政長官的迎接。隨後，二人被引進第二個庭院。儘管心情緊張興奮，但是充滿好奇心的漢納根還是保持著觀察力。他看到，在大廳站著兩排表情嚴肅、帽子上有長長的「鴕鳥羽毛」的侍衛。大廳呈長方形，四面牆壁擺放著和二堂一樣的座椅，看上去顯得更大、更漂亮。他特別注意到，大廳正中寶座的旁邊，擺著一幅真人大小的總督油畫像，這是德國克虜伯兵工廠讓人按照片繪畫並作為禮物送給李鴻章的。

李鴻章的出現對於漢納根來說，是一個「偉大」的時刻。下午四點，他終於見到了百忙中抽身接見他的總督大人。李鴻章身材高大，蓄著灰色翹起的髯鬚，穿著一件長長的灰色羔羊皮大衣，官帽上有紅色的絨線和長長的向後垂下的羽毛（花翎）。在漢納根眼中，即使用歐洲標準來衡量，總督大人也稱得上是英武偉岸的男人。

李鴻章先微笑著和德璀琳打過招呼，又像父親般慈愛地拍了拍漢納根的肩膀，然後請他們就座。李鴻章雖已從德璀琳處瞭解了漢納根的基本情況，還是詳細地詢問了他本人。諸如，漢納根的年齡、在普魯士軍隊裏擔任的職務、服役的年限、特長，還有在軍校學生團待了多久、是否曾經學習過其他方面的軍事知識、能否繪圖、是否帶來了必要的測量設備，以及手邊有什麼樣的書籍、在步兵部隊服役多久、又當了多長時間的炮兵、對騎兵瞭解多少等等一長串問題。漢納根盡自己所能一一道來。德璀琳則為他們充當翻譯，並適時為李鴻章作些補充介紹和解釋。

李鴻章對他的家庭情況，特別是對他父親的情況非常感興趣，問了一些關於老漢納根的問題。漢納根敏銳地意識到，父親的軍人背景可能是自己被李鴻章接納的原因之一。

後來，李鴻章問漢納根是否認識一個叫保利（Pauli）、大約四十多歲的德國軍事學家。因為這個保利跟中國駐德公使很熟，此時已經中國公使介紹來華，正在為清軍訓練年輕軍官。

「啊，一個強有力的競爭者！」聽到保利的名字，漢納根頓時緊張起來。論經驗，年輕的漢納根自然比不上保利，這使他心中感到不安。果然，李鴻章問道：「保利是不是比你更優秀的軍人？」這個問題提得很刁鑽，如何回答將面臨兩難選擇：漢納根若說自己比保利優秀，顯然是在說大話，其結果將是失去這得之不易的機會；如果說自己比不上那個競爭者，等於是對自己的否定。

漢納根迅速思索答題的最佳角度，他知道保利的年齡在四十五歲左右，年齡顯然是太大了；而且，四十多歲的軍人還是少校軍銜，不得不讓人聯想到晉升緩慢怕是別有隱情，這是對手的一根軟肋。漢納根並沒有抓住保利的軟肋大做文章，只談自己的長處，不談別人的短處。他巧妙地避開「現在時」的孰優孰劣，以「將來時」代替，回答道：「保利比我年長，所以他應該比我懂得更多軍事理論方面的知識。繪圖技巧需要很多經驗，他肯定比我熟練。」

「但是年輕人應該有更多的精力和忍耐力，對不對？」總督馬上明白了漢納根的潛臺詞，笑著問道。「是的，我有健康的體魄能夠承受更多的磨礪！」漢納根立即應道。李鴻章對漢納根的回答很滿意。看來，李鴻章非常喜歡年輕人的勇氣和誠實。

接著，李鴻章又問漢納根對大沽炮臺有什麼看法。漢納根經海路來天津的時候，曾經路過這個炮臺。儘管並沒有什麼成熟的想法，漢納根還是把這當作是展示自己的絕好機會，做了一個關於永久性防禦工事及其必備條件的小型報告。漢納根還告訴李，這樣的炮臺在德國很少見，甚至不存在。李鴻章聽了非常吃驚，因為這個普魯士風格炮臺所參照的模型是通過中國公使從柏林運回來的，是德國作為禮物送給中國的。

經過這次面試，李鴻章對漢納根非常滿意，表示願意雇用漢納根。而漢納根也對這位未來的老闆非常景仰。李鴻章的態度是親切和藹的，然而他的權位和威嚴仍然使初來乍到的漢納根感到非常緊張。漢納根在給父親的信中描述當時的心情：「儘管靠近這位中國的太陽，但我還是嚇得渾身發冷。」[51]

一份聘任合同

雖然面試令人滿意，但在聘用自己的軍事顧問方面，李鴻章顯然是非常謹慎的。對於一個年僅二十五歲、在軍隊資歷尚淺、缺乏經驗的年輕軍官來說，李鴻章不光要聽他說什麼，更重要的還是看他是如何做的。

在等待聘用合同簽訂的一段時間裏，李鴻章讓漢納根在海河入海口附近監督炮兵訓練，每月薪俸為一百兩。這可以被看作是一個試用期。那時，天氣已逐漸變冷，白霜蒙地，寒氣襲人，海邊風也大，冬季的訓練非常艱苦。持續幾個小時操炮，一不小心就會讓手粘在金屬上撕下一塊皮來。觀察敵情和炸點會不住地迎風流淚。大汗淋漓濕透棉衣，陰冷的海風吹來使棉衣變得冰涼。即便是喊口令，也會凍得張不開嘴，一心要幹出一番事業的漢納根全然顧不上這些了。

「面試」後一個多月的時間裏，李鴻章又兩次召見了漢納根。一次是讓漢納根陪同前往大沽考察剛剛從英國買來的炮艇。李鴻章再次就大沽炮臺和漢納根討論了海岸線一帶的防禦問題。第二次是在一次盛大的炮兵檢閱中，漢納根被安排參加操練和實彈射擊。在這兩次召見之間，漢納根自己又單獨對直隸省的幾處炮臺進行了考察，找出了各處炮臺存在的實際問題。他的漢語水平也大有長進，已經可以用中文做簡單的自我介紹了。

對漢納根的聘用最終起決定性作用的，可能還是面試後的第二次實彈演習。在那次射擊演練時，漢納根險些出醜。李鴻章讓漢納根瞄準一個不知道距離的目標發射炮彈，偏偏漢納根對這種火炮並不熟悉。火炮的基本原理是一樣的，但是不同國家有不同的設計，即便是同一國家的產品，也有不同時期的不同型號，這需要操作者有一個熟悉的過程。作為檢閱的最高指揮官，李鴻章不可能理會漢納根對這種火炮熟悉與否。第一發炮彈偏離了目標，人們瞪大了驚異的眼睛，集中在漢納根身上的目光幾乎能使他燃燒起來。好在他足夠鎮定，有了第一發的誤差值心裏就有了底。經過修正之後，第二發、第三發炮彈都命中目標。李大人對此非常滿意。

這年的十二月，漢納根終於得到了由德璀琳轉交的聘任合同。合同措辭嚴謹，內容翔實，從合同的有效年限、職責範圍、平時戰時各種可能出現的情況及相應的待遇，到應當遵守的紀律、賞罰、路費、舉薦人、保人等都有具體說明：

一、從一八七九年十一月起計算，工作時間為七年；主要職責是為總督李鴻章及其手下的將領提供軍事方面的建議；如果中國與他國（除德國之外）交戰，漢納根有參戰的義務。

二、先為總督手下的將領做軍事顧問，十八個月以後升級為總督擔任軍事顧問；同時要求漢納根的漢語必須達到一定水平。

三、漢納根來華路費由中方報銷。第一年的月薪為一百五十塔勒（當時普魯士的貨幣單位，二塔勒約當一兩白銀），以後每年月薪將增長二十五塔勒（當然這是以學好漢語為基礎的）；如果在規定的期限內學不好漢語，雖然不會被解雇，但月薪將不再增加；月薪漲到三百塔勒的時候，每次工資的增長將取決於業績。

四、如果中國政府在合同期內認為漢納根的工作並非不可缺少，可提前辭退；剩餘時間裏中國政府將每年支付不少於兩個月的全額月薪，七年將得到十四個月的工資，在戰時工資翻倍；如果七年後合同續簽，可享受帶半薪休假一年。

五、如果在戰爭中陣亡，其家人可得到十四個月的全額工資作為撫恤金；如果來中國的話，路費另算。

六、工作期間，對於工作中涉及採購軍火事項，不得代表任何商人的利益，不得接受任何中間商或生產廠作為賄賂的禮物為其遊說，不得參與任何商業活動。52

合同以中文和英文寫就。合同的一切條款，漢納根都事先詳細地與德璀琳研究過了。兩人對其中的規定都十分滿意。當然，從這份合同的條款中，亦不難發現李鴻章聘用「洋員」是非常正規和嚴格的。

合同第一條明確規定漢納根負有戰時為中國作戰的義務，這說明了他實際上已經受聘成為中國軍人。同時也照顧到他的民族感情，合同中特意標明交戰國「除德國之外」。

第二條和第三條嚴格要求漢納根作為外籍雇員必須學習中文，而且要在規定的十八個月期限內達到一定水平，否則月薪將不再增加。其初衷當然是為了漢納根在中國工作方便。也讓人心中不由得湧起一種感慨，十九世紀下半葉的大清國雖然已經大廈將傾，卻還透著文明古國的驕傲，外國人來我中華謀生必須學好中文，而不是給你配翻譯。在具體做法上賞罰分明——達到了要求就漲工資，達不到就停止漲工資。

第三、四、五條規定了優厚的待遇，但也有相應的要求。

第六條規定的用詞是明確而嚴厲的，表面看來清政府也「反腐倡廉」，不准收受商業賄賂，但實際執行起來就是另一回事了。漢納根在合同上簽了字，但是後來他並沒有完全履行自己的承諾。在漢納根父子的通信中，老漢納根多次催促漢納根向清政府推銷德國武器，漢納根也多次向父親大人稟報在清廷高層遊說的結果。軍火買賣歷來都是和政府行為緊密相連的，暴利是軍火商的終極目標，發財致富當然也是漢納根來華的目的之一。

漢納根如願以償地得到這份工作，他對自己的未來充滿了信心。「這個職位很有影響而且往後會是有利可圖的，當然也是相當困難的，需要我具備很高的外交素質。無論如何我打算在這裏做出些成績，這裏有很大的發展空間，但我不缺乏必要的耐力。」他下定決心，「在德璀琳先生幫助開拓的這項事業上，我將從頭走到尾。」[53]這一年，漢納根年僅二十五歲。

漢納根與李鴻章的關係

漢納根來華的目的非常明確，就是抓住中國正在進行洋務運動的難得歷史機遇，以海關總稅務司赫德成功控制中國的財政大權為榜樣，利用李鴻章實行軍事改革、加強軍備的大好機會，積極參與到軍事改革的浪潮中去，爭取把德國的軍火販賣到中國軍隊以獲取最大的政治和商業利益。

在被聘任作為軍事顧問後，漢納根對李鴻章充滿感激之情。一方面是李鴻章對他的信任和器重，使他能夠大展身手，幹出一番事業。另一方面是李鴻章給他的高薪（月入兩百至四百兩白銀，相當於當時德國貨幣四百至八百塔勒），這足以使他在經濟上非常富有。即便在普魯士軍隊裏，這筆收入也絕不是他這樣級別的軍官可以享有的。

漢納根也清醒地認識到李鴻章的重要地位，「他不只是個統治者，而且還是四億人中最偉大和最重要的人。為他效勞並且盡我所能支援他的計劃將是我今後畢生的使命。」[54]他深知，當好李鴻章的軍事顧問不是一件簡單的事，一個錯誤的建議有可能打破自己的飯碗，使多年的努力功虧一簣，一個好的建議也可能帶來意想不到的收穫。顧問雖然只有建議權，一旦建議被賞識接受，再從李鴻章口中說出來，分量就不一樣了。所以，漢納根懂得自己必須謹慎小心地對待與李鴻章的關係，以取得他對自己的信任和倚重。

漢納根通過長時間的接觸並仔細觀察中國官員如何對待李鴻章後，發現總督大人非常有主見，要想改變他的決定或意見不是一件簡單的事。在修建旅順、威海炮臺時，李鴻章幾乎對每一項重要的工程都要實地踏勘，親自過問。多數情況下，李鴻章的意見是正確或基本正確的，但百密一疏，遺漏或錯誤在所難免。漢納根如要提出不同的看法，必須小心翼翼。他很快就學會了官場的進言方式，首先要肯定海防工程所取得的成績歸功於總督大人統領的正確，然後再提出需要改進的部分，而且要著力說明只有這樣做才能更好地體現總督大人的總體構想。在等級森嚴的官僚體制下，這樣的上下級關係具有普遍性。

一八八三年十月，漢納根回到天津。在黃金山炮臺建成之後，繼續建造第二個炮臺所涉及到的選址和預算問題要向總督大人請示。旅順軍港是在海灣內東側岸邊修建的，李鴻章主張第二個炮臺還要建在海灣的東側，以加強對海灣內的防衛力量。這並不是最好的決策，因為兩座炮臺之間的距離不足千米，就射程而言，建在西邊的炮臺完全可以覆蓋東邊的軍港。但是，漢納根不想在這個問題上違背李鴻章的主張，完全照辦了。

最棘手的是經費問題，第一座炮臺所花的費用約合十一萬塔勒。漢納根憑經驗及直覺就可以斷定，第二座炮臺要是再花費這麼多，在總督大人那裏無論如何是通不過的。漢納根只好在給父親的書信中發泄不滿。他常把基地的預算和滿清官場令人憤怒的奢靡聯繫起來，指出王公大臣們花在娛樂消費上的錢每年大概要五億塔勒。這筆錢要是用來建黃金山規模的海岸炮臺，至少可以建上千座。但憤怒歸憤怒，漢納根也明白這不是自己所能左右得了的。

改變不了清廷的現狀也改變不了李鴻章，漢納根權衡再三，只好重新修改了第二座炮臺的設計圖紙，將費用節省下來近一半。無論是漢納根還是李鴻章都清楚，省下的一半費用實際上主要是省在降低安全係數上。一旦打起仗來，這一半經費只好用參戰官兵的鮮血和生命來支付，這是心照不宣而又無可奈何的事。漢納根很長時間寢食不安，精神幾近崩潰。

其實，李鴻章也有難言之隱。他的權力不可謂不大，但在籌集海防經費上卻常常是有翅難展、力不從心。買船時有錢，修船時沒錢；買炮時有錢，買炮彈時沒錢；根據海防形勢的變化更新艦船的錢就更難籌措了。軍費歷來是龐大的開支，未雨綢繆式的開支往往會引來許多非議，一個錢字常常搞得李鴻章焦頭爛額。他最大的擔心是，遲早有一天落個「有錢買棺材沒錢買藥」的結局。

老漢納根十分關注漢納根和李鴻章的關係。漢納根為了修築炮臺需要長時間住在旅順，老漢納根及時提醒道：「不能被一個職務或一項工作束縛住，尤其不能放棄在李鴻章跟前的職務。在旅順，你可以與成百上千的人建立聯繫、建立友誼。對你個人的發展來講，這些人加到一起也抵不上李鴻章一個人。換句話說，只有通過李鴻章才能使你在中國得到金錢和權威。你至少也要隔一段時間面見李鴻章一次。在可以預見的將來，即使通過李鴻章你被引薦到相當高級別的政府機關工作，或作為軍事院校的領導，或作為中國規模最大的武器工廠的領導者，而且得到了相應的級別和待遇，你也仍然要站在李鴻章的身邊。即使由於某項工作的需要而不得不暫時離開他一段時間，也要和李鴻章保持書面聯繫。」[55]老漢納根的話，說得再明確不過了，這說明他深知背靠大樹好乘涼的道理，提醒兒子一定要重視並保持與李鴻章的關係，由此才能在中國紮穩腳跟。

在來華最初的幾年裏，漢納根對李鴻章的態度可以歸納為：感激、聽話、努力接近並緊跟。然而李鴻章在中日甲午戰爭中所表現出的冷漠和猶豫不決，卻讓漢納根非常失望。他無法相信，在總噸位上超過日本海軍的北洋水師卻沒有充足的炮彈來打一場幾個鐘頭的海戰；他無法理解，為什麼幾乎所有的北洋水師官兵能夠效死用命、血戰到底，而它的最高指揮官李鴻章卻不積極備戰反而仰賴於歐美列強的外交調停；他更不能接受，自己耗盡八年心血苦心營造、達到當時國際先進水平的旅順、威海衛炮臺，輕易落入敵人手中，甚至被用來給予困在威海港內的北洋水師最後致命的一擊。

被李鴻章的無能和北洋水師的徹底失敗所激怒，看到自己八年來的辛苦付諸東流，再加上編練新軍也遭到李鴻章的種種掣肘，漢納根對中國的前景深感無望，黯然回國。當然這並不是他對中國和李鴻章的訣別。一八九六年李鴻章出訪歐美七國。當他訪問德國時，漢納根和德璀琳陪同翻譯。此後不久，漢納根第三次來到中國。這次，他遠離政界和軍界，主要從事工商業方面的事務。

第三節　洋務運動與清政府中的洋顧問

洋務運動與洋員的任用

鴉片戰爭結束了中國與世隔絕的狀態，中國同西方的接觸日益頻繁。一部分先進的中國知識分子開始睜開眼睛看世界。林則徐、魏源提出了向西方學習、「師夷長技以制夷」的論點。第二次鴉片戰爭後，先後增開了十一個通商口岸，西方資本主義勢力因此開始深入中國內陸。面對此「數千年來未有之變局」，如何抵禦那些「數千年來未有之強敵」？清朝統治階層打出了「自強」的旗幟。一八六一年一月總理各國事務衙門成立，洋務運動正式開始。

至於師法列強的可能性，這並不成問題，因為清政府與列強很快達成了合作的意向。列強十分歡迎清政府的這一態度改變。此時剛剛通過《天津條約》和《北京條約》進一步打開中國大門的列強意識到，維護滿清皇朝的威望與權力，對中國人的排外鬥爭進行鎮壓，對他們是最有利的。為了增強清政府的統治能力，第二次鴉片戰爭結束後，代表英國在華利益的赫德提出《局外旁觀論》，向總理衙門

▶利瑪竇、湯若望、南懷仁畫像。

建議：「外國可教之善法，中國應學應辦」，包括「鑄銀錢以便民用，做輪車以利人行，造船以便涉險，電機以速通訊」[56]，向清朝統治者提出了「變法」的最初方案。英國駐上海領事阿禮國（R. Alcock）則以俄國的現代化進程為例，向總理衙門強調「借用外國人才」的重要性，建議中國「何妨依照俄國而行」[57]。

關於聘用外國顧問，清政府一開始是有顧慮的。總理衙門大臣文祥曾告訴多次向總理衙門進行遊說要清政府聘請外國顧問的威妥瑪和李泰國，中國人認為「利用外國人的援助是一種恥辱」。「李泰國回答說，根本不必把利用外國人的援助視為可恥之事。……中國開始和外國人交往而又不理解外國人的習慣、思想方法或性格，在這種情況下，如果不雇用外國人，就不能恰當地處理對外事務。在今後五十年內，如果中國人不想陷入各種不幸和圈套，就必須繼續雇傭外國人。」李泰國還形象地比喻說：「一個人病了，就得找一位大夫，自己無能為力的事情就得交給別人去做。……不求救於大夫的病人是糟糕透頂的。」文祥回答：「可是如果大夫不瞭解病人的體質，給他服藥，雖然使他免於一死，卻使他大傷元氣，那又如何呢？」[58]儘管有這樣的顧慮，清政府為了開展洋務運動，還是不得不採用英國人的提議——「借材異地」——雇用一批洋顧問為洋務運動獻計出力。

德璀琳與漢納根就是這些洋員的典型代表。從一八六〇年清政府雇用美國人華爾（F. T. Ward）組織洋槍隊鎮壓太平天國運動開始，「一大批洋員相繼受聘進入中國的軍事、教育、工礦企業、郵電通訊、交通運輸等部門。」[59]在清政府的洋顧問中，最著名的當屬以赫德為首的海關中的一大批洋員。僅一八七五年，海關就有洋員四〇八人[60]。洋務運動中的各項事業，包括購買艦船火炮、組建近代海軍、開築礦山鐵路、設立現代化工廠、開辦同文館、遣派幼童留美、參加世界博覽會，以及協辦外交和對外派駐使節等等，幾乎無處沒有海關洋員的參與。馬士（H. B. Morse）評價說：「赫德爵士和他所主持的機關，憑著辦事效率和誠實可靠，從一個非常受猜忌的地位中，博得了中外人士的信任。」[61]這使他們有機會成為「現代化倡導者」[62]。

在軍事方面，清政府在訓練新式軍隊方面大量　用外籍教官。十九世紀六〇年代，李鴻章的淮軍中有十五名英國人、三名法國人和其他六名國籍不詳的外國人擔任教官；七〇年代以後，李鴻章還聘任德國軍官按照德國陸軍新式操法訓練淮軍[63]。在組建近代海軍的過程中，從一八七五年至一八八〇年清政府由赫德經手向英國阿姆斯壯廠（Messre Armstrong & Co.）訂購鐵甲艦，同時聘任一些英籍海軍軍官及水手駕駛這些艦船來華。另外，北洋海軍先後還聘任了六名外國人任「總查」（總教習）。其中，英國人琅威理（W. M. Lang）前後任職八年，將北洋海軍訓練成為一支軍容整肅的現代化海軍。在旅順海軍基地和沿海炮臺的營造工作中，先後有德國人漢納根（C. von Hanneken）率領的十六名德國人、一名英國人和十三名法國人等工程技術人員參與設計建造。

洋務運動中，除了軍事領域之外，清政府還在民用企業中大量聘請洋員擔任重要工作。中國第一家現代化企業——輪船招商局成立後，其所有船隻的船長、大副、二副、大車、二車等重要技術職務幾乎全部聘用西人擔任[64]。在採用西方現代技術開採的礦山和創辦的各個工廠中，也多在技術上依賴西人。以開平煤礦為例，一八七七年唐廷樞受命籌建，曾聘用多名英國礦師進行實地勘察，其中有兩人還先後擔任了開平的總工程師。到一八七九年底，開平有九名英國人擔任工程師和領班；一八八三年，全礦有外籍人員十八名。此外，在教育方面，清政府創辦的各種現代化學校，均聘用西人擔任洋教習。如一八六二年成立的京師同文館，由赫德任監察官，傳教士丁韙良任總教習，前後達二十五年。從一八六二年至一八九五年，該館共延聘洋教習四十人，而漢教習僅二十九人[65]。

這些洋員經由種種途徑被雇用：有的由清政府駐外使館招聘、有的主動前來「投效」、有的由外國駐華使館推薦、有的從原來有關企業中留用、有的由在華洋行代為延聘。他們被高薪政策和優厚的待遇所吸引，紛紛來到中國服務。許多外國人都希望在中國的商行得到一份工作，而進入海關、郵政局和鐵路這樣的由外國人控制的機構中工作更被視作美差。「中國海關成了人們最嚮往的地方，其吸引力要超過一個人在西方所能謀到的任何職業。」以至於「國會議員和其他要人都纏著赫德，請求他雇用他們的孩子或者他們親戚的孩子」[66]。

這些洋員當中，既有不少真正掌握並認真向中國傳授西方先進科學技術、成績卓著者，當然也不乏平庸之輩、甚至濫竽充數、招搖撞騙之徒。他們中很多人長期在中國生活，受到中華文化的影響。美國學者柯文（Paul Cohen）指出，這些人「開始經歷了一個『雜交』的過程」，變成了「在中國的西方人」（Westerner-in-China），而不再是「單一純粹的西方人」了[67]。但是，「他們畢竟是他們自己國家的公民，他們的活動往往反映了自己國家的在華利益。」[68]以德璀琳為例，儘管他享受著中國的高官厚祿，一生服務於中國海關並作為李鴻章的幕友而參與各項洋務事業，生前曾獲得清廷賞賜一品頂戴花翎並多次獲贈雙龍寶星；然而骨子裏，他仍然是一個終其一生追求個人名譽和利益的野心家及冒險家，並且在不妨害個人利益的同時，不忘記為自己的祖國爭取在華利益。

總之，洋顧問的出現與洋務派的出現一樣，標示著近代中國開始走上現代化的道路。他們的身分雖然決定了他們彼此是雇主與雇員的關係，而實際上，他們之間卻是學生與老師的關係。對於他們在中國現代化中所起的作用，我們一方面要看到這些洋顧問不僅傳播了西方先進的科學技術知識，而且培養了大批的現代化人才，為中國的現代化事業做出了一定的貢獻；另一方面也不能忽視他們作為帝國主義侵華工具所起的消極作用。

洋顧問的回顧

中國有悠久的「借材異地」的傳統。在明朝，近代科學知識逐漸由西方傳往東方。從萬曆年間來到北京的義大利人利瑪竇（Matteo Ricci）開始[69]，天主教耶穌會傳教士絡繹不絕地來到北京。他們向明朝和清朝的皇帝們介紹有關歐洲的自然科學領域的知識，翻譯了大量的科學著作。特別是在天文曆法方面，耶穌會傳教士一直佔據著欽天監的位置。這些傳教士中有的人得以在中國的朝廷中擔任官職，成為將西方的科學器物傳播到中國的洋顧問，不僅如此，通過書信往來，他們也將中國的文化制度風土民情介紹到歐洲，從而為中西文化交流做出了極大的貢獻。

十七世紀初，明朝萬曆皇帝將義大利傳教士利瑪竇留在北京，初時只是出於對西洋貢品的喜愛。利瑪竇在北京定居下來後，與徐光啟、李之藻等人一起先後翻譯了《幾何原本》前六卷、《同文算指》等五部科學著作，將西方近代數學、天文學等介紹到中國[70]。他還重新修訂了世界地圖，繪成代表十六世紀歐洲比較先進的地理知識水平的《坤輿萬國全圖》，並先後「翻刻了十二次之多」[71]，由是使中國人對世界的瞭解大大進步。在華期間，他通過書信將大量有關中國的情況介紹到歐洲，晚年更撰寫了《利瑪竇中國箚記》，使歐洲人對中國的瞭解，比馬可・波羅的傳說更進了一步。利瑪竇雖然沒有正式被中國政府雇用，但是明朝政府給他發了俸祿，可以說，利瑪竇是近代來華洋顧問的先驅。

明朝後期，由於後金大軍進逼山海關，明朝政府邀請湯若望（Johann Adam Schall von Bell）等傳教士協助仿造西洋大炮，並在實戰中發揮了巨大的效用。借助大炮的威力，一批博學的傳教士，如鄧玉函（Johannes Schreck）、衛匡國（Martino Martini）、南懷仁（Ferdinand Verbiest）等耶穌會士得以進入晚明和後來大清王朝的朝廷充當皇帝的顧問，並長期擔任欽天監監正（相當於天文局局長）的職務。他們與一些中國優秀的學者一起翻譯了大量的科技著作，將當時歐洲的數學、醫學、機械學、天文學、植物學、製圖學等實用技術介紹到中國。與此同時，他們還撰寫了大量有關中國的地理、歷史、風土民俗和科學技術等方面的書籍和信函，將中國的

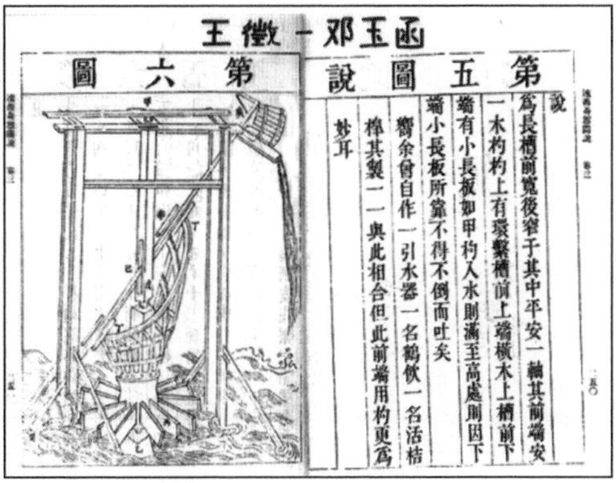

▶一六二七年德國傳教士約翰內斯・施萊科（Johannes Schreck, 1576-1630），中國名字鄧玉函，與清朝官員王徵（一五七一—一六四四）一起編撰了關於歐洲機械製造的教科書《遠西奇器圖說》。圖為該書插圖。

形象傳播到了歐洲，促進了中西方的相互瞭解[72]。

在借材異國的封建統治者中，最為成功的當屬康熙皇帝。他從十七歲開始，師從南懷仁，學習數學和天文學；後來一段時間又跟隨徐日昇（Thomas Pereira）、安多（Antoine Thomas）、白晉（Joachim Bouvet）、張誠（Jean Franco Gerbillon）、巴多明（Dominique Parrenin）等傳教士學習天文學、數學、醫學、地理學甚至拉丁文，每日不輟。他還組織傳教士和中國的學者官員一道編纂了介紹西方科學知識的大型叢書《律曆精蘊》，繪製了中國第一部採用西方先進測繪方法的全國地圖《皇輿全覽圖》，同時也培養了一批中國自己的科技人才[73]。

除了傳授西方科學技術，康熙皇帝還任用傳教士參與外交活動。一六七六年和一六八六年他兩次令通曉多種歐洲語言的南懷仁擔任翻譯，方便與來訪的俄羅斯和荷蘭使者進行交流。一六八八年和一六八九年他又任命徐日昇和張誠作為中國與俄羅斯關於簽訂《尼布楚條約》談判使團的成員。二人在談判過程中「任使盡職」，在促成條約簽訂的過程中發揮了極為關鍵的作用[74]。《尼布楚條約》是中國與外國簽訂的第一個條約，而且是一個平等條約。它的簽訂使中國在北部邊疆的利益得到條約範圍內一百五十年的保證。康熙皇帝對此極為滿意，並以放寬對天主教在中國傳教的限制作為回報。「由於康熙皇帝與西方傳教士頻繁交往，發揮他們的特長，使之人盡其才，所以康熙年間是我國歷史上中西文化交流的一個黃金時期」[75]。

康熙皇帝之所以能有如此胸懷和成就，有其獨特的主客觀因素。滿族初期是處於馬上打天下的創業階段，由於　用了一些漢族精英而吸收了漢文化的統治技術，從而迅速崛起並入主中原。因此，本身就是「夷」的清朝早期統治者，能夠對來自西方的傳教士和他們所傳授的西洋科學知識採取寬容和接受的態度[76]。

然而，到了近代的中國，處於守成階段的清朝中後期統治者固守閉關鎖國的政策，虛妄地抱持著天朝上國的尊嚴，厲行海禁，只開放廣州一處通商，多次拒絕來訪外國使團傳教、通商和進行平等外交的要求。除了維護天朝尊嚴的原因之外，還有另一層顧慮：清朝統治者以夷狄身分而據有華夏，內心深處始終不安。統治者不僅在統治階層內嚴守滿漢之分，而且對漢人的反抗一直抱著警惕的態度。對於不斷叩關而來的西方人，清朝統治者深恐其與漢人攏起手來對付自己，因而對西方人傳教和貿易的要求，都一概予以拒絕。

雍正皇帝曾召見在華傳教的天主教教士，明確地講出了自己的擔心。他說：「教友惟認識爾等，一旦邊境有事，百姓惟爾等之命是從；雖現在不必顧慮及此，然苟千萬戰艘，來我海岸，則禍患大矣。」[77]此後的事實證明雍正帝確有一定的「先見之明」。只可惜，他遠不能像古代的帝王大禹那樣，不懂得對外來的洪水猛獸只能採取疏導的方法而不能一味地築壩封堵；近不能學習自己的父親康熙，沒有足夠的自信去接納並學習西方科學技術。到了他的兒子乾隆皇帝時，更是「間年外域有人來，寧可求全關不開，人事天時誠極盛，盈虛默念懼增哉」[78]。於是，雍正、乾隆時期的洋顧問除了在欽天監掌管天文曆法和參與繪製地圖等方面發揮一定的作用外，就只能在宮廷裏作畫製圖、傳播西方繪畫及園林藝術了。近代中國文明在封閉保守的環境中日趨衰敗，閉關鎖國的後果就是中國落到只能挨打的境地。

只是，一百多年後，當國家處於危急時刻，洋顧問作為一種「以夷制夷」的統治法寶再次被祭起，清政府的統治者對此倒還算是駕輕就熟。洋務運動中，在指定的技術和軍事領域中，大量洋員被起用。儘管其中的大多數人沒有在歷史上留下他們的名字，但另外一些顧問的名字卻和十九世紀下半葉到二十世紀初中國致力於現代化發展的這段歷史不可分割地聯繫在一起，其中便有本文的主角——德璀琳和漢納根翁婿二人。

第二章 清末外交與李鴻章的幕府

第一節 李鴻章幕府中的洋顧問

幕府中的洋顧問

在十九世紀的後四十年裏，李鴻章開始作為主持者之一參與洋務運動，並作為清政府的外交代表進行了一系列的外交活動與和約的談判活動。因此，他迫切需要瞭解外國人與整個西方世界的有用知識。李鴻章的洋務知識主要有兩個來源：一是來自於閱讀譯成中文的西方書籍和報紙，一是來自於他幕府中的洋顧問。而後者以其生動靈活、有的放矢而尤為重要。這樣，李鴻章的幕府中便聚集了一大批能夠向他提供所需知識和直接幫助的洋顧問。

李鴻章最早與外國人打交道，是從一八六二年他麾下的淮軍進駐上海與常勝軍會剿太平軍開始的。他雇請美國人華爾（Frederick T. Ward）組織了一支鎮壓太平軍的附屬隊伍。這支軍隊由一群中國人和外國人構成。在上海處於混亂的那些日子，那裏有很多外國冒險家，華爾就是其中之一。他那支中外混編的隊伍在李鴻章的領導下發揮了重要作用，被稱為「常勝軍」。兩年後，華爾被太平軍擊斃，「常勝軍」由美國人白齊文（H. A. Burgevine）接管。很快，白齊文與他的中國上司發生爭吵，甚至調轉槍口加入了叛軍一方。他被逮捕後意外死亡，於是由英國人戈登（Charles G. Gordon）接掌了這支軍隊。戈登出身於英國正規軍，不僅作戰指揮才能出眾，而且善於組織管理，使常勝軍紀律嚴明，贏得了清軍的讚譽，他是清朝末年僅有的兩個被賞賜黃馬褂的外國人之一。在與常勝軍並肩作戰的過程中，李鴻章與常勝軍的將領華爾、戈登以及英法駐軍司令和駐滬領事經常往來，不時「會商事件，無不擇善而從」，並建立起「深相友愛」的關係。李鴻章曾得意地告訴別人，英國駐華海軍司令何伯「與薛吳諸公向不見面，其待鴻章之禮貌情誼，滬人謂得未曾有」❶。

在這些外國人中，戈登給李鴻章留下了深刻的印象，因為有一次他差一點把後來的總督大人打死。那是在太平天國末期的蘇州戰役中，戈登與協同作戰的清朝將領曾答應蘇州的太平軍領袖，投降後保全他們的性命。然而，李鴻章卻違約，將他們全部處死。戈登出於義憤想要射殺李鴻章，追得這位李大人在營房裏抱頭鼠竄、四處躲藏。這一次的衝突雖然幾乎要了李鴻章的命，但也讓他在初次與外國人接觸的過程中，發現他們有講信用重承諾的一面。不過，後來與那些列強的外交官和冒險家們打交道的經驗卻告訴他，早先的結論是錯誤的：外國人和中國人一樣，有誠實的，也有不誠實的，大約各占一半。

▶戈登身穿黃馬褂、戴花翎像。

李鴻章的幕府長期以來吸引和招募了大量的美國人和歐洲人。他們大多是來到中國尋找發展機會或者發財機會的「冒險家」們。野心勃勃、崇拜權力、富於勇氣、追求財富和榮譽，是他們共同的特徵。為了達到發財致富、出人頭地的目的，他們紛紛投靠到李鴻章的門下。從一八七〇年當上總督到一八九四年因中日甲午戰爭去職，李鴻章被在華的外國人看作是滿清朝廷的實際總管。雖然在此期間，一個類似外交部的政府部門——總理衙門——誕生了。但是，經常被總理衙門的各種拖延策略搞得厭煩不已的各國外交官們，不得不跑到天津，與「偉大的總督」協商，才能把事情敲定下來。

在這些外國人眼中，李鴻章的權力似乎是無限的。冒險家們圍繞著李鴻章，就像是蜜蜂圍繞著鮮美的花朵。他們心甘情願為他效勞，為其洋務事業和外交活動出謀劃策、四處奔走。李鴻章的洋顧問主要有兩類人：一類是由清政府正式雇用的有職務的洋員，另一類是李鴻章自己聘用的私人秘書、外交代表或者家庭教師。前者以德璀琳、漢納根、馬格里（Halliday Macartney）等人為代表，後者則有畢德格（William N. Pethick）、敦約翰（John Dunn）、丁家立（Charles D. Tenney）等人。前者中，德璀琳多年任職海關稅務司，漢納根曾被聘為北洋水師副提督，而馬格里曾被清政府派駐英國任公使館參贊。後者中，美國人畢德格因擔任李鴻章的家庭教師和私人秘書被免去了美國駐天津副領事一職，幾乎從一八七九年直至李鴻章去世，一直為李鴻章服務；英國人敦約翰本是在津商人，李鴻章曾就與梵蒂岡建立外交關係一事派其赴羅馬與教皇商談；美國人丁家立一邊在天津創辦中西書院，一邊擔任李鴻章的家庭教師，前後長達六年，後來與盛宣懷一起創辦了北洋大學堂，還曾任美國代理駐華公使。李鴻章的幕友吳汝綸評價說，李所用的外國幕友，「皆盡其力，能文武有立」❷。當然，他們的服務並不是無償的。正是有李鴻章作靠山，他們在中國的事業都得到了極大的發展，獲得了在本國不可能得到的高官厚祿。

在權力的光環下，這位總督大人也顯得非常富有人格魅力。李鴻章身高一米八三，初次接觸他的人皆認為他身材偉岸、器宇軒昂、談吐優雅。除此之外，李鴻章極具好奇心，能夠接受來自西方的新鮮事物。他為子孫們聘請的家庭教師丁家立回憶說：「我非常愉快地接受了李鴻章總督的邀請，作他兒孫們的家庭教師，每天下午花兩個小時在衙門或官邸授課。……我偶然瞭解到，總督的一些朋友極力反對他讓自己的孩子受外國人的影響。而總督堅持按自己的方式行事。」請外國人作私塾先生，在當時的清朝官員中，李鴻章確實是開風氣之先了。丁家立還記得，李鴻章熱愛科學。有一次，在大地震中，他們跑到院子裏，當周圍的牆壁還在嘎吱作響的時候，李鴻章讓他給大家講解地震的成因。很多在華多年的外國僑民都認為，李鴻章是一個穩健的改革者，他雖然遵循傳統，但能夠隨著時代前進，「比辛亥革命和民國時期走到台前的任何人物都更傑出」❸。正是由於以上原因，李鴻章能夠招募到許多有能力的洋顧問，長期追隨左右為他出謀劃策。

▲丁家立佩帶雙龍寶星勳章像。

在李鴻章幕府的洋顧問中，有兩個人站在頂點上，天津海關稅務司、德國人德璀琳和前任美國駐津領事畢德格。他們之間有一個不太嚴格的分工：德璀琳支配著在李鴻章手下任職的歐洲人，畢德格則吸引著英美人❹。在李鴻章直隸總督任期內的二十幾年的宦海沈浮中，德璀琳幾乎自始至終與李鴻章保持著非常密切的聯繫，在各種洋務活動以及外交事務上為李鴻章出謀劃策。他對於為李鴻章的各項洋務事業效勞的興趣要遠遠大於對海關的日常業務。他在津海關的下屬慶丕回憶道：「我是一名頭等幫辦，但是由於我的上司對中國政治比對辦公室的事務更感興趣，我很快就被賦予在處理公務時自由行動的權力」。慶丕還曾記述：「這位天津海關稅務司（指德璀琳，作者注）常被召到衙門裏去參加『徹夜』的商談。」[5]

中外幕僚之間的關係

李鴻章的幕府屬於私人統治集團的性質。在不同時期，李鴻章的幕府中有數百人之多。為了籠絡人才並使這些人能忠誠地為自己效命，他經常運用保舉官吏的權利來回報部下對自己的忠誠，將他們向朝廷推薦授予官職，獲得高官厚祿。除此之外，李鴻章還在自己創辦的官督商辦的洋務企業中聘用了大批的官吏。他甚至可以不經過朝廷的批准而直接任免這些人。所以，李鴻章幕府中幕主與幕友之間存在著密切的利益關係。

為了獲得李鴻章的信任並最終獲得個人的榮華富貴，各幕友之間，特別是中外籍幕友之間，也是存在著矛盾和競爭的。一般情況下，李鴻章對於自己選用的洋顧問都是非常信任的。但是，如果是自己屬下的中國官員和外籍雇員發生矛盾衝突，李鴻章最終維護的還是自己的同胞。

從一八六二年開始，英國人馬格里[6]為李鴻章管理兵工廠。一八六六年李鴻章離開南京，馬格里被留下與一名中國官員共同負責金陵製造局。他與這位中國官員之間矛盾不斷。發展到一八七三年，馬格里要求李鴻章要麼把這位官員調走，要麼把自己調走。李鴻章滿足了他的要求，調走了那位中國官員。但他與繼任的中國官員的關係更糟，李鴻章對他就不那麼支持了。特別是李鴻章認為，馬格里並不真心教導中國工人，致使金陵製造局成立多年仍然要依靠外國技師。之後，一八七五年的一次事故後，李鴻章解除了馬格里在金陵製造局的職務[7]。

此外，琅威理從北洋海軍辭職和馬士（H. B. Morse）從輪船招商局辭職都是出於同樣的原因。一八八五年應李鴻章的請求，曾在津海關任職的德璀琳下屬馬士被從海關調到輪船招商局，協助進行收回在中法戰爭中轉讓給美國旗昌洋行的招商局船隻和庫房的工作。期間，馬士通過德璀琳向李鴻章彙報工作進展情況。在馬士任職輪船招商局的兩年中，他就倉庫、船塢、輪船設計及成本核算等等招商局內發生的幾乎所有事情，都一一寫信給德璀琳彙報，成為李鴻章和德璀琳在輪船招商局的情報員[8]。顯然，在這一過程中，他不管是出於誠實還是偏見，對盛宣懷的種種做法都提出了自己的不同意見。

李鴻章雇用洋匠的目的在於向西方學習先進的科學技術，並最終用中國人替代這些外國人。而且，「非我族類，其心必異」的華夷之見，在深受中國傳統文化影響的李鴻章身上，恐怕還是有著根深柢固的影響。所以，從根本上，李鴻章在中外幕友之間發生矛盾時是不可能完全傾向於洋人的。修築北洋海軍基地旅順港時，德璀琳曾向主持旅順港工部局工作的袁保齡推薦德國工程師善威任工程局幫辦。善威沒有主持這麼巨大工程的經驗，不僅「兩年無尺寸效」[9]，反而與中國官員在工作中發生很多分歧，因而遭到袁保齡的反對。後來，袁保齡建議採用招標的方式聘請外國公司承包旅順港的工程。這引起了德璀琳的極大不滿，甚至以在天津的外國報紙上載文批判來威脅。但是，李鴻章最後還是採納了袁保齡的合理建議，以在競標中勝出的法國公司取代了原來德璀琳推薦的德國人。不過，此次事件並未影響到德璀琳與李鴻章的親密關係。在所有外籍顧問中，德璀琳仍然是最受信任的。

德璀琳雖然對李鴻章非常忠誠，對於李鴻章的各項洋務事業都非常樂於貢獻力量，但是他終究還是一名德國人，有著德國人的驕傲。除了李鴻章之外，這個傲慢的普魯士人是不可能以平等真誠的態度對待其他中國同僚的。他與周馥的關係就極好地說明了這個問題。

周馥是李鴻章所有幕友中追隨時間最長的。他從一八六一年開始服務於李鴻章，終其一生都對幕主忠心耿耿，並在建立電報局、天津水師學堂、天津武備學堂及其他工作中給予李鴻章寶貴的幫助。李鴻章死後，他官至山東巡撫、四川總督和兩廣總督等。可以說，周馥是一個非常有能力的人。他雖沒有取得過任何科舉功名，卻受過大約十年的正規學校教育。丁家立、慶丕等外國人都對他極為尊敬。丁家立稱周馥是一位「著名的儒家學者」[10]；而慶丕則評價他是「偉大的人」[11]。周馥與德璀琳雖同為李鴻章的左膀右臂，卻彼此不能相處融洽。

▶周馥像。

周馥曾指責直隸省的全部官員都是一群「老婆子」，讓德璀琳牽著鼻子走；而德璀琳仗著李鴻章的友誼，知道自己根本不用懼怕這些微不足道的官員們。所以，心有不平的周馥每每見到德璀琳都要刺激他一下。每次德璀琳與慶丕一起去拜訪時任津海關道的周馥時，周馥都會故意殷勤地問候德璀琳的家人——「敢問您有幾個孩子？是男孩兒還是女孩兒……」——然後再轉向慶丕問他同樣的問題。周馥其實早已知道，德璀琳只有四個女兒沒有兒子[12]，而慶丕則有四個兒子。接著，周馥就向不知所措的慶丕表示祝賀。他很清楚，由於在華多年而深受中國文化的影響，德璀琳對於沒有兒子一事是非常敏感的。德璀琳還曾告訴慶丕，他和周馥經常發生口角，甚至互相拍桌子對罵[13]。

總之，不論是李鴻章還是他手下的中國幕僚，不管是出於華夷之見還是出於利益之爭，對於為李鴻章效勞的洋顧問、特別是對具有強勢性格的德璀琳，其基本態度都是利用加防範，既用其才來以夷制夷，又對其野心加以提防。這是一個基本的方針。

熟記《康熙字典》的德璀琳

從地球的一邊跨越到另一邊，從一種文明融入到另一種，語言既是相互溝通的首要障礙也是跨越鴻溝的唯一橋梁。一百多年前，西方人來到大清國是「孤獨的外來者」。對於那些想在海關任職或者像李鴻章那樣的實權人物身邊立足的洋顧問們來說，第一道關卡就是學會說漢語。很難想像德璀琳與李鴻章進行徹夜長談時，是通過翻譯進行的。更何況，李鴻章自己早年是一位頗具才情和抱負的文官，他對不能講漢語、不瞭解中國文化的外國人不可能給予信任。可以說，學習漢語並進而瞭解中國文化和習俗，對德璀琳和漢納根等洋顧問更好地融入中國社會和官場、進而開拓自己在中國一生的事業意義重大。

在外國人當中，最早提出洋顧問應學習漢語問題的，是海關總稅務司赫德。海關初建時，除了李泰國、赫德等有限幾個人以外，無人能講漢語，更不用說瞭解中國的風土人情、官場習俗並與中國官員進行日常行政和交際了。李泰國雖然很能幹，「卻是一個在文化上嚴重固步自封的年輕人」[14]。他曾師從德國傳教士郭士臘（C. Gutzlaff）[15]學習漢語，但他從不把清朝統治者看在眼裏，就任總稅務司幾年後就因「阿斯本艦隊」問題被清政府辭退了。赫德雖然精通漢語和中國文化，也總能夠與中國官員搞好關係，但是海關繁忙的日常行政工作使他不可能事事親歷親為，所以他希望通過引導所有關員學會漢語來增強海關洋員在華服務的本領，並且「能使吾等對為之服務之中國政府及與之共命運之中國人民增進認識與產生興趣」。此外，在海關初創階段，很多中國官員不願與不會講漢語的洋員打交道，甚至還寫信給赫德，要求「勿調派不懂漢語之稅務司至其所在口岸」。赫德清楚地認識到，從道理上講，「任何政府部門之雇員均應講雇傭國語言」。因此，為了海關的繼續存在，為了與中國海關監督更好地溝通以提高行政效率，洋員也必須學會漢語[16]。

截至一八六六年，「海關中或多或少熟悉漢文及漢語之洋員約計五十名」[17]，對於不斷開闢新關和不斷拓展的海關業務來說，這些人是不敷使用的。為了鼓勵和鞭策海關洋員學習漢語，赫德在海關章程中明確規定：「漢文知識不足，在處理特殊事務時需要譯員幫助者，不能任命為稅務司」；在總稅務司署第二十六號通令中規定：「不學漢文不得擔任稅務司職務只留任原職」。甚至於，赫德「有時不得不將能操漢語之低級關員先於不會講漢語之資深關員提前提拔」，以激勵更多的職員學習漢語[18]。

對於外國人來說，跨越語系學習另一種語言並不是一件容易的事。丁家立曾潛心研究中國語言文字的特點，他總結出：一、中文有四萬五千個漢字，一般要能達到閱讀文章的水平，至少要認識四千到五千個漢字[19]，對初學者來說門檻較高，不能很快掌握這門語言的認讀和書寫。二、漢字是表意字元不表音，又有很多同音字，光用耳朵聽文言文很難搞懂意思；而且，中國幅員遼闊，方言眾多，即使使用同一種文字，彼此之間也很難用語言溝通。三、中文的書面用語與口語之間有極大的差異。書面語言非常簡練，要表達一個意思，書面語通常只用單字，而口語要用多個字。中文又有許多多義字，對初學者來說難度很大[20]。漢納根曾說：「最讓人頭疼的是中文書面辭彙的一詞多義現象，同一個詞在不同的句子裏會有不同的意思。在一個陌生的句子中看到一個認識的詞，但在這句話中它早就不是我所知道的那層意思了，這就是中文的難學之處。」[21]

對於那些初到中國的年輕洋員來說，學習漢語即使不是一件艱難而枯燥的事，也是一件需要極大毅力的事。赫德曾說：「我想幾個年輕人在一起跟著好的老師學習並得到精通這門語言的長者的建議與指點，會比一個單獨的、又有別的事打擾的個人取得快得多的進步，而且獲得更有用的漢語知識，因為這個人從來不知道可稱為是他自己的時間有多少，每天的奇思怪想時而飄向這裏時而飄向那裏，從來也不知道自己的時間是否花在值得努力的追求上，或者是否在按恰當的方式工作。」[22]

赫德最初的設想，是讓剛進海關的各國年輕人住到講官話（今天普通話的前身）的北京，用兩年時間專門學習漢語，由海關提供住宿並發給薪水。但是由於各通商口岸相繼開辦海關，急需人手，所以很多新入海關的外籍關員，不得不直接被派到指定的口岸立即開始工作，而不是先進行系統的漢語學習。因此，他們的學習只能是在一天緊張的工作之後，在業餘時間聘請當地漢人作老師。

野心勃勃的德璀琳初入海關就開始學習漢語，想以此作為自己的晉身之階。這一時期，他正在煙臺和淡水海關任供事。可以想像，在那炎熱的夏日午後，寂靜無人的海島上，燦爛的太陽從如洗的碧藍天空中直射而下，照在淡水海關稅務司署那殖民地式的白色建築——「小白宮」。一個身材魁梧的日爾曼青年，剛剛抄寫完一堆文書，下了班。他走回辦公室旁自己的宿舍，那裏已經坐著一位當地人在等著給他講課。日爾曼青年擦了擦頭上的汗，請漢語老師坐到拱圈迴廊上，一邊享受那裏的習習海風，一邊用生硬的漢語腔調與老師一問一答。香港總督包令（Sir John Bowring）曾發表這樣的意見：「在熱帶地區，愛好學習的勁頭必須非常強烈，在六小時公務前或是在六小時公務後堅定地、不屈不撓地追求自己的目標。」[23]據赫德在日記中記載，儘管「有些口齒不清」並且「總是帶著土音」，但德璀琳來中國僅半年時間，就已經能講中國話了[24]。這說明他必定以極大的熱情、下了很大的功夫。而作為剛剛開埠的小口岸，在煙臺或者淡水恐怕是找不到什麼能講標準官話的中國人來當老師的，所以赫德對德璀琳講官話的口音問題未免有些吹毛求疵。

赫德從自己學習漢語的經驗中總結出，海關關員應學習官話，即北京的清廷官員所使用的官方語言。因為既然政府的各地方官員和海關關員都是在各地方或各口岸輪調的，所以沒必要學習各地方言。這雖然給學習漢語的初學者們指明了一條捷徑，但也給南方各口岸的關員出了一個很大的難題。曾任津海關稅務司的狄妥瑪（Thomas Dick）認為：「在中國欲與土著直接交談，他處均不如北方各口之為容易。」[25]另一位海關關員慶丕回憶說：「在潮海關的那些日子，學習官話是相當困難的一件事——在當地找不到北方人。」[26]想像一下，各口的稅務司操著不同口音的所謂官話進行交流，很讓人懷疑他們彼此能真正聽懂多少，因此海關內部的通用語言是英語。

作為後來者的漢納根，在漢語學習方面也是非常自覺的。他初到天津後，一直住在舒適豪華的大飯店裏。飯店地處租界，是西方人集中的地區，生活便利，卻遠離中國人。為了便於工作和學習漢語，漢納根在簽訂工作合同後不久，即搬入一處遠離租界卻靠近總督衙門的院落。這裏是中國人居住區，附近還住著另外兩個年輕的歐洲人，同樣是為了學習漢語的目的而住到這裏。

工作初期，李鴻章給漢納根安排了一位漢語教師兼翻譯。漢納根就請他住在自己的住所，還特意為他準備了一間靠近自己臥房的房間，以隨時請教老師、練習漢語。所以，由於有德璀琳的領路和李鴻章的幫助，在漢語學習中，漢納根顯然比德璀琳一開始遇到的困難要小多了。漢納根學習漢語進步也很快，半年時間就可以與說官話的北京人和天津人很好地交流了。不過，他還是覺得漢語的書面語言太難了。好在李鴻章並不要求他在一年半的時間內就學會中文寫作，會說、可以與中國人交流就可以了。

不過德璀琳似乎更具有語言天賦。據其後代講，德璀琳認識一萬多個漢字，熟悉《康熙字典》，中國文化造詣頗深。假設這是真實的，學會一萬多個漢字意味著需要花費多大的精力呢？以赫德作比較。赫德是英國名校貝爾法斯特皇后大學（Queen's University of Belfast）畢業的高材生，在學期間曾多次獲得獎勵，在英國外交部選拔到中國的外交部譯員考試中獲第二名的成績。在赫德早年學習漢語時，曾用十四天的時間學會讀寫一百個以上的漢字[27]。如果以此為標準的話，認讀一萬個漢字就意味著至少要用四年的時間。當然德璀琳下的這個苦功是會有回報的，那就是與李鴻章等清廷要員毫無障礙的自由交談和交往。

第二節　作為李鴻章密使的德璀琳

喜歡「玩政治」的德璀琳與李鴻章

李鴻章是清末政府中最熟悉外交事務和最有權勢的大臣之一，因此在晚清各項外交事務中大概沒有他不曾直接參與的。德璀琳作為李鴻章最重要的外交顧問之一，以其私人密使的身分參與了清末許多外交活動，如中英鴉片貿易談判、中法和談和中日和談等。在許多來華外國人的眼中，德璀琳被認為是一個能對李鴻章產生重要影響的洋顧問。一位熟悉他的外國人評價他時，甚至認為：「二十五年來他幾乎是中國實際上的外交部長，因而，北京的外交使團成員如果不先來天津會見德璀琳先生與李鴻章，他們將不會有什麼作為。」[28]

德璀琳熱衷於權力角逐的政治和風雲詭譎的外交，在各種洋務活動以及外交事務上為李鴻章出謀劃策，與其接觸十分頻繁。德璀琳在津海關的下屬慶丕曾記述：「他與總督（李鴻章）都喜歡玩政治。」而且，德璀琳對李鴻章非常忠誠，沒有表現出非常明顯的德國傾向，這是李鴻章對他極為信任的最主要原因。儘管他在許多方面都是一個非常典型的德國人，但他還是表現出了一種「世界主義」的精神和超越了「德國高於一切」的態度[29]。他的名聲甚至傳到了歐洲。一八八一年英國鴉片販子沙苗（Joseph Samuel）為了從中國政府取得壟斷鴉片貿易的特許權而準備赴中國游說。行前，他向海關在英國的代表金登幹（James D. Campbell）提到，李鴻章最信任德璀琳，而且「他擔心德國在中國的影響是那麼大」，這個國家很有可能取得在華的築路權[30]。此外，丹麥的大北電報公司的經理也曾向金登幹打聽，是否認識德璀琳以及德璀琳在中國的地位等[31]。

德璀琳還非常善於結交各種有用的朋友和獲得各方面的情報。早在一八七五年李鴻章赴煙臺與英國駐華公使威妥瑪（Thomas Wade）談判時，奉派協助李鴻章的赫德就發現任職煙臺海關稅務司的德璀琳與所有在那兒的清朝官員都有良好的關係，並且非常善於與參與談判的每一位重要人物建立起聯繫。「德璀琳有一套設法與官員的朋友和師爺們結識的好計劃。通過他們來行動，他確實成了這兒的一股勢力。」德璀琳不僅善於和中國官員搞好關係，他的世界主義精神還使他同樣善於從其他外國人那裏獲得到情報。一八八〇年曾統率常勝軍與李鴻章並肩對太平天國作戰的戈登再次來華訪問期間，英國駐天津領事寫信給威妥瑪說：「我想我應當告訴您戈登上校讓我看了您給他的信，他隨後寫了一個字條給德璀琳並附上了您的信，我對他說我不認為您想讓德璀琳看這封信。他說『噢！德璀琳反正什麼都知道』，這當然是一點兒也不假的。」[32]

雖然赫德譏諷德璀琳，說他「盡力結識每一個下級職員以探明首腦人物的活動，然後他慢慢習慣於把給下級職員的電報等看作好像是打給他的，把下級職員的話看作好像是表達首腦人物的意圖」[33]。但是不管怎樣，資訊就是資源。德璀琳的消息靈通使他在外國人圈子中頗富聲望。而這樣一位善於做情報的顧問自然對李鴻章有莫大的作用。中國古代兵法中有一條著名原則——「知己知彼，百戰不殆」。李鴻章在與洋人打交道的過程中，當然更能深刻領悟到這句話的重要意義。他對外國人和西方世界的瞭解在當時的清朝官吏中可以說是非常廣博的。從輪船、火炮的技術細節到國際法的主要原則，從當時錯綜複雜的國際關係再到天津租界裏的最新趣聞軼事，他幾乎無所不知，都能信手拈來、隨意地與來訪的外國人談論。這應當說有德璀琳極大的功勞。

德璀琳憑藉著李鴻章外交顧問的名聲，不僅在天津租界裏與駐津的外交使節打得火熱，而且利用海關職員每七年一次回歐洲度假的機會，在歐洲的外交界頻繁穿梭、秘密會晤，進行了很多秘密的外交活動。在能夠利用的資料中可以發現，德璀琳所從事的外交活動，主要有：中英鴉片貿易壟斷計劃，中法戰爭和談，北堂遷移談判，中日甲午戰爭和談以及陪同李鴻章訪問歐洲。因為所從事的這些外交活動，德璀琳獲得了清政府和許多國家授予的勳章和榮譽。清政府授予他的榮譽包括：三品花翎總兵銜（一八七八年二月十三日因參加維也納國際博覽會），二品花翎總兵銜（一八八六年十二月三日因北京蠶池口天主教堂搬遷案），一品頂戴花翎（一八九四年因肩負使命赴日本調停），雙龍三等第一寶星（一八八二年六月五日因參與中法戰爭交涉），雙龍二等第二寶星（一八九六年一月三十一日）和雙龍二等第一寶星（一九〇二年一月三十一日）。此外，還有八個國家授予他勳章：奧地利的佛蘭西斯・約瑟夫（Francis Joseph）下級爵士勳章，一八七八年法國的武官榮譽勳位（Legion of Honor），一八八二年巴西的玫瑰上級爵士勳章，丹麥的丹尼布羅格（Danebrog）下級爵士勳章，羅馬教廷的庇護九世（Pius IX）上級爵士勳章，一八八九年葡萄牙的基督上級爵士勳章，普魯士的二等王冠勳章，比利時的利俄波爾德（Leopold）武官勳章[34]。這些榮譽的獲得，見證了德璀琳的主要外交成就。

鴉片壟斷計劃與清政府的道德困境

在中英關係中，對華鴉片貿易扮演著非常重要的角色。鴉片是十九世紀全世界最貴重的單項商品貿易。從一八二八年到一八三六年，從中國流出了三千八百萬元，國際收支因此發生逆轉。鴉片煙使中國人深受其害，據赫德統計，吸鴉片者的人數是二百萬，約占全中國人口的百分之零點六五；而另一位學者認為吸煙人口占總人口的百分之十[35]。而且，由於吸煙所費不貲，因此吸煙的人往往是富有的紳士地主、各級政府官員、衙門胥吏和士兵。由吸煙所造成的腐敗、銀荒和軍隊戰鬥力下降使清政府感到恐慌，但是鴉片卻屢禁不止。

到十九世紀七〇年代，中國不僅從國外進口鴉片，內地也開始種植、製造鴉片，甚至就連與北京近在咫尺的天津以東、以北之地處處可見種植的鴉片[36]。郭嵩燾曾感慨說：「西洋為害之烈，莫甚於鴉片煙。英國士紳亦自恥其以害人者為構釁中國之具也，力謀所以禁絕之。中國士大夫甘心陷溺，恬不為悔。數十年國家之恥，耗竭財力，毒害生民，無一人引為疚心。」[37]

然而，英國並不僅僅滿足於經過兩次鴉片戰爭所取得的鴉片進口合法化。為了獲得更大的利益，英國利用馬嘉理事件，與清政府談判提出鴉片關稅和釐金由海關統一徵收、以擴大鴉片貿易量的要求。這一點成為《煙臺條約》中關於通商事務方面最主要的內容。一八七六年，赫德向總理衙門建議中國派員長駐印度，就地向鴉片商徵收兩種稅款，以使這部分稅收收歸中央，不至於因繳納釐金而落入各省地方財政的掌握中。這一建議未能實行。但是李鴻章卻頗感興趣——既然通過禁煙運動和兩次鴉片戰爭也未能使鴉片在中國禁絕反而使之進口合法化，那為什麼不能從鴉片巨大的貿易額上徵收稅金、充實國庫以為中國的自強運動提供所需的資金呢？

一八八一年下半年，李鴻章委派幕友馬建忠秘密前往加爾各答，想撇開英國政府直接與印度交涉。這個由德璀琳起草、李鴻章同意、但未得到清政府批准的方案，提議由中國來實行鴉片專賣。但是，印度政府推託必須由英國政府批准這個方案，因此未能成功。李鴻章於是又命德璀琳與馬建忠轉商於英國駐華公使威妥瑪。與此同時，英國著名的鴉片販子沙苗也到中國串通赫德，研究如何說服李鴻章、由自己包攬鴉片貿易並向中國政府完納鴉片稅釐的問題[38]。

李鴻章想要獨攬鴉片貿易專賣一事，並不希望沙苗與赫德插手此事。而就清政府總理衙門這方面來講，由於赫德的極力推薦，他們更願意採納赫德所支持的沙苗方案，並允諾將會給與必要的支持。但是鴉片問題卻不僅僅是一個貿易問題，它更是一個道德問題。既然已經知道鴉片毒害人民危害國家，作為國家的統治者，清政府就不能公然鼓勵鴉片貿易的擴大，更不用說把鴉片作為國家稅收的重要來源。由於總理衙門方面一直模棱兩可的態度，李鴻章和德璀琳商議，決定到英國試一試——如果英國方面答應了，總理衙門這邊也就不會堅決反對了。於是，一八八二年四月，德璀琳啟程赴英，利用第二次回國休假的機會到英國開展秘密外交活動。

在英國，德璀琳一方面要多方進行游說以得到英國政府的允許和大鴉片商的經濟支持，另一方面還要面對有赫德全力支持的沙苗的競爭。在前一個方面，德璀琳憑藉自己的智慧取得了很大的成功，在倫敦時，德璀琳和多位英國下議院議員就此方案交換了意見。而在後一個方面，德璀琳的此次行動事先沒有得到清政府的授權，不得不秘密活動，以防止赫德的掣肘。為了使沙苗知難而退，德璀琳向赫德在倫敦的耳目金登幹透露，自己不僅得到了怡和洋行資金上的支持，而且同維也納的羅斯柴爾德家族關係密切。如果有這兩家的聯合支持，資金實力並不雄厚的沙苗是無論如何無法相比的。

為了獲得總理衙門的支持，德璀琳最後與赫德達成了一個折中方案。他大膽設想，將在華從事鴉片貿易的洋行而不是中國商行聯合起來組成辛迪加壟斷鴉片貿易[39]。在德璀琳和赫德看來，由英國商人而不是中國人來壟斷鴉片貿易，是一個兩全其美的計劃，而最終能否成功就看英國政府的態度了。

然而，出乎他們意料的是，英國廣大民眾不贊成任何一項旨在擴大鴉片貿易的壟斷計劃。此時，英國國內的輿論開始反對鴉片貿易，而且民眾還成立了一個反對鴉片協會，要求在中國禁絕鴉片[40]。在這樣的輿論壓力下，沒有哪個內閣能接受上述任何計劃。還有一個現實的問題是，即使英國政府批准此項計劃，他們也無法阻止其他國家購買鴉片並通過東京灣走私運入中國[41]。這樣，無論是沙苗還是德璀琳關於壟斷鴉片貿易的計劃最終都失敗了。

儘管這是一個貌似中英兩國政府雙贏的計劃——僅有利於英國在全世界範圍內對鴉片貿易進行壟斷，而且有利於增加中國的財政收入——但是就其本質來說，這是一個進一步毒害中國人民身心健康的惡劣計劃，因而遭到了中英兩國公眾輿論的堅決反對。販賣鴉片是非正義的，如果中國政府不能公開指定某個個人或公司專賣鴉片來毒害本國人民並因此承擔道義上責任的話，英國政府也不敢冒天下之大不韙來支持任何一項鴉片專賣計劃。

德璀琳此次的秘密外交活動以失敗告終，並不是由於能力不足，而是遭遇了在近代罕見的一次正義對邪惡的勝利。

「廚子太多煮壞了湯」的中法和談

德璀琳是一個堅韌頑強、永不言敗的人。在鴉片一事上遭遇挫折後，他馬上把目光轉向中國所面臨的更為緊迫的問題——中法戰爭。

一八八二年，中法戰爭爆發。由於清朝統治者在如何處理越南問題時一直對法國和戰未定，又寄希望於其他列強的調停干涉，同時還要顧及自己內部慈禧與奕訢、清流黨與李鴻章之間的權力鬥爭，因此，在由誰來負責與法國進行和談交涉的問題上，也徘徊未決。一八八三年七月五日赫德致信給金登幹說：「我看不出我們將怎樣了結這件事，也不瞭解決定問題的權力究竟在誰那裏。正像我前些日子電告你的那樣：『廚子太多煮壞了湯。』總理衙門既不肯自己來處理，又不肯給李（指李鴻章，作者注）或曾（指清政府派駐英法公使，作者注）『全權』，以確保或鼓勵他們設法解決問題。……七爺（皇帝的父親）全力主戰，他的勢力很大，並且日益增長，六爺（恭親王）只好退到後面不做聲。恭親王既然保持沉默，李和其他有見識的人也就沒有支持者，因此這個龐大帝國的利益，就完全掌握在愚昧驕矜的文人手中，而無法控制他們。給他們放手去搞是教訓他們的唯一方法。但是在現在這緊要關頭，和越南這樣一個事件上，使他們接受教訓，可能對整個國家是個可怕的災難。」[42]

至於清政府寄予希望的列強干涉與調停，並不如所想像的那樣樂觀。駐在倫敦的曾紀澤曾密電清政府分析說：「各友好的締約國將不會承認法國的保護國或法國的併吞。」[43]然而英、德、美等國都從各自的利益出發，寧願犧牲中國而維護歐洲的共同利益。他們認為抗法戰爭的勝利會鼓舞中國人民反侵略鬥爭的信心，從而在全國範圍掀起反抗列強侵略的熱潮。

本來，赫德與李鴻章都屬於主和派，千方百計地希望避免戰爭。因為，如果打起仗來，無論勝利還是失敗，主戰派都將佔據主動，李鴻章將會失勢。作為洋務派的中流砥柱和主張對外妥協的實力派地方大員，李鴻章對於列強的在華利益、對於海關來說都意義重大。赫德一夥兒擔心：「如果李發生了任何情況，對海關來說，將是前景不妙，因此，制止戰爭以挽救李和海關是事關重要的。」[44]然而，當作為德國人的德璀琳介入到中法和談中時，事情就發生了變化。圍繞對法交涉越南問題的主導權，李鴻章、德璀琳與赫德明爭暗鬥，甚至互相拆臺，主要目的是為了擴大各自在清政府中的影響力。

一聽到戰爭開始的消息，德璀琳放下正在英國進行的鴉片專賣計劃，趕往法國打探消息。之後，他從巴黎返回倫敦，然後匆匆赴德，隨即又返回巴黎。他這樣活躍地來往歐洲各地，主要目的是在歐洲為李鴻章搜集各方情報。一八八三年漢納根寫給父親的信中提到，德璀琳從巴黎帶來了「法國人將要佔領海南島和福摩薩」的消息[45]。無疑，這些消息都從德璀琳通過馬建忠傳遞到李鴻章那裏。

德璀琳的活動引起了赫德的警惕。對於德璀琳參與中法和談的動機和立場，赫德並不清楚：既懷疑他是為俾斯麥即德國的利益服務，又懷疑在德法邊境長大的德璀琳有可能傾向法國人；既懷疑他是出於公心而真心想要幫助中國，又懷疑他出於私心而想要取曾紀澤而代之以擴大個人影響力；當然，德璀琳也可能僅僅是出於自己對於外交或秘密活動的愛好而全力參與此事[46]。不管怎樣，德璀琳在歐洲的秘密活動都令赫德感到不滿，他尤其擔心德璀琳所代表的德國勢力在中國將超越英國。於是，他決心將德璀琳調離天津，遠遠地離開李鴻章。一八八四年二月德璀琳休假期滿準備啟程回中國，在香港，他接到赫德指令，暫派他為粵海關稅務司的命令，並且要他不必先回天津，而廣州此時正是眾所公認可能受到法軍攻擊的地方。德璀琳的前景似乎一下子黯淡下來。

不過，德璀琳決不是甘心任人擺布的人。經香港赴廣州途中，德璀琳接受艦長福祿諾（F. Fournier）的邀請，搭乘「伏爾他號」（Volta）軍艦前往廣州。福祿諾與德璀琳一八八〇年結識於天津，算是老相識。在赴廣州的路上，德璀琳與福祿諾討論了中法之間的衝突形勢與和平解決的前景。福祿諾立刻向國內報告，德璀琳表示要為結束中法之間的衝突做些事情。德璀琳也發電報給李鴻章彙報了與福祿諾商談的經過。到達廣州後，德璀琳又利用例行拜訪兩廣總督張樹聲的機會，告以自己從法國人那裏瞭解到的情況，並說法國人有可能進攻廣州。張樹聲趕緊給李鴻章打電報，要求召回德璀琳參與和談。朝廷很快下旨批准請求。於是，李鴻章向赫德要求調德璀琳來津。這是赫德所始料未及的，德璀琳似乎總能找到辦法，躲開赫德為他安排的悲劇命運。

德璀琳大約於四月二十日回到天津，二十八日出發去煙臺。三十日，福祿諾取得了法國政府的正式授權，以官方身分與李鴻章進行談判。之後，德璀琳陪同福祿諾前往天津。五月七日，李鴻章與福祿諾的談判正式開始。十一日，雙方簽訂了《天津簡明條約》，史稱《李福協定》。協定的簽訂使德璀琳的威望大為提高，他促成「和平」的功勞得到公認。六月五日經李鴻章上奏，清政府授予他雙龍三等第一寶星勳章。

對於《李福協定》和德璀琳的成功，赫德一方面讚賞德璀琳抓住機會締結了和平，但另一方面他也為德璀琳個人威望的增長而感到妒忌。然而，從後來發生的事情來看，《李福協定》是一份不夠細緻的協定。在中國撤兵的時間上，雙方發生了誤會。法國不宣而戰，炮轟了臺灣基隆，摧毀了福州船政局和南洋艦隊。中國政府於一八八四年八月二十七日宣佈對法開戰。

衝突之後，李鴻章和德璀琳仍然繼續試圖尋找挽回的機會。十月，法方提出了苛刻的條件，李鴻章擔心自己出面會招致政敵的批判，因此他讓德璀琳和盛宣懷出面，與赫德一起繼續與法國方面進行協調交涉。不過法方的方案被清廷拒絕，李鴻章、德璀琳等人的努力再次失敗。赫德趁機說服總理衙門，將和談的權力完全交給自己。他和他的代表金登幹獲得了談判的全權，從一八八四年十月份開始到一八八五年四月，中法在巴黎進行了秘密談判。最終，金登幹與法方代表畢樂（Billot）於一八八五四月四日簽定了草約，作為《李福協定》的一份附件。至此，中法戰爭和談方告結束。

參與中法戰爭和談，是德璀琳閃耀於國際政治舞臺的開始。從此，他的威望在清政府和歐洲都大大提高，甚至成為堪與赫德比肩的人物。二人在這個時期的關係開始全面轉向競爭。然而，追根究柢，德璀琳與赫德之爭是個人利益之爭，雖然赫德總是道貌岸然地將其歸結為英德兩國在華利益的爭奪，但從中法和談一事上可以看出，德璀琳並非受德國的指使而為德國利益效勞。就其個人來說，無論從德璀琳參與此事的動機還是結果來看，他都達到了目的——擴大個人影響力、提升知名度，以拓展自己未來的事業。至於條約的內容及其所帶來的影響，德璀琳與赫德各自與法國簽訂的協定本質上沒有什麼大的不同。條約剝奪了中國對越南的宗主權，使中國的西南邊疆向法國開放，法國在戰場上沒有得到的利益卻在談判桌上輕易得到。不僅如此，為了安撫法國，中國答應如日後在中國南部建造鐵路時應向法國要求供應器材，法國取得在華築路的優先權。由此，「法國第一個打破了過去通行的對中國商業侵入機會均等的原則」，進一步引發了日後各帝國主義國家爭奪在華利益範圍的野心，「這件事接著又使英國取得對它在長江流域的優越地位的保證」[47]。雖然不能否認德璀琳與赫德確有為中國設想的一面，但是與雇用他們的中國的利益相比，個人利益和「歐洲的共同利益」顯然更為重要。

北堂遷移與羅馬遣使

因從中牽線搭橋使中法之間簽署了《李福協定》，德璀琳的聲望大增，受到清政府的重視。此後，他又因參與北堂遷移一事而更加贏得清廷的賞識。

北堂座落於北京皇城內南海蠶池口，又稱蠶池口教堂，靠近紫禁城，始建於一六九六年。教堂用地是一六九三年康熙皇帝為感謝天主教傳教士治癒自己的疾病而特賜的一塊宅基。天主教會在此建起了一座天主教教堂，「堂基宏大，工料極為精致」，而最高處的鐘樓高達八丈四尺，巍峨聳立，「附近宮殿窺及大內，為中國所厭惡」，「猶之芒刺在背，必去之而後快也」[48]。中法戰爭的硝煙才剛剛散去，慈禧就命李鴻章設法將蠶池口教堂遷移別處。李鴻章自然就這件棘手的事與德璀琳進行了商議，決定分別委派英國商人敦約翰赴羅馬與教皇、北堂教士法國人樊國梁（A. P. Favier）赴法國與法國天主教會進行交涉，德璀琳則負責居中聯絡。

除了商議北堂易地重建一事外，李鴻章還欲與羅馬教廷商議互派使節以統管中國教務。以往，遇有教案發生，法國每每以天主教保護者自居，藉保護教民之名行侵犯中國主權之實。於是，李鴻章欲藉遷移北堂的機會與羅馬直接建立外交關係，以排除法國的無理干涉。而且如此一來，還有一個好處——羅馬教廷並不是一個強國，不可能派遣軍隊到中國來滋事，相比法國更容易打交道。

這樣，敦約翰於當年陰曆十月初一日從天津啟程赴羅馬。與此同時，德璀琳前往北京，秘密在皇城內什刹海邊選地購置，並與其他中國官員一起商議蓋造新堂所需經費。翌年正月，敦約翰來電告知在羅馬洽談事宜比較順利，德璀琳即赴京與北堂主教達里布（F. Taglibus）商議踏勘新地。之後，德璀琳又與達里布手下的親信樊國梁具體商議新教堂的勘建工作。三月十八日，德璀琳寫信邀樊國梁到天津與李鴻章面議。經三人商議，同意將新教堂移往西什庫，並且不可再建高樓。三月二十八日，德璀琳即接到敦約翰電報，說「教皇允准派公使駐京，並應允移讓北堂地方」。經過大約一個月的測量、估價等工作，德璀琳與樊國梁於四月二十六日為北堂遷移一事簽訂合同。合同規定「應只候大清國大皇帝、大羅馬大教皇御覽批准，謹遵奉行事」[49]。這樣，將北堂遷移事限定在清政府與羅馬教廷之間協商解決，而排除了法國的干預。之後，樊國梁攜帶此份合同赴羅馬，請教皇批准。

樊國梁本以為自己會被羅馬教廷派作駐中國的使節，但抵達羅馬後發現所派全權大使為義大利人，「頓生忌妒，復往巴黎播弄是非」。於是，法國駐津領事來向李鴻章詰問羅馬遣使一事，並要求北堂遷移必須經法國批准。李鴻章據理力爭，稱北堂「乃教中產業，非法國產業也」，且「樊教士前訂合同僅聲請教皇批准，未提法國一字。樊係法人，果于法國相干，豈有不認法國，專認羅馬之理？」法國領事「其氣頓沮」。據德璀琳情報，法國人對北堂遷移一事可以商量，但欲以此事要挾阻止羅馬遣使。而據敦約翰報告，羅馬教皇心意雖然堅定，但法國最後以撕毀全部與教皇所訂條約，並停發所有國中教士薪俸為要挾，教皇最後只得讓步，暫時停止派公使赴華。八月十五日，樊國梁來電說，法國教會批准所訂合同，但為顧及法國面子，仍由法國經手。李鴻章同意。此後，李鴻章於十月十六日收到法國教會的正式來函，同意遷移北堂。接著，李鴻章與法國駐華公使恭思當（J. Constans）互換照會。十一月初二日，李鴻章向朝廷上奏報告遷移蠶池口教堂的結果。之後，就是由德璀琳具體負責實施合同條款，並將所議折價銀兩分批轉付給北堂教士。至此，北堂遷移一事終於解決。為表彰德璀琳等人，清廷特下諭旨賞賜德璀琳二品頂戴，其餘外國人，包括主教達里布、樊國梁、敦約翰、法國駐津領事等人皆有封賞[50]。

北堂遷移本是慈禧太后為維護皇室體面而辦的一件勞民傷財的事。但李鴻章能夠利用這個機會提出與羅馬教廷互派使節以解決教案糾紛，雖然最終由於法國的阻撓而未能實現與羅馬教廷的建交，但這仍說明他的外交思想在當時的清政府官員中還是頗有見地的。當然，德璀琳作為其外交顧問在其中所發揮的作用也是不容小覷的。

赴日求和與中國人的面子

在中法戰爭過去十年後，爆發了中日甲午戰爭。清政府戰敗後，德璀琳代表李鴻章赴日求和。關於這次求和，在李鴻章寫給清廷的正式奏摺中並沒有提及。只有赫德致金登幹的信函和翁同龢的日記以及日本、美國政府的外交文書有關於此事的記載。這是一件耐人尋味的事。

一八九四年，中日甲午戰爭爆發後，清政府無論在思想上還是軍事上都缺乏必要的準備。隨著豐島海戰、成歡之戰、平壤之戰、黃海海戰的一系列失敗，日本不斷擴大侵略規模，將戰火一直燒過鴨綠江到了中國東北。北洋水師的基地旅順失守後，日軍一路向中國首都進犯。清政府急切地期待著列強的調停。一八九四年十一月三日，總理衙門正式召見英、法、德、俄、美等國駐京使節，籲請他們努力爭取和平。日本通過美國向中國示意，中國應首先提出講和。於是，清廷決定派德璀琳赴日求和並瞭解日方和談的條件。

李鴻章與總理衙門的大臣們商議，「惟有揀擇洋員之忠實可信者前往，既易得彼中情偽又無形跡之疑」[51]。李鴻章舉薦了德璀琳擔當此任。因為擔心自己的身分不足以引起日本人的重視，行前，德璀琳要求清廷授予自己頭品頂戴。李鴻章沒有上奏朝廷就同意了，事後才致書恭親王和慶親王說明此事。十一月二十二日，德璀琳與英國人泰勒（B. Taylar）和密嘉（A. Michie）[52]，以李鴻章特使的名義，從大沽乘德國商船前往日本。

德璀琳此行的主要目的是詢問日本關於議和的條件。德璀琳隨身攜帶了一份清政府致日本的照會以及李鴻章給首相伊藤博文的一封私函，表明清政府求和的意願、證明德璀琳的身分和權力並瞭解日本在停戰與簽訂和約方面的意見。然而，在他出發的第三天，日本方面即答應由美國居間調停。美國駐華公使田貝立即向李鴻章和總理衙門提出，召回德璀琳，如德璀琳已到日本亦不可開談。相比於德璀琳的力量，清政府當然更希望得到美國的支持和調停，所以立刻發電阻止德璀琳。但晚了一步，德璀琳已於出發四日後抵達神戶，並立即拜訪了當地知事，要求面見伊藤博文呈遞李鴻章信函。

在如何對待代表李鴻章前來求和的德璀琳一事上，日本政府內部首相伊藤博文和外相陸奧宗光的意見並不一致。比較慎重的伊藤博文主張有條件地會見德璀琳，而陸奧宗光則主張拒絕接待。後者向前者指出：「有關德璀琳事，經過較全面地考慮後，我認為，無論您或日本政府接待他，還是接受李鴻章的信件，都是不恰當的。在目前情況下，除非中國政府預先發出通知，並派出合適的、有資格的全權代表，否則是不能與中國政府官員進行接觸的。如果德璀琳帶著任何受我們鼓勵的跡象回到中國，則要導致德璀琳本人或赫德被任命為將來談判的全權代表。而任命外國人為全權代表，無論如何都必須拒絕。因為這樣做不僅不合適，而且可能給列國一個間接干涉的機會。因此，我堅持認為，您不要接見他或接受李鴻章的信，而應簽署命令，讓德璀琳在限定時間內離開日本。」[53]

過不多久，陸奧宗光接到德國駐日公使的電話，對方間接建議日方接見德璀琳。這是德璀琳在無法見到伊藤博文本人且沒有日方正式接待的情況下，為擺脫尷尬的局面而向德國請求幫助的結果。然而這正好印證了陸奧對列強干涉的擔憂。於是，日方以德璀琳沒有正式被委任為由拒絕接見他[54]。德璀琳沒有回應日方通知，卻告知對方，自己已接到恭親王的來電須立即返回，並將李鴻章的信函及照會郵寄給了伊藤博文。這樣，德璀琳雖然沒能完成使命，卻也未使自己及所代表的李鴻章在日方面前失去尊嚴和體面。十一月二十九日，德璀琳一行自日本返航。

清政府派德璀琳赴日求和，卻沒有賦予他進行正式談判的外交授權，此舉耐人尋味。其實，這主要是出於三個方面的考慮：其一，清政府官員此時沒有人願意赴日，因為議和是一件極其艱難的事，有了中法戰爭談判的前車之鑒，誰也不願擔此「沉重而不得人心」的任務。總理衙門尤其害怕在日本議和容易受其脅迫[55]，一定要去的話，當然派一個不那麼正式的外籍洋員對清廷來說更為靈活。其二，德璀琳作為一名德國人，與同樣屬於外籍的助手赴日，即暗示日本人德國及其他強國都準備對中日戰爭進行干涉。而列強的干涉，是此次戰爭中日本所極力避免而中國所寄予希望的。其三，派一個受雇於中國的外國人而不是正式的清政府官員赴日乞和，可以保存一些清政府的面子。李鴻章等認為，「目下彼方志得氣盈，若遽由我特派大員往商，轉慮為彼輕視」[56]。

上述三方面的考量，其實尤以第三個最為重要。對於中國人來說，面子是很重要的。德璀琳之所以被清政府選擇充當赴日求和的代表，是由於清政府方面不想失去面子；而日本通過美國向中國提出必須由中國首先提出講和，所爭的也是面子。日本堅持讓李鴻章赴日進行和談，就達到了羞辱中國的目的[57]。作為曾經被中國人輕蔑地呼為「倭人」、「倭寇」的日本，一旦把曾經當作偶像來仰視和學習的東方大國打敗，這種勝利當然令其志得意滿、興奮難言。日本人不但要在戰場上打敗中國，還要中國人到日本來乞求和平，藉此在全世界面前羞辱中國、令其徹底折服。從中國戰敗和簽訂《馬關條約》後國內的群情激憤來看，中國人所惱怒和痛心的也正是被日本這樣一個自己素來瞧不起的小國所打敗，而以前的兩次鴉片戰爭和中法戰爭都不能使國人如此痛心疾首。所以，關鍵還是一個面子問題。

中國在甲午戰爭中的失敗，使德璀琳等在華外國僑民對中國徹底喪失了信心。戰爭中，各強國政府以及在華僑民都在觀望中國是否能夠戰鬥到底，因為只有血戰到底才能博得一向以實力為唯一衡量標準的列強的尊重。中國妥協避戰並公開向各國呼籲請求干涉的舉動，不僅令德璀琳、赫德等為清政府服務的洋員不恥和失望，亦令列強看輕。德國政府明確告訴向其請求調停的中國駐柏林公使說：「如中國堅決作戰到底，則長期戰爭的危害可能誘使有約各國更有力地為中國而行動，但中國自己卻住手不打，它能指望英國或德國代它作戰嗎？」[58]然而，清政府卻從未認真地想要戰鬥到底，更不用說為此做好戰鬥準備了。最後，「全世界又一次目睹了一個龐大的、支離破碎的、有著豐富的資源但是沒有很好地開發的帝國，敗給一個小得多的、但是更加軍事化、組織得更好、領導得更好並且更加團結的強國。」[59]所以，與其為這樣昏庸無能的政府效勞而使多年來的夢想——用自己的力量幫助中國，讓它強大起來並與列強進行合作——破滅，還不如多考慮一下個人的實際利益。如果說德璀琳在甲午戰爭以前還是比較忠心地在為中國和李鴻章服務的話，那麼從此以後，他就開始一心一意地為自己的利益而奮鬥了。

隨李鴻章出訪歐洲

由於在中日戰爭中的失敗，李鴻章被免去了直隸總督兼北洋大臣的官位，投閒京師。不過，慈禧太后並沒有對他棄之不顧，因為清王朝這間四處漏風的破屋還需要李鴻章這位勇於任事、不辭勞苦的「裱糊匠」來勉力支撐。一八九六年二月，藉恭賀俄皇尼古拉二世（Tsar Nicholas II）加冕之機，清廷決定讓李鴻章以「欽差頭等出使大臣」的名義前往俄國致賀，並遊歷歐美諸國進行外交訪問。

李鴻章此行主要有三項使命：第一，聯絡俄國、簽署《中俄密約》以共同防禦日本對中國的進一步侵略；第二，向俄、德、法三國在奪回遼東半島過程中提供的幫助以及美、英兩國在中日戰爭中提供的支持表示感謝；第三，與各國商討提高關稅的問題。以上這三項任務，環顧當時清政府的眾多官員，確實找不出第二個人能完成。所以，剛剛在甲午戰爭中一敗塗地的李鴻章又洋洋得意地出發了。

一八九六年三月一日，李鴻章向光緒皇帝陛辭出京，乘船由天津出海，正式開始環球訪問。他率員先後到訪俄國、德國、荷蘭、比利時、法國、英國和美國等歐美七國，加上途經加拿大、日本共九國，前後歷時七個月。李鴻章此次環

▶李鴻章出訪隨員合影。前排左起：李經述、李經方、李鴻章、羅豐祿，右一為聯方。後排為德璀琳、漢納根。

球訪問，跨越三大洋，遍訪四大洲，是清朝大臣中第一個做環球訪問的人。他以清廷頭等欽差大臣的身分周遊列國，所到之處皆受到各國的熱情接待，待以上賓。各國報紙無不爭相報導李鴻章的一舉一動。「倫敦《中國新聞紙》云：亞洲中國之大臣，比來奉使而至歐洲者，歲不絕書。然以在華之功業言之，恐無能出李中堂之右；且以在歐之名望言之，亦恐無能與李中堂相侔。是故蹤跡所至，觀聽一傾。筆有所書，書中堂也；口有所說，說中堂也。且俄、德、法、英各報，無不爭相傳述。」[60]

此次出訪，李鴻章的隨員隊伍龐大，除了他的兩個兒子李經方、李經述及于式枚、羅豐祿等中國官員外，隨行還有由海關隨員暫充的參贊官，負責沿途的嚮導、翻譯、接洽等事宜。其中包括將要到訪的幾個主要強國在海關的稅務司各一名，分別為俄國的柯樂德（V. von Grot）、法國的穆意索（A. Mouillesaux）、英國的赫政（J. H. Hart）、美國的杜德維（E. B. Drew）及德國的德璀琳。德璀琳也正好是第三次回國休假。

一八九六年三月五日，李鴻章從北京到達天津後，德璀琳等在津西方僑民為李鴻章設宴送行。隨後，德璀琳陪同李鴻章乘「海晏」輪出海，一路隨行至歐洲。因為，李鴻章此行首要目的是參加沙皇登基慶典，並且要與俄國簽訂密約，而此事又不能為其他列強所知，所以，李鴻章不願意德璀琳等外籍稅務司參與此事。故德璀琳等人應當是在塞得港李鴻章換乘俄國輪船時，就另乘其他郵輪分赴本國，準備在那裏接待李鴻章。六月十三日李鴻章結束在俄國的訪問，乘火車從俄國到達德俄邊界時，德璀琳和漢納根在車站迎接。當時業已回國的漢納根以私人助理的身分也成為李鴻章的隨員之一。

在德期間，由德璀琳、漢納根翁婿二人負責李鴻章所有會談的翻譯工作。火車路經但澤市時，李鴻章順路參觀了那裏的一家大船廠。廠主獻給李鴻章最新的船舶設計圖和多幅地圖作為禮品，這應當是出於德璀琳等人的精心安排。當日抵達柏林後，李鴻章下榻在一家名為「該撒好司」（Kaiser's House）的旅館內。德方為了討好這位總督，特意提前詢問德璀琳、漢納根二人關於李鴻章的喜好，在飯店內妥為安排，甚至連李鴻章常吸的雪茄煙、愛聽的畫眉鳥都一樣不差地陳於室內。十四日，德皇接見了李鴻章。李鴻章向德國呈遞國書，致辭感謝德國干涉還遼，然後德皇致答詞，均由德璀琳當場翻譯。十六日，李鴻章赴德皇宴，之後與德璀琳、漢納根一起到兵工廠參觀。十七日，赴法蘭克福參觀陸軍演習。十八日，拜會德國外交部及德國首相何恩祿。十九日，李鴻章答記者問。二十日，前往什切青船廠（Stetin & Co.）參觀並赴基爾參觀海軍。二十七日，李鴻章專程到家中拜望前首相俾斯麥，請教中國復興之道，俾斯麥向其建議應以練兵為立國之基。七月二日，李鴻章參觀克虜伯兵工廠[61]。在漢納根給他妻子的信中，有對李鴻章訪問克虜伯兵工廠的描述：

▶李鴻章在德璀琳、漢納根陪同下拜訪俾斯麥。

「昨天晚上來自杜塞爾多夫的上層人士和克虜伯兵工廠的高級軍官參加了盛大的宴會。爸爸（指德璀琳，作者注）和我仍就按照慣例座在總督的右邊和左邊。克虜伯先生也坐在我們這邊。……爸爸和我在整個晚上的談話中義不容辭地擔當了總督大人的翻譯。今天早上我們陪同總督參觀了克魯伯兵工廠的生產鐵軌和鑄造大炮的車間。雙方興致都很高。」[62]

李鴻章離開德國後，德璀琳繼續以非官方身分陪同前往歐洲其他國家。直到李在英國的訪問結束前往美國，德璀琳才回到德國，繼續李鴻章交給他的任務——與德國政府談判加稅一事。德璀琳陪同李鴻章訪問歐洲其他國家的目的，顯然是為了藉此機會擴大個人影響，建立或加深與歐洲各國政府、財團的聯繫以實現他在中國的商業計劃。從後來的結果看，幾年後，德璀琳在圖謀侵吞開平煤礦時，就引入了以比利時國王利奧波德二世為首的由俄法比等財團組成之「東方辛迪加」。此外，一九〇二年德璀琳與天津一些外國人準備修築從天津老城至租界的電車，為募集資金，他又找到比利時財團進行投資，成立了「比商天津電車電燈公司」，修築了中國第一條有軌電車[63]。

在李鴻章繼續前往美國訪問後，德璀琳回到德國。他與外交部、海軍部以及德皇進行了會談，重點一方面是就德國租借膠州灣作為海軍基地達成一致；另一方面是關於中國方面希望提高關稅的建議，為此德璀琳提交了一份關於中國希望修訂關稅的備忘錄。李鴻章在德國訪問期間，同外交部談過這兩個問題。德國外交部以同意提高關稅和希望中國對德國干涉還遼的貢獻進行報償為由，要求獲得膠州灣，但李鴻章告以自己沒有授權進行關稅以外的談判權力，會談沒有結果。於是，德璀琳利用休假在德國繼續商談這兩個問題。德璀琳只有李鴻章的一般委託，並沒有代表清政府與德國外交部進行談判的權力。但是作為李鴻章的親密顧問，他的祖國對他還是比較尊重，願意聽到他在這方面的建議。

根據德國方面的記錄，德璀琳於一八九六年十月十二日向外交部提交了一份自己撰寫的計劃書。在這份計劃中，他向外交部列舉的要求提高關稅的原因與中方文件中的一樣，但是他拒絕了德方提出要一塊殖民地的要求，因為這與其他列強的要求相似，會引起對中國的瓜分。德璀琳認為，這種瓜分對德國不利，因為德國缺乏在東亞的軍事力量，不太可能與其他國家得到同樣的待遇。因此他建議德國應當盡可能推遲這種瓜分，以便等待一個更有利的時機到來。德璀琳還認為，德國應當加強對華貿易，並且維持和加強清政府的統治。為了這兩個目的，德璀琳建議德國應在中國修建鐵路。雖然清政府當時修建鐵路只允許「官督商辦」的形式，並且不允許外國入股。但是德璀琳認為，德國如果為修建鐵路提供資金和技術支援，那麼在修建和管理這條鐵路的過程中，中國的新手逐漸就會被有經驗的德國專業人員淘汰掉，從而實際控制這條鐵路。為此，德璀琳認為應當成立一個對中國和歐洲同樣有益的類似中國海關的鐵路管理部門，或許叫做「鐵路總局」。由於海關實際上是在英國人的掌控下，因此德國應該拿到鐵路的掌控權。對德國自身的利益來說，德國由於提供修建鐵路的資金、原物料和派遣管理技術人員帶來的好處將抵消由於提高關稅而帶給德國的弊端。此外，德璀琳還建議，為了維護清政府的統治，德國應當派遣更多的軍隊教官到中國訓練新式軍隊。為了促成德國與中國結盟，德璀琳認為：德皇應明確阻止從中國獲取一塊殖民地的意圖；由德皇向中國皇帝遞交一封信函，明確向中國示好，並授予中國皇帝一枚德國最高勳章和德皇的一張照片；與英國一起成立一個鐵路卡特爾——辛迪加，以壟斷中國的鐵路建設計劃[64]。

德璀琳提出這個龐大計劃時，顯然並不知道李鴻章已經簽訂了《中俄密約》、俄國已與中國結為盟友。德璀琳還在幻想，讓德國成為中國最親密的盟友，同時不排除英國在華商業利益。這樣，作為在中國最有影響力的德國人，他自己就將成為中德同盟最大的受益者，其直接後果就是他當上自己所倡議成立的鐵路總局的「總鐵路司」、成為另一個赫德。在向德國政府呈遞了這樣一份計劃書之後，儘管他的休假還沒有結束，德璀琳就於一八九六年十一月十四日離開德國返回中國，為他雄心勃勃的計劃去做準備。不過，結果仍然是失敗的。

德璀琳與李鴻章的秘密外交

外交形成於近代。從十七世紀開始，現代民族國家興起，世界範圍內基於主權國家的世界政治體系誕生。此後，「自私自利的國家們在一個基本上無政府的國際體系中為保護各自利益而爭鬥不休」[65]，由此誕生了近代外交事業。

近代國際關係史上，盛行秘密外交。這是建立在強權政治「弱肉強食」的道德原則基礎上的。不論是強國還是弱國，他們各自為了本國的利益，在近代外交活動中煞費苦心地經營所謂「均勢政策」，實際上暗中拉幫結派，進行各種旨在瓜分殖民地和劃分勢力範圍或者保全自己不被列強瓜分而淪落為殖民地的秘密談判。「有的資產階級外交家甚至公然宣稱：外交即秘密，使節們就是『光榮的間諜』。」[66]這種秘密外交與赤裸裸的侵略相結合，構成了近代國際關係中的主要活動內容。各國秘密外交活動的開展也為德璀琳、赫德等為清政府所雇用的洋員參與近代外交活動提供了機會和舞臺。

中國的真正意義上的外交，是從第二次鴉片戰爭結束後，在不平等條約的基礎上形成。海關從一開始設立就被赫德打造成英國對華關係的基石。以此出發，隨著海關越來越多地參與到清政府的各種對外活動中去，海關逐漸成為不僅是中英關係而且包括各種對外關係的基石。海關中，上至赫德，下至許多稅務司，都曾參與過清政府的許多外交活動。作為海關稅務司，特別是李鴻章最重要的顧問，德璀琳代表李鴻章和清政府執行了多次秘密外交活動。赫德曾譏諷德璀琳是特別喜歡搞「秘密外交」的人，這是因為德璀琳代表李鴻章執行的外交活動觸犯了赫德的利益，甚至撼動了他的特殊地位。有時，赫德會直接寫信警告在歐洲進行秘密活動的德璀琳，「勸他享受他的假期而不要為這裏的事操心」[67]。這種矛盾的產生，從大的背景來看，是由於他們所代表的不同國家利益——德國、英國以及歐美列強之間——進行博弈以實現本國利益最大化的結果。從個人角度來說，無論是德璀琳還是赫德，他們積極參與秘密外交活動的目的有兩方面：一是為了維護清政府的統治，並確保清政府在遵守不平等條約的基礎上建立與列強的外交關係；二是為了擴大自己在中國的影響力以謀取個人私利，同時也是為了本國商業、金融財團獲取最大的在華利益。

在德璀琳與赫德的競爭中，由於擁有總稅務司的職位和總理衙門的支持，赫德總能佔據優勢、並常常取得最後勝利。太平天國起義削弱了清朝中央政府的權力，地方督撫勢力壯大，但是皇權仍然是至高無上的，最終的決策權仍然掌握在以慈禧太后為首的滿清皇族手中。總理衙門與地方督撫特別是與南北洋大臣之間的關係是錯綜複雜的。他們之間既有共同合作以對付清廷中的頑固派和清流黨以及一致對外應付洋人侵略的一面，又有因爭權奪利和滿漢之別而彼此防範鬥爭的一面。而這種複雜的關係對於像赫德和德璀琳這樣居留中國多年、混跡於清朝官場的洋員來說也是心知肚明的。赫德曾說：「一個總督在省裏可以比北京的一個部為中國做更多的工作，他幾乎可以獨立行事，而一個部除非六個成員全都同意才能辦一件事，然後還會被別的部或被礙事的地方官員推入困境。」[68]赫德雖然羨慕德璀琳可以依靠有權勢的李鴻章自由行事，然而赫德也清楚地知道，李鴻章雖喜任事攬權，但並不掌握最後的決定權。所以，赫德一直與總理衙門的各大臣保持著牢固而密切的友誼。在德璀琳與赫德進行的各種較量中，以李鴻章為靠山的德璀琳最後總是敗給以總理衙門為後盾的赫德。德璀琳與赫德的鬥爭關係也正是總理衙門與李鴻章等地方大員關係的翻版。

第三節　赫德手下的稅務司

海關與中國的現代化

從十九世紀下半葉起，清王朝統治下的中國社會開始經歷西方工業革命所帶來的現代化歷程。在近代中國所進行的這一小步的現代化歷程中，中國海關曾經發揮了很重要的作用。作為半殖民地半封建社會的產物，中國海關名義上是一個清政府的機構，實際上卻長期為外籍稅務司所把持，被稱作是「國際官廳」。在近代，海關曾把它的觸角伸向中國的政治、經濟、軍事和教育等各領域，或多或少地推動了中國現代化的發展進程。

一八六一年一月二十日，「總理各國事務衙門」的成立，標誌著洋務運動的開始。也是在這一年，海關被列入總理衙門的管轄之下。李泰國被任命為總稅務司後，英國駐華公使欣喜地認為，這項任命「對於政府不但在貿易和關稅方面，而且作為一個一般洋務的可靠顧問方面」，都是非常有價值的[69]。特別是赫德自一八六一年六月接替李泰國署理總稅務司一職後，憑藉著他出色的語言能力、人際交往技巧、行政管理專長、特別是對中國傳統文化的理解，成為清朝中央政府親密可靠的顧問，這使得赫德與他治下的海關從一開始就直接參與了中國的各項洋務活動。他自稱：「我領導的這個機構雖然名為海關，但其範圍極為廣泛，其目的是在各個可能的方面為中國做出有益的工作：實際上，它可能是改革這個帝國的各個部門的行政和改進其各工業部門的核心。」[70]

對於海關的洋員，赫德在一八六四年給海關下屬的通令中要求他們，「不須忘卻自己乃先進文明之代表，該文明與中國之文明截然不同，因之亦不必抑制發揚先進文明與推行西方成功經驗有益成果之自然願望」，赫德因此規定各口稅務司除了海關本身的職責以外，還有責任向本口稅務監督就各種洋務提供諮詢或建議[71]。這樣，以海關為基地，赫德與其下屬洋員逐漸插手經辦了一系列洋務活動。

海關在中國近代財政方面佔有極其重要的地位，它的首要職能和工作是徵稅，這不但是中國政府所指定的工作，而且它插手干預近代中國的各項內外事務無一不是依靠其所控制的財源。新關建立之後，關稅總收入從一八六一年的五百零三萬六千三百七十庫平兩增加到一九一〇年的三千四百五十一萬八千五百八十九兩，五十年中增長了五點八倍之多。由此，海關稅收「成為支撐清朝統治的穩定的、可靠的財政支柱」，占到清政府國用的三分之二或五分之四以上[72]。憑藉著手中的財權，不僅赫德自己，德璀琳等其他海關稅務司也積極介入到中國的購買船艦、軍火以及海防要塞的修建等需要大量資金和技術的事務中去。

自海關新關建立之後，由於歷次賠款和外債大都規定以海關稅收擔保和償付，稅務司既是海關關稅的徵收者，同時又成為債權國的代理人，對稅收分配也有了監督的權力。並且，作為總理衙門最重要的顧問，赫德經常就洋務運動中的對外借款和經費使用等問題參與意見。一八七九年，赫德指責左宗棠西征借款利息過重，並拒絕以海關稅收為其撥抵償還[73]。一八八一年，李鴻章瞞著赫德向德國什切青船廠訂造鐵甲艦，為了報復李鴻章，對於李鴻章購買的另一批軍火，赫德準備「一旦查明下落及其價格後」，「將向李對這批軍火的撥款開火」[74]。由此可見，為了自身和英國的利益，赫德是如何積極地運用所掌握的清政府最重要的財政來源干涉中國的國防建設。

海關的日常行政工作包羅萬象。除了徵稅以外，在海務方面，海關在沿海和內河的港口建設及管理、船務管理等方面做了大量工作，包括制定航船停泊地段，管理引水業務，設置和保養燈塔、航標，進行氣象觀測，疏浚航道，進出口檢疫等。

在以上徵稅和管理海務方面的本職工作之外，海關在赫德的領導下，還幹了許多「業餘」工作，主持開辦或試辦諸多洋務事業。例如，在海防方面，海關幫助李鴻章向國外訂購船艦和大炮等軍火並聘任外國教習訓練水兵，幫助創建中國近代海軍。在教育方面，一八六六年總稅務司署遷往北京後，赫德即著手改造同文館以引進西方新學，不僅為同文館提供經費，而且幫助聘任外籍教習和總教習，甚至負責同文館畢業生的考試和赴海外遊學事宜等。在外交方面，赫德一直敦促清政府派遣駐外使節以與西方各國建立正常的外交關係，為此海關不僅為清政府使節出訪歐美提供經費、派遣翻譯人員，還幫助籌設駐外使館，從而為開拓中國近代外交事業發揮了一定作用。在郵政方面，赫德讓德璀琳試辦成功了海關書信館，制定了郵務章程，還發行了中國第一枚郵票，並將郵政業務逐步發展到其他省份。一八七七年赫德興奮地告訴金登幹說：「我們這裏正為公事忙得不可開交，……煤氣、礦山、鐵路、電報線路、覲見、駐外代表機構、擴充海關、增設口岸、商輪、軍艦等等事項全都在『進行中』了。我確實認為中國開始動起來了！」[75]

由於擁有經費上的保障以及海關比較高效的管理制度和人事安排，在清末政府所舉辦的各項洋務活動中，基本上都有海關的參與甚至是由海關主導，並產生了比較顯著的效益。然而，不容忽視的是，近代海關由代表英國在華利益的總稅務司赫德所把持，他的下屬又是分別代表不同國家在華利益的外籍稅務司，因此他們所主持和參與的近代各項洋務活動成為帝國主義列強爭奪中國各項利權的目標。無論是從他們的動機還是後來的結果都說明，在殖民地半殖民地的中國，在主權被部分篡奪的情況下，不可能真正實現對中國人民有益的現代化。

作為稅務司的德璀琳

德璀琳與李鴻章是在一八七六年中英談判簽訂《煙臺條約》期間相識的。當時李鴻章是清政府的全權代表，而德璀琳則是談判當地煙臺的海關稅務司。德璀琳參與協助李鴻章，在談判中為解決馬嘉理在雲南遇害一事顯露了非凡的才幹，由此得到了李鴻章的賞識。條約簽訂之後，李鴻章隨即要求總稅務司赫德將德璀琳調往津海關。李鴻章之所以要把德璀琳從煙臺調往自己衙署所在地天津的海關，是需要他隨時在身邊顧問諮詢，並且能為自己的各項洋務運動提供穩定而可靠的資金來源。

作為海關稅務司，德璀琳在本職工作幹得相當出色。從一八七六年開始，德璀琳在津海關充任稅務司達二十二年之久，從一八七七至一八八二年、一八八四至一八九六年、一九〇〇至一九〇四年。這期間，是德璀琳一生事業的頂峰，也是天津港和津海關迅速發展的階段。德璀琳在職期間，天津港的稅收數由一八七七年的三十二萬兩千六百八十四關平兩增長到一八八二年的三十八萬七千三百七十關平兩，從一八八四年的三十八萬六千五百七十九關平兩增長到一八九六年的八十四萬一千零四十二關平兩，再從一九〇〇年庚子之亂後的五十一萬六千七百零七關平兩恢復並增長到一九〇四年的二百萬零九千一百九十八關平兩。這樣的業績在全國各口岸中，除了地理位置更為優越的上海以外，是最為突出的[76]。

稅收的增長來自於貿易量的增長。開埠之後，天津成為蒙古東部、直隸、山西兩省以及山東、河南兩省北部的天然出海口，貿易量大增。對外貿易以對俄國茶葉轉運、大宗進口棉布、煤油、大米、綢緞、紙張、大麥、瓷器及糖為主，出口貨品以羊絨、羊毛、草帽緶、駱駝毛、棉花、生羊皮和生牛皮等農畜產品為主。除此之外，來自貨物運輸的運費、打包費、清洗費等也相當可觀。德璀琳任職期間一直被認為「在促進這個口岸日益擴大的貿易方面做了很多工作」，「他一向把自己當作貿易的助手，而不是貿易的控制者」[77]。此後由於海河淤塞和大沽口的攔沙壩等不利因素的影響，進出口貿易總量雖有所下降，但稅收並未遭受影響。

不過，對於德璀琳來說，促進貿易發展的首要目的並不是為了中國，而是為了滿足歐美廠商傾銷商品的需要。在他就任津海關稅務司的第一個五年任期裏，天津的進口貿易總值約占全國的百分之十至十六，僅次於上海；而出口總值卻只占全國的百分之零點二四至二點九一，僅在溫州與北海之上。以一八七九年為例，入超達到相當可觀的一千一百二十九萬九千三百八十八關平兩[78]。所以，雖然海關的稅收增加了，清政府的財政來源得到了保證，但卻並不能真正促進中國的經濟發展和現代化進程。

德璀琳能夠在海關中眾多庸庸碌碌、只知惟赫德之命是聽的稅務司中脫穎而出，成為海關中僅次於赫德的重要人物，除了自身能力出眾之外，最主要的是有李鴻章作為靠山。本來老話說：「官不修衙，客不修店」，意思是當官不會永遠在一個衙門，調職是很平常的事，衙門修得再好也是留給後任的，所以沒有必要大興土木、大費周章地去修建辦公樓。不過，因為有了李鴻章的支持，德璀琳知道自己不用像海關的其他稅務司那樣在所有口岸輪調，不能也不會離開李鴻章的身邊，當然就不用顧忌那麼多了。

一八八七年夏季，他開工修造了新的海關大樓，於翌年十月份建成。他還特意請李鴻章親自題寫了「津海新關」的匾額懸掛在新辦公樓上。在面向海河新建的二層歐式海關大樓裏，一樓為業務大廳，面積二百多平方米。在這裏直接處理海關各項業務，包括為進出口船舶預先掛號和辦理一切手續，為貨主辦理各項手續。津海關將報關、驗估和結關手續集中在一起，全部手續不出大廳即可辦完，使貨主深感方便。這一工作模式在當時是極為先進合理的。二樓為行政辦公室，即德璀琳日常工作的地方。

▶津海關新辦公大樓。

▶李鴻章題寫的匾額。

在德璀琳任職期間，他拓展了津海關的管轄區域。秦皇島海關成立之後，德璀琳就兼任了這個海關的關長。不僅海關的管轄區域延伸，而且管轄的內容也不斷增加。海關除負責進出口船貨、人員物品監管、徵稅緝私之外，在他任內還包攬了海河航道的整治維護、燈標設施、港口管理、檢疫防疫等海港事務，創辦了郵政業務、兼辦商標業務，參與創辦北洋大學前身博文書院、修建馬路、架設電報電話線等地方事物，更積極插手北洋水師的軍需軍務。據當時天津租界內的僑民回憶說：「在他的本職工作中，他決不把自己局限在狹窄的稅務司管轄範圍之內。」德璀琳利用自己的顧問身分，不斷對李鴻章施加影響，總是在總督的耳邊說些新的想法，「諸如引進新的牲畜與水果的『品系』、造林、醫學教育、陸海軍體制、採礦、鐵路以及設施完全的大學等等。」[79]雖然他的各項建議並不總能立刻得到實現，但他仍然信心十足、百折不撓地堅持著。

德璀琳與赫德的矛盾關係

多年來，在中國海關裏，德璀琳與赫德既是志同道合的上下級，又是彼此爭權奪利的競爭者。長期以來，德璀琳代表德國利益，與代表英國利益的赫德，在插手中國事務中明爭暗鬥，彼此防範。海關洋員慶丕說，總稅務司不喜歡有李鴻章撐腰的德璀琳，這在海關是一個公開的秘密[80]。但是兩人的關係並不是從一開始就不融洽的。公平地說，德璀琳初入海關時，赫德是欣賞甚至喜歡德璀琳的。

兩人的第一次見面是在德璀琳來到中國半年後的一八六五年十月二十一日。這一年，年僅二十三歲的德璀琳應聘來到中國海關，僅僅是海關的一名供事。雖然赫德只比德璀琳大七歲，但此時他已經是聲名赫赫重權在握的海關總稅務司，所以德國人崇拜權威的特性使德璀琳在見到這位「溫和的獨裁者」時表現得很激動。這次見面，德璀琳也給赫德留下了深刻的印象。赫德在十月二十二日和二十四日的日記中兩次提到了德璀琳，說「他看上去是一個愉快聰明的年輕人」[81]。赫德在逐漸把海關建設成為一個高效的行政機關的過程中，建立了一整套比較完善的人事錄用和考核制度。每一個新人的錄用，都要通過考核以至考試。他非常重視對於受過教育、有一定社會地位、有才能的各國年輕人的選拔。而就個性來說，赫德喜歡的人，是「安靜、可靠、專心、有涵養、頭腦清楚、勤奮、易於相處的人」[82]。德璀琳即使不具備這些赫德所喜歡的所有優點，至少也還令赫德滿意。

此外，還有一些細節可以說明赫德起初是喜歡德璀琳的。一般新到海關的年輕洋員，除了那些有背景、有關係的人，都會被分派到南方的新開口岸開始他們的海關生涯，過幾年再逐漸調往北方的口岸。調往北方口岸工作甚至被視作一種獎勵。原因倒並不是由於越往北越靠近清朝的中央政府所在地因而位置重要，而是由於氣候——來自「溫帶地區」的歐洲各國海關洋員一般都不太能適應中國南方潮濕炎熱的氣候，這經常損害到他們的健康。赫德曾寫信給一位稅務司：「你喜歡汕頭嗎？我相信你不喜歡；因為三月你完全有可能調往更北邊的口岸」，結果他被調往天津[83]。德璀琳在臺灣待了不到兩年，就從淡水海關調往天津海關任三等幫辦，在那裏待了三年，並晉升為二等幫辦，直到他被提升至更高的職位，才離開北方。因此，這完全可以看作是赫德對德璀琳的一種優待。

德璀琳首次回國度假，並結了婚。為了照顧德璀琳太太以便她能與丈夫一同返回中國，赫德特意打電報給德璀琳，批准他可以在家待到明年春天再回中國[84]，而赫德對不喜歡的下屬是沒有這麼關心和體貼的。假期結束後，德璀琳被派往牛莊（今營口）任稅務司，一年後又被派到煙臺任東海關稅務司。這些都是氣候上比較舒適的城市，並且都距離赫德的總稅務司署並不遙遠。一八七三年赫德還指派德璀琳作為四個負責具體工作的稅務司之一，代表中國政府第一次參加了維也納世界博覽會，使德璀琳登上了更廣闊的舞臺。

作為比德璀琳年長又是較早來到中國並取得輝煌業績的外國僑民，赫德在許多方面都是德璀琳的榜樣，同時也是他野心勃勃努力追趕的目標。清朝統治下向現代化緩慢前行的步伐又給了德璀琳迅速趕上赫德、擴大自身影響力提供了時間和機遇。由於德璀琳在煙臺條約談判、創辦郵政、參與國際博覽會等過程中所表現出的傑出能力，赫德一開始對德璀琳極為欣賞。但是隨著德璀琳逐漸顯露出他的野心、與李鴻章走得越來越近，並以李為靠山插手了太多赫德認為涉及自身和英國利益的事，如鴉片貿易改革、軍火買賣等，日益暴露出他的「德國傾向」，令赫德感到不安進而產生警惕，這樣兩人的關係才緊張起來，直至逐漸公開地進行競爭。

左宗棠收復新疆後，一八七八年清政府派崇厚出使俄國談判交還伊犁問題。當年九月正在歐洲休假的赫德致函國內代行其職的妻舅裴式楷（R. E. Bredon），要求他不要派遣德璀琳隨崇厚出使，以防德璀琳從中搗鬼[85]。一八八〇年，在聘用琅威理等洋員訓練北洋海軍等問題上，李鴻章試圖繞過赫德，通過德璀琳與琅威理直接聯繫，這引起了赫德的不滿甚至阻撓。此外，德璀琳還插手了派遣中國船員赴英國學習輪駕並將自英國訂購的炮艇駛回中國一事[86]。之後不久，德璀琳於一八八二年春天第二次回國休假時，專門去德國什切青造船廠進行考察。後來李鴻章命令李鳳苞在德國什切青廠訂購了一條五千三百五十噸的鐵甲艦，這條船日後成為北洋海軍中最大的主艦，這更引起了赫德的警惕。

他「擔心什切青裝甲艦隻一出現，我們在天津將會陷於困境；簡直或許完全由德國官兵（低薪俸）駕駛來此，而中國有可能全部雇用他們」[87]，最終英國人有可能喪失對北洋海軍的控制。

儘管面臨著德璀琳的有力競爭，赫德還是要標榜自己的公平與公正。他說：「很多人告訴我要警惕等等，這雖然有時會激起我短暫的妒忌之情，但我的準則是永遠不扮演『占著茅坑不拉屎』的角色，我在北京不能辦成的事，如果有別人在別處為中國辦成，我應感到高興。」[88]然而事態的發展越來越對赫德不利，赫德非常憂慮自己一直孜孜以求的「總海防司」一職會落到德璀琳的手中，並最終損害到赫德將北洋海軍控制在英國人手中的目的。一八八四年赫德認為問題已經嚴重到「或者是支持德璀琳，或者是推翻發展海軍的計劃」的地步。因此他下定決心，一定要將德璀琳從李鴻章的身邊調開。當一八八四年德璀琳從歐洲回到中國後，赫德將德璀琳暫時調去廣州，然而他卻通過李鴻章向總理衙門提出要求，從而又被朝廷調回天津「辦理要務」，參與中法和談。這更加令赫德如芒刺在背，卻又無可奈何。「他行動快到那麼一個程度，以致在有耐力的競爭者能趕上他之前，他已到達目的地了。」[89]後來，由於李鴻章的要求，德璀琳沒有像海關的其他稅務司那樣在二十四個口岸輪調，成為赫德手下唯一不能隨意調動的人。

多年的上下級關係，赫德對德璀琳的性格和野心知之甚深。他曾對金登幹說：「我不相信德璀琳是不忠誠於我的，也不信他意在取代我或繼任我的位子，但是我確知他決不肯在任何別人手下辦事，而企圖為他自己設立一個新的職位。對此，我既不反對也不阻撓，因為不能什麼工作都由我來做

（即使中國人請我做），而這裏的活動場地寬廣得可容納下十幾個領袖人物。」[90]赫德作此表態，是因為他不相信德璀琳能對自己總稅務司的職位構成挑戰。然而機遇卻不期而至，使得赫德不得不認真面對德璀琳對他的挑戰並進行痛苦的選擇。這也是德璀琳與赫德競爭最激烈的一次。

一八八五年，由於赫德在中法戰爭中排擠掉德璀琳和李鴻章，拋開英國外交部直接與法國總理聯繫，促成了《中法新約》的簽訂，赫德在國內外的聲望大增。此時恰逢英國駐華公使巴夏禮在北京病逝。基於赫德在中國的成就，英國政府和維多利亞女王認為他是最合適的繼任人選[91]。這項任命既給赫德帶來了意外的驚喜，也使他進退維谷。一方面，他認為這項任命「使我有機會來做也許是有益的工作並體面地結束我在中國的經歷」[92]；另一方面，赫德擔心自己苦心經營多年才建立起來的、擁有許多實權的海關就會落到旁人的手中。為此，赫德曾想推薦自己的弟弟赫政繼任總稅務司，兄弟二人共同掌握英國在華的最高利益。這個提議得到了英國政府和總理衙門的同意。

但是正當赫德躊躇滿志地準備到公使館就職時，德璀琳作為繼任人選的運動也在悄然醞釀著。李鴻章向清廷提議由德璀琳作為繼任者接替赫德。在一八八五年九月四日由法國人創辦的報紙 *Temps* 上甚至出現了這樣一則消息，在英國委派赫德出任英國公使之後，德國打算以英國為榜樣讓德璀琳出任德國駐北京公使[93]。這些傳言令本來滿心歡喜的赫德轉而感到憂慮。如果「有了德璀琳那樣一個堅強的人在稅務司公署，又有李鴻章那樣的一位堅強的大臣的支援」，海關極有可能最後落到德璀琳和李鴻章的手裏，赫德的勢力將被逐出海關，而英國就會逐漸喪失對中國的影響力，德國的影響力將得到增強[94]。為了不讓海關落入德璀琳和李鴻章的手裏，赫德最終忍痛放棄了這個令他一生事業達到頂峰的職務而留任海關。至此，德璀琳與赫德的矛盾達到頂峰。不過，作為一個能幹的下屬、又是李鴻章身邊的紅人，直到一九〇四年，赫德才利用開平煤礦案迫使德璀琳辭去稅務司之職，了結了兩人的恩怨。

從海關檔案中可以發現，在赫德與常駐倫敦的金登幹長達幾十年的總數為三千五百二十八封的公私信函中，有二百六十封信函涉及德璀琳的活動及赫德對其的評價，在所有海關洋員中，除金登幹和赫德的親屬之外，是數量最多的。由此可見，德璀琳在中國確實做了不少事，也給赫德找了不少麻煩。就連海關以外的其他在華外國人也很容易地發現赫德與德璀琳之間的緊張關係，在對赫德談起德璀琳時說到：「可是赫德先生，不管您怎麼說，您的最好的稅務司卻是強硬而不服從您的命令的人。」[95]然而，直到這兩人去世為止，「公開的爭吵」從來沒有發生過[96]。作為赫德的下屬、海關的職員，德璀琳至少在表面上還要表現出對赫德的尊敬與順從。

熱衷賽馬的德璀琳與愛好音樂的赫德

赫德是典型的維多利亞時代的英國人，而德璀琳則來自打敗歐洲強國後統一並崛起的德國。兩人從外型到氣質都極不相同，但有一點他們是一致的，那就是他們都野心勃勃地要在中國這個曾經遙遠陌生、如今卻被帝國主義和殖民主義肆意侵略的東方古國成就一番「偉大」的事業。

德國心理學家謝爾登認為，體型與人的性格特徵有一定的內在聯繫。雖然「體型說」把複雜的性格及心理同簡單、明顯的體型相聯繫，有過於簡單化之嫌，但它在分析德璀琳與赫德兩人的性格方面卻還是比較有益的嘗試。德璀琳的體型應當屬於肌肉發達、強壯有力的「身體緊張型」，具有這種體型的人，其特徵是：自信、大膽、健壯、精力充沛、冒險衝動，心理特點為任性、剛愎。而赫德則屬於瘦長、虛弱、神經系統敏感的「大腦緊張型」，其特徵是：內向、拘謹、膽怯、不好社交、工作熱心負責、愛好藝術，心理特點為懦弱、穩重有餘[97]。

從德璀琳家族提供的照片上看，德璀琳身材高大、線條粗獷、體魄強健，頭髮和眼睛的顏色比較深，並在上唇蓄有濃密的短鬚，外形上是比較典型的德國人。照片上的他給人留下氣度不凡、性格強悍而又有些傲慢的印象。赫德曾說李鴻章「喜歡身材高大的人，因此他喜歡葛雷森、章師敦和德璀琳」[98]，慶丕也曾形容德璀琳有「海格力斯式的身材（a Herculean figure）」。德璀琳的強健體魄得益於他一生熱愛體育活動。早年在比利時，他就曾擔任布魯塞爾地區德國人體操協會的會長。來中國後，他平常騎馬

▶德璀琳像。

▶赫德像。

上下班，還愛好賽馬，「他在賽馬方面所取得的成功可以寫一本書」[99]。有一件事非常典型地說明了德璀琳強悍與傲慢的性格。慶丕記述，一八七二年德璀琳署鎮江海關稅務司時曾經歷過一次「街頭暴動」，中國民眾衝擊了海關辦公處。據說，當時德璀琳坐在辦公室裏，手裏拿著一根火鉗，靜靜地撥弄爐火，一直到中國人闖進來衝上樓梯，他揮舞著紅彤彤的火鉗、兇神惡煞似的將那一夥人趕跑。慶丕評價說，德璀琳「總是為所有給他找麻煩的人，無論是中國人還是外國人，準備著另一種形式但同樣有效的熱火鉗」[100]。

照片上的赫德身材細長，臉龐瘦削，目光深邃敏銳甚至令人感覺有些陰鷙，據其自我描述為「膚色白皙，頭髮是淺棕色的」[101]。從外形和氣質上，赫德給人以柔順、細緻、文雅的感覺，頗符合一位維多利亞時代英國紳士的典型形象。閱讀赫德的日記，深入他的內心，則可以發現，初到中國的赫德是一名虔信的教徒，一個內心孤獨、敏感的年輕人，既充滿野心同時又小心謹慎、時刻注意自己的言行。隨著在中國的事業蒸蒸日上，赫德不滿二十九歲就當上了大權在握的海關總稅務司。赫德的性格也逐漸變得堅定甚至強硬，這在他以後的行事方式上日益顯著地體現出來，以至於被海關的下屬稱作是「溫和的獨裁者」或「仁慈的暴君」[102]。

赫德並不喜好運動，他的運動頂多是散散步，因此身體狀況也很糟糕。無論是在日記裏，還是在他給金登幹的信函中，他經常抱怨自己哪裏不舒服或又得了什麼病。如果不是身體實在虛弱的話，就是他過於敏感了。不過，敏感常常是藝術家的氣質稟賦。赫德熱愛音樂，在海關倫敦辦事處成立後的第一個年頭裏，他發給金登幹的大量指示信函中，除了公事之外，有很多是讓金登幹為自己買小提琴、樂譜等跟音樂有關的東西。他每天早上用兩個小時練習演奏小提琴，甚至自己譜了幾首小提琴曲和兩首歌，還想讓金登幹「設法找一個作曲家為我的那些小提琴曲配上鋼琴伴奏曲」[103]。他非常得意的一件事，是在海關組建了一支由中國人演奏的銅管樂隊。他經常讓這支樂隊在自己的府邸為各種宴會、遊園會演奏。這難道不是一個有趣的悖謬嗎？來自德國這個培育了眾多舉世聞名大音樂家的德璀琳，最熱衷的娛樂是英國人熱愛的賽馬，而赫德這個英國人卻如此酷愛音樂！

然而，不管這二人的外在形象氣質與內在性格愛好有多麼的不同，他們將中國這個古老帝國拉上世界資本主義發展的戰車、使中國走上西方所謂現代化道路的抱負卻是一致的，他們追求在中國建功立業的成就動機也是同樣強烈的，因此，在一生的合作與競爭中，他們也表現出了許多共同之處。

首先，他們都出身於中下層家庭。赫德的父親只是一個小酒店老闆，而德璀琳的父親是公證員且很早去世。他們很難完全靠自身努力在本國社會中獲得相當成就和地位。因此，他們都在青年時代遠赴海外，來到遙遠的中國開拓自己的事業。

其次，這兩個人都野心勃勃，擁有很強的成就動機。在海關的職責內外，他們參與了大量與中國政治、經濟、軍事、外交、文化教育等密切相關的各項洋務活動，插手中國的軍火買賣，創辦海軍，創設電訊、郵政、煤礦、鐵路、鑄幣廠，籌借外債，派駐外交使節，開辦新式學堂等等。凡其視野所及，無不躍躍欲試，既為自身利益也為各自的國家利益而四處伸手，搶奪中國的各項利權。

第三，這兩個人都非常聰明、善於變通。他們懂得在中國做事，必須與中國官場上的權勢人物搞好關係以獲得必要的支援。兩人的漢語水平都很高，這使他們能很好地瞭解中國文化及其民族感情進而融入中國社會。德璀琳以海關洋員身分得到李鴻章的青睞而成為他的「右臂」，被天津租界的外人稱作是「古斯塔夫大王」；而赫德則從一個英國領事館的普通譯員登上了中國海關總稅務司的寶座，贏得了總理衙門中恭親王、文祥等人乃至慈禧太后的信任，成為不離左右的顧問，並被親熱地喚作「咱們的赫德」。

第四，他們既善於審時度勢又意志堅定，能不屈不撓地堅持自己的目標。即使清朝的中央政府與地方洋務派已經達成了開展自強運動的共識，並開始著手進行各項洋務事業，但在中國這個封閉保守、充滿惰性的社會引進西方文明仍然是一件非常艱難而緩慢的事。所以他們必須懂得如何「迂迴」地達到自己的目標。德璀琳雖然有時不免急躁冒進，一生在向清政府諫言改革和與赫德的競爭中屢遭挫折，先後失意於郵政總辦、總稅務司、總鐵路司、總礦務司等職位的競爭，但他仍然堅忍不拔地繼續自己的事業。而赫德一生奉行「在起步前要先站穩，而後緩步前進」。他說：「我們走得越慢越好；走得越快，我們就越准定會失足而陷入沙洲或浮沙之內。」[104]

作為同在中國奮鬥的外國僑民來說，既要有時為在中國站穩腳跟、建功立業而並肩戰鬥，又要為捍衛個人利益和各自國家的利益而互相競爭。儘管他們的性格上存在差異，但從根本上說，他們是同路人，是十九世紀下半葉來到中國的眾多外國僑民中獲得個人成功的典範。

第三章 德璀琳、漢納根與中國軍隊的現代化

第一節 德璀琳與北洋水師

協助驗收船艦

第一次鴉片戰爭之後，清政府意識到戰爭失敗的重要原因，在於沒有水師巨艦與英軍接戰，造成軍事上的被動局面，於是命令福建、廣東、浙江等沿海各省趕造大號戰船，多安炮位。如果趕造不及，可先行設法購買。然而《南京條約》剛剛簽訂，外患甫消，海軍的建設又被擱置起來。

清政府真正開始考慮購買外國輪船，是從一八五六年太平天國運動如火如荼迅猛發展的時候開始。當時擔任上海江海關稅務司的李泰國建議清廷購買西方艦船，組建一支「有適當組織而由歐洲人充當官兵的艦隊」❶，即「阿思本（S. Osborn）艦隊」。由於李泰國想要將這支中國海軍完全控制在自己手中，遭到了清政府的堅決抵制，最終被遣散。清政府這次購買西方艦船改善舊式水師的努力經營幾近兩年，耗銀數十萬兩，卻以令人沮喪的結局告終，徒增笑柄。中國第一次建立近代海軍的夢想就這樣破滅了。有了這次教訓之後，整整十年的時間被浪費，幾乎沒有人再提起購買外國軍艦的事。一直到一八七四年日本侵臺時，新一輪購買軍艦的計劃才又再次醞釀起來。

儘管無論是清朝政府還是西方列強，誰都沒有真正將崛起不久的日本放在眼裏，但清朝的洋務

派還是藉此掀起了海防建設的大討論，並很樂於利用這次機會來購買大量西方的軍用物資。一八七四年十一月五日的上諭裏，將「練兵、簡器、造船、籌餉、用人、持久」等列為海防事務中緊要應辦的事宜，著李鴻章等大臣儘快商議辦理，其中簡器一條，即為購買船艦軍火。

總理衙門將購艦任務交給李鴻章，由赫德協助。從一八七四年之後，赫德主要通過設立在倫敦的中國海關辦事處、由那裏的主管金登幹（James D. Campbell）向英國的製造廠商阿姆斯壯公司（Armstrong Co.）進行聯絡，定購蚊子船和快碰船，先後達十餘艘，耗資近兩百萬兩❷。一八七六年三月，總理衙門正式任命金登幹為駐倫敦代購艦隻的代理人。由是，赫德與金登幹充當了英國大軍火商向中國出售船艦的掮客。李鴻章雖然在鎮壓太平天國時見過長江上的英國軍艦，但是對於這種工業文明的產物還是知之甚少。德璀琳接受李鴻章與赫德的雙重委派，在接收所購船艦一事上為李鴻章從旁顧問、以備諮詢。

一八七六年十一月二十七日，還未被正式任命為津海關稅務司之前，德璀琳陪同李鴻章和赫德，在天津大沽口視察接收由英國購回的、中國人稱為「龍驤號」和「虎威號」蚊子船（即炮艇）。驗收過程中還發生了意外情況：正當李鴻章在艇上視察的時候，艇上的一位軍官把一支上了膛的來福槍交給了他手下的一名水手。誰知，那個水手竟然走了火。子彈緊挨著德璀琳的耳朵和李鴻章的頭頂飛了過去。幸虧李鴻章當時正端坐著，否則就會被擊中❸。這件事令赫德嚇得一身冷汗，如果李鴻章被擊中了，那後果將不堪設想——不但這樁有利可圖的生意勢將泡湯，而且有可能對洋務運動的各個方面、中國的現代化進程、乃至中英兩國的關係產生諸多不利影響。不過，好在久經戰陣的李鴻章對此表現得毫不在乎，而且以他為首的中國官員們對「龍驤」等艦艇極為滿意。

在「龍驤號」和「虎威號」之後，清政府打算進一步購買英國艦船。一八七八年，經總理衙門同意，決定請德璀琳通過海關總理文案稅務司、赫德的妻舅裴式楷致電正在歐洲度假的赫德及金登幹，徵詢價格有無變化，以再訂購第二批四艘艦艇[4]。一八七九年，新訂購的四艘艦艇出廠，由原英國海軍軍官琅威理等人率領從英國駛抵天津。

此時，德璀琳已正式被任命為津海關稅務司。作為抵達口岸的海關稅務司，負責接待率船來華的琅威理等人並安排李鴻章驗收船艦。由於在驗收船艦的過程中所體現出的細心謹慎，一八八〇年和一八八一年德璀琳又兩次為李鴻章驗收船艦[5]。第二批和第三批船艦是由赫德特別向英國海軍部請求批准而雇用來的英國皇家海軍軍官率領而來。在驗收過程中，傲慢的英國軍官們並不把中國海關的稅務司放在眼裏。據赫德告訴金登幹，第二批帶船軍官在天津受到津海關的優厚招待之後，反而對德璀琳表現出雇傭兵式的、不通情理的態度；而第三批送船的船長羅斯在抵達天津後，「經常不是喝醉就是發瘋」[6]。

受到冒犯的德璀琳當然將這些情況彙報給李鴻章和赫德，並表達了自己的不滿。赫德一心想要清政府日後繼續雇用英國海軍軍官在北洋水師服務，以將這支海軍掌握在自己同胞的手中。為了不節外生枝，赫德要求金登幹如再聘用海軍軍官時，一定要向他們所有人講清楚：他們必須登門拜訪德璀琳和他的太太[7]。這說明，這時的赫德需要依靠德璀琳，通過他向李鴻章美言，以確保船艦購買的順利進行。

任何時候，軍火買賣都是一樁利潤巨大的生意，是列強及其在華利益代理人爭奪的焦點之一。德璀琳雖然來華資歷比赫德為淺，並且身為下級，但軍火掮客所能獲得的鉅額利潤是他不能棄之不顧的。一八七七年九月，德璀琳正式由煙臺調往天津任津海關稅務司，開始了他為李鴻章充當顧問的生涯。他利用李鴻章的信任，逐漸插手艦船的購買，以至於威脅到赫德的個人利益和英國軍火商的壟斷地位。

德璀琳本人對於軍事其實並沒有多少專業知識，但是他善於學習和觀察，並且具備德國人辦事認真的嚴謹態度。最重要的是，他深得李鴻章的信任，這是其他在華外國人所不具備的優勢。對於赫德與金登幹不遺餘力讚揚的英國阿姆斯壯船廠出產的艦艇，究竟優劣如何，李鴻章自己心裏並不十分肯定。但是李鴻章是一個非常有城府的人，他對於赫德與金登幹的英國立場非常清楚，所以並不完全相信他們對阿姆斯壯廠炮艦的吹噓。此時作為德國人的德璀琳與赫德相比，提出的意見和建議倒顯得更為中肯。

在初期的購艦活動中，德璀琳只是充當李鴻章與赫德兩人之間的消息傳遞者。這既是由於李鴻章對他的信任，也是由客觀上所使用的通信手段所決定的。當時，歐洲通往中國的電報主要有兩條線路：一條是通過陸上電報線，終點是俄國的恰克圖（Хяагта），然後再由信差將電報送往北京；另一條是經由海底電纜，終點到斯里蘭卡最南端的棟德勒角（Dondra Head），由此轉由郵船經過香港把電報送達上海，再由陸上信差或海上郵船送往北京[8]。由於中國對外的聯繫主要依靠赫德統領下的海關稅務司，因此中國與外國之間的通信聯絡都必須經由海關，其中甚至包括中央政府與各駐外使節之間的外交密函。

向英國訂購艦艇的流程一般是這樣：李鴻章向德璀琳發出指示，由德璀琳翻譯成英文信函，由信差送到在北京總稅務司衙門的赫德，赫德按照李鴻章的要求加上自己的想法寫成信件，再經陸路或海路到上海，交給那裏返回英國倫敦的定期郵船；或者，如果情況緊急的話，則由赫德寫成電報稿，交總稅務司署的稅務司譯成密碼電報，再將譯好的電報稿送往恰克圖，從那裏把電報發往英國的金登幹。金登幹發回的信函或電報也是經過以上的通路，最後經德璀琳之手翻譯成中文交給李鴻章。所以，德璀琳是這個流程中負責李鴻章與赫德之間溝通的重要環節。

李鴻章一直試圖繞過赫德，與在英國的下屬直接聯繫，以避免赫德對海防事務過多的干預。一八八一年丁汝昌與葛雷森（W. H. Clayson）、章師敦（S. J. Johnstone）等人赴英國接收快碰船（即非裝甲巡洋艦）時，曾要求金登幹把發給李鴻章的電報經由德璀琳轉交，但金不同意，認為應當把赫德作為「正當的官方管道」轉交送呈李鴻章的一切通信。金登幹還向赫德報告說：「直至最近，他們（指丁汝昌與葛雷森，作者注）所有上呈總督（指李鴻章，作者注）的報告一直都是不密封送交德璀琳的，但由於有消息說德璀琳即將回國，這些報告現在就密封送交稅務司。」[9]由於赫德、金登幹的密切監視並從中阻撓，而駐英公使曾紀澤又不是與李鴻章關係密切，甚至在購買船艦等事情上常與李鴻章意見相左，因此李鴻章初期很難與歐洲的廠商直接接觸。直到一八七七年李鳳苞出任海軍留學監督奉派到德國，以後又被任命為出使德國大臣，李鴻章向清廷上奏要求「派李鳳苞就近在外洋採辦軍火」[10]，這樣李鴻章才得以有自己人在歐洲方便地辦事。一八八〇年，李鴻章決定通過駐德公使李鳳苞和使館二等參贊徐建寅二人在歐洲訂購鐵甲艦。

此前，在對購回的軍艦的使用中，英國設計的蚊子船和快碰船很快暴露出它們的弱點。劉步蟾最早向李鴻章指出「蚊子船利於攻人，而無能自衛，只可用於守港」[11]。然而為了確保來之不易的朝廷對購買艦船政策的支持，壯大自己的實力和影響，李鴻章還不能立即拋開赫德。一八八一年，李鴻章又在赫德的建議下，向阿姆斯壯船廠訂購了「超勇號」和「揚威號」兩艘快碰船。但是這兩艘購價不菲的船很快又被證明是不堪實用的。受李鴻章派遣、隨丁汝昌等到英國駛回這兩艘船的英國人章師敦乾脆說這兩艘巡洋艦是騙人的東西，中國政府經常受人欺騙，他們將會感到非常失望[12]。

為了買到真正能在大洋中與外國堅船利炮進行對決的大型軍艦，李鴻章決定甩開赫德和金登幹，通過德璀琳和李鳳苞、徐建寅等中國駐外使節與歐洲的軍火生產廠商直接聯繫，購買鐵甲艦。經過慎重考察，最後他們選擇了位於德國什切青的伏爾鏗船廠（Vulcan Co.），於一八八〇年十二月訂造了第一艘鐵甲艦「定遠號」，次年又訂造了第二艘鐵甲艦「鎮遠號」。這兩艘軍艦在當時都是堪稱相當先進的。除了技術和質量上的考慮外，經濟上的考慮也是重要原因之一。英國是傳統海上強國，德國則是後起之秀。倘若訂購更為先進的英國軍艦，清政府的財政負擔就更加沉重。一八八三年李鴻章又向德國訂購了一艘新近流行的裝甲甲板巡洋艦「濟遠號」。這幾艘鐵甲艦成為北洋水師的主力戰艦。

無法得知，在為李鴻章服務的過程中，德璀琳是否曾向李鴻章提出過「何不向技術同樣先進但價格更為合理的德國船廠訂造鐵甲艦」的建議。但是，作為一個有抱負、有心計的人，德璀琳不會放棄任何機會擴大德國在中國的影響，因為祖國畢竟是自己的靠山，擴大德國的影響也會增強自己在中國的影響力。而李鴻章因德國的武力統一、後來居上，向來對德國軍火非常感興趣。

親赴什切青考察

在向德國訂造兩艘鐵甲艦後不久，德璀琳於一八八二年春天第二次回國休假期間，專門去什切青進行考察。雖然他為自己的利益與本國的軍

▶北洋水師旗艦定遠號。

▶鎮遠號。

火商加強聯繫是非常必要的，但是這次考察極有可能是奉李鴻章的差遣，而不是私人的拜訪。

當初恭親王在任命李泰國為海關總稅務司時，曾明確規定「不准該稅務司及所用各項外國人自做買賣，倘有辨理不善之處即行裁撤」⓭。後來，在赫德制定正式的海關章程時，也把這一條作為對海關關員的一項要求。一八八〇年十一月，當阿姆斯壯船廠的代理人初到北京時，赫德為了避嫌，沒有正式招待他。他知道「各使館把他的到來看作是一項政治行動，……作為總稅務司，假如我接待了阿姆斯壯廠的代理人，而不同樣地對待所有其他兜攬生意的軍火販子，我將被人指責為缺乏應有的世界主義」⓮。不過，赫德還是要求德璀琳將這位軍火商代表介紹給了李鴻章。

身為海關稅務司，德璀琳自然也瞭解這一規定。他深知，如果是為李鴻章做事也即為中國做事，赫德無話可說；但如果自己從中牟利而被赫德抓住了把柄的話，肯定會被從海關趕走。因此，在回國度假期間，他主動將自己在歐洲的旅行計劃都通過金登幹向國內的赫德進行報備，包括這次赴什切青考察，以示忠心不二。

德璀琳插手船艦購買，雖然是奉李鴻章之命，並且也是在其海關稅務司的職責範圍之內；但是，由於購買船艦是清政府的軍國大事，且有赫德在一邊虎視眈眈，身為赫德下屬和李鴻章顧問的德璀琳，雖然在其中發揮了一定的作用，卻還不能單獨地起決定性作用。這時他是與李鳳苞、丁汝昌等李鴻章的中國幕僚以及葛雷森、章師敦等海關中的非赫德嫡系洋員一起，作為李鴻章幕府成員，共同為其服務。不過，儘管表面上恭順，德璀琳一夥兒卻仗著有李鴻章的撐腰，越來越多地插手赫德視為禁臠的軍火買賣和中國海軍的創辦當中，而招來赫德的嫉恨。

修建大沽船塢

晚清的海防，大體上是根據一八六〇年南北洋通商大臣的設置而劃分。南洋包括廣東、福建、浙江、江南（江蘇）四省，北洋包括山東、直隸（河北）、奉天（遼寧）三省。起初，南北洋的防務大多由各地的督撫負責，南北洋大臣只負責通商與洋務等。後來因受日本侵略臺灣的刺激，一八七五年五月，清政府將南北洋的海防明令交給兩江總督兼南洋大臣沈葆楨與直隸總督兼北洋大臣李鴻章二人督辦[15]。南洋以上海、崇明為中心，為財富聚集之地；而北洋可稱為京師門戶，以大沽、天津為樞紐。作為拱衛京畿的戰略要地，在兩次鴉片戰爭以及後來的歷次戰爭中，敵艦向北京進犯，皆由大沽口登陸。由此可見，大沽口的戰略位置極為重要。

李鴻章創建北洋海軍，一開始即以大沽作為北洋艦隊的基地。一八七六至一八七九年，當從英國訂購的炮艇相繼駛回大沽口後，李鴻章開始籌劃建設大沽船塢。一八八〇年北洋水師已初具規模，擁有各類艦船二十五艘。為了使日益龐大的北洋海軍的艦船能夠就近維修，一八八〇年，李鴻章奏請光緒皇帝批准，於大沽海口選購民地一百一十畝，建起一座船塢，命名為「北洋水師大沽船塢」，也稱海神廟船塢。這是中國北方最早的船舶修建廠和重要的軍火基地。

大沽船塢甲塢位於大沽口海神廟的東北，面積長三百二十尺，寬九十二尺、深二十尺。自一八八〇年五月起興建，用了大約六個月的時間大致建造起輪機廠房、馬力房、抽水房、碼頭、起重架、繪圖樓、辦公房、庫房、木廠、模具廠、鑄鐵廠、熟鐵廠、熟銅廠、鍋爐廠等，其中床機二十餘台，馬力機、扇水機、鍋爐等皆由外國購買。全廠工人六百餘名，工匠三百餘名，皆由福建、廣東、寧波等早期沿海開放港口徵調而來。以後，又逐年修建了乙、丙、丁、己等塢，以備艦艇修理避凍之用。直至一八八六年，全部工程告竣[16]。

這時的大沽船塢已成為具有相當規模的近代船舶修造工廠，「能在同一時間裝配和修理六艘船舶」。不僅可以修船而且可以自己造船，一八八二至一九〇〇年間，大沽船塢共造乾雷艇、挖泥船等十八艘，造河駁船一百四十五艘，修理大小船舶七十餘艘。從一八八四年起，大沽船塢還承修海防工程。如修理大沽海口各營雷電炮械及電燈，承造炮臺炮洞、鐵門等。一八八六年，中國海軍第一艘潛水艇在這裏研製成功，並用於海上防禦。一八九〇年以後，船塢除了繼續修、造艦船外，還開始生產軍火。一八九一年仿造德國一磅後膛炮九十餘尊，一八九二年在船塢院內設修炮廠兼造水雷，大沽口水域佈置的水雷大部分由該廠製造。從此，大沽船塢成了一個修

▶北洋水師大沽船塢。

船、造船、生產槍炮軍火的綜合軍事基地[17]。

大沽船塢不僅關係到北洋海防軍務，也關係海關的船務船政等問題，修建船塢尤其需要海關財政的支援，海關自然責無旁貸。因此，赫德指派任職津海關稅務司的德璀琳參與大沽船塢的修建工程。德璀琳從選購民地開始到船塢建成，「凡塢工庀材飭由德璀琳核實經理，並于新關幫辦中分派熟悉工務者，幫同籌劃，概不另領薪俸」。在修建船塢過程中，所需全部的工料銀兩事宜，皆由德璀琳統計核實，向李鴻章彙報批准後，再上報「天津海防支應局」核發[18]。由於德璀琳等人「勤奮趨公，異常勞瘁」，且船塢建成後「來往各兵船，無論事機緩急，工程大小，總可隨時立應，殊于水師根本有裨」，因此李鴻章奏請朝廷獎給德璀琳頭等寶星[19]。一八八二年，清政府授予德璀琳雙龍三等第一寶星。此後涉及大沽船塢的一切維修、採購等財務問題，除了休假和不在任的情況以外，皆由德璀琳負責。

在修築船塢過程中，德璀琳為將剛剛成立的北洋水師抓到自己和德國的手中，千方百計地插手干預北洋水師的各項軍事建設。除了工程本身，德璀琳還向李鴻章推薦了漢納根、瑞乃爾（T. H. Schnell）等一批德國技術人才，幫助建設旅順、威海衛基地。經過多年苦心經營，李鴻章在德璀琳、漢納根等人的協助下，建成了大沽、旅順、威海衛的三角防禦體系。在旅順港的第一期建設中，由於德璀琳的活動，只有個別英美籍專家受聘，其餘皆為德國人。這些德國技術人員良莠不齊，其中既有漢納根這樣的能員，也不乏傲慢自大又無真才實學之徒。為此，袁保齡曾批評德璀琳說：「稅務司德璀琳者，性最貪狡，百計干預。旅役薦德人善威為工員，兩年無尺寸效，猶以華官掣肘為辭，熒惑長官之聽。」[20]不過，總的來說，在近代中國海軍的創立過程中，德國的軍事技術還是發揮了重要的作用。德璀琳等德國人對清末軍事現代化的影響也非常重要。

經管海防經費

德璀琳得以介入到北洋海軍創立和北洋海防建設，除了李鴻章對他的信任和倚重之外，最主要的是憑藉他津海關稅務司的身分。在海關稅收的分配上，軍餉、賠款和外債是支出的主要內容，其總數占國家支出的約三分之二左右。其中，從一八六九年至一八九七年近三十年間，各項軍餉、協餉達到了稅收分配總數的百分之三十至四十[21]。

李鴻章為籌辦海軍而購買船艦和構建海防設施的經費皆來自於海關稅收，列在「餉項」下支付的「海防經費」。一八七五年清政府指派李鴻章和沈葆楨分別督辦北洋、南洋海防。同時，總理衙門和戶部會議奏撥南北洋海防經費各二百萬兩，從江海、浙海、閩海、粵海、津海五個關的四成洋稅及浙江等省的釐金內撥解。一八八五年清政府正式設立海軍衙門，並決定首先加強李鴻章負責的北洋水師。同時海防經費不再分解南北洋大臣，而統一撥歸海軍衙門作為常年餉需經費。直至一八九四年中日甲午戰爭中北洋水師全軍覆沒，旅順、大連、威海衛等海防要塞全部被日軍佔領，清政府於一八九五年裁撤海軍衙門，海防經費又改歸戶部直接劃撥[22]。以上是清政府歷年劃撥海防經費的情況。

德璀琳任職津海關稅務司二十二年時間。他的頭兩個任期，即由一八七七至一八八二年、一八八四至一八九六年，正是北洋海軍初創和清政府致力於海防建設的關鍵時期。作為直隸總督兼北洋大臣的官衙駐在地和北洋水師的基地，天津海關的「六成洋稅，除坐支稅務司薪水、本關經費外，向充本口海防練軍額餉」[23]。從一八七五年至一九一〇年的三十六年中，各海關解撥海防經費總計達六千八百八十四萬六千五百三十三兩，其中僅津海關解撥的海防經費就達六百五十九萬七千八百一十三兩，約占海關解撥全部海防經費的十分之一（百分之九點五八）[24]。

任職津海關稅務司時，德璀琳將津海關稅收的一部分，不定期地存入大沽船塢在滙豐銀行天津代辦處（the Agent Hongkong & Shanghai Banking Corp. Tientsin）的戶頭；同時，他又受李鴻章和赫德的指派，負責大沽船塢的建設，從滙豐銀行大沽船塢帳戶下支取所需款項。例如，從一八八六年十一月至一八八七年九月不到一年的時間裏，德璀琳向滙豐銀行天津代辦處的大沽船塢帳戶下存入了大約三點八萬兩，支取了二點二萬兩。他還要求滙豐銀行為大沽船塢準備一筆金額為二點五萬兩的準備金，利息照付[25]。這一年中，大沽船塢又續蓋了辦公房、報銷房、西塢抽水房、西塢軍械庫等，終使大沽船塢的各項工程全部告竣[26]。

德璀琳之所以將津海關用於海防經費的款項存入滙豐銀行天津代辦處，然後再由滙豐銀行支取修建大沽船塢所需費用，這是由於總稅務司赫德與外國銀行的親密關係。按照清朝舊制，海關徵收的稅款保存在海關監督的手中，並由海關監督按例將稅收數目每年分季上報，然後按照中央的規定將稅款解歸戶部或按戶部制定的各項開支數目撥解或留用。留用的稅款被總稅務司赫德存在與其個人有密切關係的英國麗如銀行（Oriental Bank）[27]。一八八四年麗如銀行停業清理後，赫德改在滙豐銀行[28]開立帳戶，存入各種經管款項。鑒於滙豐銀行的「殷勤隨和」，赫德甚至向清政府建議，滙豐銀行理應成為中國的「政府銀行」，由它來經理中國所有的借款事務[29]。在赫德主持海關的後期，就連解入國庫的海關稅收也開始部分地由海關官銀號轉存滙豐銀行。

從海防經費這個角度來看，德璀琳在參與近代中國海防建設和北洋水師創建的活動中具有雙重身分：他既是赫德手下津海關稅務司，負責向李鴻章的北洋海防建設提供所需經費（當然，這是中國自己的錢）；同時，他又是深受李鴻章信任的洋務顧問，幫助李鴻章使用海防經費，並且還具體負責大沽船塢修建經費的管理使用。

參與北洋軍務

除了參與北洋水師船艦的購買、大沽船塢的修建、就海防要塞建設推薦德國技術人員之外，德璀琳還積極插手北洋水師的軍務，並因此對赫德控制中國海軍的企圖構成阻礙。

德璀琳在北洋水師中的作用主要是幫助李鴻章出謀劃策，具體負責招募外籍教官、炮手等事務。一八七九年李鴻章和德璀琳讓回國度假的海關副稅務司葛雷森，為以前在英國訂造的蚊子船招募炮手等船上洋員。這些人來到中國後，由德璀琳與這些洋員商定報酬並稟告李鴻章允准，其後並負責對他們的工作情況進行考察，有不稱職的洋員則在稟明水師提督丁汝昌後堅決辭退[30]。

一八八〇年，李鴻章在英國訂購的「超勇」、「揚威」兩艦即將造成並預計在來年駛回天津。

德璀琳向李鴻章建議，將煙臺的艇船及其水勇調來天津進行訓練以備來年安排到快碰船上駕駛。煙臺的水兵已由德國人瑞乃爾訓練多年，一直備而不用。德璀琳的建議深合李鴻章急欲擴張北洋水師的心意，他很快將山東的艇船、水兵也劃歸到北洋海軍序列之中。德璀琳還建議，派丁汝昌與葛雷森一起率領撥自山東的兩百多名中國水師官兵，先期乘坐兵船或雇用商船前往英國，到船廠和炮廠觀摩學習，「以擴眼界而增學識」，屆時由這些中國水師官兵自行駕駛回中國。此舉不但可使水師官兵「長見識、勤操練」，而且「較由外洋借弁兵帶船來華，可省經費甚巨」[31]。李鴻章接受了這個建議。

於是，高高懸掛清朝龍旗的中國艦隊首次航行在大西洋，一路經由大西洋、地中海、埃及、蘇伊士運河、新加坡等地，再經香港、上海最後抵達大沽。此次航行令創立不久的清朝海軍揚威海外，「閱歷數萬里，風濤形勢，教練熟悉，保護平穩，卓著勳勞，實為中國前此未有之事，足以張國體，而壯軍聲。」歐洲諸國也由此「知道中國亦有水師群起，而尊敬之」[32]。在英期間，丁汝昌甚至得到英王的接見，受到極高禮遇。他還與英政府各部大臣和各國公使社交往來，並赴法國、德國等地參觀各兵工廠。英國國內的報紙也對丁汝昌及其所部兩百餘名水兵「津津樂道」，大加宣傳。這不

▶漢納根家族所收藏的北洋水師黃龍旗。

能不說是德璀琳運籌帷幄的功勞。

自然，這一切令赫德及其駐英代表金登幹妒羨不已。一八八一年十二月金登幹向赫德彙報說：「葛雷森似乎有這樣的想法，認為派中國船員去英國的整個方案應歸功於李、德璀琳和他本人，我聽他說過，在他帶著李給您徵求您同意這個方案的私人信件去北京之前，整個事情已由他們安排好了。我告訴葛雷森說，您過去就有派中國船員來英國駛回第一批炮艇的想法，我則建議由中國的水手和司爐工駛回埃普西隆中隊。」金登幹還指責葛雷森不應越權（即不通過赫德和金登幹本人）代中國海軍在英國招募水手。他批評，「由於考慮得更多的是他自己的利益而不是海關的利益」，因此葛雷森「找的都是和他自己以前在『卓越』號上時身分相同的人，或是找那些在海軍中地位不比他高的人」[33]。

赫德自己也認為，由於德璀琳的干擾，英國的勢力或者確切地說是自己在中國海軍中的勢力逐漸被削減。「我們這裏正面臨著一次危機，中國的水師幾乎肯定要交給李鴻章來統轄，而他發現在戰時不能依靠英國官員支持他並幫他打仗（英國政府規定，戰爭時期本國軍官不得為交戰國服務，作者注）」，因此李鴻章不得不考慮其他人選。與此同時，其他列強則在積極運作試圖插手中國海軍，「法國人企圖讓李（指李鴻章，作者注）聘用戈威因何努瓦康擔任水師最高的職位，美國人現在則在促使李任用水師提督薛斐爾」。李鴻章在德國訂造鐵甲艦後，在定遠、鎮遠與濟遠三艦來華時，德國方面派遣海軍四五百人為之護送。赫德「擔心什切青裝甲艦隻一出現，……或許完全由德國官兵（低薪俸）駕駛來此，而中國有可能全部雇用他們」。他哀歎道：「英國人的所作所為——領事館是經常，公使館是偶然——都是反對我的，而其他國家的活動簡直使英國自殺的深淵加深五倍」，「我們在中國雖擁有最大的利益，而對它的影響即將減到最小的程度。」[34]

與赫德爭奪對北洋海軍的控制權

赫德一直努力想要在中國建立起一支強大的海軍，並把其牢牢控制在自己手中。他曾積極參與了十九世紀六〇年代初「阿思本艦隊」的創建，那次努力雖然以失敗告終，但赫德仍然在耐心等待機會。當一八七五年清政府將國防建設的重點放在海防上並籌備建立北洋水師時，赫德終於等到了插手中國軍務的機會。他建議，「建立一個海防衙門或海軍部，像總理衙門或外交部那樣」，並任命他本人出任「總海防司」。掌管中國海軍大權，是赫德夢寐以求的事——「我要使中國強大起來，要它把英國當作它的最好的朋友。」[35]

然而，由於德璀琳與李鴻章的親密關係，赫德一直擔心海軍會落到德國人的手裏。一八八三年六月赫德告訴金登幹說：「我剛聽說李（李鴻章，作者注）建議政府實行我的計劃（指設立海防衙門，作者注），但把事情交給別人去辦（我猜想他看中的要麼是德璀琳、要麼是葛雷森）。」[36]鑒於清政府內有識之士的反對[37]，李鴻章要赫德在總海防司和總稅務司這兩個職位裏做一選擇。赫德只得放棄爭取總海防司一職。但他退而求其次，仍想把北洋水師掌握在其他英國人手中。為此，他運用自己的影響力，使英國海軍部批准琅威理來華訓練北洋水師。

對赫德來說，中國海軍必須要由一個英國人來掌握，「至少也不讓它們落入可能對英國的利益施加敵對影響的人的手中」[38]。琅威理來到中國後，盡心盡力訓練海軍，工作表現出色。但是他為人脾氣暴躁，兩次任教中國水師，最終辭職回國。第一次他由於中法戰爭爆發避嫌回國後，駐德公使李鳳苞推薦德國人式百齡（Sibelin）接替。琅威理第二次回國後，漢納根接任海軍副提督，並參與了中日甲午戰爭。

據粗略統計，從十九世紀七〇年代至甲午戰爭前夕，李鴻章為了海防建設的需要，曾先後聘用洋員一百六十四人。其中英籍六十八人，約占總人數的百分之四十一點四六；德籍七十二人，約占總人數的百分之四十三點七；二者相加是總人數的百分之八十五，可謂占了絕大多數。其餘美國十一人，法國五人，丹麥四人，奧國一人，只占少數[39]。

由此可見，李鴻章身邊以德璀琳為首的一批親德派，一直試圖以德國人代替英國人，以削弱赫德及英國在北洋海軍中的影響並代之以德國人的控制。而赫德當然不會輕易放棄自己對海軍的控制，由於琅威理在海軍的出色工

▶致遠艦主要軍官合影，中立者為鄧世昌與琅威理。

作，赫德成功地「使軍艦掌握在英國人手中保持了如此之久」[40]，直至一八九〇年琅威理辭職回國。一八九五年中日甲午戰後，北洋水師全軍覆沒，德璀琳、赫德圍繞中國海軍的控制權誰屬之爭也終於落幕。

總的來說，由於洋務派官員已形成「自泰西各國競起爭雄，陸兵以德國為最精，水師以英國為最盛」[41]的看法，李鴻章確立了海軍師法英國、陸軍師法德國的既定方針，因此，基本上，中國海軍一直受琅威理等英國海軍部軍官的訓練指導，使英國保持了對中國海軍的影響。這樣，德璀琳掌握北洋海軍控制權的企圖沒能完全實現。

第二節　漢納根與北洋水師

參與修築大沽炮臺

在近代海防設施建設中，構築海岸炮臺至關重要。軍港基地必須使用大口徑火炮，射擊水面目標，掩護近岸交通線，封鎖航道，並支援在瀕海活動的艦艇和在島岸作戰的部隊。近代中國不僅火炮技術落後，炮臺的建造技術更為落後。中國海防炮臺在兩次鴉片戰爭中充分暴露出各種缺陷。

李鴻章極為看重炮臺在海防中的重要性，他認為：「水師以船為用，以炮臺為體。有兵船而無炮臺庇護，則兵船之子藥、煤、水一盡，必為敵所奪。有池、塢、廠、棧而無後炮臺，亦必為敵所奪。故炮臺極宜並舉」[42]。當時原有的海防炮臺都極為落後，易為敵艦火炮擊破。自一八七〇年李鴻章出任直隸總督兼北洋大臣後，就立即對大沽原有炮臺進行了加固，又增建了三座炮臺。一八七五年開始，再次對原有炮臺進行了整修和擴建，再加上日益擴充壯大的北洋水師，使大沽口成為鞏固京師、抗擊列強入侵的軍事要塞。

漢納根來華時，大沽炮臺的整修和擴建已接近尾聲。第一次面試之後，漢納根陪同李鴻章視察了大沽口的幾處炮臺，並就大沽炮臺和總督大人討論了海岸線一帶的軍事防禦問題[43]。漢納根對大沽口炮臺及沿海軍事防禦問題的見解，令李鴻章甚為滿意。一八八〇年二月，在擔任軍隊教官的同時，李鴻章還令漢納根兼任修葺大沽炮臺的工程師。

在北方寒冷刺骨的北風中，漢納根必須每天不辭辛苦地騎馬往返於大沽和北塘之間。他首先仔細勘察了大沽的地質情況，考察原有的堡壘。這些堡壘修建得很早，第二次鴉片戰爭中，清軍也曾在這裏取得過對英法聯軍作戰的勝利，擊沉擊傷多艘侵略軍的戰船。但是今非昔比，這樣的碉堡和武器裝備已經過時，難以抵禦西方先進的海上鐵甲快船的進攻。他對原有的四個大型堡壘、三個小型堡壘以及彈藥庫、軍械庫做了詳細的測繪，繪製了圖紙，做出文字記錄並提出完善意見。一開始，工作進行得並不很順利，李鴻章提供的翻譯是英文翻譯，對軍事術語、專業辭彙也不熟悉。漢納根必須自己先將德語譯成英語，再由翻譯將英語譯成漢語後提交總督，但往往原意已經面目全非[44]。

儘管存在語言障礙，漢納根還是全心全意地去完成自己來到中國的第一個任務。他提出了大膽的設想。為檢驗設想的可行性，這個嚴謹認真的德國小夥兒還通過翻譯組織了六千餘名當地百姓進行實地演習，並以圖解的方式作了詳細紀錄。通過這次演習，他找出了炮臺的許多不足之處，從實戰需要出發，對修建新的工事做了詳細計劃，上呈給李鴻章[45]。顯然，對於這份計劃，總督大人極為滿意（事實上，這也是對漢納根的進一步詳細考察）。緊接著，漢納根就立即被授予另一項更為重要的工作，也是他此次受聘的終極任務，那就是修築旅順炮臺。

修築旅順炮臺

為什麼要在大沽炮臺之外再修建另一座炮臺呢？原來，雖然大沽毗鄰京津、為京師海上門戶，又便於坐鎮天津的李鴻章控制指揮；但大沽口有一個致命的缺點，就是面積較狹，深度不夠，用以容納小型的炮艇尚可，而停泊修理鐵甲戰艦卻難以實施。所以，當北洋水師的大沽船塢尚在修造之時，李鴻章即命德璀琳為鐵甲艦尋找更適宜的停泊地。一八八〇年六月，德璀琳向李鴻章彙報：「現查北洋各嶼，惟旅順口為眾好之埠，大小船隻出入甚便」，只要挖開入口之處的沙子並修築炮臺數座，就可「以旅順口為北洋兵船停泊之處」[46]。

從京畿的水上門戶大沽口沿海向東行駛約二百餘海里，遼東半島的最南端即是旅順，當時西方人把這裏稱作阿瑟港（Port Arthur）。它由一片海灣及周邊的群山組成。旅順又稱旅順口，稱其為口是因為海灣朝南有一處出入口，水面寬約二百米，僅能容許一艘較大型艦船通過。口內是一片寬闊的海面，港灣內可供大量艦船避風。海灣的周圍群山起伏，是天然的陸上屏障，易守難攻。這裏冬季海水不凍，是天然良港。在整個遠東地區，是建設海軍基地和防禦陣地的理想地域。

十九世紀中後期，日本對外擴張的野心逐步升級，繼一八七四年「牡丹社事件」[47]之後，又於一八七九年三月二十五日入侵琉球，將其變為沖繩縣。面對日本不斷升級的侵略行動，旅順海防陣地建設被提到清廷的議事日程上來。清駐德公使李鳳苞早在一八七五年面見李鴻章時曾提出，旅順「為京師東北要害，宜早準備」[48]。這與後來德璀琳的考察結果不謀而合。

德璀琳並向李鴻章提議，由漢納根來負責旅順炮臺的選址和修築。對漢納根來說，參與修建完善大沽炮臺只是一次熱身，是李鴻章為了檢驗他的才能而進行的一次實際考察，修築旅順炮臺才是漢納根真正的使命。一八八〇年，李鴻章把考查挑選建造炮臺的地點、規劃炮種和駐兵多少等事項交給了漢納根具體負責。

在當時，旅順港工程可說是一項國家級的重點工程。這種工程既是漢納根的長項，可以充分發揮他的才幹。而且火炮彈藥等武器裝備的購置都要花費鉅資，經濟上也會有許多機遇，不愁不賺它個盆滿缽滿。更令德璀琳和漢納根興奮的是，這會大大增強中國軍隊對德國的依賴，為今後獲得更大的商業利益打下基礎。嗣後，漢納根開始在旅順修築炮臺，加上其後的威海海岸炮臺工程，他為之拼搏了八年的時間。

一八八〇年五月，漢納根銜命赴旅順建造防禦陣地。他要做的第一件事是地形勘測，以確定修建防禦陣地的最佳位置。每天清晨，他背上用於測繪的平板儀和指南針出發，開始一天的工作。披星戴月歸來後，他將白天的測量結果進行整理。然後，再繪製地形圖，對地形地貌一一進行標注，以便選擇適宜的施工路徑。經過多次測量並反覆權衡利弊後，他將第一個炮臺陣地選擇在黃金山。得到李鴻章的批准後，立即開始了緊湊的施工。

一開始，很難找到中國工人願意為這位洋大人工作。但在兩位當地人的幫助下，很快募集到一千五百名工人，保證了施工進度。令漢納根喜出望外的是，每人每天只有幾個銅錢收入的工人們很好指揮。他們食宿簡陋，而工作起來卻異常勤勞、從無怨言。他們在數理方面的知識雖然只相當於歐洲小學生的水平，然而一旦理解了設計意圖和施工要求，就會非常認真地實施，最終的效果往往比預想的要好得多。

初到旅順時，漢納根住在炮艇上。每天早上四點起床，洗個海水澡，然後開始一天的工作。直到動工，漢納根也沒有個像樣的住處，只好住在一座屋頂漏雪的破廟裏。一直到四年以後的一八八四年，他才獲得批准，修建了辦公和居住用房二十餘間，算是有了正式的落腳處。即使在這樣艱苦的環境中，他始終充滿著激情和夢想。他朝思暮想，要把旅順建造成一個軍港，「那裏有一座難以攻克的防禦性工事，裏面有數不清的船的桅杆、船廠和船塢，還有漂亮壯觀的碼頭、機械製造車間、造船設備、火炮鑄造車間、軍事學校、煤礦，甚至還有音樂學院和歌劇院」[49]。

這裏幾乎沒有任何社交和娛樂活動，因為他是旅順口唯一的外國人。當冬季到來、施工暫停的時候，他也無法像在北京和天津等地的外國人那樣，因為封港無事可做而把整個冬季當作社交季節來狂歡。寂寞的他只能把全部時間投入到單調的語言學習中去，這是孤獨的外來者想要在中國生根吐芽、一展抱負所必須付出的代價。

在這種枯燥的環境中，他的中文倒是進步很大，幾乎能夠聽懂所有的談話。雖然不是每個詞都弄得很明白，但至少能夠理解說話人的意思，這就使得漢語學習「比以前單純的鸚鵡學舌般的練習有趣得多了」。他希望當自己再次回到天津的時候，「就可以不通過翻譯與總督大人自由交談，這樣我就能夠說出我自己的一些真實想法了」[50]。

總督大人給他帶來好消息

在旅順海軍基地以及防禦陣地施工過程中，李鴻章時時關注著工程的進度和質量，曾多次乘艦船到旅順視察。

一八八三年七月初，李鴻章在從上海返回天津的途中，臨時決定在旅順作短暫的停留，檢查炮臺工程的進展。十二日清晨，李鴻章從小艇上下來直接走到工地。這時漢納根已經養成每天早早到工地、巡查安排當天施工內容的習慣，當其他官員都還在睡夢之中，他成為半小時裏唯一接待李鴻章的人。

令漢納根萬分驚喜的是，總督大人還帶來了一封信。這是一封漢納根朝思暮想的德皇敕令。來到中國後，漢納根多次向德皇申述請求，經德國駐華公使轉呈並施加影響，他終於得到了德皇的寬宥，在敕令中德皇允准了漢納根退役軍人的身分[51]。多年來令漢納根深感恥辱的身分問題得到解決，他不再無顏見家鄉父老了。在漢納根眼裏，這一天的陽光特別的燦爛……。

儘管漢納根此時可以毫無顧忌地回到德國，然而他已經為李鴻章工作了四年時間，在中國打下了事業的根基。他感受到眾多中國朋友對自己的尊敬和關照，更感激李鴻章對他的知遇之恩。這裏比德國更可以讓他施展身手，何況還有著一份令人羨慕的薪酬。於是他決定繼續留在中國，為李鴻章主持的海防大業效力。

▶旅順炮臺南子彈庫。

旅順要塞的十座炮臺中，黃金山炮臺、老虎尾炮臺、嶗律嘴炮臺、蠻子營炮臺、饅頭山炮臺、模株礁炮臺、蟠桃山炮臺共七座為漢納根設計監造。這些炮臺的質量，以當時的國際標準來衡量，達到了先進的水平。炮臺竣工後，漢納根曾邀請旅順口外停泊的其他國家艦艇上的軍官們前來參觀，得到一致好評，「它得到了歐洲同仁的，特別是那些來自各個國家炮艇上的軍官們的肯定，這無疑是個巨大的成功」[52]。它的另一個收穫是，在修建炮臺的過程中，從人拉肩扛開始到引進先進的施工機械、施工方法，為清軍鍛煉出一支近代意義上的工兵隊伍。

隨著炮臺的依次竣工，漢納根與他的作品也經歷了一次次嚴格的檢驗。一八八三年十一月，李鴻章、丁汝昌參加了旅順炮臺一期工程竣工慶祝儀式，參加慶祝儀式的還有赫德從英國聘來訓練北洋海軍的海軍軍官朗威理。儀式活動的一個重要內容是進行火炮試射。實彈射擊取得了令人滿意的成績。一艘約三米長的小船插上旗子在三千八百米遠的海面上下了錨作為靶船，火炮第一次試射時偏離目標，但不是很遠，經過修正後第二次射擊即打中了靶子。試射結束後，朗威理以內行的眼光仔細察看了火炮陣地，對炮臺安裝的質量給予了充分肯定，認為很少見到能將火炮安裝得如此精確的[53]。

一八八六年四月，醇親王奕譞奉皇太后懿旨巡閱北洋水陸各軍。這是一次規模盛大的閱兵，巡閱旅順各炮臺亦在此次計劃之中。巡察當日，醇親王登上嶗嵂嘴炮臺，讚賞了漢納根設計監造的炮臺。巡閱之後，醇親王向慈禧太后稟報了巡閱的結果並提出獎勵建議。太后發佈懿旨，除了賞賜寶星勳章之外，並特別提出：漢納根監造炮臺，堅固如式，著再加恩賞給三品頂戴，以示鼓勵[54]。

再建威海炮臺

威海地處山東半島東北端，與旅順隔海遙相對峙，共扼渤海門戶，素有「渤海鎖鑰」之稱。作為軍港和海防要地，威海港和旅順港有許多相近之處：港口周圍都有多處制高點，可設置大口徑遠距離火炮陣地，易守難攻；兩者均為不凍港，而威海比旅順水域更寬闊。除港內面積大以外，威海港有南北兩條通道，較之只有一個進出口的旅順港更方便於船隻的進出，港口外側還有劉公島可作為屏障。

一八八六年，剛剛完成旅順港修築任務的漢納根正式奉命前往山東半島修築威海炮臺。實際上，旅順和威海兩處炮臺的修建是穿插進行的，一八八三年漢納根即曾前往威海，策劃威海炮臺的基礎設施建設。在一八七九年至一八八七年這八年間，前期漢納根以旅順炮臺為主，後期則以威海炮臺為主。

依照地形和實戰需要，漢納根在威海設計和修建了不少炮臺，至今保留了多處遺址。從結構及外型看，與旅順炮臺極為相似。在修建旅順、威海炮臺的過程中，漢納根時時關注著國際上海防建設和火炮製造技術的發展，盡其所能參照國際上最先進的技術設計修建炮臺。

▶威海炮臺。

僅僅相隔幾年時間，到威海炮臺建成時，其技術水準又上了一個新臺階。威海炮臺的修建對拱衛京師起到了重要作用。

這之後，廈門胡里山炮臺在修建時也借鑑了威海炮臺的技術。漢納根雖然沒有在現場指揮，但是根據自己在以往設計和施工中的經驗，向施工方提出了許多高水準的建議。十九世紀中後期，中國沿海建有遼東旅順、天津大沽口、山東威海、上海吳淞口、廈門胡里山、廣州虎門等多座堡壘炮臺。其中，漢納根或參與或主持或獻策於大沽、旅順、威海、胡里山等多座炮臺的修葺及建造[55]。這些炮臺的修建，對晚清中國的海防建設意義重大。

李鴻章曾對造好的旅順炮臺讚不絕口：「旅順口、黃金山、老虎尾炮壘最得地勢，係延德弁漢納根仿照德國新式創建，尤為曲折精堅」[56]；「旅順口黃金山頂炮臺，仿照德國新式，內砌條石，外築厚土，皆欲使炮子陷入難炸，即有炸開，亦不致全行坍裂」[57]。中日甲午戰爭中，在日軍眼裏，旅順口東西兩岸炮臺中，「以黃金山炮臺為第一堅固，置三百六十度回轉自在大炮，海面攻之甚難」[58]。至於威海炮臺，李鴻章在一八九一年六月視察之後，在向朝廷的報告中，亦指其「鑿山通穴，夾層隧道，安設二十四生特後膛炮，機器升降靈速非常，能阻擊敵船，而炮身蟄藏不受攻擊，為西國最新之式」[59]。清朝政府也對漢納根修建炮臺的功績給予了充分肯定。在漢納根回國休假期間，清廷於一八九一年十月十一日「賞其花翎總兵銜」，一八九三年一月十五日又再賞給寶星[60]。

在中日甲午戰爭中，威海衛炮臺被日軍攻陷，與漢納根同在北洋海軍任軍事顧問的英國人泰萊（W. F. Tyler）批評說：「劉公島、衣島（在劉公島東南、海灣東口之中央）及內陸，皆有堅壁重壘，數年前漢納根之所營也。其建造尚屬新式，惟有可異之疏略二事。（一）南部之內陸炮臺，其向內一面，並無保障，敵人可從此面來攻也。（二）島上及他處，皆無測度射程之設備。」[61]但是持平地說，「威海衛（威海衛為威海舊稱，作者注）海岸炮臺後路空虛的缺陷，與陸軍防禦戰略戰術和岸防兵力部署有關，與炮臺工程和克虜伯火炮技術無關。正如漢納根自己所言，海岸炮臺主要是打擊水面目標，封鎖航道，阻擊敵艦隊突入港口」，而「清廷完全從經費角度考慮，要求北洋裁減兵勇，無疑會影響海岸炮臺和整個軍港後方的縱深防禦」[62]。這就不是漢納根所能左右得了的。

一八八六年九月八日，漢納根的父親逝世，在此之前，他的母親業已亡故，漢納根也就失去了回國探親的欲望，再加上放不下威海的工程，所以，直到一八八七年工程告一段落後，他才啟程回國，比合同上規定的時間滯後了一年。回國後，漢納根終於能夠好好休息了。在艱苦環境中體力腦力透支的他，在德國一待就是五年，卻從來沒有忘記中國。這裏留下他多年的心血和汗水、隨之而來的財富和地位，以及他在中國所體驗到的激動人心的生活。在修建旅順、威海炮臺的時候，每有閒暇他常常這樣想，年老以後，自己還要到這些炮臺走走看看。他相信時間能夠證明，這些炮臺會為中國的海防事業做出貢獻。

一八九三年，休整好的漢納根重返中國。這時的他已不是初出茅廬、前途未卜的小夥子，而是頗負聲望、為清廷所倚重的軍事專家。他順理成章地繼續擔任李鴻章的軍事顧問，準備再次大幹一番。

第三節　中日甲午海戰中的漢納根

「高陞號事件」

甲午戰爭距今已過去一百一十六年，但它卻像是國人心頭的一道傷疤，永遠不能被遺忘。一系列問題久久縈繞於歷史學家、軍事學家乃至普通史學愛好者心中，大到它所發生的背景、明治維新與洋務運動兩種現代化道路的比較、戰爭結果及其後續賠款對中日兩國所產生的深遠影響，小到戰前兩國海軍噸位和艦艇數量的對比、雙方在海戰、陸戰中所運用的戰術比較，以及戰鬥中參戰人員的具體表現和傷亡人數，這些問題歸結到一起，是劃在人們心底一個大大的問號——中國為什麼會輸掉這場戰爭？

同樣的問題也曾經縈繞在親身參與那場戰爭的漢納根心中。他無法相信，在總噸位上超過日本海軍的北洋水師卻沒有充足的炮彈來打一場幾個鐘頭的海戰；他無法理解，為什麼幾乎所有的北洋水師官兵能夠效死用命、血戰到底，而它的最高指揮官卻不積極備戰反而仰賴於歐美列強的外交調停；他更不能接受，自己耗盡八年心血苦心營造的、達到當時國際先進水平的旅順、威海衛炮臺，輕易落入敵人手中，甚至被用來給予困在威海港內的北洋水師最後的致命一擊。

一八九三年，漢納根第二次來到中國，繼續擔任李鴻章的軍事顧問。此時，中日甲午之戰已經一觸即發。李鴻章秉承慈禧太后的意旨，對日本存在幻想，希望保全和局。其後，朝鮮形勢日趨緊張，李鴻章決定派五營清軍增援朝鮮。

根據一八七九年十一月漢納根第一次被李鴻章聘用的合同規定，如果中國與他國（除德國之外）交戰，漢納根有參戰的義務。他知道，與其等待召喚不如主動請纓。最初他的要求未獲批准，但是稍晚一些時間，他得到了一次護送運兵船的機會。李鴻章原本打算委漢納根以公職，不過此舉遭到中國將領的反對。經多方考慮，李鴻章決定仍派漢納根以私人身分護送清軍入朝。

一八九四年七月二十三日上午九點五十分，漢納根和準備奔赴朝鮮的清軍一起，搭乘向怡和洋行租來的英籍「高陞號」運輸船，從大沽口出發去朝鮮。船上懸掛英國旗，載有一千兩百餘名清軍、十二門火炮以及槍支彈藥等，並由北洋艦隊的「濟遠」、「廣乙」二艦護航。其任務是援助先前入朝的清軍。

對於這次運兵行動，長期準備、無孔不入的日本特務機關很快即得到了情報。七月二十三日當天，日本聯合艦隊就接到大本營的密令，如在牙山附近遇有清國軍艦，可進行攻擊。二十五日晨八點左右，「濟遠」、「廣乙」兩艘中國護航艦在鴨綠江口豐島海域遭遇由「吉野」、「浪速」、「秋津洲」三艦組成的日本第一游擊艦隊。其中擔任「浪速號」巡洋艦艦長的正是日後在對馬海戰中率領日本海軍擊敗俄國海軍成為日本海軍上將的東鄉平八郎。在噸位、炮數以及火炮射速上，日本海軍第一游擊艦隊均佔優勢。

在雙方相距約三千米時，「吉野」突然向中國軍艦發炮，「濟遠」、「廣乙」被迫進行還擊。激戰之後，「廣乙」擱淺焚毀，死四十人；「濟遠」艦遭重創，傷亡五十餘人後逃逸。二十五日八點三十分，「高陞號」運兵船駛近豐島，適與海戰失利後掛上白旗和日本旗全速西逃的「濟遠」艦相遇。漢納根後來描繪說：「我們看見最前面一艘船，掛有日本旗，其上還有一面白旗招展。該船很快地向我們方向開過來，經過我們時，它把旗降落一次，又升上去，以表示敬意。」這種舉動令漢納根感到迷惑，並由此做出了一個錯誤的判斷：「我們開頭見了這隊日本軍艦之示威，心中有些不安，但現在看見這艘日本船駛過我們的船時，以旗語來向我們行敬禮，我們對於他們和平的意旨感到安慰。」[63]不過，這種安慰感僅僅是一瞬間的事，很快漢納根就看清了日軍的真面目。

日本旗艦「吉野號」追上了「高陞號」。「高陞號」船長英國人高惠悌（Gals-Worthy）雖感覺事出突然，但他「堅信該船為英國船、又掛英國旗足以保護它免受一切敵對行為」。因此，仍按原航線前進，並從日艦「浪速號」右舷側通過。上午九點半鐘，「浪速號」忽然直衝「高陞號」而來，兩船相距四、五百米時，日艦鳴炮警告，並掛出「下錨停駛」信號。船長高惠悌不敢違抗，立即遵行。「浪速號」將艦上所有的二十一門大炮都露出來，用右舷炮對準「高陞號」船腹，並用旗語命令「高陞號」：「停錨！不然，接受後果！」[64]

之後，日艦派出的一艘小船駛往「高陞號」。漢納根與船長高惠悌相約，與日本人談判時，應堅持讓「高陞號」開回出發的港口。因為「高陞號」駛離大沽口時，兩國尚未宣戰。全副武裝的日本軍官上船後，船長高惠悌拿出船上的文件給他們看，證明這是一艘英籍商船。但是，日本軍官不由分說，命令船長跟隨日艦開駛。

小船離去後，船上的中國管帶高善繼與營官駱佩德、吳炳文告訴漢納根，並請他轉告船長，我們寧願死在這裏，也不當俘虜。清軍官兵士氣激昂，紛紛拿起刀槍以示決心。漢納根對清軍官兵說：「在談判進行中，維持船上的秩序是很必要的。」旋即，漢納根要求船長用旗語通知日本人再次談判，日艦小船回來後，漢納根親自與日本人談判。他告訴日本人：「船已失去自由，不能服從你們的命令，船上的官兵不允許船長這樣做，堅持讓他們回到原出發的港口去。」[65]

小船回去後時間不久，日本「浪速號」艦長東鄉平八郎下令開動軍艦，在距「高陞號」一百五十公尺時，悍然發射水雷，艦上的六門火炮也同時開炮。很快，「高陞號」被擊中，船上火光四起、濃煙滾滾、彈片橫飛，船尾首先下沉。船上的清軍官兵只能用手中的步槍勇敢地還擊。船沉後，尚未犧牲的清軍士兵，包括漢納根本人，都落入海水中。

此時，落入水中的清軍士兵已無作戰能力。按照戰場規則，戰鬥本應就此停止，並且應當救援落水的敵方士兵。漢納根記述說：「我看見一隻滿載武器和士兵的日本小艇，我以為他們是來搭救我們的，但悲傷得很，我是想錯了，他們向這隻正在沉沒的船上的人開炮。」[66] 日艦用輕武器射殺落水的清軍，「高陞號」

▶英國畫師所繪高陞號事件圖。

上官兵多數犧牲。時人評論謂其行為與海盜無殊，「恐海盜尚不至殘忍若此也」。

游泳獲救

「高陞號」遭到日艦瘋狂的炮擊沉沒。在此期間，船上官兵或被震到水裏，或者跳入水中，或者因船傾而落水。落水後，幸運地躲過日本人輕武器射殺的約有兩百人，其中就有英國船長高惠悌和漢納根。

根據高惠悌的敘述，「高陞號」被擊中後，他「立刻跑到機輪間，拿得一個救生圈（最後留下來的一個）就由船邊跳下，跳下時，我聽得一個可怕的爆炸聲。當我露出海面時，我發現空氣中充滿了煙和煤屑。我立刻向海岸方向游，岸大約離船一又四分之一英里。水裏有許多中國人，但我只看見一個歐洲人，即漢納根。」[67]

冒著日本人槍炮的追殺，漢納根與幸存的中國官兵逐漸脫離了日艦的有效射程。稍稍冷靜下來的漢納根發現，這支游泳的隊伍前後拉得很長，但人們的目標鎖定在最近的一個小島上，用不了多長時間就可以游到那裏。但漢納根認為，最佳選擇應是游向大陸，這樣才能最終獲救。然而大多數中國士兵游泳技術欠佳，體力消耗也很大，無法堅持到大陸。漢納根只有自己游到岸邊，尋找救援。漢納根毅然離開了這個隊伍游向大陸，累了就改變游泳的姿勢，使身體各部的肌肉輪流用力，輪流休息，把划水的動作放到最小，只要能維持最低限度的呼吸就行，待疲勞稍有緩解後再奮力前游。幾個小時之後，他終於游到了岸邊。

在「高陞號」與日艦對峙的過程中，漢納根深為清軍官兵們不畏犧牲的勇敢精神所感動。「把他們救回來」成為支撐漢納根堅持幾個小時游泳的信念。上岸後，漢納根不顧疲勞，第一時間聯繫到停在朝鮮仁川的德國「伊利達斯號」軍艦，於二十九日馳赴海島並救回一百二十人。漢納根還與英國「播布斯號」軍艦聯繫，請其到小島上運回餘下的八十七人。此前，在附近海域的法國「利安門號」軍艦從「高陞號」的桅頂及漂流舢板中，救出兵勇四十二人，水手、升火三人。這樣，法、德、英三國軍艦先後救回清軍二百五十二人[68]。遇救人員都被送到了煙臺。

關於甲午海戰的中方史料中，鮮有關於德、英、法三國兵船救回二百多名落水清兵的記載。拂去一百多年歷史的塵埃，我們在「高陞號」事件中看到的是人道主義的救援。戰爭教會我們要記住我們的英雄，認清殘暴的敵人，不忘血的教訓，我們也要看到並記住來自黑暗中的哪怕是稍縱即逝的一絲光亮。這是來自人性的光輝，正是這道光輝，照亮了人類艱難前行的道路。

「高陞號」事件後，漢納根還為三名犧牲的中國工匠請求撫恤。這三名工匠曾跟隨漢納根在旅順和威海衛修築海防炮臺。他們在長年的工作中不畏艱險、勤勞苦幹、認真負責，確保了漢納根設計意圖的實現。由此漢納根與他們建立了深厚的友誼。此次赴朝，漢納根率一部分工匠同行，其中三人在「高陞號」遭襲時落水犧牲，漢納根不勝悲痛。遇救回津後，他向李鴻章面陳，為安慰亡靈，解決三位工匠留下的孤兒寡母的生計問題，懇請能給予撫恤。後得李鴻章准許，由天津海關出資，每人每月發給家屬撫恤銀五元；他們的子嗣也得到照顧，待他們年歲稍長後，送入北洋各專科學堂學習，「以期造就而慰幽魂」[69]。

這次慘案，清朝官兵的英勇表現給漢納根留下終生難忘的記憶。雖然商船難以與鐵甲戰艦抗衡，但在強敵面前，清軍官兵表現出了寧可戰死、不當俘虜的民族氣節。漢納根的請恤行為，體現了他對中國人超越國界的友誼。

沒當過海軍的「北洋海防總監」

七月二十五日，日軍不僅在海上襲擊了「高陞號」，還出動四千多人的陸軍準備在牙山偷襲清軍陸軍。二十九日，日本陸軍與聶士成率領的千餘清軍發生激戰。聶士成部拼死作戰，終因兵力相差懸殊，後援不力告敗。八月一日，中日兩國同時向對方宣戰，甲午戰爭爆發。

對中國方面來說，這是一場沒有準備的戰爭。無論是在戰前還是在戰爭爆發後，作為這支當時中國最具戰鬥力的軍隊的最高指揮，李鴻章一直是在極力避免與日本軍隊正面接觸和戰鬥。黃海海戰中，漢納根是以北洋海防總監的身分參戰的。這一任命本身就反映了當時北洋水師的備戰情況。

根據漢納根的記述，在黃海海戰前夕，丁汝昌曾接到這樣的命令，「從旅順口到威海衛一字布陣，並且在任何情況下避免與敵軍正面交鋒，這種無謂的行動後來在漢口、南京、廣州最後在京城都引起了人們的關注。總督不得不將他的指令繼續下去，並將布陣一線修改為北起大連灣，南到山東半島，並且下達了命令，一旦敵艦進犯這一線，迎敵反擊。」[70] 作為部下，北洋艦隊的將領們自然深知李鴻章的真實意圖。「避免與敵交鋒」是真，「一旦發現敵艦進犯這一線，迎敵反擊」，這是後加的，不過是應付輿論的表面文章。

「在這樣的指揮下，小衝突一直沒有斷過……日本人穩住了在朝鮮的陣腳後，開始在中國沿海地區巡邏偵察。喬裝商船三三兩兩地將北直隸灣（即渤海灣，作者注）到山東半島看了個遍。水師不缺乏相應的情報，但是卻在他們來來回回的巡洋中故意回避與日本的偵察艦相遇。」

在一次巡洋搜索敵艦的行動中，總督李鴻章和北洋水師提督丁汝昌一起擬訂了由遼東到仁川（朝鮮）的航行路線。如果北洋艦隊按計劃行動，發現日艦勢在必然。但是，由「定遠」艦管帶劉步蟾指揮的北洋艦隊，卻在移動途中即向總督報告行動徒勞無果，並掉頭回到旅順。同時向天津報告，在朝鮮沿岸途中沒有日本運送的軍隊，渤海灣也沒有發現日艦。

這封謊報軍情的電報暴露了李鴻章消極避戰的策略。「皇帝龍顏大怒，要剝下總督的黃馬褂，摘掉三眼花翎。中國大地一片憤怒，水師的艦長成為眾矢之的。」[71]李鴻章很清楚，責任不完全在提督。劉步蟾消極避戰卻也事出有因，根源還在自己身上，不便言明罷了。然而，這次「謊報」在政治、軍事和輿論上都造成了嚴重後果，不處理對上對下無法交代，處理重了也難以服人。思忖再三，李鴻章認為不妨藉此機會給北洋艦隊的各位管帶們敲敲警鐘。於是，李鴻章致電丁汝昌，在天津召開一次北洋艦隊的指揮會議。在會上，李鴻章、丁汝昌決定聘請炮兵出身的漢納根為顧問，出任北洋海防總監，監督管理水師的管帶。這樣，就算戰敗，責任由這位洋員承擔，而朝廷也不會對洋員怎樣，更不可能將其處死。

漢納根接受了這個職務，八月二十一日抵達旅順口，正式就職。此時的漢納根雖躊躇滿志卻也深感所肩負的責任重大。他不知道，二十多天後將會迎來一場驚心動魄的大海戰。

中日宣戰後，兩國軍隊在平壤對峙。由於陸軍實力上，敵強我弱，九月十三日，李鴻章派招商局「新裕」、「圖南」、「鎮東」、「利運」、「海定」五艘輪船，載運總兵劉盛休率領的銘軍八營兵力自大沽口出發赴大東溝登陸，以援助駐朝清軍。鑒於「高陞號」慘案，李鴻章命北洋艦隊的「定遠」、「震遠」、「致遠」、「靖遠」、「經遠」、「來遠」、「濟遠」、「廣甲」、「超勇」、「揚威」十艘戰艦隨行護航，這幾乎是北洋艦隊的全部主力艦艇。

九月十七日，十艘戰艦抵達目的地，停泊於距陸地十二海里之外，陸軍及武器裝備連夜登岸。早在三天前的九月十四日，日軍特務機關即已探得消息，決定派出十二艘日艦在鴨綠江的出海口——大東溝海域襲擊北洋艦隊。九月十八日上午九時，提督丁汝昌下令，午飯後完成運兵任務的艦隊返航駛往旅順。

根據漢納根事後的海戰報告，十點左右，北洋艦隊發現遠方天際的一縷黑煙。但是直到中午十二點，與定遠艦並排停泊、位於艦隊編隊南側的鎮遠艦瞭望手才發現了更多的煙柱。用單筒望遠鏡觀測後確認，是一隊塗成白色的日軍戰艦自西南向北洋艦隊駛來。十二點十分左右，丁汝昌下令北洋艦隊全力迎戰。

十二點五十分左右激戰開始。丁汝昌排出以「定遠」擔任旗艦，提督丁汝昌和北洋海軍海防總監漢納根站在懸掛著五彩提督旗的艦橋最前端，協同指揮作戰。而右翼總兵、「定遠」艦管帶劉步蟾則在艦橋下的駕駛室內指揮艦艇保持編隊隊形。

參戰的清軍艦隊由「定遠」、「鎮遠」、「濟遠」、「致遠」、「靖遠」、「經遠」、「來遠」、「超勇」、「揚威」、「廣甲」等十艘北洋艦隊的主力艦組成。日本艦隊則由「吉野」、「高千穗」、「秋津洲」、「浪速」、「松島」、「嚴島」、「橋立」、「千代田」、「比叡」、「扶桑」、「西京丸」、「赤誠」等十二艘組成，多為下水時間不長的新艦。在船艦總噸位上雙方相近，而在航速、火力配備以及火炮射速上進行全面比較，日艦實力則明顯占優。

面對強敵，丁汝昌果斷命令北洋艦隊以人字型排開迎戰敵艦。雙方艦隊相距約五千多米時，旗艦「定遠」三〇五毫米火炮率先發射，各艦相繼發炮。稍後日艦還擊。戰鬥從中午開始，震耳欲聾的炮聲、橫飛的彈片、滾滾濃煙烈火交織出一幅激戰的場面。

激戰伊始，丁汝昌與漢納根站立於飛橋（飛橋前方直達於前桅，其一部分擱於相交之兩座十吋炮上）之上指揮。交戰之初，飛橋即被日軍炮彈打斷。丁汝昌身負重傷，漢納根此時在船尾指揮旗語，未在橋上。之後，劉步

▶英國畫報中，致遠艦（左）撞擊吉野號（右）不成，行將沉沒的瞬間。

蟾代為指揮作戰，林泰曾全力配合，漢納根則參與決策。漢納根沒有受過海軍訓練，並不熟悉海戰，好在艦炮和岸炮的原理相同、操作方法相近，而岸炮正是他的長項，所以漢納根指揮起來並不外行。

海戰持續到下午，北洋艦隊已有「超勇」和「揚威」兩艘艦艇沉沒，而日艦「扶桑」的二四〇毫米口徑大炮更是集中火力在「定遠」艦的前部，險些讓漢納根與這艘艦艇一起沉沒。多虧「致遠」艦奮不顧身、犧牲自己，保護了「定遠」艦沒有遭受致命的打擊。此時，戰鬥出現了轉折——日方旗艦「松島號」被擊中爆炸，「比叡」、「赤誠」等多艘日艦也被擊傷；而日艦隊長時間圍攻北洋艦隊的兩艘主力艦「定遠」和「鎮遠」，卻久攻不下。終於，擔心夜幕降臨後遭到北洋艦隊魚雷艇的攻擊，日本艦隊主動撤出了戰鬥。漢納根的助手英國人泰萊回憶道：日艦退去後，漢納根與自己在飛橋之梯上，以香檳及餅乾相慶[72]。

這次海戰持續了五個多小時，北洋艦隊官兵奮勇作戰，擊退日軍。戰鬥中，北洋水兵精神飽滿、鬥志昂揚，意欲為「高陞號」死難的士兵們報仇雪恨。他們毫不畏懼，「一兵負重傷，同侶囑其入內休養，及予重至此炮座，見彼雖已殘廢，仍裹創工作如常」。作為主帥的丁汝昌，重傷後拒絕入艙內休息，雖不能站立，卻仍然坐在甲板上微笑著鼓勵士兵。激戰中，漢納根也被一塊彈片穿透髖骨，所幸沒有造成嚴重骨折。但是他也效法丁汝昌，留在炮臺上察視，為士兵做出榜樣。

戰後，當漢納根因受傷回天津醫治休養時，他有時間認真總結這次作戰的經驗。他認為，此次海戰打得很激烈，雙方船艦都有相當大的損毀，鑒於激戰後日艦逃遁，此役成為甲午戰爭中清軍唯一的一次「小勝」（「小勝」結論為漢納根個人意見，若以戰果而論，恐怕難稱小勝），漢納根以讚歎的口吻說：「總之，日本人沒有想到，勇敢的中國人要比他們想像的勇猛得多。」[73]

海戰剛剛結束，有關海戰結果的消息就已傳到國內。漢納根在戰場的表現也很快傳揚開來，使他的聲望大大提高。李鴻章在〈大東溝戰狀折〉中總結黃海海戰時說：「我將士效死用命，愈戰愈奮，始終不懈，實屬勇敢可嘉。」[74]他並奏請清廷頒發給漢納根雙龍二等第一寶星[75]。按規定，二等第一寶星通常用於獎勵有貢獻的各國二等公使。漢納根獲此殊榮，說明了朝廷的重視程度。李鴻章還專門就此知會最初推薦漢納根來華的德璀琳，在給德璀琳的函件中轉述了皇帝的諭旨：「洋員漢納根在海軍當差，教練有方。此次大東溝之戰，奮勇效力，深堪嘉獎，加恩賞給二等第一寶星，以示鼓勵，欽此。」[76]之後不久，漢納根又受到了慈禧太后的接見，並加恩賞給提督銜，相當於今日之將軍。

▶漢納根後代郎厄先生保存的漢納根所獲雙龍二等第一寶星勳章照片。

對於用鮮血和生命危險換來的這枚榮譽獎章，漢納根非常珍惜，這是對他在海戰中作戰勇敢的最高獎賞。此後幾十年中，這枚獎章一直跟隨著他。一九二五年他離開這個世界之前，仍不忘囑咐後人要世世代代珍藏下去。頒發這枚獎章的幾十年後，德國經歷了兩次世界大戰，但這枚獎章仍完好無損地保存了下來。漢納根的後人沒有忘記他的叮囑，像愛惜家族榮譽一般愛惜這枚獎章。

旅順、威海炮臺的淪陷

漢納根榮膺獎章的喜悅並未持續太久。黃海海戰之後，日本人向遼東半島長驅直入。十一月初，他們攻陷了金州和嚴加設防的大連灣，二十一日佔領了北洋艦隊的軍港——旅順港。丁汝昌不得不率領尚未修好的艦艇返回威海劉公島軍港。翌年一月，日軍登陸榮成灣，像登陸遼東半島花園口一樣如入無人之境，輕而易舉地佔領了威海衛炮臺，然後用炮臺堡壘上的重炮轟擊被包圍在威海港內的北洋艦隊。這支中國近代裝備最好的海軍終於覆滅了。

護衛京師的渤海灣南北兩個要塞旅順和威海衛相繼失守，修建這兩個堡壘要塞的漢納根頓時成為眾矢之的。丁家立曾回憶道：「我記得旅順被日本人佔領後，李鴻章寫信給我說，修建旅順港防禦工事的工程師們在安置大炮方面犯了一個錯誤，大炮只能防禦來自海上的進攻，而不能掉轉過來抵禦地面上的進攻。日本人就是這樣從陸地上佔領炮臺的。我猜想這個可憐的藉口是他的某個軍官告訴他的。」[77]這個說法是當時乃至後來較為普遍的一種論點。那麼，漢納根所主持設計建造的海岸炮臺是否真的存在設計上的致命傷呢？讓我們分別看一下旅順和威海衛兩個岸上堡壘的淪陷。

漢納根銜命設計修建的旅順海岸炮臺，在選址和建造伊始，即明確了其主要任務是打擊從海上入侵的敵人，以重炮防禦海上艦艇的來襲。旅順炮臺地理位置極其重要，漢納根在選擇炮臺位置和火力配置上充分考慮了海上作戰的需要並兼顧灣內，而灣內的任務主要是保衛海軍基地。炮臺分工明確，各司其責。前面所述，炮臺建成後，對於炮臺的質量水平，朝野上下，甚至洋專家，都曾一致給予很高的評價，認為是當時世界最先進的。黃海海戰之後兩個月的時間裏，日艦在鴨綠江口至大連、旅順之間的海面上頻繁游弋，意在阻斷清軍的海上通道，策應陸軍行動。日艦卻未敢從海上強攻旅順，這恰恰證明了旅順炮臺制海的威力。

雖然不能從海上強攻，但日軍卻看到了旅順港以外，中國沿海其他地方的薄弱防衛。打開地圖不難看出，日軍以兩個軍、數萬人的兵力入侵，最先登陸的地點是鴨綠江口和莊河花園口，並繼續向金州、大連灣推進。鴨綠江口距旅順約三百公里，花園口距旅順約兩百公里，最近的大連灣距旅順也有四十多公里。終至一八九四年十一月二十一日，日軍分三路從陸路、炮臺的後背攻入旅順。日軍在如此長的距離上能夠長驅直入，焉能把罪責歸咎於僅僅負責修築旅順炮臺的漢納根？中國有漫長的海岸線，旅順、威海能控制的只是很小的一部分，因為修築兩處炮臺就要對幾百公里外的戰場失利負責，這顯然不具有說服力。

其實，自黃海海戰結束後，北洋海軍艦隊駛回旅順。這時，丁汝昌就清醒地認識到，旅順勢必成為日軍的下一個進犯目標。憑藉自己對海防的瞭解，他深知炮臺對付海上進攻有絕對優勢，但難以擔負陸上退敵的重任。為了應對即將到來的惡戰，丁汝昌只能與旅順要塞守軍進行磋商，或者守軍保證堅守後路，或者自己帶隊堅守後路，或者聯合起來一起堅守後路。然而，他的建議卻沒有得到炮臺守軍的明確答覆，他們閃爍其詞，遊移未決，顯然信心不足。無奈之下，丁汝昌只好將實情電告李鴻章。可以說，在旅順守衛戰之前，從旅順守軍將領和北洋艦隊統帥到李鴻章，對炮臺的軟肋是一清二楚。但陸上的防守則超出了旅順炮臺和北洋艦隊的能力和防守範圍，李鴻章對此也是無能為力的。

再看威海衛炮臺。它由三個部分組成：威海南、北幫陸上炮臺和劉公島炮臺。這三座炮臺都對著大海，以防禦來自海上的進攻；同時，為了防止來自陸上敵人的背後包抄，也在炮臺後方修建了面向陸地的防禦炮塔，所思所慮不可謂不周詳。從總體佈局上說，威海衛的炮臺群相互呼應，形成交叉火力，是相當先進的。

不過，炮臺的操作和守衛需要一定的人員數量。同旅順的情形一樣，守衛威海衛炮臺的士兵人數很少，與登陸的三萬多日軍相比，整個威海衛周邊防衛的只有北洋海軍負責岸防的五千人。與炮臺裝備的一百多門大炮相比，配備到每個炮位的不過五十人左右。日軍登陸後，沒有遇到當地陸軍的阻截，竟只有威海衛守軍的三百名炮兵前來。而炮兵不善野戰，離開炮臺截擊登陸日軍的炮兵很快就敗退下來。剩餘的幾千名炮兵根本無法阻擋大批來自陸上的日軍。

從地形地勢上來看，旅順和威海衛炮臺的後方陸地地形複雜，岸炮即使掉轉炮口轟擊從背後來襲之敵，充其量也只是在距炮陣地萬米以內發揮作用，超過萬米則無法發揮作用。即便是萬米之內，受各種複雜地形的影響，火炮的威力也會大打折扣，這種複雜地形其實更適宜步兵隱蔽機動。岸炮多是固定炮位，在原地俯仰轉動可以，一旦需要出擊，無論是牽引手段還是道路條件均難以適應戰時需要。即使費九牛二虎之力移動了炮位，那麼海上再出現敵情怎麼辦？

從武器裝備來說，旅順和威海衛炮臺都裝備了從外國進口的二八〇毫米巨炮，還擁有當時最先進的、隱蔽性極好的地阱炮。但是海岸防禦炮臺的火力配備主要是應對海面艦艇，對火炮的選擇有技術上的要求，如火炮口徑、射速、射程、彈種等。適合打擊海上目標的炮種不一定適合打擊地面目標。戰場上武器是重要的，但絕不是萬能的，即便是二十一世紀的今天，也沒有萬能的武器。說到底，火炮可以壓制敵人的進攻，支援地面步兵作戰，而地面上的戰鬥最終要靠短兵相接刺刀見紅才能取勝[78]。

以上種種分析，對於李鴻章這樣以戰爭起家、比較熟悉武器裝備並且多年經營北洋海防的軍事統帥來說，是不難想到的，甚至於是了然於胸的。只是戰爭失敗，總要有人來承擔失敗的責任。為了自保，受到國內清流黨人攻擊和國際「友人」嘲笑的李鴻章，只能推出漢納根作為旅順和威海衛炮臺失守的替罪羊。事實上，這也正是李鴻章當初任命漢納根為「北洋海防總監」的目的。當然，漢納根並未因此而受到任何形式的處罰。

漢納根拒絕再次回到北洋艦隊

黃海海戰後，漢納根針對北洋諸艦「皆須修理」、一時又無他船補充的情形，先向李鴻章和清政府提出速購魚雷快艇、快艦的意見，又向清廷條陳整頓海防的節略，還提出統一海軍領導、建立海軍司、裁汰冗員等八條建議。漢納根的條陳，深得主戰官員的重視。一八九四年底，經光緒皇帝批准，由總理衙門出面，正式邀請漢納根到北京，面商練兵事宜。

談話中，漢納根特別強調買船的緊迫性和編練新軍的重要性，稱：「買船一事，實為當時要務，千萬不可惜小費而誤大事。如海軍勝了，當可到長崎游弋。將來不惟奉天倭人不能久占，即朝鮮仍須退出亦未可知。」與會大臣認為漢納根「所說各節，皆中竅要」[79]。漢納根的建議是根據當時的國情軍情分析做出來的，中肯而又符合實際。然而，他的建議並沒有真正得到採納。

由漢納根在戰前、戰後的表現來看，作為李鴻章的軍事顧問，他在北洋艦隊的建設方面是竭盡所能想要發揮一定作用的。只是，李鴻章貴為直隸總督兼北洋大臣，尚且時時受到清流黨人的掣肘，建設北洋海防的經費常常無從著落；漢納根一介外國武夫，他所提出的意見和建議又如何能夠得到真正的重視呢？

在長年修建炮臺、訓練軍隊的過程中，漢納根有足夠的機會接觸清軍的上上下下，看到了整個北洋海軍艦隊中存在的種種問題。這些問題幾乎直接導致了黃海海戰的失敗。

首先，北洋海軍高官帶頭腐敗，將領之間一人腐敗，群起效尤，嚴重削弱了戰鬥力。「近五年來總督大人都在致力水師的操練，一開始只是為了鞏固北方海防。後來則牽扯到許多中國人很看重的枝節，隨之而來產生的許多權利雙收的職位，如獲得的皇帝手諭，都會引發當權者的關注與嫉妒。」「在漢納根看來，北洋艦隊中的那些下級軍官，「最最細心經營的是自己的烏紗帽」。「無論軟硬兼施還是現實的緊迫或屢屢失敗都不能阻止他們追求自己的最終目標，達成利益目標的信念對他們來說是最堅定的，至於這個目標連帶的後果往往被他們所忽略。」[80]

其次，北洋艦隊中，任人惟親，拉幫結派。北洋軍官多為閩人，主要將領近二十人中除了丁汝昌和鄧世昌之外幾乎全是福建人。總兵劉步蟾任用鄉人，看不起丁汝昌，還時常責備丁汝昌不能團結全軍。北洋艦隊中，每艘戰艦上的管帶（即艦長）都對自己的戰艦擁有一定的管理權和招募軍官的權力。他們總是從自己的鄉親中挑選軍官。而漢納根認為，「那些遍佈水軍的省一般都出產茶、桑等貿易品，自古物阜民豐」，而「眾所周知，富裕的福建人肯定普遍缺少水兵所需要具備的堅韌意志。」[81]

第三，北洋艦隊的提督丁汝昌不懂海軍訓練和作戰，而負責訓練士兵的外籍軍官則沒有實際的權力。「丁提督是太平天國時期的騎兵隊隊長。他在任何時候都能顯示出超凡的果敢素質，並且為李鴻章總督立下了汗馬功勞。一方面出於感激，一方面寄希望於老將出馬能夠給士氣低迷的水師軍官們震一震軍威，總督決定任命丁作為年輕艦隊的提督。一開始他還熱心地學習海軍知識，隨後他放棄了這種努力，把一切交給了李鴻章總督派到他身邊的歐洲專家。」來自歐洲的專家是指赫德推薦來的英國海軍軍官郎威理。漢納根認為，「英國教習朗威理從此幾乎獨自擔起了訓練水師的任務，並且明顯地提高了訓練水平。」但是，「水師的內部事務，如管理、人事、裝備、糧食供給完全掌握在丁提督和那些與總督有特殊關係的人手中。」[82]

中國人幾乎一直存在一種普遍的觀念，就是「非我族類，其心必異」。在軍隊的作戰訓練中用洋將，往往是「現用佛現燒香，不用佛靠邊站」。這種思維慣式反映了清廷使用「夷兵洋將」既「用」又「疑」的矛盾心態。其實，從朝廷到各個地方，同族內部之間也很少有真正的信任。清軍內部派系林立，爾虞我詐互相猜忌互相排斥，同鄉之誼遠重於建制上應有的團結一致。海戰打響後，北洋戰事吃緊之時，李鴻章也調不來福建海軍來支援北洋海軍。

看到北洋艦隊中存在的種種問題，並且親身經歷了這些問題在海戰中所帶來的重大危害，當黃海海戰結束不久李鴻章讓漢納根再次回到艦隊時，漢納根已經不像上一次那樣僅憑一腔熱血就慨然應允。他明確提出，除非被授予實權、作海軍副提督並加賞黃馬褂，否則絕不再上船。十月十三日李鴻章致電丁汝昌：「據德璀琳稱，漢納根言船上無用弁兵極多，極為難處，非奉派提督銜海軍副提督賞穿黃馬褂，不肯再上船。」然而，讓外國人統帥中國人的艦隊，無論是在當時還是現在，都是統治者絕不可能答應的。李鴻章以「前已賞漢納根二等第一寶星，未便再奏」為由，拒絕了漢納根的要求[83]。

漢納根不能理解清政府對待洋員既使用又防範的用人策略，他誤以為是李鴻章在從中作梗。在天津養傷期間，他在家信中清楚地表達了對李鴻章的不滿。漢納根懷疑，自己的成功以及日漸增大的影響力，使昔日重金禮聘自己的伯樂李鴻章李大人的權威受到了某種威脅。他認為，慈禧太后已經打算賞給自己中國的最高榮譽——黃馬褂，恰恰是因為李鴻章從中作梗而使自己與黃馬褂失之交臂。李鴻章的電文裏確實也有過「未便再奏」的說法，表面看來漢納根的不滿是有根據的。而實際上，對清廷來說，根據漢納根在戰場上的表現重賞是可以的，重用必然是有保留的。這是由清廷對待洋員堅持「權自我操」的基本思想決定的。李鴻章當然知道這一點，但這是不足為外人道的，他不會也不可能對漢納根直言明說。

日本的備戰與李鴻章的求和

甲午戰敗和北洋艦隊的覆滅令漢納根想了很多很多。最使他不解的是，李鴻章為什麼會消極避戰、一味地仰賴列強調停。

在回到天津養傷期間，漢納根不斷地思考，為什麼總督大人在戰爭中竟如此的冷漠和猶豫不決？這裏面深層次的原因又是什麼？如果換了歐洲人做這個總督，他將如何面對這場戰爭？他百思不得其解。聯想到北洋水師的種種弊端，漢納根既哀其不幸，又怒其不爭。他在寫給姐姐的信中慨歎：「你肯定不會相信，鼎鼎大名的總督先生在這整齣戲中證明了自己是怎樣一個漫不經心、優柔寡斷的領導者。最近幾周裏我又進一步看清了一些時局，其他歐洲人肯定也會同意，我敢說沒有任何人有興趣在這樣一個冥頑不化而又毫無希望的社會中為它殫精竭慮、鞠躬盡瘁。……總督越來越像個孩子了，他只信仰自己心中的神明或者至少寄希望於他自己的神明，當這神明不垂青於他的時候，他就讓自己聽從於宿命。」[84]

公平地說，面對這場雙方準備了幾乎是一代人時間的戰爭，李鴻章何嘗不想打勝。然而有一點是漢納根無法明確知道的，這就是清政府內部對李鴻章的掣肘。日軍長期以來覬覦中國領土，多年來一直做著戰爭準備，這早已是公開的秘密。然而，大敵當前，清朝的大臣之間矛盾也在不斷「升級」。多年來，李鴻章致力於北洋海防的建設，但隨著北洋艦隊的日益壯大，引起皇帝的重視以及隨之產生的許多權利雙收的職位，這都引發其他當權者的嫉妒與舉國上下的關注。

早在甲午戰前，皇帝的師傅翁同龢就講：「李鴻章治軍幾十年，掃平了多少壞人啊！（這是暗指李鴻章以彈疏害了翁同龢的哥哥）現在，北洋有海軍陸軍，正如火如荼，豈能連一仗都打不了嗎？」[85]甚至就連不在朝中的漢納根都感覺到，大戰將臨，「人們期待在戰爭前期能有干涉勢力將戰爭儘快結束，或者至少限制在朝鮮境內。人們希望總督的軍隊能夠跨過國境開進朝鮮，在北洋水師切斷敵軍與日本大本營的聯繫後將其一舉擊垮」；而與此同時，「人們又都攙雜著幸災樂禍的心理饒有興致地等著看總督建立的水師如何應付第一輪考驗。」[86]

海軍是高消耗的兵種，在一定意義上說，海戰打的就是錢，必須有強大的財政支援。北洋海防建設需要用大量銀錢堆砌。而翁同龢則對李鴻章處處掣肘，百般設置障礙，阻撓撥付海軍軍費。再加上，海防建設過程中，疊逢光緒皇帝大婚和慈禧太后的六十大壽慶典，所費何止幾千萬兩。所以，籌集資金是最令李鴻章頭疼的事。修建旅順炮臺和旅順港的費用，多年來中外所估頗為不一，迄今尚無定論，有人估計一千六百萬兩，有人估計數千萬兩，皆與實際數字相去甚遠，其準確數字怕是難以算出。經費來源則有直隸海防捐、庫部撥銀以及北洋海防經費項等途徑。而這其中還有拿回扣、索傭金的關節，撥出的銀兩和實際使用的銀兩也會有相當大的差距。

北洋水師初建時，艦隊實力優於日本海軍。明治維新後的日本傾其國力發展海軍，短短十年時間後來者居上。就在大清上下忙著為慈禧準備慶壽大典的一八九三年，日本政府卻在咬緊牙關購買軍艦。儘管財力有限，但為了與中國搶購新型戰艦，日本國民紛紛捐款，皇太后甚至把自己的首飾都捐獻出來了。這艘搶購到的戰艦，就是日後黃海海戰中日本的旗艦——「吉野號」巡洋艦。

到甲午海戰前，不僅日艦數量超過北洋艦隊，且多是鐵甲快船，速度達到每小時二十三海里，北洋艦隊最高速度只有十八海里。而戰場上一分一秒的優勢往往都會起到決定性的作用。北洋艦隊不僅數量、速度不如日艦，各種口徑的火炮或有藥無彈或有彈無藥，難以應對即將到來的惡戰。李鴻章無力挽回海軍軍力不斷下降的局面。面對日益強大的對手，他只能消極地選擇了「避戰保船」，這就為日後的失敗埋下了伏筆。「當日本的第一批運輸艦由三四艘軍艦護航開來時，中國艦隊開出威海衛港口可以輕而易舉將其擊垮，但是沒有，中國的水師就穩穩當當地停靠在旅順與威海衛港口。日本軍隊連同裝備、物資都順利登陸，完全沒有將中國哪怕一隻艦船放在眼裏。」[87]直到戰敗後，面對海戰失利的形勢，光緒皇帝心急如焚，趕忙給李鴻章幾百萬兩白銀撥款，用於購買德國造的最好的軍艦。軍費有著落了，失去的時間、生命卻再也找不回來了。

北洋艦隊的指揮官是能避就避，但日本人不會聽任李鴻章「避戰保船」。無奈之下的李鴻章只有仰賴於列強的調停和對日本的制約。漢納根分析道：「總督寄希望於歐洲列強勢力的介入，他所有的努力幾乎都是為了獲得調停。為了實現他期待的目標，他象徵性地做了做戰爭準備。在朝鮮，總督是孤軍奮戰，費盡心機回避著有可能損害到西方列強利益的決戰性時刻的到來。這也徹底導致了中方的戰備不足與隨後中國軍隊震驚世界的戰敗。」[88]

重溫甲午海戰前前後後這段歷史，我們不難發現，漢納根的分析是十分正確的。李鴻章自日本在朝鮮挑釁之時便寄希望於「俄人鉗制，英人調停」，王公大臣之間主戰、主和兩大派各持己見吵嚷不休。應對大戰惡戰的思想準備、物資準備、軍事準備卻被扔在了一邊，事實上在戰前最為關鍵的備戰時期就已先失一局。反觀日本，在發動戰爭前，做了長時間的準備。在宣傳上，大力推行軍國主義教育，鼓吹武士道精神；投鉅資拼命發展軍事工業，特別是海軍的建設；海軍在戰術訓練中以北洋海軍為假想敵，無所不用其極。

綜上種種，中國焉能不敗！

第四節　漢納根與中國近代新軍的嚆矢

黃海海戰之後的上書建議

高陞號事件和黃海海戰之後，漢納根在中國的聲譽達到頂峰。他以一名外國顧問身分而能參加中國軍隊並奮勇作戰，得到了朝廷上下的一致讚賞。不過北洋陸海軍在甲午戰爭中的全面潰敗以及李鴻章等中國官員備戰和指揮的不力，則給予出身職業軍人的漢納根極大的刺激。針對日本軍隊長驅直入、緊逼北京的嚴重形勢，漢納根於一八九四年十月撰寫了一份建議書，向清政府建議徹底改組清軍的編制，全面採用德式裝備和訓練方法，建立一支由外國軍官指揮的軍隊。主要內容如下：

一、建立一支十萬清兵組成的軍隊，由歐洲軍官率領，接受代表皇帝意志的親王統一領導。這支軍隊由分別駐紮在天津和北京的兩個軍團組成：第一個軍團約五萬人立即接受為期四至五個月的訓練，然後派去駐紮在山海關一線，以阻止日本人的進攻；第二個軍團經過訓練就位後開始實施反攻。

二、重新武裝海軍艦隊。購買智利或阿根廷的魚雷驅逐艦以增強海軍力量；將停泊在廣州口岸、從德國希肖船廠（Schichau）和伏爾鏗船廠（Vulkan）進口的南洋水師四艘大魚雷艇投入使用；這些艦船上的船員與指揮官必須由歐美人擔任；艦船在戰前準備時要到達指定海域與北洋水師會合，以便使這支中國皇家水師由一位歐洲統帥統一指揮和訓練。

三、將目前中國可以調動的機動部隊集結在營口——牛莊——遼陽——瀋陽一線佈防，由一位中國將領統一指揮，這位將領最好是宋慶將軍。這支軍隊的任務是要盡可能長時間地阻撓日軍前進，至少拖延其行軍速度。

在最終的奏摺中，除了上述三點建議之外，漢納根還提出，為解北京燃眉之急，先成立一支由二千名外國人組成的軍官隊，授予中國軍銜；並且，由外國軍官選練的十萬中央軍應當由駐華海關總稅務司赫德指揮[89]。

奏摺遞上去之後，在清政府高層中間引起了激烈的爭論。滿族官員中持贊同態度者略多一些，而以李鴻章及其下屬胡燏芬為代表的漢族官員則堅決反對。滿族官員的贊成是出於對李鴻章的嫉妒，希望藉此機會來削弱以李鴻章為首的漢族官員的兵權。而李鴻章自然不甘心失去對中國精銳部隊的絕對控制權。胡燏芬多次上疏反對漢納根的建議。他列舉唐代安史之亂時唐借回紇兵平定叛亂，導致回紇輕視唐朝，進而興兵犯唐的史證，諫請借鑑；又以李鴻章借洋將華爾剿滅太平軍、華爾得勝後桀驁不馴、不得不予遣散為實證，強調洋人掌握軍權的危害。

實際上，漢納根試圖掌握中國軍權、對中國軍隊進行改革的這種努力，赫德的前任李泰國也曾經做過。一八五六年太平天國運動如火如荼發展時期，時任上海江海關稅務司、英國人李泰國建議清廷購買西方艦船，組建一支由歐洲人充當官兵的艦隊來對付太平軍，即「李泰國——阿思本艦隊」。這一次，漢納根想利用中日甲午戰爭的機會，建議將編練的新軍軍權控制在自己和已掌握中國財政大權的赫德手中。這種軍事改革的性質與「阿思本艦隊」幾乎是一模一樣，不管漢納根是出於個人野心還是出於軍人的職業責任感，其下場必然也是同樣的。

漢納根對中國軍隊的看法

如果暫時拋開漢納根的個人野心不論，可以看出，漢納根的三點建議是基於他多年跟隨李鴻章訓練軍隊、整頓北洋海防、特別是親身經歷甲午戰爭而得出的，是比較中肯的。

漢納根於一八七九年第一次受聘為李鴻章的軍事顧問後，兢兢業業地為北洋海防建設付出了八年的心血，修建了旅順和威海炮臺。同時，因工作需要，他也到過軍隊的很多地方，特別是一八九四年在北洋海軍中五周時間的任職，使他比較深入地瞭解了中國軍隊的真實情況。他認為，軍隊最大的問題是高級軍官的傲慢無能和不負責任。

在漢納根看來，李鴻章統帥下的那些淮軍和北洋海軍統領，不管是年輕的將領還是參加過鎮壓太平軍起義的老將，他們同其上司一樣，都是一些傲慢自大、固步自封而又愚頑無知的傢伙。他們熱中於搞一些華而不實的閱兵式、而不是真槍實彈的軍事演習。漢納根就曾經應邀參觀過這樣的一個閱兵式。

那是在一個晴朗的天氣進行的。士兵們赤手空拳、沒有武器裝備，在「穿紅戴綠、揮舞彩旗的人」的指揮下，進行佇列表演。

「多麼迅速的行進，多麼令人驚歎的陣型變換，這是怎樣前所未見的軍事演習！」漢納根揶揄道。年輕得令人吃驚的總指揮顯然沒明白漢納根的意思，自以為聽到的是真心話，笑得合不攏嘴。

他驕傲地對漢納根說：「看吧，你們歐洲人總以為我們不懂。可我們偏偏懂而且很懂，我們的軍隊就是可靠。」

那些作為參謀的老將軍們也對漢納根露出不屑的微笑，看上去年紀最大的一位老將軍捋起衣袖，後來乾脆脫下馬甲，將自己的累累傷痕展示給漢納根和眾人觀看，炫耀自己的軍功。

漢納根建議：「接下來，為什麼不來一場真槍實彈的軍事演習呢？」

「哦，我知道了。」總指揮點點頭，「您的意思是……不！我們今天不做這個，我們今天只進行閱兵式。展示我們手下的人有多精良、紀律多嚴明、謀略多機智、指揮多機動，有這個就足夠了。真正的軍事演習我們今天沒安排。那當然是另外一回事了。是的，那個我們知道，您和我，還有我的將軍們都知道——那是些久經沙場的指揮。您也看見了，那個獨眼軍官自己就參加過二十四場戰鬥，並且現在戰鬥力依然旺盛。」

漢納根不得不違心地表示贊同：「是啊，不管怎樣，必須肯定軍隊行進中所體現出來的紀律性和速度。對於一個閱兵式來說，形式已經是多得驚人了。一個只是進行佇列操練的閱兵式與一場令人疲憊的軍事演習，歸根結柢是一樣的。」[90]

北洋海軍和淮軍的將領們只擅長做表面文章，而對軍隊作戰實力的具體考察、火炮與彈藥的儲備情況、甚至是士兵的武器和制服等細節，幾乎一無所知。黃海海戰前，當漢納根以「北洋海防總監」的身分重訪旅順口和威海衛時，吃驚地發現，「倉庫空空如也，修理廠無人照管，也沒有足夠的人手；沒有一個盡職的領導，原先在任的歐洲人都被免職，而任上的中國人又都沒有能力完成他們的任務，他們的表現與職位的要求相差千里」[91]。在北洋海軍的總部天津，情況也是一樣，管理兩個主要的軍械庫的官員都無法勝任。

在軍隊中，「軍官和士兵一樣士氣低落，普遍地存在厭戰情緒，更談不上戰爭動員。當清軍在牙山、貢州和平壤節節敗退之後，甚至引發了士兵對將領的批評。不僅出現許多惡性違紀事件，而且士兵與軍官之間糾紛不斷。」與那些不能勝任指揮工作的高級軍官相比，「少數受過外國顧問訓練過的學生，永遠也不能升任到真正的軍官職位，他們在軍隊中的地位僅僅相當於新兵教習，拿著微薄的俸祿並且毫無實權，只能做出一副隨時準備操練新兵的架勢」。缺乏訓練的士兵完全不能使用現代武器上戰場作戰，「他們稱不上是軍隊，而是散兵，是一群各自為政的散兵，在各行其是的指揮官的帶領下組成一千到五千人不等的團隊戰鬥，糧草彈藥供給混亂無序，指揮官憑頭腦一熱、靈感來襲作決定」。漢納根總結說，「在戰場上與日軍對陣的軍隊的指揮團隊大抵就是這個樣子了……這樣各自為政的兵團，肯定是抵擋不住組織嚴明、指揮有序的日本軍隊的」[92]。

不過，漢納根並不認為北洋海軍是不可救藥的。他堅信，「北洋海軍不論是從訓練、軍紀、組織上還是從戰鬥精神上來說，都是（中國）最高水準的軍隊」。特別是戰爭初期的「高陞號事件」給他留下了深刻的印象，「從『高陞號事件』中，我看到了截然相反的東西，我震驚於在艱難的情況下，這些粗魯的士兵仍能遵守紀律，保持對將領的絕對服從。」[93]他認為，只是由於中國方面從來沒有積極認真地備戰，才使得奮進的士氣下滑，從而導致戰爭的失敗。所以，多年與中國下層官兵打交道的漢納根，相信中國人的聰明能幹和守紀精神，他認為只要組成一支由一位事權統一的歐洲人統率訓練的新軍，就一定能打敗日本人的入侵。

李鴻章的光環褪了色

在天津養傷期間，漢納根起草了改革中國軍隊的奏疏。這個奏疏建議，建立一支中央軍，由接受皇帝委託的親王直接領導，奏疏內容完全排除了李鴻章的參與。這是因為通過多年的接觸，特別是通過甲午戰爭，漢納根已經轉變了對李鴻章的看法。他由一開始對李大人的景仰、崇拜和感激，逐漸變成輕視、不滿和深深地失望。

漢納根從自己的經驗中得出結論，李鴻章並不像他表面上看起來那樣開明和洞悉世界潮流形勢。他舉例說，一個初來乍到的外國記者在拜見了總督大人之後，寫出這樣的報導：「我今天拜訪了李鴻章總督，李大人提出了許多有意思的問題，我驚訝於他豐富的歐洲情況的知識。李大人心情很不錯，而且擺擺這、弄弄那（指那些時髦的舶來品，作者注）。我覺得他可以出色地勝任他的職位。不管怎樣，在我眼中他是一個很開明的人。」不過，那只是做給外國人看的表面文章。漢納根深刻地指出：「誠然，李鴻章總督對歐洲情況驚人地瞭解，但是應當看到，他是一個只會說漢語寫漢字的人，而有關歐洲情況的中文文獻太過有限了。」跟他同時代的其他保守官僚相比，李鴻章固然是相對開明和願意瞭解西方文明的，但是他自身的局限性使他不可能對西方文化有深刻的瞭解、認知並產生由衷地認同感。「這個記者兼觀察員完全忽視了，總督只是外在炫耀，但內在無視並蔑視自己所瞭解的歐洲的東西。」[94]

漢納根所說正是洋務運動的基本精神——「中學為體，西學為用」和「師夷長技以制夷」——在李鴻章身上的實際體現。同當時幾乎所有的封建官僚一樣，李鴻章等人從根本上不承認西方建立在工業化基礎上的先進的制度文化，他們認為歐洲賴以打敗中國的只是堅船利炮。這些外在的表面的東西是很容易引進和學習的，也是能立竿見影的，就像通過購買英國、德國的艦船大炮，很快就建立起一支北洋海軍。然而，如果沒有將改革引入到制度層面，不能從根本上走上工業化、現代化道路，任何輕易得來的東西也會輕易地失去，就像是北洋海軍的最終覆滅。

漢納根決定離開李鴻章這位曾經帶給他機會和希望、但現在已經令他深深失望的雇主，改換門庭，尋找一棵能夠實現自己理想的根基更大、更有權力的大樹。這當然遭到了李鴻章的警惕和反對。

李鴻章是一個視軍權為生命的封建軍閥。他很清楚，「兵乃立國之要端，欲捨此別圖其大者、遠者，亦斷不得一行其志」[95]，有軍則有權，志向遠大的人必須有軍隊作後盾，才能一展平生抱負。淮軍完全是由李鴻章自募兵勇、自籌軍餉、自行訓練，由此他才能夠將軍隊牢牢控制在自己手中。此後，為了進一步鞏固和擴大了自己的勢力，他不僅向朝廷大量保舉自己手下的將領，讓朝廷給予他們封賞，使其成為一個勢力龐大的私人統治集團；而且，他還大力發展近代軍工企業，並大量向國外購買軍火，用國外的先進軍事技術武裝淮軍，使其成為清朝戰鬥力最強、裝備最好、最精銳的一支武裝力量。軍隊奠定了李鴻章一生權力的基礎，軍權是他絕不可能放棄的。

漢納根後來意識到，「李鴻章肯定不願意朝廷的壟斷勢力越過他、直接建立一支將他本人的軍隊取而代之的軍隊。就憑這個原因，他也會阻撓我去北京」[96]。收到漢納根的建議書後，皇帝下令讓漢納根到北京商討退敵之策和編練新軍事宜。在沒有告知漢納根的情況下，李鴻章向北京稟告說，漢納根並未完全傷癒，尚不適宜出行。不久，朝廷得到消息，稱一支日軍部隊企圖在大連灣附近登陸，頓時慌了神，給李鴻章下達了緊急命令。漢納根這才得以到北京面見皇帝商議軍情。

除了想方設法阻撓漢納根進京，以防止他直接向皇帝及朝廷裏的大臣們商討編練新軍適宜，在不得不通知漢納根赴京之後，李鴻章還讓自己幕府的幕友胡燏芬上書言事，反對漢納根的計劃，提出自己的意見。胡燏芬不僅例舉華爾洋槍隊的失敗教訓、強調洋人掌握軍權的危害，而且一一指出清朝軍隊的弊端：「軍需如故，勇額日缺，上浮開，下折扣」；「各營員皆以鑽謀為能事，不以韜矜為實政，是兵官先不知戰，安望教民以戰」；「同屬一軍，而此營與彼營之器不同，前膛後膛，但期備數，德制奧制，並做一家」；「攻守之法，又沿舊習，湘楚各軍，尚有以大旗刀矛為戰具者」[97]。試想，如果不是出自李鴻章的授意，曾為其幕友的胡燏芬，怎好意思揭自己老幕主的傷疤。

胡燏芬，一八七四年中進士榜，授翰林院庶吉士，後投靠李鴻章為幕僚，經李舉薦為天津候補道，授天津兵備道，再被擢升為廣西按察使，署布政使。中日甲午戰爭時，他受李鴻章之命辦理東征糧草。他是李鴻章最忠實的幕僚之一，也是一員洋務幹將。並且，由於他出身科舉正途，也得到朝廷的器重，能夠就修鐵路、練兵、辦教育等洋務上書朝廷，有理有據，與李鴻章在朝廷上互為聲援，推動洋務運動的各項事業發展。即使在一八九五年李鴻章因簽訂《馬關條約》而被舉國唾罵、洋務運動瀕臨破產之際，胡燏芬仍能遵循李鴻章的既定方針，使洋務運動繼續深入發展。例如，他以甲午戰爭中交通條件落後、影響戰事為由，上書朝廷倡導修築鐵路，使朝議最終決定修建京榆鐵路；也是在甲午戰爭後，他上書朝廷要求興辦洋務教育，培養真正能夠學貫中西的高級人才，推動了中國近代第一所大學——北洋大學堂的創辦，他還設法籌款使其建校舍的資金得到保證；後來他更創辦了唐山路礦學堂。

遇到胡燏芬這樣一位富有才幹且深受朝廷器重的李鴻章幕僚的阻撓，再加上李鴻章本人的暗中搗鬼，漢納根想要改換門庭的努力自然困難重重。

漢納根讓自己捲入了滿漢之爭

除了對李鴻章及其下屬部隊在甲午戰爭中拙劣表現的不滿和憤怒，漢納根也看到，李鴻章的軍隊幾乎是孤軍奮戰的。中國的軍隊不能也不願意協同作戰，遼東和山東的守軍放任日軍輕易地奪取了旅順和威海衛兩處堡壘，而福建水師的艦船則拒絕北上支援北洋水師。甲午戰爭幾乎是李鴻章一個人、一支軍隊在和整個日本作戰。所以，漢納根認為，建立一支名義上歸皇帝指揮的中央軍而不是一支仍然以李鴻章個人為統帥的地方武裝，是非常重要的。

那麼，為了建立這樣一支正規軍，「在所有集權帝國中最集權的帝國裏，誰的手中掌握著最終的決定權呢？」他想到了中國最高的封建統治者——滿清皇帝。不過，漢納根也意識到，皇帝已遠非康熙、乾隆時代的皇帝了，「自從近兩個三、四歲的兒皇帝登基以來，世道一日不如一日了」。當然，如今身體羸弱的皇帝也不可能像他的祖輩那樣馳騁沙場了，得有一位接受皇帝委託的親王代為領導。漢納根想到的是端親王，認為「他至少到時候可以象徵性地指揮一下京城內的禁衛軍」[98]。

漢納根知道，在滿人和漢人中尋找一個可以指揮這支新軍的指揮官人選，是非常困難的事情，必然會使自己捲入到充滿嫉妒傾軋、結黨營私、勾心鬥角的滿漢官員之間的權力之爭去。他知道，「朝廷是滿人的，而百姓則是漢人居多。漢人鄙視滿人，視他們為干擾人民幸福生活的寄生蟲。另一方面，只要滿人不侵犯漢人的財產、不傷害漢人的民族感情，漢人就承認滿人統治的合法性，如同承認以前的那些佔領者的合法性一樣。而將大明王朝親手顛覆的滿人肯定清楚，要想長久地坐穩江山，就要實施細水長流的溫和的統治。他們已經把漢人的民族性格研究得相當透徹，並且知道應當建立與之相應的集權方式，並且他們不得不避免對傳統的風俗習慣、治國方式、司法程序、財政事務與官僚制度方面做哪怕微乎其微的修改。」[99]

「事實上，即使最愚笨的文人也知道，中國並非被統治了，而是中國人勉強承認滿清皇室，因為後者答應逐步漢化，並且准許漢人繼續保持他們習俗禮教。並非滿清皇帝比明朝皇帝更為優秀，一切只源於方便默許。對漢人來說，拿起武器來保衛舊的王朝實在是太不值得了。皇帝僅僅作為統治的象徵，他是誰、來自哪個皇室、什麼民族，只要中國還是中國，兩千年來久經考驗的國家體系一成不變，那麼對他們來講都是一樣的。」[100]

不僅是漢納根，很多在華時間較長、觀察力強的外國洋員，也注意到中國的滿漢之爭。例如，長期擔任海關總稅務司的赫德，深受慈禧太后、恭親王、文祥等滿清皇族和大臣的信任。對於清朝內部滿漢官員之間的微妙關係，滿族官員曾毫無避忌地對被呼作「咱們的赫德」的這位洋顧問談到過。

總理衙門大臣滿員恆祺告訴赫德說：「在每個中國人的內心深處，每念及有可能驅逐當今朝廷時，總有一種洋洋得意之感。」恆祺、文祥等滿族大臣堅持認為，「皇上的漢人顧問，在有可能引起清政府與列強之間發生糾葛的問題上，不會心甘情願地提供意見」。他們認為漢族官員內心中有一種幸災樂禍的想法，即「對清政府的每一次打擊都會削弱它！從而使漢族能有加倍的翻身機會。」滿族官員認為維持清王朝統治的最佳策略就是利用英國等列強的支持，「與洋人保持最好的關係，避免任何糾紛，甚至不惜重大代價，也不要引起糾紛」[101]。實際上，這種態度與雍正、乾隆由於懼怕不斷叩關而來的西方人與漢人聯手反抗自己的統治，而對其傳教和貿易的要求一概予以拒絕的態度，是一脈相承的。

還有其他一些在華外國人也敏感地意識到了清朝所實行的滿漢隔離政策。比如擔任過李鴻章私人家庭教師的丁家立發現，儒教領袖孔子規定，人們應當為過世的父親或母親服喪三年，後來統治者將其定為一項慣例，即官員要強制性地在家「丁憂」三年。到了清朝，朝廷規定滿人只服喪一年。這樣滿員就比漢員多占幾年便宜，有利於其鞏固統治地位。直到清末，統治者感到不應繼續實行滿漢隔離，才將滿員與漢員的丁憂期改為統一，並且他們還取消了滿漢不准通婚的限制[102]。

漢納根儘管非常清楚，一旦建議提交，就將會使自身陷入到滿漢之爭的漩渦中，並可能導致計劃的最終失敗。然而，那些無用的漢族文人階層在洋務運動和甲午戰爭中的反對、爭吵和掣肘，徹底讓漢納根感到厭煩。他認為：「這個階層的頭腦裏，充斥著《禮》、《易》、《春秋》等漢學經典裏的大漢族主義和對一切新觀念的仇視。他們與生俱來的使命與自我約束的動力，就是對那些箴言典籍的敬畏，而那些典籍最深刻的意義只有他們自己能夠理解與表述、並向百姓灌輸和傳播，從而達到他們治理國家和統治人民的目的。」漢納根總結說：「歸根究底，統治中國的不是專制的皇帝、不是統治機構、不是京城裏的大臣或是各省的官員，而是文人階層。沒有文人階層的審查和認可，革新的建議不能被提出或實行。這個階層所持有的唯一學說就是『大一統』思想，並且他們唯一的利益就是維護世代相傳的禮教、禮法與規範，能打破這些規矩的唯一例外，就是一個重權在握的人物與他那些滿腹『之乎者也』的信徒們需要謀取他們自身利益的時候。」[103]

這些雖是漢納根的牢騷之言，卻也不乏真知灼見。不過，他似乎從自身遭遇出發，把漢人都歸為反對改革的保守力量，而把滿清皇族視作可以實施他計劃的改革力量，這顯然是過於簡單片面和理想化了。

另結盟友

漢納根讓自己捲入到朝廷裏的滿漢之爭，無非是想尋求一個實施自己軍事改革計劃的更好的靠山。因為，使用西式方法和武器編練新軍——具體來說，就是效仿德國陸軍訓練方法，並用採購自德國的武器裝備這支十萬人的正規軍——無疑將會使漢納根在中國的事業達到一個頂峰，而且作為這支軍隊的實際指揮官所獲得的收益，無論從權力上、聲望上、還是從金錢利益上，都將是極為可觀的。

在進京面見皇帝及他身邊最重要的大臣之後，漢納根似乎看到了一線曙光——朝廷先是任命恭親王和慶親王為陸海兩軍的總指揮。即使這種任命沒有任何實質作用，但至少表明了朝廷的一種積極態度。

理所當然，作為練兵計劃的倡導者，朝廷中有人（很可能是滿族官員而非漢族官員）提議，由漢納根來承擔這一練軍計劃。這自然早在漢納根的預料之中。他立即提出了進一步的要求：（一）落實資金來源；（二）確定管理方式；（三）確定募兵方式；（四）確定前期的軍隊調動；（五）保留北洋地區的所有軍事工事；（六）落實武器與裝備；（七）確定聘請歐洲人作為御用教習的實際事宜；（八）確定御賜委任狀事宜[104]。

以上幾個條件，最首要的是資金保證。漢納根想到的是赫德掌握下的海關。他認為，「大清海關是整個國家中唯一值得信任的機構，……每天成百上千萬流入大清國庫的白銀，差不多是整個國家可供支配的收入」[105]。漢納根將自己的設想向赫德進行了彙報。

多年來，赫德居於所有在華外國人的頂點。他一直企圖通過推進中國的現代化進程而掌握全部軍政大權。在這方面，他既是李鴻章的同道人，也是競爭者。他曾經很羨慕李鴻章，慨歎：「一個總督在省裏可以比北京的一個部為中國做更多的工作，他幾乎可以獨立行事，而一個部除非六個成員全都同意才能辦一件事，然後還會被別的部或被礙事的地方官員推入困境。」[106]然而，赫德也很清楚地知道，李鴻章雖喜任事攬權，但並不掌握最後的決定權。所以，赫德一直與總理衙門的各大臣保持著牢固而密切的友誼，耐心等待機會的降臨。

為了防範德國勢力的擴大而影響到英國的在華利益，赫德一開始是阻撓李鴻章對漢納根的聘用的。然而就個人關係來說，赫德對漢納根還是比較寬厚的，漢納根也十分欽佩赫德在中國所取得的成就。特別是在甲午戰爭中，他們對李鴻章的批評幾乎是一致的。因此，當漢納根想要向赫德尋求資金上的支持和保證時，當赫德想到把這樣一支幾乎肯定能在今後掌握國家未來的軍隊控制在海關手中，由英國人和德國人共同把持，赫德幾乎是立刻應允。「海關總稅務司赫德先生完全贊同這樣的處理方式，他不僅承諾給我全力支持，並且準備在他的親自監督之下，為建軍在海關總署之外特別成立一個部門。」[107]這再次印證了俾斯麥的名言——沒有永恆的敵人，只有永恆的利益。

關於第三點募兵方式。漢納根堅持，新建陸軍在募兵的時候，首先要讓宣傳機關進行徵兵宣傳，少一些繁冗的軍銜或官階，軍官不應直接負責發放軍餉，也不應與手下建立起確保個人忠誠的職務關係。這樣才有可能脫離原來地方武裝中的家長制募兵和帶兵方式，建立起一支名義上受皇帝委派代表皇帝本人來領導、實則由歐洲人（最好是漢納根本人）來指揮的軍隊。這個目的，在最後兩條要求中，意思再明白不過了。

對於漢納根的另結盟友和步步緊逼，不甘心喪失軍權的李鴻章進行了「不屈不撓」的抗爭。李鴻章和胡燏芬堅持，軍隊必須控制在中國人手中，財政大權也必須掌握在中方，歐洲人的指揮權應盡可能地受到限制；新軍的建軍中心必須遷出北京，最好在一個有強大實力的總督的轄區中，此人至少要能夠坐鎮全局。在當時，舉目全國，「能夠坐鎮全局」、「有強大實力」的總督，捨李鴻章其誰也？！李鴻章的意思也是再明白不過了。

妥協的結果

面對圍繞建軍所產生的爭執，仍然需要依靠李鴻章來保衛京師、處理外交事務、收拾甲午戰爭爛攤子的朝廷，在權衡利弊之後，做出決定：朝廷採用漢納根將軍提出的建議，同意新建一支軍隊；派胡燏芬編練「定武軍」，聘漢納根為總教習。

面對朝廷的最終決定，漢納根無奈之下，只有服從。「我沒有理由從中阻攔，因為李鴻章總督依然是整個國家中最有能力的。」漢納根樂觀地期望：「如果他遵循我的建議，那麼在他的領導下，軍隊的建立肯定會相對順利地進行。」[108]

不過，事情仍然不可能一帆風順。李鴻章從太平天國時期的華爾和戈登身上得到的教訓告訴他，與歐洲人打交道是一件非常麻煩和困難的事。如果雇用他們單個人作為自己的顧問，自己可以恩威並施加以控制，但是一支完全由歐洲人組成的二千人的軍官隊和一支受歐洲人指揮的十萬人的軍隊，自己是絕對無法駕馭掌控的。李鴻章可不想再讓哪個憤怒的歐洲人拿著槍對著自己，把自己追得抱頭鼠竄。狡猾的總督和胡燏芬逐步誘導漢納根改變主意，把十萬人的軍隊減至三萬人；盡可能少地雇用外籍軍官，用的話也只是作為顧問而非正式的軍官；下級軍官職位由中國人來擔任，並且由胡燏芬來任命。這樣，軍權就仍然牢牢控制在李鴻章手中。

對於第一點削減計劃人數，漢納根準備做出讓步。只要仍由他來向德國採購武器裝備，以賺取自己的鉅額經濟利益，他甚至也準備放棄財政大權。但是，他不想放棄指揮權，不想單純只作為顧問，不想讓這支軍隊重新走回組織渙散、家長制管理、各自為政的老路上去。而且，沒有指揮權的歐洲軍官，很有可能無法命令「軍隊中具有逆反心理的全體中國人」[109]。

漢納根自以為已經得到了朝廷中的滿族親王大臣們的支持。為了縮短在天津與李鴻章及胡燏芬進行的艱巨談判，他想繞過李鴻章，以特別呈文的方式直接找恭親王彙報情況、申請裝備五萬人的經費，請他作為這支軍隊的名譽總指揮做出定奪，並儘快批准資金。與此同時，漢納根開始著手實施自己的計劃，大幹一番。他準備將所有曾經在海關或者中國其他部門任過職的歐洲人都招募到天津來；他還按照中國的實際情況，制訂了步兵、炮兵和騎兵的訓練執勤條例以及關於士兵和外籍軍官的所有後勤規定。一切均已就緒，只等京城方面的一聲令下了。不知是被中間扣下還是被李鴻章知曉了此事，漢納根的呈文如石沉大海，資金遲遲不到位。

到了第二年的二月份，望眼欲穿的漢納根終於明白，「朝廷早就看出，他們無法與李鴻章及整個漢人勢力抗衡來實現我的計劃」[110]。而且，由於此時中日雙方有了實現締結和約的可能性，中國大地又到處是一片歌舞昇平的太平景象，編練新軍的緊迫性也就消失了。漢納根不得不一一駁回那些懷揣升官發財夢想而向他提出申請的眾多英籍、德籍軍官，並打發走其中那些性急的不待召喚就擅自來華的人。最終，他以「所辦各節，事多窒礙，旋即中止」[111]，離開了定武軍。在他的最初三點建議中，只有購船的計劃得到了迅速批准。

本來為牽制和反對漢納根而出任練兵總指揮的胡燏芬，原為翰林院的文官，只能紙上談兵，沒有在軍隊中帶兵練兵的實際經驗。把漢納根排擠走，李鴻章交給他的首要任務也就完成了。至於仿照德國陸軍方法訓練軍隊，胡燏芬自然是一竅不通。他繼續沿襲以前軍中訓練的方法，把這支軍隊訓練成一個「步法號令均極整齊」卻「未盡西國之長」的樣子貨[112]，搞搞閱兵式做做樣子尚可，根本上不了戰場。漢納根離開八個月後，胡燏芬調任津蘆鐵路督辦，也離開了這支新軍。

李鴻章及其下屬的無能是漢納根提出重新建軍的根本原因。改革清軍面臨三大問題：募兵方式、資金、外籍軍官的指揮權。簡言之則是權和錢的問題，歸根結柢還是一個「權」字。有了權力就有了一切，失掉權力就會失掉一切。漢納根三點建議的核心是雇傭軍，他的主張勢必會觸犯李鴻章及其利益集團中所有人的根本利益。所以，建議一提出，即遭遇到強大的阻力，李鴻章絕不會在外籍軍官掌握軍權的問題上讓步。在文化上固步自封的滿清社會，即使存在著滿漢之爭，那也屬於內部矛盾，對於漢納根這樣一個外來文化的代表，是不可能得到根本信任、給予重任的。相比之下，甲午戰前，日本海軍大約有三萬五千人，在法國和美國軍官的帶領下接受正規的軍事訓練，而且他們還有相當一部分軍隊在接受野外炮兵的訓練。這不得不令人深思，兩國在文化方面的開放程度是否導致了甲午戰爭的成敗。

袁世凱小站練兵

在中國近代軍事史上，「小站」是一個赫赫有名的地方。一八九五年後外國出版的一些中國地圖上，對小站都有標注。其實，「小站」只是距天津東南七十里的一個小鎮，原為淮軍將領周盛波部（稱「盛軍」）的駐紮地。盛軍在此屯田二十多年，把一片鹽鹼地變成了肥沃的農田，還培育出著名的「小站稻」。只可惜，種田久了，官兵竟淡忘了自己身為軍人的本職。當甲午戰起，盛軍奉命開赴前線，因繼任統帥衛汝貴臨陣脫逃而全軍潰敗。只有當地百姓感念恩德，至今猶有「周公祠」。胡燏芬奉命主持編練新軍後，移駐小站，使用盛軍原來的營房，這就是「小站練兵」的開始。以後，袁世凱接替胡燏芬編練北洋新軍，翻開了「小站練兵」新的一頁。

與胡燏芬的紙上談兵不同，袁世凱不擅科舉，憑「軍功」而登上仕途。早年曾在嗣父袁保慶的把兄弟、慶軍統領吳長慶的幕下幫忙，得到吳的提拔，充當營務處會辦。後隨慶軍開赴朝鮮，逐漸展露出才能，並進一步得到李鴻章的賞識，誇獎他「膽略兼優，能識大體」[113]。一八八五年，李鴻章舉薦他擔任清朝駐朝鮮總理交涉通商事宜專員，成為清政府在朝鮮的最高代表，辦理中朝交涉事務。甲午戰爭爆發前，朝鮮已成危境，恐懼不安的袁世凱八天之內連發六個電報，終於及時離開，留在北京在軍務處當差。有了在軍中的經驗和獨當一面處理外交事務的歷練，袁世凱開始膨脹出更大的野心。

▶袁世凱像。

一八九四年十二月，清軍在朝鮮潰敗、舉國皆曰練兵，袁世凱認為這是一個大好的掌握軍權的機會。善於鑽營的他連發幾封電報給李鴻章跟前的紅人盛宣懷，請求他在李面前舉薦自己，並許諾說「必有以報」。之後，他又給總督劉坤一、張之洞、軍機大臣李鴻藻等實權人物寫信，談自己對甲午之戰清軍戰敗的看法、談自己對軍事改革的設想，把自己包裝成一個精通軍事的年輕專家。但實際上，他不過是在復述漢納根等人原有的意見。尤其在袁世凱小站練兵的計劃書中，我們不難找到漢納根建議的影子。

一八九五年十月，由恭親王、慶親王同軍機大臣李鴻藻、翁同龢、榮祿、長麟等，聯名奏請保薦袁世凱編練新軍，繼續完成漢納根和胡燏芬的任務[114]。有了權臣的保舉，光緒皇帝很快便批准了對袁世凱的任命。他志得意滿地到小站接辦北洋新軍去了。

一八九五年十二月袁世凱正式接管新軍。他在漢納根原來設計的步兵、炮兵、騎兵和工兵的建制基礎上，對定武軍進行了擴編，將胡燏芬招募的四千七百五十人擴充為七千三百人，正式定名為「新建陸軍」。他續聘洋員十三人（主要為德籍軍官），使他們各司其職，並全部使用漢納根離開之前訂購的新式軍械，大大增強了軍隊的戰鬥力。這奠定了後來北洋軍閥集團的基礎。

這支軍隊仿照德國陸軍建制，具有步、騎、炮、工

▶北洋新軍訓練情況。

等多個兵種，嚴格選募、訓練士兵，有嚴明的軍紀和突出的作戰能力。它的軍官由軍事學堂出身，具有當代軍事知識；還有很多軍官被選送到國外培養，其中到德國考察學習軍事、諳熟德國兵制的段祺瑞，「為當時所推許軍事學第一」，最受袁世凱的青睞，凡「教練新軍之事，一以委諸」[115]。這說明，袁世凱練軍延續了漢納根最初的主要設想，幾乎完全按照德國陸軍的建制和訓練方法來打造北洋新軍，遵循的是師法德國陸軍的中國近代軍事改革既定方針。這支經過比較嚴格訓練和管理的新式軍隊，成為中國近代新式陸軍的肇始。

不過，在表面的效法之外，在骨子裏這支軍隊仍然是一支建立在對統帥個人忠誠和依附關係基礎之上的軍隊。袁世凱從一開始就把北洋新軍作為自己日後獨掌大權的資本，為此他百般籠絡軍心、控制屬下。凡是他認為可以為己所用的人就提升軍職加以金錢收買，使北洋新軍同以前的湘軍、淮軍一樣，成為一支「兵為將有」的個人武裝，完全與漢納根的建軍思想背道而馳。

小站練兵是中國近代軍事改革過程中最重要的一個節點，是中國近代社會努力發展國防，力圖在軍事上適應近代戰爭需要的重要措施。在中國近代史上，小站練兵是極為重要的一頁。它的直接後果是，建立起一支近代化軍隊和導致北洋軍閥的出現。由小站走出了四位總統、一位臨時執政和九位總理，他們所領導的北洋政府和北洋軍閥，是民國成立後一個重要的政治軍事集團，在中國近代史上發揮了很大的影響。

小站練兵的產生與此前幾十年來中國飽受列強的侵略密切相關，是清政府在軍事上禦侮強國的努力，但中國近代的軍事改革卻離不開來自西方的武器裝備和大批洋教官。尤其是後者的參與，使中國得以採用當時國際上先進的軍隊建制和訓練方法，幫助中國軍隊完成了從傳統向近代的過渡。漢納根不僅是這些洋教官當中的一員，而且還是小站練兵的創議者。儘管他不久後離開了小站，但是這並沒有改變清政府乃至後來的民國政府以德國陸軍為榜樣、進行軍事改革的既定方針。

師法德國陸軍的既定方針

漢納根於一八七九年首次來華時，是受聘為總督李鴻章及其手下將領提供軍事方面建議的顧問。此前，李鴻章明確要求其德籍顧問德璀琳，招聘一位擁有中士以上軍銜的德國軍官。李鴻章如此要求，是由於他瞭解到普魯士陸軍在普法戰爭中打敗歐洲強國法國、促進德國統一的過程中所發揮的重要作用。不僅如此，統一後的德國出現了令人驚異的經濟騰飛，迅速邁入世界強國之列。這使它成為中國、日本等落後國家的榜樣。日本在法制、學術、教育、軍事等各方面師法德國；而中國則更加推崇德國的陸軍和軍火。在其暴露出帝國主義本來面目之前，它成為中國洋務派在軍事改革方面效仿的對象。李鴻章希望自己的軍隊能夠師法當時世界上陸軍最強大的德國，借鑑其訓練方式，並得到德國比較先進而又價廉的武器裝備。這正是漢納根第一次來華的背景。

而且，當時的德國駐華公使巴蘭德（M. von Brandt）曾經信誓旦旦地保證說：「德國距華較遠，既無邊界毗連，又無傳教及販賣洋藥等事，可與中國永遠實心和好。」他還主動提出要幫助中國發展軍事，「將來若欲派人赴泰西學習船政軍政，他國縱有恪嗇，德國必當盡心幫助。」[116]在德國人看來，一個致力於軍事現代化的中國，是其軍火和其他工業產品的潛在的巨大市場。漢納根來到中國時，就明確希望，一方面能為李鴻章訓練軍隊，另一方面促進李向德國採購軍火從而獲取鉅額回扣。

漢納根向朝廷上書建議採用西法編練新軍後，中國基本上完全確立了以德國陸軍為榜樣訓練新式軍隊的方針。他雖然很快便離開了胡燏芬的「定武軍」，但仍有德國人史卡納（Schnell）等繼續留任，幫助訓練軍隊。此後，袁世凱接替胡燏芬訓練北洋新軍，「專仿德國章程」，並通過中國駐德國大使和德國外交部出重金禮聘所需洋員，後選定以德國人為主的十三名洋員擔任教習，而且還為軍官們設立了一所德語培訓學校。同時，張之洞在江南編練「自強軍」，聘請德國軍官多達三十五人，不僅擔任訓練教官，且掌協（相當於旅）、營、哨（相當於連隊）三級指揮實權，也部分地實現了漢納根最初由洋員領兵操練並指揮新軍的構想。

中國近代的軍事改革以師法德國陸軍為既定方針，這不僅在後來的北洋軍閥中得到繼承，而且一直延續到二戰之前。從一九二八年到一九三八年，蔣介石政府同德國關係的密切程度超過了任何一個西方列強。德國人不僅幫助蔣介石改組了軍隊，還充當了蔣介石的政治和經濟顧問。許多從德國考察和留學回來的人相繼在政府擔任要職，如曾任教育部長的蔡元培、任交通部長的朱家驊、外交部長的王寵惠，甚至蔣介石的次子蔣緯國。他們都或多或少將德國在工業、教育、社會等方面的經驗帶回中國，使德國在諸多方面充當了教員和榜樣。

第四章 德璀琳、漢納根與中國近代郵電、鐵路事業

第一節 德璀琳與中國近代郵電事業

海關開辦郵政業務

中國的交通郵政事業在古代即已相當發達。秦始皇統一中國後，在全國設有四通八達的驛站。但是驛站主要是為了傳遞官方文書的，並不用於民間的信件傳遞。從明朝開始，隨著商業的發展，才有了專門為商民寄遞信件的民辦信局。有些民信局在上海設總局，在其他商埠設分局和代辦所，一般從寧波沿海到內地，最遠的達東三省、陝西、甘肅、新疆等地，有的營業範圍還遠達南洋。它們不僅代商民送信，還負責辦理匯寄款項和包裹❶。然而這種民辦的信局並不能完全滿足人們的生活需要。「故民人之書箚往來，則必託友朋、或信局、或專足方能投達，每每一函屢月方達者有之，失誤遺延者有之，或一函而費至數十金之專足者有之，間有急要之事而書函為信局所延誤者亦有之，均以無郵便之利，莫可如何也。」❷

近代中國被迫開放通商口岸後，外國僑民大批湧入，他們之間以及他們同各自國家的通信聯絡，既不能通過中國官方的驛站也不能通過民間的信局，於是紛紛自行設立郵政機關，各自為政，這無疑侵犯了中國的主權。

第一次鴉片戰爭之後，英國根據所簽訂的《五口通商條約》，在開放通商的口岸設立了郵局，稱為「客局」，其他列強也紛紛效仿。第二次鴉片戰爭後簽訂的《天津條約》中第四款規定：「大英欽差大臣並各隨員等皆可任便往來收發信件，行裝囊箱，不得有人擅行啟拆，由沿海無論何處皆可送文，專差同大清驛站差使一律保安照料。」❸其他列強與中國簽訂的條約也有類似條款。這不但把列強侵犯中國主權的行為合法化，並且還要求清政府負有保護這些郵遞業務的責任。後來，因辦理不便，改由總理衙門令驛站代寄各國使領館的公文。總稅務司進京辦公後，又改為由總稅務司代辦寄遞外國文件。

列強侵犯中國主權的行為，即令在華外國人亦覺得過分。一八七七年一月，日本政府指派美國旗昌公司（Russell & Co.）為日本在漢口的郵政代辦。九江海關稅務司葛顯禮（H. C. J. Kopsch）向總稅務司赫德呈文指出，日本在中國內地設立郵政局運送中國郵件到外國去是一種不合理的特權，「中國為了維持自己的體面起見」，也應當開辦郵政，而不是讓別的國家自行設立郵政機構；他還指出，由於相繼開放了許多通商口岸，「對於一個寄費低廉、穩妥、經常的傳遞信件的工具，就感覺有了需要，這種需要從各口岸都設立了許多民信局這個事實就可以看出來了」，所以，「開辦郵政是對於人們的好事，也是國家收入的一個來源。」❹他還向赫德提交了一份草擬的海關試辦郵政的方案。

事實上，在此之前，海關自一八六六年開始已自行開辦了郵政業務。一八六七年赫德還頒發了一份《郵政通告》，詳細規定了北京與天津、上海等處海關之間郵件往來以及歐美郵輪帶來天津的郵件送往北京的時間及郵資等。到一八七七年為止，經過十年多的運作，海關內部的郵政體系已基本確立，章程制度也基本成形。前面曾提到，總理衙門及李鴻章等清政府官員與駐外人員、以及李鴻章與赫德之間的聯絡完全依靠海關的郵政通信系統。所以，總理衙門和北洋大臣等具體經辦洋務的清政府官員對於西方現代郵政制度已有所瞭解，甚至開始就此進行討論了❺。

另外，一八七二年李鴻章主持在上海建立了中國第一個官督商辦企業——輪船招商局。由於政府給予的幫助，五年之後，輪船招商局的船隻已經常行駛於沿海沿江的各個口岸，因此可以由輪船招商局免費代運郵件。此時，在中國模仿西方建立近代郵政的各項條件已基本具備。

德璀琳是創辦中國近代郵政的最佳人選

一八七七年，赫德向清政府建議設立官辦信局。於是，總理衙門與直隸總督兼北洋大臣李鴻章商議，在通商口岸及就近地方設立送信官局，由總稅務司管理。

此時恰值李鴻章與英國公使威妥瑪（Thomas Wade）在煙臺進行修約談判。一八七五年，英國利用馬嘉理事件要求修訂《天津條約》，以掃清資本主義在中國發展的障礙，開放更多的港口。總理衙門與威妥瑪在北京的談判破裂後，於翌年八月開始，李鴻章奉命在煙臺繼續談判。赫德與他的海關隨員作為顧問參與了此項談判。在談判過程中，赫德藉機慫恿總理衙門委派自己通知威妥瑪，「郵政如亦載入該條約範圍之內，總理衙門即可核准而創辦全國郵政」❻，作為修約中中方讓步的條件之一。可惜，這項提議最終沒有成功。雖然郵政一事未能列入《煙臺條約》，但是關於開設官辦信局一事，還是得到了李鴻章的大力支持。

李鴻章主持洋務運動以來，深知通訊在政治、軍事、外交、商務等近代社會方方面面的重要性。為此，他積極向總理衙門建議，由赫德主持，先以天津為中心在北方幾處海關試辦郵政。因德璀琳在煙臺談判中表現出眾，得到李鴻章的賞識，他被赫德調到李鴻章身邊任津海關稅務司，所以試辦中國近代郵政這一歷史性任務就落到德璀琳的肩上。

在中國創辦郵政機構無疑是一項非常有誘惑力的事業，因此，海關中除了赫德，還有不少洋員都在覬覦主持郵政新業務——它很有可能發展成為另一個海關式的機構，誰不想讓自己的仕途更上一層樓、成為比肩總稅務司赫德的總郵政司呢？！得知清政府讓海關試辦郵政的消息後，不僅最早創議的葛顯禮開始積極設法籌劃一個西式的郵政系統；就連遠在英國的金登幹也向赫德提出，「如果您打算把郵政制度引進中國的話，我堅決認為，您應該找一位富有全面實踐經驗的人」❼。鑑於金登幹本人曾在英國郵政部門工作過，他這裏所指的「富有全面實踐經驗的人」，極有可能就是他自己。金登幹還向赫德彙報說，另一名德籍稅務司康發達（F. Kleinwachter）回國休假時，打算留在柏林，「研究德國的郵政體制，以便請求李鴻章讓他任職於郵政機構」❽。

海關中這麼多的洋員在競爭主持郵政這項業務，赫德最終沒有選擇最先創議的葛顯禮，也沒有指定自己的親信，而是選擇了德璀琳，這自然是他深思熟慮的結果。郵政必須首先在京津滬試辦，是因為海關已在這些地方經辦海關及駐京使領館的郵務十餘年，有需要且有基礎。而在北方試辦郵政必須有掌握地方實權的直隸總督兼北洋大臣的李鴻章支持，才能得到所需的一切便利條件。德璀琳不僅富有才幹且善於與中國官場人物打交道，能夠得到中國最有權勢的大人物之一、李鴻章的賞識和信任更是首要的保證。無疑，德璀琳是辦理此事的最佳人選。

這樣，德璀琳在海關眾多洋員中脫穎而出，由赫德委派，在李鴻章的支持下，開始在北京、天津、煙臺、牛莊（營口）、上海五處海關，試辦郵政。

中國第一套郵票——大龍郵票

創辦郵政，首先要解決郵資付費問題。德璀琳決定仿照西方現代郵政制度，印製中國自己的郵票。郵票是由一個國家或地區的郵政機關發行，作為交寄郵件的繳費標誌。它也是一個國家或地區主權的象徵，因此在中國印製發行郵票意義重大。

一八四〇年四月，英國人羅蘭・希爾（Rowland Hill）獲得國會授權印製了第一批郵票，因為其面值一便士且用黑色油墨印刷，所以收藏家稱之為黑便士。這是世界上第一枚郵票。在首枚郵票誕生後不久，其他國家也開始跟著使用起郵票來。一八四一年和一八四二年在美國出現了郵票，一八四三年巴西也發行了自己的第一套郵票，同年瑞士蘇黎世州發行地方郵票，之後法國、德國的各個城邦和王國、奧地利也都先後發行了各自的郵票。

德璀琳於一八七七年九月正式就任津海關稅務司。此前在煙臺，他就已經開始籌劃如何以天津為中心試辦郵政業務了。他向赫德提議，仿照歐美諸國已實行三十餘年的郵政服務付費制度，印製郵票以簡化收費結算手續，方便寄遞業務。但是，他最初設計的郵票圖案被赫德否定。一八七七年五月，他轉求倫敦的金登幹給予幫助，在英國尋找公司設計郵票[9]。金登幹推薦了專門從事郵票設計的德・拉・律公司（De La Rue）。德・拉・律公司提供了一套四種郵票的設計方案。德璀琳徵得赫德同意後，發函給金登幹，想立即在英國由該公司印製郵票，但為金登幹所阻[10]。

為何德璀琳設計印製郵票的計畫幾次三番受到阻撓呢？原來，看到德璀琳如此富於成效的工作，本想將郵政業務牢牢掌控在自己手中的赫德，感到有可能喪失控制權，再加上他看到李鴻章對德璀琳的欣賞和支持，所以不得不對德璀琳的工作加以拖延。他寫信給金登幹說：「我不想倉促地聽從德璀琳過於樂觀的主張。一定要首先站穩我的腳跟，然後再推進這項業務。」[11]信中在「我」字下加的那個著重號，意思再明確沒有了，就是一定要把創辦中的中國郵政如同海關業務一樣，控制在赫德本人的手中。

本來，德璀琳認為在英國設計印製郵票比較穩妥，畢竟英國已經有比較成熟的郵政體系。然而，由於赫德和金登幹的阻撓和拖延，為了能不延誤郵政業務的開辦，德璀琳只得於一八七八年六月請求上海海關造冊處設計和印製了中國第一套郵票。這套郵票後來被稱為「大龍郵票」或「海關大龍郵票」。該套郵票有一分銀、三分銀、五分銀三種面值。一八八三年，天津海關又發行了一套相同圖案的新郵票，因主圖較小，稱為「小龍郵票」，俗稱「海關小龍」。自一八七八年至一八八三年大龍郵票和小龍郵票共印行了三期，首批各面值每種十萬枚[12]。

究竟是誰——中國人還是海關的洋員——設計了大龍郵票？關於這個問題至今仍為中國郵政史

上的一大懸案。對於設計者主要有三種猜測：一是上海海關造冊處的德籍職員費拉爾，從一八九四年發行的慈禧萬壽郵票，到以後發行的加蓋改值票、蟠龍郵票以及郵資明信片等，幾乎全由他一人主持，同時他還為上海、鎮江等地的商埠郵政機構設計、印製過郵票；二是曾為德璀琳下屬的上海海關美籍職員馬士；三是某位來自中國的藝術家。

關於第一種猜測，已基本被否定，因為費拉爾是於一八九二年九月經葛顯禮介紹進入上海海關的，距離大龍郵票的發行已逾十四年，所以不可能是他設計了大龍郵票。第二種猜測業已經馬士本人否定，在一九二九年七月二十五日給友人

▶大龍郵票。

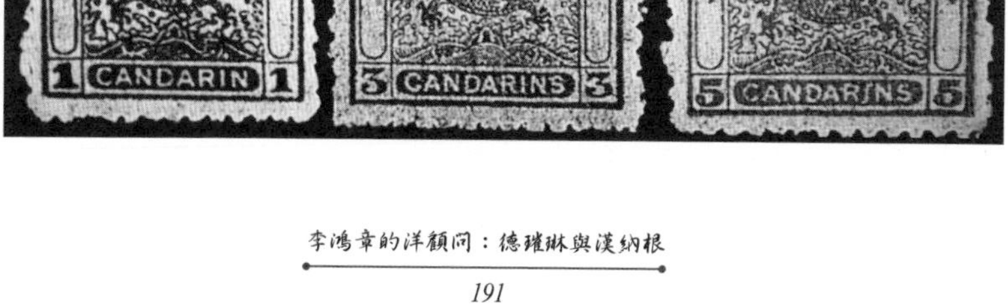

▶小龍郵票。

的一封信中，他指出有人說首次發行的中國郵票設計出自他手中，這是一個誤會。關於第三種猜測，主要是認為大龍郵票的設計圖案具濃郁的中國氣息，而且郵票上中文寫得很漂亮，而英文和阿拉伯數字則相對顯得笨拙。不過，鐫制銅版不等於設計圖案，這並不能肯定地說明設計者就是中國人。

筆者更傾向於郵票的設計者是外國人。原因有三：首先，創辦郵政、設計發行中國第一套郵票是總稅務司赫德非常重視的一件事，也是海關中眾多洋員孜孜以求的榮耀，所以設計郵票這種大事是不可能交予某個中國人去做的。而以清皇室的象徵——雲龍作為郵票的主要圖案，再找中國匠人繪圖製版並非難事，所以設計者並不需要非得是中國人。其次，從郵票的圖案設計來看，設計者並不十分瞭解中國傳統文化。例如，圖中寶塔被繪成六層，而佛教的寶塔，層級都取單數，從七級浮屠到十三層寶塔，從來沒有雙數的。此外，大龍郵票最初設計的顏色，一分票為綠色，三分票和五分票均為藍色，後來根據德璀琳的建議，五分票使用黃色，三分票使用紅色，而不要選用在中國被視作表示哀悼的藍色[13]。這些都說明郵票設計者極有可能是在華生活工作的外國人，要嘛是海關中的洋員，要嘛是與海關洋員有關係的其他外國人。

海關書信館與拓展陸海郵路

德璀琳試辦海關郵政，主要是在海關書信館的原有基礎上，同時又新開闢了海陸多條郵路。海關原設有專門的郵務處，也稱海關書信館，以前除了寄遞各口稅務司之間的郵件以及使館往來的文件，還兼辦各通商口岸外僑的外文信件。德璀琳受命試辦郵政，首先就是在天津把海關書信館對中外公眾開放。

海關書信館於一八七八年三月二十三日對公眾開放，收寄一般民眾郵件，不論中文或外文，一律照收[14]。天津海關書信館設在英租界，起初主要仍為外僑所使用，中國人還不習慣，「民間用之者尚鮮」。李鴻章也於當年函告赫德說：「迨德稅司天津信局開後，察看民間各局似照常開設，固無妨礙。」[15]不久，天津的大昌商行向德璀琳申請，承包在北京、天津、北方各通商口岸和上海的郵遞工作。德璀琳急於「把中國人的郵件運送事務抓到手裏」，於是同意了大昌商行的申請，由其在北京、牛莊、天津、煙臺和上海開辦郵務代理機構，命名為華洋書信館。開辦費用和經費由其自行支付；郵費由其自行規定以與其他民信局競爭；它收到的郵件則由海關連同海關郵件通過輪船或信差免費運送[16]。為了加強監督，開辦之初，德璀琳曾三次視察該館，並且事先並未通知，結果令人滿意。

▶天津租界內的海關書信館。

海關書信館除了對公眾開放，還承接了津海關與北京總稅務司署之間的書信往來寄送業務。一八七八年三月德璀琳在天津與北京之間開辦了騎差郵路。這項業務德璀琳交給中國人胡永安承辦。合同規定，每日由天津和北京發送郵件各一次，限十二小時以內到達；每月付給承辦人運費銀一百一十兩。但試行兩個月後，效果並不理想，都超過了規定的十二個小時，有的甚至要花大約三十個小時。為了查明原因，德璀琳還曾親自騎馬試驗過一次，認為如果採用中繼站的辦法，可以做到十二小時內跑完全程，但限於經費問題，未能加以完善。

除了京津陸上郵路的開闢，德璀琳還獲得李鴻章支持，委託輪船招商局和太古輪船公司的船隻免費代運郵件。德璀琳在一八七八年六月七日給赫德的報告中說，李鴻章命令北洋水師各軍艦管帶將軍艦準備離港的時間通知牛莊和天津的海關稅務司，以便海關能利用機會託帶郵件[17]。雖然從國防安全的角度來說，這樣做不利於保護軍事機密，但為了支持海關郵政，北洋水師還是承擔了一部

▶明信片上的天津海關書信館。

分海路郵運的任務，在冬季封凍前為海關免費帶運郵件[18]。同時，德璀琳在李鴻章支持下與輪船招商局的經理唐廷樞議妥，該局同意免費帶運海關封發的郵件。唐廷樞還下令該局所有代理人與各通商口岸的稅務司合作，盡力給予協助。德璀琳還徵得太古輪船公司的同意，按照與輪船招商局議定的辦法代運海關郵件[19]。這樣就充分利用了現有資源降低了運營成本，有利於與當時已有的各國客局和民辦信局競爭，同時也為海關書信館節省了大量經費。

在北方冬季封凍期間，德璀琳又開闢了兩條陸上郵路。由於氣候原因，在冬季渤海沿岸以及津海關至大沽之間的海河封河後（約十二月十日後），北方的海路郵運中斷。原先，每年這個時期，英、法等國的郵輪到達上海後，將郵件經陸路發運到鎮江海關，然後由鎮江陸上郵差轉發北京總稅務司署。現在，德璀琳要求煙臺海關稅務司辛盛（C. L. Simpson）、和牛莊海關稅務司休士（Hughes）指示其下屬海關書信館新開闢兩條天津——山海關——牛莊和牛莊——小平島—煙臺的陸上郵路，以便往來於天津和鎮江的信差交換郵件[20]。

為了郵政業務的順利開展，德璀琳還與上海、牛莊、煙臺等地的稅務司和北京總稅務司署以及上海工部局之間進行密切聯絡，協調各地海關書信館的業務。在試辦海關書信館的初期，德璀琳與以上地方的稅務司頻繁進行公文和函件聯繫，將自己的工作進程報告給他們，使他們能及時安排各口岸的郵政工作[21]。

在德璀琳堅持不懈的努力之下，海關郵政初見成效。海關書信館對公眾開放一年三個月後，僅津海關書信館即收到來自北京、牛莊、煙臺、上海和鎮江的郵件共一千零二十八袋（每袋約重三市斤），發寄以上各地郵件共一千三百九十六袋。津海關售出郵票四百一十八點三九兩（關平銀），各地總共售出郵票一千九百八十六點六七兩[22]。試辦期間沒有發生過任何丟失郵件的事故。赫德原來指派了一名副稅務司協助德璀琳試辦郵務的工作，但這名副稅務司很快又被調走[23]。所以，實際上，幾乎全部試辦郵務的工作都是由德璀琳一人完成的。

由於德璀琳的出色工作，一八七九年十二月，即海關書信館對公眾開放一年九個月之後，赫德向各地海關發出通令，稱「一八七八年春季海關在北方各口岸和北京試辦的郵遞事務，現決定繼續辦理，並逐漸向其他口岸推廣」。並且，通令中，將負責郵政推廣的總辦事處暫設在天津，指派德璀琳負責管理各關郵遞業務，要求各關稅務司對德璀琳關於郵遞業務的指示予以遵照執行；還要求各關對於郵遞業務要盡力予以推廣[24]。

這之後，德璀琳於一八七九年冬季新建了四條陸上郵路：天津——北京線、天津——牛莊線、天津——鎮江線和齊河——煙臺線。其中前三條線路由津海關聽差胡永安負責管理（胡永安曾在一八七八年辦理過天津——北京騎差郵路，因而獲得經驗）。在德璀琳的監督下，由胡永安以總信差的身分，負責選擇、雇用所有信差。這些信差全是天津人，都有保人，並且大多數在民辦信局工作過五年以上。後一條線路由煙臺稅務司負責雇用。不過，由於尚未找到收寄中國人郵件的有效辦法，各海關書信館的收入來源還只限於外國人[25]。

「拿破崙翻越阿爾卑斯山時的氣魄」

在創辦中國近代郵政的過程中，德璀琳遇到了很多阻力和挫折。比如，在海關方面，由於赫德一八七八年回歐洲度假所造成的拖延、缺乏足夠的經費和訓練有素的辦事人員等等；在顧客方面，有時會遇到刁蠻的客戶，他們不肯交付郵費或在郵件上貼足郵票，在環境方面，不僅有冬季沿海的封凍，還有陸上一些地方常有土匪出沒搶劫郵差；由於赫德沒有授權德璀琳去各地海關視察統籌郵務工作的權力，海關裏的一些稅務司並不支持郵政工作，再加上中國一些地方政府的反對，因此德璀琳認為各地的郵務發展情況還不能令人滿意[26]。

特別是海關信差和郵件在山東被扣一事，這是德璀琳在試辦郵政期間遇到的最大挫折。一八七八年十二月，由華洋書信館承辦的天津——鎮江冬季陸上郵路開闢後，由於山東巡撫對李鴻章沒有把開辦陸路郵運一事事先通知他而感到十分氣惱，因此決心阻撓陸上郵路的建立，不僅郵路上的郵差被扣押和驅散，郵件也被扣留。後來，雖經總理衙門和李鴻章干預[27]，散失的郵件在德州被找到並放行，但是由華洋書信館承辦從天津至鎮江的陸路郵運合同被迫中止，陸路郵運失敗[28]。德璀琳也因此遭到各方面的一連串的指責。

對於可能遇到的各種困難和挫折，德璀琳早有思想準備，「若想找到前進的勇氣，必須想到拿破崙去麥倫加的途中翻越阿爾卑斯山時的氣魄。」[29]從一開始接辦郵政業務，他就堅信，儘管有人反對郵務計畫，但是「如果我們保持冷靜，不斷地認真進行工作，這種謾罵和捏造不久就會消逝下去，而我們要建立的機構終於會建立起來的」[30]。不過，德璀琳當時並沒有意識到，真正的困難和阻力其實來自於自己的頂頭上司、不願被下屬奪去權力和榮耀的赫德。

為了擴大海關郵政的影響以承攬更多的郵政業務，德璀琳於一八八〇年向赫德提出以下建議：第一，指示各關稅務司提高各海關書信館的工作效率，做到「能接收、分發和轉運寄往任何中國通商口岸、北京和外國的普通郵件」；第二，指示並授權江海關稅務司接收上海公共租界的工部局郵局或在江海關成立一個郵務機構；第三，授權自己在天津總督衙門、北京各公使館和總稅務司署附近開辦海關書信館分館；第四，斷絕與華洋書信館的一切聯繫；第五，將海關書信館的華文名稱定為海關撥駟達書信館（即英文郵局 post 的譯音），同等對待中國人和外國人的郵件；第六，授權自己同設立在中國的外國郵局談判，進行業務合作；第七，授權自己同在中國各通商口岸之間和香港有定期輪船航行的輪船公司談判，鼓勵它們帶運海關書信館的郵件；第八，授權自己請倫敦辦事處按照一八七七年赫德批准的圖樣在倫敦訂製郵票；第九，要求給與辦理郵政事務的稅務司一定的經費[31]。

上述各項建議對於海關郵政的發展無疑具有積極意義，並且作為負責推廣海關郵政具體經辦人，確實必須擁有一定的事權和財權以利於開展活動。但是，這些合理的要求，在赫德看來，卻無疑是德璀琳在向自己爭權並擴大其個人的在華影響力，這是赫德所決不能容忍的。所以他當然不會採納來自德璀琳的任何建議。儘管赫德口口聲聲說：「我所希望的不過是看到中國辦好郵政，我根本不想把它掌握在我手裏」，但是他也決不願意看到德璀琳被任命為「郵電總辦」[32]。於是，赫德利用德璀琳供職中國海關之後的第二次休假到來的機會，讓德璀琳回國休假，交出所負責的總辦海關郵政的權力。赫德此舉，令德璀琳既惱怒又無可奈何。在回國的路上，他甚至一度「垂頭喪氣」。但是很快，他又振作起來，準備在德國考察郵政業務並詳細研究德國郵政制度，以圖他日東山再起[33]。

此後很久，赫德對郵政業務的發展並不積極支持，郵政因此處於因循苟且很不發展的狀態，直到一八九七年一月一日，中國郵政正式統歸海關總稅務司掌管，郵政才又獲得赫德的積極推動，面目為之一新。

總結德璀琳創辦中國近代郵政的功過，我們可以看到，中國近代郵政事業的創辦符合時代發展的需要。它不僅方便了中國國內的通信往來，而且增強了中國與世界的資訊往來，是中國引進西方先進制度走向現代化的又一項重大進步。而且，中國郵政創辦並發展壯大後，同海關一樣，成為清政府財政收入的一項重要來源。近代郵政事業是由德璀琳一手創辦起來的。在這一過程中，充分體現了德璀琳卓越的組織策劃才能，更體現了他對中國國情、民情的瞭解和對中國文化的適應。赫德自己也不得不承認，「三十年來海關試辦郵遞事務的成功，主要應當歸功於開辦騎差郵路和制定辦法的稅務司德璀琳」[34]。

然而，不可回避的是，隨著郵政事業的發展，外國勢力進一步滲透進而控制了清政府的財政。而且，德璀琳在創辦海關郵政的過程中，一方面極力打壓中國的民辦信局、爭奪它們的業務，另一方面卻努力與外國的客局進行密切合作，這充分暴露了他作為外國勢力在華代言人的本來面目。德璀琳與赫德對於中國郵政控制權的爭奪，與二人在其他方面的爭奪一樣，都是為了個人和各自國家利益而展開的爭鬥。這一次，赫德又獲得了勝利。

第二節　德璀琳、漢納根與電報電話

德璀琳與中國電報的發展

德璀琳在一八八〇年津海關的年度報告總論中彙報：「本年之大事則係帝國政府議定在上海、鎮江、南京與天津之間架設電報線」。這條由天津到上海的電報線路，委託丹麥大北電報公司沿運河路堤架設，於隔年十二月二十四日建成開通並正式對外營業。與此同時，電報學堂也已開辦，招收了許多中國少年學習收發電報的基本原理。德璀琳雖然審慎地評價說：「對於帝國政府興辦此事之意義不可評價過高。」並且，電報線尚未延伸至京師，即尚未得到清朝中央政府的最終肯定，然而德璀琳還是禁不住熱心地期待一片光明的前景：「當一條電報線逾越京華之巍巍城垣以後，電報之於中國，猶他國然，終必莫之能禦；在本世紀結束之前，電報網自必遍佈帝國。」[35]

清政府中的頑固派本來很討厭架設電線，他們認為架設電線會損壞土地的元氣，而落在墳地的電線杆的影子會玷污祖先之靈。因此，雖然早在一八六五年，俄國人曾建議架設從天津至恰克圖的電報線，以連通歐洲至恰克圖的電報線路，但是被清政府拒絕了[36]。不過，李鴻章等洋務派官員經辦洋務活動及北洋軍務多年，深知通信對於商務發展和國防安全的重要性。特別是當他升任直隸總督兼北洋大臣、移駐天津後，日常需要處理大量軍事、外交等事務，書信往來頻繁，而驛遞遲緩，容易貽誤事機。在李鴻章籌辦北洋水師時，早期曾通過赫德等人購買英國船艦，期間也必得通過德璀琳和赫德向歐洲發電報聯繫，甚至與清政府駐外使節進行通訊往來時，也須經海關的轉達，幾乎毫無國家機密可言。因此，李鴻章深刻認識到建設中國自己的電報線路的必要性。加之，作為李的重要洋務顧問，德璀琳出於促進天津港的商業發展的目的，也一直極力向李鴻章鼓吹電報的重要性。這樣，李鴻章於一八七七年，嘗試在自己的總督衙門至天津機器局間架設電報線，並收發電報成功。同年，福建巡撫丁日昌亦在臺灣試行修建電報線。

一八七九年，李鴻章將試驗線路延伸，以總督衙門為起點，經天津東機器局及紫竹林法租界內的中國輪船招商局，至大沽炮臺及北塘兵營，建成中國第一條軍用電報線，確保了直隸總督府與北洋海防前線的通訊暢通。這也是中國電信的肇始。有了這次試驗的成功，才有一八八〇年清政府議定架設天津至上海的電報線，這件具有創始意義的洋務又落在了李鴻章的肩頭。同年九月，他在天津成立中國電報總局，派主管招商局的盛宣懷為總辦，指揮全國各地架設電報線的工作，是為中國第一家電報局[37]。

▶天津電報總局。

一八八一年六月，李鴻章同丹麥大北電信公司簽訂了架設電線工程的特殊合約，由中國政府出錢，從該公司招聘數名工程師，架設從天津經山東到上海的陸上電報線。工程自該年六月十七日開工，電報總局從天津、上海兩端同時動工，歷時八個月，於當年十一月二十九日竣工，線路全長三千零七十五公里。十二月二十四日，津滬電報正式向公眾開放營業，為中國民用電報通訊之始。

為了能確保「權自我操」，李鴻章還注意培養中國自己的技術人員，以便在將來替代洋匠。一八八〇年，直隸總督李鴻章奏請朝廷批准，在天津創辦北洋電報學堂，通過大北公司聘請兩個丹麥人為教習，招募學生學習電報技術。二十年間，該校總共培育出三百餘名畢業生，他們成為中國電信事業的先驅者。一九〇〇年八國聯軍侵華期間，該校被迫停辦。

關於大北公司如何獲得這份和約、德璀琳在其中發揮了怎樣的作用，雖然沒有直接的證據加以證明，但據海關駐英國倫敦辦事處的洋員金登幹向赫德彙報說，丹麥的大北電報公司的經理曾向金登幹打聽，是否認識德璀琳以及他在中國的地位等[38]，這至少從側面證實，大北公司要想獲得這份合約，是少不了德璀琳穿針引線的。

第一條電報線路開通後，在其發展初期獲得了一個「契機」，那就是中法戰爭的爆發。這次戰爭使清政府認識到，電報瞬息千里的速度對於戰爭進程的重要影響，這成為它在全國迅速推進架設電報線路的最大動力。近代史上，我們總是能夠看到這樣的例子——每一次帝國主義的侵略戰爭，都迫使清政府不得不在現代化的道路上前進一小步。所以有人說，清末的洋務運動是「被打出來的近代化」[39]，亦不為過。

此後，中國的電信事業如德璀琳所預期的一樣，獲得了蓬勃發展。一八八四年，在原來的天津至上海線加以延伸，向北從天津溯北運河沿岸進入京城，向西從鎮江府通江寧至漢口，向南從上海經杭州至寧波，並從杭州分線至福州，不久又到達廈門、潮州、九龍、廣州和與越南接壤的廣西龍州。（一年之後，根據《中法條約》，這條線路與法國人在越南架設的電報線路相銜接。）此外，還架設了從北京經山海關、牛莊（營口）至旅順口的線路。（一八九四年，這條線路與朝鮮相接。）到一八八七年，北京的電報線一直延伸到西伯利亞的俄國邊境上。一八九三年，甘肅的電報線延長到伊犁。一八九五年，雲南的電報線與英屬印度相接[40]。十數年間，中國境內建立起四通八達的電報網，正好應驗了德璀琳的預言。

德璀琳創辦天津電話

有了電報事業的開創，電話的發展就順理成章、相對順利多了。也是在中法戰爭期間，德璀琳決定藉戰爭機會進一步推進電話的發展。

電話傳入中國時，被稱作德律風，是英文名 telephone 的譯音。如電報的創設一樣，德璀琳先是鼓動李鴻章在自己的行轅做試驗。一八八四年，李鴻章在天津總督衙門架設了至津海關、北塘、大沽以及另一處衙門保定等處的電話線。這是近代中國人自行架設的最早的長途電話線。據當時的報紙報導說：「德律風之設，雖數百里不殊面談。……事為李傅相聞知，亦飭匠豎杆設線，就督轅接至津海新關等處，文報傳遞，諸形便捷。隨又通至北塘唐元圃統領營中，大沽羅協副戎榮光署內。現又丈量地段，將迤邐接至保定府城矣。」[41]

電話一事應交中國電報總局負責安設和營運，但購置設備及日後的維護經費則只能由津海關來籌辦。作為稅務司，德璀琳自是責無旁貸並且是積極主動地協調安排此事的進行。還未曾得到李鴻章的正式批准文件，德璀琳就已迫不及待地跟電報總局交涉，讓他們籌備安設電話一事。電報總局未予理睬，要他依行政程序「飭辦照會移送敝局，方可詳請中堂批准開辦」。德璀琳只得按部就班，通過正式途徑與電報局總辦盛宣懷商議，以紫竹林法租界內天津海關為起點，經海關在海河邊的南貨棧、大沽口海神廟的海關辦公所，至大沽炮臺內海關懸掛旗幟處為止，設置電話線路；所需電話設備由海關直接購置，其他線杆、線纜、鈞碗【即陶瓷絕緣子或絕緣瓷瓶】等輔材則由電報局自行購備；所需技術人員也由電報局派洋匠安設電話線路和設備；所需經費自開辦之日起，按年度分四個季度由海關撥付電報局洋元五百銀元（後又追加關平銀四百兩）[42]。

為了使電話能為天津的貿易發展服務，德璀琳還請電報局將電話線接設到大沽引水公司以及天津的各個洋行。除電話設備由這些公司和洋行自行購備之外，它們還將每年支付一定費用，這樣一來，電報局每年也有一筆可觀的經費收入[43]。從一八八四年農曆十一月初四開始運作到第二年農曆十月初一他將電話事務完成並移交給電報局，德璀琳用了不到一年的時間，就全部完備了，可見其工作之高效。

漢納根與瓶頸線路

義和團運動期間，北京使館區與天津各國租界之間的交通通訊中斷。電報線與鐵路軌道被義和團團民全部破壞。德璀琳與漢納根同許多天津的外國僑民一樣受困於租界。一九〇〇年六月，八國聯軍在天津登陸後，行伍出身的漢納根陪同一名德國軍官騎馬到北京去，準備參加那裏解救使館的戰鬥。由於通訊中斷，先期抵達北京的聯軍統帥部沒法與後來陸續趕到的其他部隊聯繫，因而迫切需要恢復電報通訊。

漢納根自告奮勇提出，由他承擔修復天津到北京間遭到嚴重破壞的電報線。他的建議被接受了。於是，他立即帶領奧匈帝國派到中國的維多利亞海軍分隊（Victorian Naval Contingent）的部分士兵騎馬回到天津，著手這項工作[44]。

首先是要重新豎立被義和團團民拔掉的電線杆。此時，雖然義和團已基本被聯軍掃平，但是零星的動亂依然沒有停止。漢納根他們冒著很大的風險，僅用了幾個星期的時間，就埋好了電線杆，並準備拉電報線。但是，他們發現無論出多高的價

▶電話接線生。

錢也沒法買到絕緣子。他後來回憶說：「我們到處都找不到合適的絕緣材料，在失望中，我們決定用破啤酒瓶的瓶頸來代替。我們收集或購買了這個地方的所有舊瓶子，幾天的工夫就裝了好幾車。我們很快架好了電線並連通了電報，從那時起一直到很久以後，我們這個臨時電報線路都被人們稱作『瓶頸線』。」㊺

漢納根自己墊資、匆忙之間架設起來的這條簡陋的電報線，在八國聯軍入侵並佔領京津地區期間發揮了極大的作用，幾個月中被使館用於向國外發送密碼電報，以討論八國之間如何協調行動並如何處置清政府、瓜分中國。漢納根不僅受到褒揚，也得到了經濟上的補償。當他想要進一步發展自己的電報業務時，已經向八國聯軍求和的清政府也趕緊修復了原有的線路、恢復了通報。

一九〇〇年，佔領天津的八國聯軍成立了

▶八國聯軍中的奧匈帝國維多利亞海軍分隊抵達天津。

臨時軍政府——天津都統衙門，管理天津城及全部租界的各項事務。曾受聘於天津電報局、管理電話業務的荷蘭人璞爾生（**H. D. Poulsen**，又譯作鮑爾森）向都統衙門提出申請，要求承辦京津地區的電話業務。經都統衙門與各國駐津領事團的認可，璞爾生正式創辦了天津電話公司，利用漢納根所架設的「瓶頸電報線」，將其改為單線式電話線，這是天津與北京之間的第一條電話線[46]。

這條臨時架設的電話線卻非常耐用，大約使用了三年。後來，天津的主權被收回。一九〇四年，時任直隸總督兼電政大臣的袁世凱，下令架設天津至北京的長途電話線，翌年竣工，天津電話局亦正式成立，從電報局中分離出來，這是中國自辦長途電話之開端。不久，連結北京與天津的兩條複線式長途電話線也架設成功。中國電話總局的聲譽壓倒了天津電話公司，璞爾生的客戶中有四到五成陸續加入了中國電話總局。天津電話公司的業務大受影響，很快入不敷出。後來，中國電話總局試圖收回並撤去璞爾生的電話線。經過長時間的討價還價，中方最終以五萬兩白銀買回該電話線路的一切權利[47]。雖然所費不貲，但至少收回了中國人自辦電話的主權。

第三節　德璀琳與中國近代鐵路事業

馬拉火車與中國第一條鐵路

中國第一條鐵路是一八八一年，天津開平礦務局為解決煤炭運輸問題而修建的自胥各莊至唐山的鐵路。這是一條長度僅為十一公里的短短的鐵路，而且為了不引起頑固派的注意，初時那上面行駛的只是騾馬拉的小車。然而由於設計者的謀略和遠見，它不僅是中國自建的第一條採用標準軌距的鐵路，而且成為我國自辦鐵路的肇始，並成為日後整個華北鐵路系統的開端。

在中國修築鐵路一直是德璀琳等在華外國人所渴望獲得的特權。早在一八六三年，英國鐵路工程師斯蒂芬森（Sir M. Stephenson）曾向中國提出了第一個鐵路建設方案，勸清政府有計劃地修建鐵路。他還設計了幾條幹線：以長江上的重鎮漢口為中心，從漢口往西經川、滇到緬甸，從漢口往東到上海，從漢口往南到廣州南部；以長江口為另一起點，從鎮江往北到天津、北京，從上海到寧波；在南方，從福州到內地[48]。

許多來華外國人自行其是地為中國謀劃修建鐵路，他們在中國地圖上畫了一些虛線，標明是「計畫修建的鐵路」。各國「公使們、領事們以及一切有機會跟任何中國官員說上話的外國人，總是利用各種時機讚頌鐵路在軍事上和經濟上的優越性」。但是正如同樣來自外國的評論者所言：這些鼓吹者「完全是在對著聾子說話、對著瞎子表演」；從斯蒂芬森提出建議到中國人自行修建第一條天津唐山之間的鐵路，整整二十五年時間的鐵路宣傳，完全適得其反，使鐵路計畫「披上了令人憎惡的外國服裝，並引發了對它採取消極抵抗的一種潛在的力量」；「中國人可能已經覺察到，純粹的仁慈經常是與對租界和壟斷的強烈欲望連在一起的」[49]。

清政府遲遲不願修建鐵路。一方面出於極端守舊的落後觀念，頑固派認為隆隆的火車震動和破壞了地氣，打擾了地下的亡靈。為此，清政府於一八七七年將一年前怡和洋行在上海與吳淞之間修築的輕便鐵路以近三十萬兩的代價收回、加以拆毀。另一方面，一些始終對列強侵略持警惕心理的中國官員認識到，鐵路的修建與列強的入侵和對中國資源的掠奪緊密相連，因此，不管外國公使、領事們如何千方百計地勸說，總是以一種消極抵抗的態度對待；而贊同修造鐵路的洋務派也不得不謹慎從事。

清政府的最高統治者並非認識不到鐵路的長處。一八七四年，李鴻章曾向恭親王奕訢力陳鐵路之利，恭親王雖被說服，但他明白，懾於保守勢力的壓力，「兩宮太后亦不能定此大計」[50]。開平礦務局成立之前，久已從事洋務事業的唐廷樞就倡議修築運煤鐵路以方便運輸、降低成本。這正好給李鴻章一個試驗的機會。

一八七六年，唐廷樞建議為降低煤炭的運輸成本修築鐵路。但鑑於之前吳淞鐵路的失敗，唐廷樞改為建議仿照臺北的煤礦，修建馬拉車小鐵路一條[51]。到後來，迫於當時情勢，只能滿足於鋪設一條從唐山到胥各莊的一條長十一公里的軌道，再由胥各莊開掘一條通到蘆台的三十四公里長的運河以將煤運至海邊裝運上船。在一八八一年李鴻章給清廷的奏摺裏，這條軌道被含混地稱作

「馬路」[52]，以免引人注目。而且，確實弄了幾匹騾馬拉著貨車載運煤塊。

「遇到紅燈繞道走」的李鴻章

如前所敘，無論是恭親王還是慈禧太后，都並不反對甚至是贊成修建鐵路的，只是暫時迫於保守的頑固派的壓力而無法支持此事。正是有把握知道太后會支持他，李鴻章大膽地進行開平鐵路的建設。在李鴻章的授意下，唐廷樞令英國鐵路工程師金達（Claude William Kinder, 1852-1936）[53]將鐵軌設計為國際標準軌幅的四英尺八點五英寸鐵軌。他還深謀遠慮地在修建軌道通過的橋樑時，將它們建造得特別堅固，以便火車將來可以在上面行駛。

有了鐵軌，還要有機車，而當時李鴻章不可能奏請朝廷向國外購買機車。於是，唐廷樞命令金達秘密研製一個火車頭。金達將一個輕型捲揚機上的鍋爐拆下來，作為火車頭的心臟，車輪是當作廢鐵收購來的，車架則用的是煤礦一號豎井架子上的槽鐵製成。整個機車造價（包括人工

▶一八八一年唐胥鐵路建成初期使用騾馬牽引礦車場景。

費和材料費）不過五百二十墨西哥銀元[54]。

一八八一年六月九日，這輛被命名為「中國火箭號」（Rocket of China）的火車機車終於造成（斯蒂芬森造的世界第一台火車機車命名為「火箭號」，故這輛機車被命名為「中國火箭號」）。這輛機車很快被投入到礦山的日常鐵路運輸中，到一八八三年，開平礦務局已擁有三輛客車和由「中國火箭號」牽引的五十輛運煤火車[55]。在當時的中國煤炭企業中，開平礦務局是第一家也是唯一一家能夠利用現代運輸工具去降低煤炭成本和開拓市場的企業。

一八八二年「中國火箭號」載著一批官員以每小時十三點五公里的速度走完了全程，證實機車確比騾馬勁頭更大、速度更快。於是，李鴻章終於下決心，許可將軌道改成鐵路。同年，金達也被任命為開平煤礦的總工程師。這條鐵路繼續秘密運行達五年之久。關於這條鐵路，李鴻章一直沒有上奏。直到有理由把唐胥鐵路當作成功典範以要求修築更多鐵路時，他才正式向朝廷彙報。正如金達後來所評述的，李鴻章「把他的賭注押在這條路線上，而以

▶英國工程師金達站在「中國火箭號」機車旁留影。

它的成功來證明他的辦法是正確的」[56]。

不過，在鐵路發展的初期，李鴻章等地方洋務派在京的奧援恭親王，於一八八四年突然被慈禧罷黜，李鴻章暫時失去了依靠。直到一八八五年，海軍衙門正式成立，翌年四月，海軍大臣醇親王奕訢奉皇太后懿旨巡閱北洋水陸各軍，李鴻章藉機說服總理海軍事務大臣醇親王贊同鐵路的發展。

為了鞏固與最高層的關係，換取最高統治者對洋務事業的支持，李鴻章煞費苦心地經營這次難得的大閱兵。不僅令丁汝昌提前用十天時間進行巡閱前的合操演練，還令德璀琳通知琅威理，「將來醇王爺來北洋水師各船時，所有船上各洋員之衣服務須一律整潔，不得參差」。另外，德璀琳還讓洋教習畢德衛對北洋水師各船上的西洋軍樂隊速加整飭，勤加練習，準備在官邸為醇親王演奏[57]。此次巡閱，共計十五天，發射各種炮彈百餘發，魚雷一具，水雷八具，耗銀萬餘兩，是北洋水師組建以來規模最大的一次演習[58]。當然，效果也是理想的。李鴻章拉近了與醇親王的心理距離，重新找到了在中央的依靠；醇親王向慈禧太后詳細彙報了閱兵情況，並要求朝廷給與李鴻章更大的支持[59]。

同年，李鴻章上奏朝廷允許將鐵路延長到蘆台。一八八七年，以加強海防為名，海軍大臣醇親王向清廷上奏，請求將這條鐵路延伸到天津，即津榆鐵路。在奏摺中，醇親王指出，鐵路「於調兵、運餉、利商、便民諸大端為益甚多」，特別是直隸海岸綿長，港口甚多，處處可以登岸，而防營太少，緩急不濟，「如有鐵路相通，遇警則朝發夕至，屯一路之兵能抵數路之用」[60]。清政府對於如何運載開平煤炭、如何便利商民並不真正感興趣，但是對於鐵路能夠快速調兵、利於海防卻極為關注，因此很快准奏。

為募集資金，李鴻章指示開平鐵路局公開招股白銀一百萬兩，在各地報紙上刊載招商章程。這是中國第一份企業招股章程。以後，清政府正式接管這條鐵路，並成立了「中國鐵路公司」，後更名為天津鐵路公司。有了資金之後，鐵路進展很快，一八八八年八月，鐵路通到了天津，全長約五十五公里。十月九日，李鴻章率幾位中國官員第一次在這條天津至唐山的鐵路線上進行視察旅行，當時時速約三十公里。一八九四年這條鐵路又向東延伸至山海關和關外的綏中。這是甲午戰前北方唯一的一條鐵路。

德璀琳在海關年度報告中認為，鐵路的開通，將使之前束縛天津地區經濟發展的交通條件大大改善，「有關天津貿易前程似錦之預言，即可認為信而有徵矣」，因此「可將一八八八年視為天津編年史上開紀元之時期」[61]。而這一年也被在華外國人譽為「中國鐵路世紀的正式開始」[62]。

李鴻章創辦各項洋務運動的時候，幾乎都受到來自頑固派的重重阻撓和掣肘。即使他得到慈禧太后和總理衙門

▶一八八八年十月九日，李鴻章率官員視察天津——唐山鐵路線時在唐山車站留影。

的信任、支持，也不得不小心謹慎、迂迴前進。其實不僅李鴻章搞洋務遇到此種情形，近代中國向現代化邁進的每一步幾乎都是蹒跚的、躑躅的。

博文書院的創辦與鐵路

在近代，各帝國主義國家一直把掠取中國鐵路建設特許權作為最高目標。對德璀琳來說，電報、電話只是小業務，鐵路才是他最為渴望發展的事業。說得動聽一些，德璀琳認為，如果清政府允許修造鐵路，那麼「帝國之政治、軍事及商業情勢則將為之一變」，「當優勝劣敗之時，今者為保其利權，亦須師法西國（來修建鐵路）」[63]。而從實際利益來講，鐵路建設是一項投資巨大而利潤豐厚的商務。僅以築路所需鐵軌一項來看，一八八六年興修津榆鐵路的軌道，就需要進口一千五百噸鋼軌[64]，其商業利益是相當可觀的，當然，由此帶來的競爭也是相當激烈的。

天津作為直隸總督衙門的所在地、北方洋務運動的中心，成為外國人進行鐵路宣傳的中心。德、法、美等帝國主義國家的辛迪加（壟斷企業）都紛紛來華，在天津的租界裏設置了相當大的辦公室，「他們的職員們也使天津的旅館擁擠不堪」[65]，企圖從李鴻章手中獲得鋪設鐵路的特許權或者採購合同。這些外國公司所採取的手段多種多樣。有幾條鐵路樣品已經被帶到天津，他們還亟不可待地進口了許多鐵路材料，欲「以實物向華人展示此類器具之優點」[66]。法國德康維爾公司（Decauville）在天津臨近租界的一處空場上鋪設了另一條短程輕便窄軌鐵路，以供展覽。在海河河壩上還可以看到鋪設的另外幾條鐵路樣品[67]。其實這就是特意為總督大人修造、用來打廣告做宣傳的。好奇的李鴻章及其他大員都曾前往視察，並「乘之遊歷」。據德璀琳講，「現有客車每日往來賓士，深得華人遊客及其家眷之惠顧」[68]。

在各國公司的激烈競爭中，德璀琳由於「近水樓臺」、就在李鴻章的幕府服務，當然更加便利地、不遺餘力地遊說總督，極力鼓吹修建鐵路的諸多益處，不但積極為德國公司牟取利益，而且利用各種機會勸說李鴻章賦予自己修建鐵路的特權。

一八八六年，德璀琳向李鴻章正式推薦英國人金達，就中國鐵路發展問題提出建議和意見。一八九一年，金達被李鴻章聘任為新設於山海關的北洋官鐵路局總工程師（在此期間金達任用並訓練了中國最早的一批鐵路工程人才，其中包括詹天佑等）。作為回報，同大沽、旅順、威海的炮臺所使用的德國克虜伯大炮一樣，津榆鐵路修建所需的鐵軌也全部購自克虜伯鑄鋼廠。一八九六年李鴻章進行環球訪問時，還在德璀琳與漢納根的陪同下，專程到埃森的克虜伯工廠參觀。克虜伯高層以最高規格的禮節接待了李鴻章一行，設晚宴款待他們，並請他們參觀工廠，觀看怎樣鍛造、碾壓鐵軌和澆鑄大炮。李鴻章還特意去瞻仰了老克虜伯的墳墓，由他的兩個兒子獻上了花圈並鞠躬致禮，感動得克虜伯後代語無倫次、謝了又謝[69]。

與幫助本國公司獲得商業利益相比，德璀琳更希望將鐵路這個新興的、前景廣闊的洋務項目直接掌控在自己手中。他本來希望，在中國成立一個類似海關的修建經營鐵路的機構——鐵路總局，而自己能在李鴻章的支持下，成為「總鐵路司」——一個堪比赫德的、最有權勢的在華外國僑民。為了能實現自己的這個夢想，他利用洋務運動對人才的需求，向李鴻章建議模仿西方在天津創辦一所現代大學，以培養出一批真正能夠滿足需要的高級綜合性人才。得到李鴻章的首肯後，他開始創辦中國近代第一所大學北洋大學的前身——博文書院，以培養高級人才。一八八六年，也就是李鴻章上奏朝廷請求批准將最初的開平鐵路延伸到蘆台、同時金達被德璀琳引薦給李鴻章的那一年，博文書院正式開工建造。

學校開辦，最重要的是經費問題。關於這個問題，德璀琳向李鴻章提出的籌款辦法是：第一，所有李鴻章的門生故吏及現在的下屬，都應酌量提供資金；第二，凡是塘沽海邊的淤地都劃撥給該院；第三，在英租界以南的河岸（即後來的德租界）建造碼頭供船隻停泊裝卸貨物，酌量收取碼頭費，並在此處修建大糧棧（即糧食倉庫），按期收取棧租。德璀琳認為，假如以上三項都能辦到的話，則建造書院剩餘的經費就可以按年生息，學校的經費來源就得到了長久保證。

由此可見，德璀琳為博文書院募集資金的方法，足以使其成為一個自給自足的獨立王國，而他自己將成為這個擁有大片土地、碼頭倉庫的王國的實際掌管者和大地主。如果說這三項要求還是為了學院的長期經費著想，雖有些過分但仍不失為富有遠見的考慮；那麼，在這三項之外，德璀琳還向李鴻章要求給予學院承辦鐵路的權利，即總辦「馬車、鐵路等事，以擴利源」[70]，這就充分暴露出德璀琳的企圖已經遠遠超出創設一所學院的範疇了。

德璀琳打著開辦博文書院的旗號，既要李鴻章劃撥給他大片沿河、沿海適宜建造碼頭、倉庫的土地，又要求得到他一直心心念念的建造鐵路的特權。這樣，創辦博文書院可謂是一件名利雙收的美事。只可惜，由於觀念上的保守和對外國侵略的擔憂，清政府一直對修建鐵路不太熱衷，更不可能將如此重要的一項利權輕易交給外國人。對於德璀琳的非分之想，李鴻章也是不可能批准的。最終，這所由德璀琳創議並一手經辦的博文書院最終沒能開辦起來，中國第一所高等學府的創辦也由此被推延，高級人才的培養被延遲了達十年之久。

好奇心與鐵路

人的本性是不滿足，好奇心就是人們希望自己能知道或瞭解更多事物的不滿足心態。它是個體學習的內在動機之一，是個體尋求知識的動力源泉。所以，好奇心無論是對於個人、還是對於整個民族的生存和發展，都非常重要。

曾經接觸過李鴻章的外國人大都認為李鴻章是極富好奇心的。家庭教師丁家立回憶李鴻章時說，總督對各種教學用的簡單科學儀器很有興趣，那些儀器都要拿來給總督演示和說明。李鴻章對體現西洋現代科技「聲、光、化、電」的儀器最感興趣，有一次，丁家立為其展示一種最早樣式的留聲機，是用蠟質圓柱錄音，用玻璃針重放錄音。他記述道：「這自然引起（總督）極大的興趣。我記得總督曾經讓一個僕人對著留聲機唱歌。那個可憐人唱了一首中國歌曲，這對他來說簡直是一種痛苦的折磨，他唱到一半就唱不下去了，然後傻笑起來。我猜他以為我會停下機器等他恢復正常，但我就讓機器那麼一直開著。當我重放錄音時，他的停頓和困窘的傻笑全都忠實地傳了出來……我從沒見過一個人像總督那樣笑得那麼開心。我以為他會一直笑個不停。」[71]

德璀琳在建議李鴻章興辦電報電話時，都是請總督先在自己的行轅試行架設電線，然後通報、通話，讓他看到電報電話的神奇速度，引起李的好奇心，然後認識到現代通訊手段對軍務、商務的重要意義，這樣才有動力去排除頑固派的干擾和阻撓，推進各項洋務事業的創辦和發展。利用李鴻章的好奇心，這正是德璀琳的聰明之處。

同樣，李鴻章為了激發中國最高統治者慈禧太后的好奇心，讓她親身感受火車所帶來的方便快捷和舒適享受，以換取她對修建鐵路的支持，於一八八八年將一套小型鐵路獻給了慈禧太后。據檔案記載，鐵路建在西苑三海。據說慈禧對這條宮廷專列非常感興趣，建成後她移居西苑中海，以儀鑾殿為寢宮，勤政殿為議政殿堂，北海鏡清齋為傳膳、休息之所，差不多每天都要乘坐一趟小火車，往返於儀鑾殿和鏡清齋之間，成為當時京城一景[72]。（不過據說慈禧太后不喜機車噪音，而以太監牽引車廂。）而在此之前一年，也是為了討好太后，並讓其瞭解、進而喜愛來自西方的現代交通工具，李鴻章將往返於天津與北京運河上的一艘非常舒適的客運小汽船，以在頤和園湖中組織海軍艦隊訓練表演為名送往北京，實際上是供太后在湖上拖拽一條專供消遣用的畫舫[73]。

慈禧太后的好奇心引起了朝廷中頑固派大臣的議論和不滿。一八八九年一月三十日翁同龢在日記中寫道：「火輪馳騖於昆湖，鐵軌縱橫於西苑，電燈照耀於禁林，而津通開路之議，廷論譁然。朱邸之意漸迴，北洋之意未改。歷觀時局，憂心忡忡。忝為大臣，能無愧恨？」文中馳騖於昆湖的火輪指的是頤和園昆明湖中的小汽船；鐵軌縱橫於西苑，指的是三海上的小火車；電燈照耀於禁林，指的是儀鑾殿安上了電燈；津通開路指天津的鐵路要延伸到北京通州。這段記載於除夕夜的日記，反映了以翁同龢為代表的守舊大臣對在宮苑禁地引進西洋物品、專供慈禧太后享樂的強烈不滿。

當然，好奇心不止李鴻章、慈禧太后這樣高高在上的人才有，普通民眾也很快感受到火車給生活帶來的便利，原來三、四天的路程，現在三、四個小時就到了，因而越來越接受這種新鮮事物。鐵路通到天津後不過兩年，搭乘旅客在一年內（自一八九〇年十二月起至一八九一年十一月止）就達到五十三萬七千餘人次[74]。庚子事變之後，慈禧太后與光緒皇帝搭乘了一段由蒸汽機車牽引的火車回到北京，深感火車之便捷，並下令修築北京到頤和園及西陵的御用鐵路。有了兩宮的公開表態，百姓自然踴躍乘車，據德璀琳報告，在天津火車東站，「華人近皆在東站票房左右，異常擁擠，火車通到北京，乘車之人數更多，雖乘運貨之車猶欣欣然有喜色，蓋風氣已開，如火車頭之噴氣然」[75]。最初修造火車原以戰時運兵、平時運貨為主要目的，但關內外火車通行之後，運貨與載客所得收入竟不相上下[76]。

以郵政、電信和鐵路為代表的西方先進科學技術和制度，初時雖然遭到過頑固派官員和以義和團團民為代表的農民的抵抗，但卻以潤物無聲的方式浸染著人們的日常生活。自「海禁大開，輪軌輻輳」，由此，來自西方的種種便利人們生活的舶來品湧入沿海開放口岸，並經由不斷延伸的鐵路走進內陸。它們日益改造著人們的日行起居、社會面貌，「它沒有大炮那麼可怕，但比大炮更有力量，它不像思想那麼感染人心，但卻比思想更廣泛地走到每一個人的生活裏去」[77]。它一方面造成了中國傳統社會的解體，另一方面又刺激和推動了中國邁向現代化的腳步。任何事物的兩面性大抵如此。

第五章 德璀琳、漢納根與中國近代礦業

第一節 德璀琳與開平煤礦

開平煤礦與中國煤礦的現代化

煤和鐵在第二次工業革命中佔據重要的地位。強行打開中國大門的西方列強不僅向中國傾銷其工業產品，也在中國尋找製造這些工業品所需的能源和資源。同時，中國自身由於發展洋務運動的需要也認識到開採礦藏的重要意義。

十九世紀六〇年代開始，蒸汽機輪船在航海業的廣泛應用需要消耗大量的煤。以往，西方船隻來中國，得從本國載運煤炭而來，這大大減少了載貨量，提高了運輸成本。美國駐華公使蒲安臣指出：「中國沿海的（外國）輪船每年消煤炭達四十萬噸，費款四百萬兩。」所以，英國人柏卓安（J. M. Brown）早在一八六二年即建議用新式方法開採中國煤礦，以滿足外輪需要[1]。同一時期，赫德在《局外旁觀論》、威妥瑪在《新議略論》中都勸告清政府，向外國勢力開放，允許外國人在中國開採煤礦、建立礦場[2]。

對於這些超出條約範圍的要求，清政府一開始只是不斷地迴避和拒絕。直到洋務運動開始後，清政府所開設的機器製造局、所購買的外國船艦也都需要大量的煤鐵資源，卻不得不依靠洋煤的進

口，洋務派官員才意識到開採礦藏的重要性。「船炮機器之用，非鐵不成，非煤不濟。英國所以雄強於西土者，惟藉此二端耳。閩滬各廠，日需外洋煤鐵極夥，中土所產多不合用，即洋船來各口者，亦須運用」❸；「滬寧各製造局仿造洋槍洋炮，所用煤鐵必向行內購辦，輪船亦然」❹。因此，中國官員擔心，「洋煤設有閉關絕市之時，不但各鐵廠廢工坐困，即已成輪船無煤，則寸步不行」❺。

一八六七年，英國公使要求對一八五八年簽訂的《天津條約》進行修改，並趁機提出在中國開設煤窯等若干要求❻。總理衙門就此發出通告，讓各地方大員進行討論。曾國藩認為，英使所提各項要求中，惟有開礦一項可以試辦。李鴻章也力陳開礦之利，主張「外國挖煤製鐵之器與法，精巧倍於內地，……彼若固請開挖，並可酌雇彼之精於是術者，由官督令試辦，以裕軍需而收利權」❼。經過一年多的修約談判，中英代表最後同意中國自行開礦，並且「挖出之煤，華洋商人均可買用」❽。表面上看，這樣的結果是清政府能夠「權自我操」；但實際上，由於中國當時並不掌握開礦的技術，所以如果要經營新式煤礦，離開了外國技術的參與根本無法進行，英國人不愁沒有辦法操控中國的煤礦。此後，修約之事雖未談妥，但清政府從此開始認真考慮開礦的事情。一八七四年，清政府同意先在直隸磁州和臺灣基隆試辦煤礦。

直隸省煤炭資源蘊藏豐富，特別是京津附近地區的煤田早為西方人所覬覦。十九世紀六〇年代，西方人就已經開始利用到內地遊歷的機會四處勘測中國的煤礦資源。特別是海關的外籍雇員，利用職務之便，到處考察評估，並與英國駐華公使、美國駐華公使等列強在華利益代言人相勾結，共同向總理衙門施加壓力，要求准許外國人開採煤礦並修建運煤鐵路。例如，一八六九年津海關稅務司休士在北京、天津附近的煤田視察，發現京津周圍有多處煤田蘊藏豐富的煙煤和無煙煤，認為如果能夠採用機器開採並修建若干可以行使大車、礦車的運煤道路乃至於鐵路，則可降低煤炭開採的成本，所出之煤將能滿足京津兩地家庭用和往來輪船所需，從而促進天津的貿易發展[9]。

一八七〇年李鴻章移督直隸，開始亟亟以開礦為目標。一八七六年他委派輪船招商局總辦唐廷樞偕英國採礦工程師馬立師（Morris）到唐山開平鎮勘測煤鐵礦的蘊藏量。勘查的結果十分令人滿意，開平煤礦不僅蘊藏豐富，而且所產煤塊鐵石經京師同文館化驗和送到英國實驗室進行化學溶化試驗，證實煤質優良。隨即，唐廷樞提出開平煤的開採辦法並擬就了開平礦務局的招商章程，彙報給李鴻章[10]。

一八七七年開平礦務局正式成立，為官督商辦的洋務企業，並公開募集股本。翌年，即向國外訂購各種機器，並開始進行鑽探。一八七九年礦務局開挖了兩口新式煤井，一八八一年正式開始產煤[11]。此後，一切進展順利。一八八九年在林西開挖了第二個礦井，一八九四年在西山開挖了第三個礦井。

開平煤礦於一八八一年開始產煤時，日產量約在三百噸[12]，年產量約在十萬噸以上[13]。經過不斷發展，到二十世紀初，開平的煤炭日產量增加到四千噸左右，年產量則在一百萬噸左右[14]。開平所產之煤贏占天津及華北市場，並遠銷至上海及關外各地，是當時經營最具成效的煤礦。

中國現代化企業之肇始

開平煤礦是中國最早採用機器開採的大型煤礦，它不僅開啟了中國煤炭生產的現代化歷程，而且也是中國現代化企業制度的開端。

開平煤礦雖為官督商辦的洋務企業，但從一開始即採取現代化的經營管理模式，避免了以前官督商辦企業的諸種弊端。礦務局於一八七七年成立之後，立即開始向國內商人招股募集資金（計畫召集的資本額是八十萬兩，但實際只集得二十餘萬兩）。在開平的招商章程中，唐廷樞明確指出：「此局雖係官督商辦，究竟煤鐵仍由商人銷售，似宜仍照買賣常規，俾易遵守」，並要求不像其他官督商辦企業那樣由官府派駐委員及文案、書差等，以節省經費。李鴻章也即應允，同意「摒除官場習氣，悉照買賣常規」，並且「各廠司事人等，應於商股內選充，不得引用私人」[15]。

唐廷樞是中國第一家官督商辦企業輪船招商局的創辦人之一。在經營輪船招商局多年的過程中，對於官督商辦企業的種種弊端了然於心。在受李鴻章委派創辦開平礦務局的情況下，提出這樣的要求自然是出於前車之鑑。同時，唐廷樞還在招商章程中規定：「查股分（份）一萬兩者，准派一人到局司事。」[16]對此，李鴻章也同樣應允。由此，開平礦務局初具現代企業的基本組織制度雛形，即公司董事會領導下的總經理負責制。有了李鴻章的保證，礦務局就可以按照資本主義企業的運作方式和管理模式進行經營，這樣就從組織制度上確立了開平的現代企業管理模式。其餘在經營管理方面，礦務局也在朝著現代企業所要求的產權清晰、自主經營、自負盈虧、有限責任、市場導向、科學管理的方向努力。

因為有了自主經營和自負盈虧的經營管理意識，開平礦務局才能夠在當時率先創辦鐵路、興修獨立碼頭。為了方便運輸、降低成本，創辦之初，礦務局於一八八〇年鋪設一條從唐山到胥各莊的一條長十一公里的軌道，再由胥各莊開掘一條通到蘆台的三十四公里長的運河以將煤運至海邊裝運上船。截至一八八三年，開平礦務局已擁有三輛客車和五十輛運煤火車[17]。以後又於一八八五年修築了中國第一條鐵路。為了提高國內市場的銷售量、抵制洋煤的進口，礦務局還不斷購置碼頭、輪船，先後在東沽、天津、上海、煙臺、香港、廣東等地修築碼頭，至一八九七年已擁有六艘輪船，總噸數約達七千噸，一八九九年更在秦皇島修築了專門的運煤碼頭，形成礦務局獨立的深水不凍港[18]。

在開平礦務局中，唐廷樞還聘請了許多外國工程師。從礦脈的勘測到所有機器設備的使用與維護，都是由外國的專業技術人員進行有效的管理和指導。一八七九年底，開平有九名英國人擔任工程師和領班；一八八三年，全礦有外籍人員十八名[19]，其中最有名的就是英籍總工程師金達。這些外籍工程技術人員將西方現代技術帶到中國，促進了礦山生產和管理的現代化。

德璀琳與秦皇島港的修建

由於比鄰天津，作為津海關稅務司，德璀琳在秦皇島港的勘察、集資和修建過程中也發揮了積極的作用，並最終兼任了秦皇島港海關的關長。

一八九二年，曾在醇親王門下作僕役、備受信任的張翼被任命為開平礦務局督辦，接替去世的唐廷樞。按照唐廷樞的經營思路，張翼繼續為開平礦務局尋找適宜的運煤碼頭。一八九六年張翼派遣開平英籍工程師鮑爾溫（G. W. Baldwin）赴秦皇島港灣進行水文、地理方面的勘測。一八九七年，張翼又親自協同德璀琳到秦皇島沿海地區考察。秦皇島地區主要包括三部分：秦皇島、山海關和北戴河。後來經過中外人員多次的勘測和反覆比較，最終確定在秦皇島修建碼頭。

德璀琳陪同張翼到秦皇島視察回來後不久，在天津見到了曾在海關與自己共事多年的英國人葛德立（W. Cartwright，又譯作卡特萊特）。葛德立此行是為英國商人墨林（C. A. Moreing）在中國拓展業務牽線搭橋並充當翻譯的。墨林是英國一家頗具規模的礦業公司比維克與墨林公司的合夥人，該公司在澳大利亞、南非等地都開有礦山。德璀琳對墨林的計畫很感興趣，並多次晤談。於是張翼委託墨林代聘英國「白利工程公司」的工程師秀士（W. R. Hughes）來華，赴秦皇島詳細勘測並繪圖。

秀士經過細緻考察，並對照一八七〇年法國海軍測量的秦皇島港灣水深等資料，再次肯定了在秦皇島大規模築港的得天獨厚的自然條件。同時，他還詳細規劃了如何修造堤壩及碼頭船塢等工程，並估算了工程用款：如為運煤而設，則需一百萬元；若修築為軍、民兩用港口，則需六百萬元甚至更多[20]。

萬事俱備，就等清政府的正式批准了。德璀琳詳細地向張翼分析了秦皇島的開港和修建碼頭所具有的多重意義，以便張翼奏報朝廷。

首先，對開平煤礦自身來說，一八九五年以後，隨著採掘量不斷提高，開平礦務局的煤炭生產越來越受制於所屬塘沽碼頭的輸運能力。一方面，由於海河河道狹窄、船隻擁擠且時常淤塞，裝載不便，一旦因水淺不能停泊較大噸位的船舶，則需依靠駁船倒載，勢必提高成本且延誤船期；另一方面，海河及大沽港皆在冬季封凍，每年有三個月的時間不能通航。以上兩方面原因促使開平礦務局必須另外尋找適宜的新碼頭，而秦皇島港具備天津港所不具備的有利條件。

其次，從國防戰備角度考慮，秦皇島可成為北洋海軍的軍港。秦皇島有自然形成的幾處港口，水深八、九尺，是大型船舶停泊的理想港口[21]；而且，它還是優良的不凍港。早在兩次鴉片戰爭時期，外國侵略軍即多次到秦皇島沿海港灣偵察測量，只是由於天津更靠近北京、地理位置更為重要，所以在《北京條約》中才要求開放天津，而沒有選擇秦皇島。甲午戰後，俄國侵佔旅順、德國強租膠州灣，北洋水師無險可據。而秦皇島港，「形勢本佳，復加之以人力，於兵輪之修理停泊，在在相宜」；而且，它臨近北京，周圍又有鐵路，「一旦有事，匪特兵丁之徵調、軍火之轉運，朝發夕至，呼應靈通」[22]。

再次，如果秦皇島成為清政府自行開放的通商口岸，將能彌補因俄國經營旅順而造成的對津海、山海兩關所受的稅金損失。一八九八年，沙俄以干涉還遼有功，迫使清政府與之簽訂了《旅大租地條約》，規定沙俄租借軍港旅順口、商港大連灣二十五年。而旅順港是優良的不凍港，水深可停泊三四千噸的輪船。沙俄租借旅順港後，全力經營，又從中東鐵路修一支線到旅順、大連。鐵路一通，兩港以其便捷優勢，迅速繁榮起來，而其附近由清政府管轄的天津與營口則受到很大影響，津海關與山海關損失了數萬稅金。因此，若在秦皇島開埠、修築港口，比之旅順、大連更為近便，「設關徵稅，使水路轉輸之貨物，皆可以滴滴歸源」[23]。

經過德璀琳的條分縷析，張翼於一八九九年上奏清廷，要求在秦皇島修建碼頭。由於準備充分、論證有力，很快清政府諭令讓開平礦務局墊款試辦、先修煤港[24]。於是，又經德璀琳撮合，開平礦務局於一八九九年向墨林商議借款二十萬英鎊（折合白銀約一百四十餘萬兩）以修建秦皇島碼頭和開辦新礦。

資金到位後，秦皇島的開港和修建工程進行得頗為順利。一九〇〇年，德璀琳在當年津海關年報中稱：「秦王島（秦皇島）開築輪船碼頭以便運煤一節，至今已頗有成效。……該碼頭左右亦可停泊吃水甚深之輪船，亦可起落由火車運來之貨色，日後該島於煤務一節及直隸全省土產，最為緊要之區云。」[25]

清政府在正式下令修築秦皇島港碼頭之前，已於一八九八年三月二十六日宣佈秦皇島港為自開口岸。開埠前夕，總稅務司赫德向總理衙門建議，因秦皇島距離天津甚近，可先由津海關道或北洋大臣選派委員駐紮。津海關道即著手在此設立「秦皇島分關」。一八九九年二月，總稅務司箚飭津海關道於秦皇島正式設立了「稅務司公署」，同時派德璀琳作為會辦秦皇島開埠的稅務司。一九〇〇年十一月德璀琳重新被委派到天津海關任稅務司，一直到一九〇四年十二月他同時管理這兩個港口[26]。這樣，德璀琳擴大了自己的職權範圍，如願以償地將手伸到了在中國新興起來的礦山事業中。

德璀琳與張翼、墨林、胡佛

德璀琳非常能幹，同時也是一個雄心勃勃的人。然而，由於海關幾乎是總稅務司赫德一人掌控的獨立王國，赫德又對德璀琳頗為忌憚而百般壓制，德璀琳知道自己在海關再無前途，於是他將目光轉向了正在中國蓬勃興起的築路和採礦事業。就如同海關之於赫德，德璀琳希望成立另一個類似海關的機構，自己則成為另一個赫德式的大權在握的人物。他的夢想除了前面一章提及的郵政總局的「總郵政司」和鐵路總局的「總鐵路司」，就是成立礦務總局，自己擔任「總礦務司」。

一八七七年德璀琳至天津海關任稅務司時，正是開平礦務局成立並採用機器方法開採煤礦的開始。在當年的海關年報中，德璀琳非常詳細地記述了開平煤礦的蘊藏和採掘量等具體情況[27]。可以說，從那時起，他就開始覬覦開平煤礦的巨大利益。為此，他伺機接近開平煤礦的官員。而接替唐廷樞任開平礦務局督辦的張翼，又是一個只知道巴結權要、庸碌無能之輩。他對洋務概不熟悉，因此對加意籠絡的德璀琳非常倚仗。二人關係密切，張翼對德璀琳幾乎言聽計從。

一八九四年中日甲午之戰爆發，為方便保護礦產，李鴻章曾任命德璀琳為開平礦務局及津榆鐵路會辦[28]。這是德璀琳第一次公開插手開平礦務局的事務。戰後，為了擴充礦務和在秦皇島籌建碼頭，張翼特別向清廷保舉德璀琳來協助自己。一八九九年他在奏摺中誇讚德璀琳，說他「才具開展，熟悉各國情形，在中國三十年，充當稅務司兼北洋隨員為時甚久，辦理交涉海防事務，勞瘁不辭，出使大臣許景澄、呂海寰曾倚任之。其為人公正，不肯唯利是趨，且辦事樸誠，是以中國官商知之者多相嘉許，在洋員中尤為難得」[29]。因為張翼的特別保舉，德璀琳從開始的顧問諮詢到參與開平礦務的拓展，逐漸將開平煤礦控制在自己手中。

甲午之戰，中國敗於日本，清政府的虛弱無能在列強面前暴露無遺。列強掀起瓜分中國的狂潮，在中國劃分勢力範圍、搶奪築路採礦的權利。同時，清政府也開始認識到發展近代事業、富國強民的重要性。一八九八年夏，作為戊戌變法的一項內容，清政府設礦務鐵路總局，並於同年頒佈了中國第一部礦章。

德璀琳失意於郵政總局局長和海關總稅務司之爭後，一直在尋找發展事業的另一個機會。「總礦務司」顯然是一個極具吸引力的補償。更何況這個職位背後還有巨大的利益。然而要想獲得這個職位，德璀琳還必須獲得來自國外的資金和技術方面的支援。

一八九八年春，英國礦業商人墨林（Charles Moreing）應李鴻章邀請訪問中國，就中國的採礦事業提供意見。雖然他與李鴻章的會見沒有帶來任何結果，但是卻引起了德璀琳的極大興趣，並極力向張翼推薦。此後，雙方就秦皇島港的修建進行了第一次合作。

在全球的英國殖民地經營採礦事業多年的墨林深知，在中國發展事業必須得到一位「與中國官場有聯繫的極其重要的人物」的幫助。就這樣，墨林與德璀琳這兩個同樣雄心勃勃又資源互補的人一拍即合。兩人不僅在中國多次密謀，墨林回到英國後，還通過密信和電報往來討論在中國採礦和成立一個類似海關的、專門負責礦務的中央礦務總局的事情。墨林建議德璀琳做自己的合夥人，「我準備如已說妥的那樣為中央礦務總局一事與你合作，你將在中國做領導人，我的公司將提供專家和資金，利潤與你平分。」[30]後來，這個計畫被證明是太野心勃勃了，德璀琳和墨林只好將其合作局限在張翼直接控制的直隸和熱河範圍內。

德璀琳與墨林合作還有另一方面的考慮，即「成立國際財團辦理中國的採礦事宜」以對抗沙俄潛在的威脅。前面提到，一八九六年李鴻章出訪歐美，德璀琳隨行。此行名義上是代表清廷恭賀沙皇尼古拉二世（Tsar Nicholas II）即位、考察歐美強國實業以及與列強商議「照鎊加稅」等問題，其實主要目的是與沙俄秘密結盟、簽訂《中俄密約》以共同對付日本[31]。俄國由此取得「借地築路」的權力，為其以後侵入中國打開了方便之門。因此事涉及中國與列強的關係，極為機密，所以德璀琳當時並不知道此事。但隨著此後密約主要內容的曝光以及英、俄兩國商定以長城為界劃分兩國勢力範圍，德璀琳越來越感到俄國對東北和華北的威脅，為開平煤礦可能遭到俄國的侵佔而憂慮[32]。

為此，德璀琳多次與墨林討論成立國際財團辦理中國的採礦事宜。他希望「任何金融交易都是國際性質的」，因為「如果是一個國家，就會引起政治糾紛」，「俄國方面……顯然不願在他們的邊界附近或勢力範圍之內和英國資本打交道」[33]。此外，第一次世界大戰前俄國與德國的宿敵法國結盟，德國因此與俄國處於敵對狀態。俄國一旦獨佔開平煤礦，身為德國人的德璀琳擔心

▶年輕時的胡佛。

自己再不能染指開平礦務。因此，俄國獨佔開平煤礦被德璀琳視為對自身利益最大的威脅。為了對抗俄國，如同國家需要結成聯盟一般，他也必須尋找自己的盟友。

德璀琳決定與墨林合作後，立刻展開實際工作。他要求墨林委派一名礦務工程師來華，名義上是張翼的技術顧問、任職開平礦務局總工程師，實則作為墨林的代表，便於德、墨雙方密謀勾結。於是，一八九九年三月墨林派美國工程師胡佛（Herbert Hoover，中文名胡華）來華。

對於一位日後成為美國第三十九位總統的年輕人來說，胡佛的才華應當是毋庸置疑的。據他自己說，他是史丹佛大學的第一個學生，在校時雖然成績並不突出，但跟老師們的關係都很好，又是學生會的骨幹成員，還沒畢業就已經很會賺錢了。剛從史丹佛大學畢業兩年，他即被墨林以六千美元的高薪派往澳大利亞工作。不過，強烈的進取心恐怕更是他獲得成功的最重要的特質。而這份來華的差事事後證明可稱是他一生事業的奠基石。

年輕的胡佛來華後，對開平礦務局的經營情況、資產負債等進行了非常詳細的調查。他指出，開平煤礦經過二十多年的發展，擁有土地、礦山、鐵路、運煤船、貨棧和碼頭等，其資產總值達一百零四萬鎊，這還不包括開平煤田蘊藏的豐富資源。他最後得出以下結論：「這項產業肯定值得投資一百萬鎊；這個企業決不是一項投機事業，而是一個會產生非常高的盈利的實業企業。」[34]

開平煤礦的美好前景使胡佛下定決心要在這裏大展拳腳。在得到德璀琳與張翼的信任後，胡佛直接參與了德璀琳的計畫。甚至，更年輕更有野心的胡佛最終騙過了德璀琳，在開平煤礦礦權爭奪中，獲得了最大的個人利益。當胡佛夫婦於一九〇一年九月二十二日離開天津前往倫敦時，他已經實際成為「比維克與墨林公司」僅有的四個合夥人之一。另外，加上他在新成立的合夥企業中所持有的股票，這個只有二十七歲的年輕人就已經擁有了巨額財富。到一九一四年，他成為一個百萬富翁，並且在那一年離開商界從政。他的政治生涯在他當選美利堅合眾國總統的時候達到了頂峰。這是後話。

開平煤礦礦權喪失的經過

胡佛來華後，不辭辛苦，對北方的礦藏進行了勘查，還受李鴻章之託，考察了黃河。他對開平煤礦礦藏的專業報告更加堅定了墨林與德璀琳的合作決心。然而，在義和團運動之前，德璀琳在為擴充開平礦務而與墨林所進行的一系列討論中，還只是為了引進國際資本、特別是英國資本，以防一旦俄國入侵中國北方，可以將開平煤礦置於英國的保護之下。隨著時間進入到一九〇〇年夏，形勢發生了極大的變化——義和團運動開始了。很快，八國聯軍入侵鎮壓義和團並佔領了天津和唐山。這對一直覬覦開平煤礦巨大利益的墨林、德璀琳等人來說，簡直是意想不到的天賜良機，促使他們加快了行動的步伐。

義和團運動爆發後，當地極端排外的拳民燒毀了開闢煤礦的一些礦井設備，並焚毀了秦皇島港的木製碼頭。礦務局的外國工程技術人員紛紛逃散。一九〇〇年六月十七日，八國聯軍攻陷大沽炮臺後，清軍與義和團開始攻擊租界。六月二十日後，租界內有中國人用帶著響哨的鴿子給清軍和義和團送情報的謠言開始在外國僑民中流傳[35]。在租界的家中容留了三百多名中國人避難、並養著鴿子的張翼受到懷疑，被英兵帶走關在太古洋行的廚房裏，並威脅處死。第二天一早，得到消息的德璀琳即趕去看望被關押的張翼。

關於此事，有學者認為是德璀琳本人導演了張翼被抓這幕戲，以此威脅恫嚇張翼使其交出開平煤礦。但是沒有證據能夠證明這一點。不過，德璀琳還是很好地利用了這個機會。在看望張翼時，德璀琳告訴他，開平礦務局的產業正處在危險之中，一些產業已被外國軍隊搶劫和佔領。在這種情勢下，德璀琳建議，效仿過去的例子，將礦務局的產業置於一面外國國旗的保護之下。德璀琳並拿出一份自己擬好的委任書，要張翼簽字。受到驚嚇的張翼，在被釋放回家後不久即簽署了後來被稱作「保礦手據」的委任書，任命德璀琳為開平礦務局代理，授予全權以籌畫「最善之法」保護礦產[36]。

後來，德璀琳與胡佛等人擔心保礦手據無效，又反覆「勸說」張翼簽署了兩份箚文和一份「備用合同」。兩份箚文，一份是委託德璀琳「或借洋款，或集外國股本，將唐山開平礦局作為中外礦務公司」；並且，日期倒填為義和團運動爆發以前，即開平礦產被外國軍隊佔領之前。另外一份箚文則要求德璀琳「廣招洋股，大加整頓」。「備用合同」是德璀琳在已得到前兩份文件後、又慫恿張翼簽署的一份虛假的買賣合同[37]。

之後，德璀琳與胡佛又進一步誘使張翼簽署了一份授權書，授權德璀琳、胡佛和墨林籌措一百萬英鎊，擬將直隸全省及熱河的礦山權益盡行出讓。但後來由於德璀琳與胡佛發生矛盾，這份合同作廢[38]。

根據張翼給他的「保礦手據」和兩份箚委，德璀琳與墨林在天津的代表胡佛於一九〇〇年七月三十日擬定並簽署了一份合同。該合同將開平礦務局的所有財產和權益都「移交」給胡佛，再由胡佛將其移交給由墨林在英國註冊成立的有限公司[39]。

當合同中規定的「開平礦務有限公司」在倫敦註冊成立後，胡佛於一九〇一年再次回到中國。這時，胡佛在德璀琳等人的協助下，圍攻張翼四天，要求其簽訂「移交約」。胡佛向德璀琳和張翼許諾，給予張翼和德璀琳各五萬新公司的股份（相當於五萬英鎊），並答應張翼任終身督辦。胡佛又欺騙德璀琳，聲稱新公司將成立兩個董事部，一個設在倫敦，一個設在中國，並且將由德璀琳等「總理公司在中國之一切產業」。而事實是，在倫敦成立的新開平公司的組織章程中，根本沒有關於中國董事部和張翼任督辦這樣的規定。張翼一番掙扎之後，終於在威逼利誘下低頭，答應在簽署一份「副約」的條件下簽訂「移交約」，將開平礦務局的一切產業和權益盡行移交給英國開平礦務有限公司，從而徹底斷送了開平煤礦的礦權[40]。

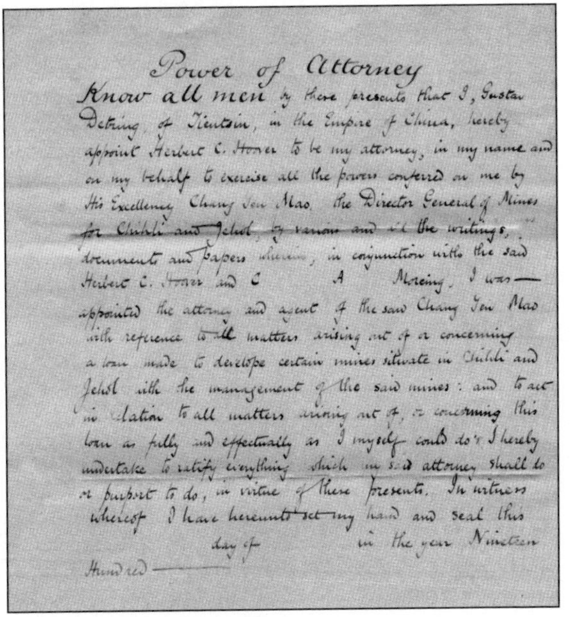

Power of Attorney

Know all men by these presents that I, Gustav Detring, of Tientsin, in the Empire of China, hereby appoint Herbert C. Hoover to be my attorney, in my name and on my behalf to exercise all the powers conferred on me by His Excellency Chang Yen Mao, the Director General of Mines for Chihli and Jehol, by various and all the writings, documents and papers wherein, in conjunction with the said Herbert C. Hoover and C A Moreing, I was appointed the attorney and agent of the said Chang Yen Mao with reference to all matters arising out of or concerning a loan made to develope certain mines situate in Chihli and Jehol with the management of the said mines: and to act in relation to all matters arising out of, or concerning this loan as fully and effectually as I myself could do: I hereby undertake to ratify everything which my said attorney shall do or purport to do, in virtue of these presents. In witness whereof I have hereunto set my hand and seal this day of in the year Nineteen Hundred ——

▶德璀琳後代所藏德璀琳給胡佛的授權書。

開平煤礦的礦權爭奪是近代中國一段著名的國際公案。德璀琳由於身具津海關稅務司和李鴻章、張翼洋務顧問的雙重身分而得以介入到開平礦務。為了防止沙俄獨佔開平煤礦並保證得到個人利益，他勸說張翼引入國際資本改組開平煤礦，使其具有歐洲主要國家財團的背景。德璀琳抓住八國聯軍入侵的機會，迫使張翼效仿以前戰爭時期保護官督商辦企業的方法，將開平礦務局轉讓給英比財團操縱的新公司，致使開平煤礦礦權完全喪失。德璀琳在中國的事業也因此走向了盡頭。

需要澄清的幾個問題

一、身為德國人，德璀琳為什麼不直接找德國財團而是轉向英國和比利時財團？

德璀琳在引進哪一國財團這個問題上，傾向於引進比利時的資本。他認為，「比國作為財政來源有很大的重要性，同時也可以作為一個興辦事業的政治力量，因為它是個很小的國家，而不是個侵略的國家」。他告訴墨林，比利時的金融家多半和德、法、俄的財團有關。並且，德璀琳還將比利時財團的代表蔡斯（A. Thys）中校介紹給墨林[41]。由此可見，德璀琳在組織「東方辛迪加」引進國際資本控制開平礦權方面所起的主動作用。

那麼，身為德國人，德璀琳為什麼不直接去找德國的財團而是轉向英國和比利時的財團呢？這其實不難理解。事實上，德華銀行（Deutsch-Asiatische Bank，即德意志亞洲銀行）[42]曾經在一八九七年借款給開平礦務局六十萬兩以購買運煤新船，並且約定將來礦務局如再想借款時，應首先向該行接洽。「肥水不流外人田」，德璀琳當然也希望能有德國資本注入開平，這樣也可使控制開平的國際財團的力量更壯大，以備「一旦在北方發生總潰退或被侵入時，能取得依靠或足夠的保護」[43]。然而，一八九七年十一月，德國藉口兩個德國傳教士在山東被中國農民殺死，派兵佔領了膠州灣。其後，清政府被迫將膠州灣連同山東境內的築路採礦權一起交給德國人。因此，德華銀行等德國財團此時正把注意力投向山東，無暇他顧。而開平煤礦處於膠東半島以外，德國方面大概不想因插手山東以外別國勢力範圍內的事而引起其他列強的不滿，所以不再投資開平煤礦了。

墨林回到英國後，找到英國金融界的重要人物，將開平煤礦又轉賣給德璀琳介紹的比國財團，即「東方辛迪加」。其股東有四百多個，幾乎囊括了歐洲主要幾個國家的大公司、大銀行，甚至也包括俄國的資本，如：比利時的通用公司、新海外銀行、布魯塞爾銀行、國際銀行，法國的巴黎銀行、國家貼現銀行、奧托曼銀行、巴黎第二銀行以及幾家大公司，德國的貼現公司和德意志銀行所代表的一個銀行和企業集團，奧匈帝國的維也納銀行同盟和匈牙利商業銀行，俄國的華俄道勝銀行、聖彼德堡國際商業銀行，瑞士的瑞士信貸銀行、聯合銀行及金融聯合銀行，荷蘭的阿姆斯特丹銀行，義大利的義大利信貸銀行、義大利商業銀行等。而「東方辛迪加」的首腦就是比利時國王利奧波德二世（King Leopold II）本人[44]。

比利時國王利奧波德二世是一個狂熱的殖民主義者，有「殖民主義之王」的稱謂。雖然比利時只是一個歐洲小國，領土、人口、軍力都並不占重要地位，但他熱中於在亞非國家開拓殖民地的罪惡勾當。一八七六年他組織國際非洲協會，以考察和開發非洲為名，以個人名義霸佔剛果大片土地，稱之為剛果自由邦。他對當地居民的殘酷剝削、壓迫和屠殺，使當地人口減少了一半，遭到世界輿論的譴責。一九〇八年剛果轉歸比利時政府管轄，成為比利時殖民地。利奧波德二世時期的比利時政府多次尋找機會參與侵略中國。天津的比國租界是比利時在世界上的另一塊半殖民地，是義和團運動之後從清政府租借而來。德璀琳介紹的開平煤礦，使利奧波德二世像發現了金礦一樣，感到異常興奮。他迅速組成「東方辛迪加」這樣一個國際大聯盟，把彼此利益衝突的各種勢力整合在一起，排除了彼此之間的矛盾，使每個勢力都能從開平煤礦這塊大蛋糕上分得自己的一份，皆大歡喜。

德璀琳與比國財團的關係還不盡於此。一九〇〇至一九〇二年天津被八國聯軍佔領期間，德璀琳與本地的其他一些外國人組織成立了一家電車公司，準備修築從天津老城至租界的電車，並且獲得了佔領軍臨時政府——都統衙門——授予的特許經營權[45]。只是這項事業需要巨額資金，因此，後來他找到比國財團投資，成立了「比商天津電車電燈公司」，修築了中國第一條有軌電車，獲利豐厚。

二、戰時將企業售予外國人以獲得保護，開平煤礦並非首開先河。

戰時將企業售予外國人以獲得保護，開平煤礦並非首開先河。在一八八四年的上海和一八九四年的天津曾發生過類似的情形。

前者，一八八四—一八八五年中法戰爭期間，法軍曾散佈謠言，稱要劫奪輪船招商局的船隻和貨物。李鴻章遂上奏朝廷批准，以原價將招商局的船隻和貨棧出售予美國旗昌洋行，戰爭期間掛美國國旗照常行駛使用，並規定日後付給傭金後原價收回[46]。後者，一八九四年甲午戰爭爆發，德璀琳本人被李鴻章任命為開平礦務局及津榆鐵路會辦，以借助其外國背景保護路礦[47]。據當時代德璀琳署理天津海關稅務司的孟國美（P. H. S. Montgomery）報告稱，一八九四年七月一日天津忽然傳聞日本人將要進攻大沽炮臺，於是「所有招商局、開平局之輪船，蓋行售與西人，改掛外國旗號，仍然貿易」[48]。

從以上情形來看，在當時的戰爭狀態下，李鴻章令其下屬創辦的官督商辦企業——輪船招商局和開平礦務局——把大沽口內的企業資產暫時、名義上賣給西方人，改掛西方列強國旗，從而獲得其庇護，不僅可以繼續進行貿易，而且避免了戰敗時作為敵產被沒收而遭受巨大損失。由此可見，開平煤礦礦權案中，張翼授權德璀琳保護礦產、甚至假意暫時將整個開平賣給德璀琳以使開平作為外國人的產業獲得西方列強保護，在歷史上是有先例的，而且是由李鴻章、盛宣懷等人開始的，張翼和德璀琳並不是始作俑者。

這就可以解釋得通，為什麼張翼作為一個清廷官員如此大膽地授權德璀琳把整個開平煤礦產業作為其個人產業在德國領事館註冊[49]。而且，事後張翼並未向朝廷隱瞞這份合同，反而作為證據提交倫敦法庭。同樣，德璀琳亦未因此而受到清廷的深責，仍然戴著頭品頂戴、佩著二等第一雙龍寶星當他的稅務司，還被清廷指派赴英國協助張翼打官司。

不管最初的主意是誰出的，當八國聯軍佔領天津之時，德璀琳在開平煤礦這個問題上，再次祭起轉讓產權這個法寶卻是駕輕就熟。更何況在當時形勢下，德璀琳及當時許多在天津的外國人都預計，「中國將被列強瓜分，會出現多年的無政府狀態」[50]。因此，很有可能，在許多年裏，清政府無人也無能力對此事加以追究。既然這樣，與其將開平煤礦拱手讓給他人，不如自己先下手為強，把其變為個人私產，以獲得最大的利益。

三、開平煤礦是被「移交」、「轉讓」而不是賣給在英國註冊的開平礦務有限公司。

在開平礦案中，還有一個需要澄清的問題是：開平煤礦是被「移交」、「轉讓」而不是賣給在英國註冊的開平礦務有限公司的。

根據從張翼那裏取得的兩份劄文，尤其是那份備用合同，德璀琳有權對開平礦務局的一切產業，「包括各種類型和性質的動產與不動產在內」，「按其意願出售、抵押、租賃、管理、經營及管轄該項產業」[51]。但是，德璀琳後來並未使用那份「備用合同」，而是依據「保礦手據」，與胡佛於一九〇〇年七月三十日擬定並簽署了一份合同。該合同將開平礦務局的所有財產和權益都「移交」給胡佛，再由胡佛將其移交給由墨林在英國註冊成立的新有限公司。

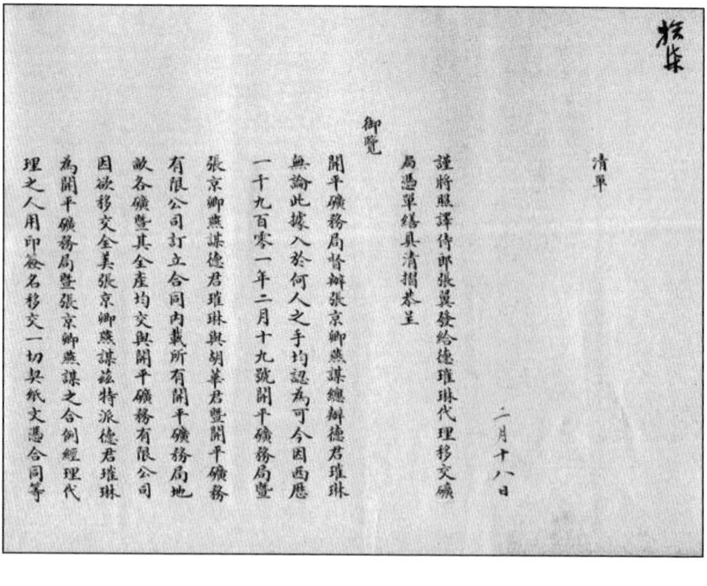
拾柒

清單

謹將照譯侍郎張翼發給德璀琳代理移交礦
局憑單繕具清摺恭呈
御覽
二月十八日

開平礦務局督辦張京卿燕謀總辦德君璀琳
無論此據入於何人之手均認為可令因西歷
一千九百零一年二月十九號開平礦務局暨
張京卿燕謀德君璀琳與胡華君暨開平礦務
有限公司訂立合同內載所有開平礦務局地
畝各礦暨其全產均交與開平礦務有限公司
因欲移交全美張京卿燕謀茲特派德君璀琳
為開平礦務局暨張京卿燕謀之合例經理代
理之人用印簽名移交一切契紙文憑合同等

▶臺灣國立故宮博物院圖書文獻館所藏「侍郎張翼發給德璀琳代理移交礦局憑單之清摺（摺片）」。

胡佛到英國代表墨林註冊了新公司後，於一九〇一年回到中國。他與德璀琳威逼利誘張翼簽署「移交約」。張翼在簽署一份後來被證明毫無作用的「副約」的條件下，最終簽訂了「移交約」，將開平礦務局的一切產業和權益盡行移交給新註冊的英國開平礦務有限公司。

對於「為什麼有了一九〇〇年的合同，還要再簽訂一九〇一年的移交約和副約」這個問題，有學者從這幾份文件的內容上分析，認為移交約中所規定的雙方相互交換和讓渡的權益，比第一份合同中規定的要更為廣泛，帝國主義礦商獲得的利益更大，所以要簽後面的合約。而且，為了使契約更加完善，必須張翼在移交約上親自簽字蓋章，否則，「開平礦務局產業的所有權就不能到手」[52]。

事實上，作為開平礦務局顧問的德璀琳和總工程師的胡佛都不可能不知道，當時中國政府的法律禁止將本國產業無條件賣予外國人。而且，就在賣約簽訂前兩個月，胡佛還出版了一本關於清政府礦務章程的摘要[53]。一八九九年清政府頒佈的礦務章程中，雖允許在礦業中引用外資，但是要求所有的企業中至少要有一半的中方股份，並且只能由中國人進行管理，外國人的參與僅局限在技術方面[54]。

此外，在張翼給德璀琳的兩份劄文中以及德璀琳回覆張翼的信中，都從未提及「賣予」這個詞或任何同義詞。作為開平礦務局的代理人，德璀琳無權處置其資產，更不能將其售予任何人。而張翼雖在「備用合同」上簽字將開平煤礦賣給德璀琳，但是由於該合同上並沒有張翼的關防印章，且沒有填寫日期和價款，所以也是無效的。即便後來補上這些，如果沒有銀行的真實銀錢轉帳過戶記錄，仍然無效。於是，胡佛只得向其聘雇的天津英籍律師伊美斯（B. Eames）請教，如何鑽法律漏洞以保證獲得開平的全部資產。伊美斯說，唯一的方法是進行無條件轉讓。德璀琳為了獲得英國的保護，立即答應[55]。

所謂賣是要有價錢的，要標明價款，而將礦產賣予外國人是為清政府的礦務章程所明令禁止的。但是礦務章程並沒有禁止無條件轉讓。所以德璀琳和胡佛在狡猾的律師的指導下，鑽法律漏洞，甚至一分錢都不花就得到了開平煤礦的全部利益。

德璀琳等人之所以如此大膽，所恃者，前面已經提到，就是認為中國將被列強瓜分而陷入無政府狀態。因此，德璀琳把張翼完全拋到一邊，在一九〇〇年合同上並沒有張翼的簽字和關防。但是，到了第二年，列強達成一致意見，即保留清政府的統治作為列強統治中國的工具。這樣，合同的合法性就成了問題。因而，一九〇一年德璀琳等人要補充簽訂「移交約」，並且必須要有張翼的簽字和關防印章，才能使第一份合同有效。當張翼終於在移交約上簽字蓋章後，連英國人自己都讚歎說：「就中國同等重要的產業來說，沒有一家外國公司曾獲得過這樣完善的一份契約。」[56]

「小巫見大巫」

德璀琳費盡心血，幫助英比財團將開平煤礦攫取到手。根據胡佛的保證和副約，他本以為自己作為中國方面的直接代表，從此可以把公司的整個管理權都抓在自己的手裏。然而結果卻被胡佛這個年紀輕輕、剛到中國不久的美國人欺騙，最後實際到手的只有五萬英鎊。除了換給開平舊股東的三十多萬鎊以外，新開平公司的其餘六十多萬鎊盡為英比財團囊括而去。尤為令他氣憤的是，新公司董事盡為英比財團代表，他們不承認副約所規定的中國董事部[57]。這樣德璀琳和張翼在開平公司的管理權完全喪失。

開平被騙賣一事，張翼自然不敢主動彙報給朝廷。直到一九〇二年，事情為時任直隸總督的袁世凱所知，並一再向張翼逼問事情原委。袁世凱遂於一九〇三年三月十三日向清廷第一次參奏張翼盜賣開平礦產的內情，並稱「迭向張翼一再詢語，仍稱係中外合辦公司，並未賣與英公司，已遣訟師赴英國控訴，正月內必有頭緒。而現屆二月，尚無消息。目前諳詢德璀琳，亦一昧支吾」[58]。於是朝廷責成張翼和德璀琳趕緊設法收回。此後，因為張翼無法解決問題，只得一再拖延。袁世凱又三次向朝廷參奏張翼。

張翼無法，只得於一九〇四年底偕德璀琳、嚴復一起赴倫敦打官司，企圖通過法律手段解決開平煤礦的權利糾紛問題。作為當事人之一的德璀琳只得陪張翼一起到英國打官司。他們在英國法院提出訴訟，打了一場國際官司，耗費了三年時間。英國法院的法官承認「副約」有效。不過，官司雖然贏了，仍然無法執行，只能不了了之。

為了報答德璀琳幫助打官司，在他任津海關稅務司任期內，開平礦務局每月秘密給他開支幾百兩車馬費。此事後來為總稅務司赫德知曉，並逼迫德璀琳承擔責任。一九〇四年德璀琳被迫辭去稅務司之職。他在中國一生的事業最終因開平礦案而不光彩地結束了。不過，他與開平的緣分並未了結。

一九〇一年的「移交約」簽訂之後，胡佛的使命已全部完成，他們夫婦離開了天津。不過，為了確保新公司對開平煤礦的絕對控制並保證正常生產，胡佛將開平礦務局任總辦（總經理）這個重要職位交給了自己在南非結識的英籍猶太人沃爾特・納森（Walter. S. Nathan）。納森青年時代曾在英國軍隊中服役，任職皇家工兵少校，對工程技術有一定的經驗。經胡佛推薦，納森於一九〇三年來到天津。一九一二年，開平與灤州兩個煤礦合併成立開灤礦務局，辦公地點仍設在天津，納森再度成為董事部主席兼總經理。在天津期間，納森與德璀琳的四女兒相識，兩人於一九〇八年結婚，一直生活在天津，也是僑民圈中的重要人物。後來，他被提升到倫敦辦事處任主管。納森的姪子愛德華・喬治・納森（Edward J. Nathan）於一九一〇年來到天津投奔叔叔納森，也進入礦務局工作。一九二八年，愛德華・納森升任開灤礦務局副總經理，從此把持天津煤炭大權直至二十世紀四〇年代初。開平礦務局的管理權終於又回到與德璀琳有關的家族手中。不知道德璀琳是為此感到欣慰呢，還是愧恨呢？估計還是前者居多吧。

德璀琳等人盜賣開平煤礦的行徑，在今天看來，是一樁典型的官商勾結、以虛假入股形式盜賣國家控股企業、致使國有資產大量流失的重大經濟罪行。但是這是發生在一個多

▶開灤礦務局辦公大樓。

世紀前西方列強競相瓜分中國、爭奪路礦權利的大背景、大環境下，因此這絕不僅僅是一樁商業犯罪案例。在列強侵略、壓迫中國的強盜行徑面前，德璀琳等人的行為不過是「小巫見大巫」。從開平礦權爭奪案，我們可以總結出如下經驗：無論何時，國家的主權獨立都是維護國家和人民利益的最重要保證。

第二節　漢納根與井陘煤礦「德中工業與礦山開發公司」

德甲午戰後，列強掀起了瓜分中國的狂潮，爭奪在中國築路採礦的權力。其中，德國由於三國「干涉還遼」，要求在中國獲得更多的「報酬」。一八九七年十一月，山東曹州巨野發生兩名德國傳教士被殺事件，史稱「巨野教案」。德國政府以此為藉口，派兵侵佔膠州灣。翌年三月六日，德國迫使清政府簽訂《膠澳租界條約》，主要內容有：一、德國租借膠州灣，期限九十九年；二、同意德國在山東修築鐵路兩條，享有鐵路沿線三十里內的開礦權；三、德國享有承辦山東各項工程的優先權。這個條約使山東成為德國的勢力範圍。在這一背景下，漢納根第三次重返中國，開始自己的商業冒險。

與德璀琳一樣，漢納根對在中國發展採礦這項極其有利可圖的事業也非常感興趣。一八七九年他剛到中國之時，正是開平礦務局開始採用機械設備、開挖兩口新式煤井的時候，中國的現代採礦事業正處於起步階段，雖然前進速度緩慢，但前景可待。所以，雖然身在旅順，在修建炮臺的繁重的工作之餘，漢納根還是不忘記關注開平採礦事業的進展。在寫給父母親的信中，他經常會提及中國的這座礦山。參與訓練中國新軍的計畫失敗後，漢納根回到德國。在回國的幾年時間裏，他都在從事工業方面的事務。很快，德國獨佔山東，使漢納根看到了巨大的商機。

眼見開發山東路礦這大好的機會，漢納根立刻展開行動，於當年四月組建了「德中工業與礦山開發公司」。公司組成的形式是辛迪加（Syndicat），即由同一生產部門的少數資本主義大企業，通過簽訂統一銷售商品和採購原料的協定以獲取壟斷利潤而建立的壟斷組織。德璀琳是這一公司的合夥人，也是吸引其他大公司合作、在中國開展業務最大的靠山。多年來，德璀琳利用自己在李鴻章身邊的重要地位，同時還依靠自己妻子與歐洲財團羅斯柴爾德家族的關係，在回歐洲休假時，積極聯繫、遊說各國財團通過自己到中國投資。在一八九八年四月二十五日當地的報紙上，刊有關於這家公司開業盛況的報導。公司的主要目標就是，通過開採中國各省的煤礦和其他稀有礦藏而獲取利潤。

但是對這家公司是否在中國享有優先權的問題，在德國國內引發了不小的爭論。德國國內各方都想利用特權在中國大肆盤剝榨取利潤，於是引起各大財團之間的利益衝突。這一點可以從一八九八年四月八日科隆地區的報紙上看到：「從目前的情況來看，好像德國人急著從中國的佔領區榨取好處似的，但這並不是全體德國人的意願。眾所周知，本月底中德政府簽署的關於允許德國國有企業享有在華開辦工廠的優先權的合約，無疑是德國政府為全體德國人爭取來的優先權。可是在這個消息發表的當天，就有一小夥人打著『德國政府贊助人』的旗號，成立了一個公司。據說，這個公司裏的成員主要是來自漢堡和科隆的商人，他們曾經在中國供職多年，早就對山東的情況瞭若指掌。並且他們也準備了很長時間，就等著合同一旦簽署，立即在中國開辦煤礦、好將山東省的煤礦資源全部據為己有。」[59]面對國內的反對聲浪，德璀琳和漢納根二人決定趕緊行動，先下手為強。一八九八年四月，漢納根雇用了他妻子的奧地利親戚保羅・包爾（Paul Bauer）[60]前往中國，以「德璀琳先生的私人助理」身分，協助不便公開經商的德璀琳開展業務。

安排好德國方面的事務後，漢納根自己也於第二年第三次來華，投身中國的採礦事業[61]。他認為，憑藉著自己熟悉中國國情、能講一口流利的漢語，又有岳父德璀琳的大力支持，他擁有其他德國人不具備的優勢。特別是，他相信，中國人不會忘記自己曾經為中國海防做出過貢獻，更不會忘記在甲午海戰中自己的英勇表現。在人際關係方面，無論是朝野上下還是清軍的高層人物，他都有許多朋友，在中國人中，他被稱作「韓大人」。雖然一些人曾反對他在軍中擔任要職，但時過境遷，那些人與他仍然是朋友。以上這些，都是新來的外國人無法比擬的寶貴的「無形資產」。

送上門來的井陘煤礦

漢納根來華後，在山東方面的開礦業務還未全部展開，卻遇到了另一個絕好的機會，那就是適逢直隸的一位礦主在天津招募股本、開採井陘煤礦。

井陘煤礦位於直隸省（今河北省石家莊地區）。井陘煤田煤質優良，蘊藏量大，特別是能煉出優質的焦炭。據史書記載，早在宋代即已開始採煤，到了明清時期，煤窯星羅棋佈，由當地財力雄厚的地主投資，以土法採煤。一八九八年，井陘縣南正村的鄉紳張鳳起集資合股，購地十八畝為礦區，呈請井陘知縣和直隸總督批准，創辦採煤公司，五月開始，以土法開礦。其後不久，因資金短缺加上技術落後，一直不能正常生產乃至停工。一八九九年張鳳起赴天津招募股本，於十月結識了剛到天津的漢納根[62]。

對於這個送上門的機會，漢納根大喜過望。對於井陘煤田，早就關注中國北方煤礦資源的漢納根應有所耳聞，十八世紀末一位德國人曾著《支那》一書，在書中提及井陘煤田。一得到張鳳起的資訊，漢納根立即派技術人員赴井陘實地勘測，探明確實煤質好、儲量豐[63]。除此之外，井陘煤礦距天津較近，便於利用那裏已經建成的鐵路運輸網路；而且，它位於直隸省內、山東境外，既在德璀琳的影響範圍之內，又不至於引來德國同行的嫉妒和競爭。如此看來，井陘煤礦真是一個從天而降的餡餅。

經過幾番商議之後，漢納根與張鳳起訂立了中德試辦井陘縣煤礦局的合同草約。雙方約定，由漢納根出銀五萬兩，張鳳起出地十八畝，合作辦礦，之後分別向清政府和德國駐華領事館呈文。一九〇三年，經清政府路礦總局批准並呈送北洋大臣袁世凱，簽訂正式合同，定名為「井陘煤礦局」（又名井陘礦務公司），於當年十一月舉行開工典禮，開鑿南井，約一年後出煤，之後又開鑿了北井[64]。試辦期內，煤礦進展順利、前景一片光明。

看到井陘煤礦礦井開鑿成功，順利出煤，直隸總督袁世凱決定收回張鳳起的採礦許可，改為中外合資合作的官辦企業。一九〇五年，袁世凱連續五次批駁張、漢二人的辦礦申請，之後並下令收買張鳳起的礦地，剝奪其採礦權。而漢納根是外國人，井陘煤礦的發展離不開他的資金和技術保證，再加上北洋新軍得益於漢納根的創議之功，還有德璀琳的影響力，因此袁世凱需要漢納根繼續經營井陘煤礦。他派員與漢納根磋商，改為中德官商合辦井陘煤礦。

一九〇八年，楊士鑲繼袁世凱任直隸總督，主持北洋。他堅持袁世凱的既定政策，練兵籌餉，奉行無違。他委派津海關道蔡紹基為井陘煤礦督辦、道員李順德為總辦，於當年四月與代表德國井陘煤礦股份有限公司的漢納根，簽訂了中德合辦井陘煤礦合同，改名直隸井陘礦務局。

隨後，漢納根為井陘煤礦購進了先進的機械設備，擴大生產規模，並引進了現代技術和管理制度，使產煤量得到提高。一九一二年，井陘礦在礦井附近建煉焦爐一座，進行煉焦及提煉副產品試驗；一九一四年在石門（今石家莊）建煉焦廠，聘德國技師為技術指導，煉出了我國第一批優質焦炭。這種焦炭燃燒時沒有

▶井陘礦務局自用運煤鐵路。

▶井陘煤礦礦井。

煙，品質高，可以用於煉鋼；一九一五年，安裝蒸汽直流發電機一座；同年，還建了一座高達三十六米的水塔，可容水五十立方米，塔身分內外兩層，內層走煙，外層有螺旋式臺階；一九二一年，安裝選煤機一台，每小時選煤能力為一百噸[65]。一九〇九年至一九一一年，平均年產原煤十一萬噸；一九一五年，年產煤十八萬噸；日產量則從二十世紀初的日產千噸，增長到一九二三年的兩千八百噸[66]。

對於煤礦生產和銷售來說，運輸是一個重要的環節。井陘煤礦不僅在建礦之初於一九〇八年修建了自己的窄軌運煤鐵路，之後漢納根還在海河邊修建了一處貨棧，專門供井陘煤礦用於煤炭轉運。因為德璀琳的影響力，井陘煤的銷路很快打開，「除應山西鐵路機車所需之煤、並國家造幣廠所用焦炭外，餘多運往天津，以備溫暖房舍之用」[67]。井陘煤礦的規模雖然不能與開平煤礦相比，但在當時也是北方一處重要產煤地，與開灤、福公司、撫順、本溪湖、華德、臨城等並列為中國近代中外合辦的七大煤礦之一。由於各煤礦之間進行市場競爭，使煤炭價格變得低廉，北方各地的銷路大開，居民用其燒飯、取暖，工廠用其為鍋爐燃煤，使用者日增，大大地改善了人們的日常生活，「用之者群皆稱便」[68]。

袁世凱插手井陘煤礦

袁世凱於一八九五年底接管訓練北洋新軍，從此開始經營自己的北洋集團。為了發展和鞏固自己的勢力，袁世凱既善用權謀，又長於金錢收買，所以需要充裕的資金來對上行賄、對下拉攏，於是他也將目光轉向利潤豐厚的採礦業。

義和團運動後，袁世凱接任直隸總督，他本想將開平礦務局的利權收回，卻因為英國人的反對而未能成功。其後，他以北洋大臣的政治力量，支持周馥之子周學熙於一九〇七年創辦灤州煤礦公司，不僅一次撥給官股五十萬兩，而且多方扶植，與開平煤礦競爭，以設法收回開平。一九一二年，開平、灤州兩公司合併，組成開灤礦務總局，袁世凱長子袁克定任董事長。在籌辦灤州煤礦公司的同時，袁世凱還將原來臨城礦務局總辦、會辦與比利時商人沙多（M. Jadot）訂立的辦礦合同作廢，另派津海關道唐紹儀與比商談判，最終由接任津海關道的梁敦彥於一九〇五年重新簽訂合辦合同[69]。張鳳起與漢納根合辦井陘煤礦局，須得呈報北洋大臣批准，這就引起了袁世凱的注意。經過談判，訂了中外合辦合同，由中德合辦井陘煤礦。

這樣，袁世凱通過利用手中權力，將北方的主要煤礦收歸己用。以上這些煤礦，都要從營業額中抽百分之五，報效北洋。當然，對於肯報效的煤礦也給予一定的優惠政策，井陘煤礦在運費和雜稅方面都享有很多特權，這也是其後漢納根經營煤礦獲利豐厚的重要原因之一。基於共同的利益驅動，北洋集團和井陘煤礦取得了「雙贏」。

從客觀上講，袁世凱的這種做法，一方面為北洋的練兵籌餉提供了充實的資金來源，壯大了北洋集團的實力，同時使北洋集團的核心人物獲利匪淺、漸成巨富；另一方面，也確實從外國商人收回了一定的礦權，有利於民族資本和中國礦業的發展。

以一九〇八年所簽訂的中德合辦井陘煤礦合同為例。立約的雙方為中方的直隸井陘礦務總局和漢納根的井陘礦務有限公司，雙方合辦井陘礦務局。合同第一款約定了礦權歸屬，直隸礦務總局為井陘礦主。這樣，首先明確了礦權的歸屬。

合同第四款約定了管理辦法，「所有井陘礦務局一切事宜應由礦務總局與井陘公司互商辦理」；雙方各自委派總辦一人及各辦事人員，「惟均須彼此會商妥恰，方能委派」；所有各項工程項目及支付款項，「須由華洋總辦或各該委員互相商允簽字，方可舉行」；各項帳目，「須譯成漢文，俾華洋兩總辦皆知頭緒、易於閱讀」；「所有官牘，用華文書寫」；所有貿易方面的各項帳目單據，「如係洋文，亦須各譯漢文存案，俾易檢閱」。這款約定體現了中外合辦所需的平等和公平原則，並且規定漢文為公司的通用公文語言，便於中方的監督和堵塞管理漏洞。

合同第五、六款約定，中方以井陘縣境內擬開採的煤田抵作辦礦股本銀二十五萬兩，漢納根則以原先購置及準備日後擴充的機械設備抵作股本銀二十五萬兩，雙方股本銀合計五十萬兩；將來股本如不敷用，所添股本由直隸井陘礦務總局與井陘公司各出一半，「以昭公允」。

合同第七、八款約定了利益分配方式，即第一年至第十五年支付利息後，所餘之款每百兩上交礦務總局十兩，作為積存，預備歸還漢納根的德方股本；然後撥五千兩交直隸礦政調查局；第十六年至第二十年將餘利各分其半；第二十一年至第三十年，德方得四成，中方得六成；至第三十年德方資本全數還清，合同即行作廢。根據這個約定，經過三十年的中外合辦，逐漸歸還漢納根的股本，三十年後合同期滿，井陘煤礦就能收回國有了。

合同第九款還規定，中方有權依約定提前終止合同；第十一款規定，未經對方認可，雙方均不得將其井陘礦務局之權利或股本轉讓他公司經理，在公平的前提下，維護了井陘煤礦的權益，排除了其他列強染指煤礦的可能。

合同第十二、十三、十四款，確定井陘礦務局置於北洋大臣的維持保護之下。為了報效北洋，井陘所產之煤，每百兩抽五兩，並繳納地稅和釐金等。不過，有了北洋大臣的保護，井陘煤礦可在礦務總局礦產界內修築運煤支線鐵路，以連接至京漢鐵路正太線，方便了運輸，降低了成本；而對井陘礦務局所需進口的一切材料設備，只繳納海關例稅，其餘釐金等一概豁免。

合同最後約定，以上各款章程使用中英兩種文字，如有歧義，「則應專以華文之義為主」[70]。

通過分析以上合辦合同的條款，不難發現，這是一份建立在平等互惠基礎上的商業合同，對我國的礦權和管理經營權都給予了充分的保護，同時也使外國投資者能夠有利可圖，從長遠來看，是有利於中國正處在發展階段的採礦事業的。公允地講，在維護國家權益方面，北洋集團並非一無是處，而是做了一些有益的工作。

留美幼童與井陘煤礦

為了將井陘煤礦收歸官辦，袁世凱先後委派任職津海關道的梁敦彥、梁如浩及礦政調查局總勘礦師鄺榮光等人與漢納根談判。最後，由繼任津海關道的蔡紹基與漢納根簽訂中德合辦合同。在此之前，臨城煤礦由唐紹儀負責談判，收回礦權，井陘煤礦的處理辦法也是借鑑了臨城煤礦的辦法。袁世凱所任用的這幾位官員皆為我國第一批官派赴美留學生，即「留美幼童」。李鴻章去世之後，袁世凱不僅繼承了他在北洋的地位和權力，重建北洋新軍，並繼續發展李鴻章殘存的洋務事業，還提拔重用了李所培養的「留美幼童」。袁世凱不是由科舉入仕的，卻被認為是「才堪應變」，因此在用人方面不拘一格。

一八七二年八月十一日，經清朝政府批准，在留美監督陳蘭彬和中國近代第一位留學生容閎的率領下，中國第一批公派留學生三十人從上海啟程，前往美國開始留學生涯。這一批幼童年齡從九歲到十五歲不等，開啟了近代中國公派留學之先河。唐紹儀、梁敦彥、梁如浩、蔡紹基和鄺榮光五人，皆是這第一批留美幼童中的一員。從一八七二年到一八七五年，李鴻章先後派出四批、共計一百二十名官費留學生，遠渡重洋來到異國他鄉，接受美國現代科學技術教育。

「留美幼童」項目本是一個長達十五年的留學培養計畫，但是進行到第十年的時候，由於保守派擔心留美幼童日益西化——有的人剪了辮子、有的人在大

▶一九〇五年「中國首批官派留美幼童」部分幼童聚會時合影。前排左一蔡紹基、左六梁如浩；三排左三唐紹儀、左四梁敦彥。

街上拉著美國女孩的手逛街，因而強烈反對，要求全部「召回」留美幼童。結果，此項計畫中途夭折。除少數年齡稍長者學有所成外，多數人還處在幼齡，學業未能全部完成，大都面臨無差可派的尷尬處境。一直到袁世凱就任直隸總督後，才開始重用這批留美幼童中的佼佼者。

唐紹儀、梁敦彥、梁如浩、蔡紹基[71]等人被袁世凱招至身邊，先後擔任津海關道一職。這一職位非常重要，除了直接受直隸總督兼北洋大臣領導，協助從事教育、採礦、鐵路、郵政、外交等各項洋務事業，還要監督管理天津的通商事務，並與海關的洋稅務司一起工作，幾乎日日與德璀琳等能幹狡黠的洋員打交道，所以這個崗位需要能力出眾且擅長與外國人打交道的能員。李鴻章從事洋務的得力幹將周馥、盛宣懷等人皆曾出任此職。可以說，津海關道是他們仕途上第一個重要的職位。

唐紹儀等人自幼留洋，在美國學習生活多年，吃西餐說洋話，對於現代文明和與外國人打交道這些所謂「洋務」，可稱得上是童子功。這時，他們歸國已過了十五年，在清政府的各衙門裏歷練了許久，算是補上了國內官場經驗一課。他們一般已到四十歲左右，正當盛年，正是爐火純青、一身本事準備報效國家的年紀。袁世凱此時任用這些留學生繼續洋務事業，就避免了以往中國官員不通外事，被德璀琳這樣的洋員牽著鼻子走的被動局面。

除了津海關道，作為總勘礦師的鄺榮光也在與漢納根的談判中起到重要作用。鄺榮光同為第一批留美幼童。在美期間，他讀完了小學和中學課程，而後就讀於拉法葉學院（Lafayette College）學習採礦專業。他被召回國後，被分配到開平煤礦任礦師，成為我國第一批礦冶工程師。一九〇五年，清政府成立直隸省礦政調查局，鄺榮光任總勘礦師。他還曾一度被張之洞調往湖南工作，其間發現了著名的湘潭煤礦。除採礦工作外，鄺榮光對地質學的發展也做出了突出貢獻。民國以前，在中國領土上，只有少數外國人進行過零星的地質考察。一九〇九年前後，鄺榮光在包括天津在內的直隸全省進行了地質、古生物以及礦產考察工作，並依據考察情況，繪製了《直隸省地質圖》和《直隸省礦產圖》。其中，《直隸地質圖》是目前為止已知的中國人自己繪製的最早彩色區域地質圖；《直隸省礦產圖》則是我國最早的分省礦產圖，填補了我國礦產業的一項空白。

應當說，正是因為有了唐紹儀、梁敦彥、梁如浩、蔡紹基和鄺榮光等這樣一批專業人才，才能在袁世凱的支持下，與像漢納根這樣來自國外的投資者，進行平等公平的商業談判，一方面維護了國家的權益，另一方面推動了我國採礦業的發展。獨特的經歷和才能，使他們在中國的現代化進程中，日益突顯其存在價值。民國成立後，唐紹儀出任第一任國務總理，又是南北議和時的南方代表；梁敦彥曾任北京政府的交通部總長；梁如浩曾任外交總長，一九二一年出任華盛頓會議中國代表團高等顧問。他們都是在近代史上對祖國做出過貢獻的人才。

漢納根扶植買辦高星橋

在天津近代史上，曾經有一位出身買辦而後成為著名實業家的名人，叫做高星橋。二十世紀二、三〇年代天津法租界內三座著名的大樓——勸業場、渤海大樓和交通旅館，就是他投資興建的。其中，勸業場曾是天津最大的一家商場和娛樂中心，是天津商業的象徵，現在也是全國著名十大商場之一；渤海大樓落成後，是天津市最高大、最新式的現代風格高層建築，時為天津市中心的標誌性建築；交通旅館與勸業場的穹頂塔樓相呼應，起名取「交通」二字乃因此地為繁華的商業區，交通便利。這樣一位天津名人高星橋，提起他的發家史，又離不開井陘煤礦和漢納根。

高星橋並非出身於買辦世家，家裏本是打鐵的，只是因為天津這樣一個洋務中心、外國冒險家的樂園，才給了他這樣出身低微卻聰明機巧的人向上層流動的機遇。高星橋幼時曾在由慈善機構主辦的私塾裏念過書，有一定的文化基礎，卻無心科舉。十七歲時，義和團運動爆發，本來家道小康的高星橋因大哥被當做「二毛子」（為洋人服務的中國人）殺掉，而不得不擔起養家重擔。從在家拉風箱打鐵，到鐵路偷煤，之後開設自己的煤球廠，再到當上火車上的司爐工，高星橋的前半生一直沒有離開過煤。

後來，高星橋經朋友介紹到德商泰來洋行，推銷井陘所產無煙煤。他為人聰明，肯於鑽研各種煤的性能，很快即略窺井陘煤炭及貨源銷路的門路。為了進一步發展，他又託朋友介紹到井陘礦務局任司磅，也就是負責收發稱量煤炭的小職員。一年多的時間裏，他就對礦上的一般情況熟悉了。由於需要每天到帳房交帳，報告收發煤斤數目，耳濡目染，聽到洋帳房與華帳房的職員說德語，也是他有語言天賦，竟學會了一些德語。據他的後人講，有一次，因煤斤數量差了一百噸，漢納根親自到司磅處查問。當漢納根問話時，只有高星橋能用半通不通的德語回話。漢納根大為驚異，又見他精明能幹、身體健壯，就把他提拔到華帳房做事[72]。高星橋從此開始得到漢納根的賞識，走上人生道路的轉捩點。

井陘煤礦開辦較開平煤礦為晚，井陘出煤時，各地市場已為開平出產的煙煤所佔領。雖然井陘的無煙煤煤質更好，但一直無法打開銷路。此時，擔任井陘礦務局華總辦的是徐世綱，除了他的哥哥是清朝協辦大學士、軍機大臣、後來的民國大總統徐世昌以外，一無是處。他在礦務局只是掛名，領著最高薪水，每日到公事房總辦室上班，日常工作就是抽煙、喝茶、看報紙，對技術一竅不通，對如何打開銷路也毫無想法。於是，漢納根決心另選一名有能力、又一心為自己服務的中國人來負責銷售工作。他想到了華帳房中的高星橋，只是礙於其地位低、資歷淺。

為了提拔高星橋，據說漢納根專門為他安排了一場面試。面試分為兩部分，礦務局的幾位德國技術人員，「從各種煤的品質、性能等問起，一直問到怎樣打開銷路。高星橋胸有成竹，對答如流，條條是道；而且把怎樣識別煤的好壞，哪種煤具有耐火能力，原原本本，如數家珍地講出。」面試的另一部分，高星橋與這些德國人一起到大沽口港外，用望遠鏡觀察海上的各種輪船，僅憑煙囪裏冒出的煙，就能指出哪是開灤煤，哪是井陘或者撫順煤。經過詢問對證，果然不錯[73]。

但是，要擔任井陘礦務局售煤處的總經理，仍有另一個高門檻，那就是需要一筆高達十萬兩白銀的保證金。又是漢納根，通過其岳母、德璀琳太太（中國人稱為「德老太太」，也是德華銀行的股東之一）在德華銀行為高星橋擔保借出了十萬兩白銀。高星橋與漢納根簽訂合同，正式成為井陘礦務局津保售煤處的總經理，從此成為買辦，這一年他年僅三十歲。

高星橋認為自己一切所得皆是「韓大人」一手所賜，所以一直對漢納根感恩戴德，忠心耿耿、盡心盡力地為其服務。由於經營得法、不辭辛勞，很快，高星橋不但拓展了華北地區市場，還遠赴上海，結交海上聞人虞洽卿、黃楚九、黃金榮及上海煤業大王劉鴻生等，在上海設立了井陘礦務局上海售煤處，打開了上海這個大市場的銷路。一時生意興旺，高星橋也因此發家致富。漢納根還授意高星橋買下井陘附近燒煉焦炭的煤窯三百餘座，並開辦煉焦廠，請德國工程師幫助改良技術，煉出的清水焦炭甚至遠銷到日本，賺得大利。

高星橋成為買辦後，積累了巨額財富。然而第一次世界大戰爆發後，中國對德國宣戰，漢納根等德國僑民被遣送回國。一九二三年直隸省長王承斌藉機堅決收回高星橋的售煤權。無事可做的高星橋轉而經營商業和房地產業。他力邀民國後來津居住的慶親王奕劻之子載振、日本正金銀行買辦魏信臣、天津錢業公會會長葉蘭舫等人入股，在天津法租界內仿照上海大世界的規模，建造了這座津門最大的娛樂商場——「勸業場」。因「勸業」二字的含義順應了當時社會提倡的「實業救國」潮流，高星橋對「勸業」之名相當滿意。此後，他又陸續修建了交通旅館和渤海大樓等房產，成為天津一大名人。

近代買辦階層是一個特殊的群體，是替外國資本家在本國市場上服務的中間人和經紀人。第一次鴉片戰爭之後，《南京條約》的簽訂為外國資本進入中國掃清了制度障礙。但外商仍舊面臨語言不通、國情不熟、貨幣及度量衡制度混亂、市場訊息不靈等問題；而買辦則擁有相對全面的資訊，可以充分利用自身的地緣、業緣和血緣關係建立起複雜的商業網絡，因此成為外國資本主義勢力在中國進行滲透和擴張必不可少的工具。

通常情況下，洋行在計算好自己預期的利潤之後給買辦一個商品的價格和標準，買辦按照這個價格買進或者賣出。不管買辦從中得到多少傭金或者其他好處，只要洋行預期的利潤能夠達到就可以了。這種體制對洋行來說避免了許多不確定的因素，確保了利潤的穩定性和連續性；而且，依靠買辦做業務簡化了外國商人的職責，使外國商人能夠有更多時間從事他們所熱衷的打網球、乘馬、遊獵、賽馬等競技遊戲，或者像漢納根那樣，一年中有半年時間待在自己北戴河的別墅裏悠閒度日。

一戰爆發與遣送敵僑

一九一四年第一次世界大戰爆發。戰爭初期，並沒有影響到漢納根經營的井陘礦權。相反，由於戰爭期間，帝國主義列強忙於歐洲戰場，無暇東顧，戰後一時也無力顧及，中國民族資本主義獲得了難得的發展黃金機遇期——進口貿易和外來競爭的衰落，推動了「替代型」民族工業的發展[74]。井陘煤礦的生產和銷路也得以出乎意外地興旺發達。

德國發動世界大戰，作為德國貴族、出身軍人世家的漢納根，雖久已退出軍隊，但軍人的血液令他熱血澎湃、激情蕩漾。在戰爭開始的頭一年，他就託高星橋趕製了冬季禦寒高筒毛皮馬靴兩萬雙和其他作戰物資，其費用均出自井陘礦務局。馬靴先期經西伯利亞鐵路運赴柏林，其餘物資因俄國對德宣戰，改由中立國輪船運往德國。「這時礦務局和津保售煤處，已成為『德軍後勤司令部』」[75]。

在漢納根的帶動下，在華北地區的德國僑民也都紛紛表示「愛國熱忱」，於大戰開始時在天津德租界的德國俱樂部召開活動，踴躍認購德國戰爭公債。而高星橋為了追隨自己的老闆和「恩人」，也慷慨認購了一百五十萬馬克（折合中國銀幣五萬元，當然戰爭結束後，這些公債都變成了一堆廢紙）。對於高星橋這種特殊表現，德國皇帝威廉二世異常興奮，特頒發上諭和獎狀，賜高星橋一家為貴族，家族姓氏加上表示為貴族的「von」（譯為「馮」）的封號。不久，德國皇帝又通過漢納根送給高星橋一個用鐵桶包裝的「中國全國鐵路待修計畫藍圖」。據其後代回憶，德皇在給高星橋的諭旨中說：「德國軍隊有信心，在世界上戰勝它的敵人，將來它要廢除俄國的西伯利亞大鐵路。到那時中國鐵路之包修，完全由貴族高星橋主持，委其以全中國管理鐵路的事宜。」[76]這份禮物令漢納根與高星橋一樣熱血沸騰。

可惜好景不長。一九一七年八月十四日，中國正式對德宣戰。漢納根意識到情況不妙，立即於當月主動向北洋政府方面代表申請，由礦務局德方總辦自降為雇員[77]，頃刻之間老闆就變成打工仔了。未幾，作為敵國僑民，他的行動也受到監視。第二年三月，為了保全自己的財產，漢納根企圖將自己在井陘礦務局的股份轉讓給日本公司。但是，井陘煤礦作為股份制合資企業，對可能產生的股權轉讓，在成立之初即有明確規定，任何股份制公司在股份轉讓時優先考慮的都是參股者，只有在其他股東放棄優先權時方可考慮對外轉讓股權。日本人對於「優先權」的要求，即使是單從商業層面上分析，也違背起碼的遊戲規則，所以未被中國政府認可[78]。

井陘煤礦就像是一塊肥肉，剛駁回了日本人，又來了英國人。當年九月，英國使館致函中國外交部稱「井陘煤礦德人漢納根甚不可信，能否將該礦改歸開灤代理」。北洋政府外交部迅即向農商部發函，要求瞭解事實真相。十月七日農商部致函外交部：「據該局（即井陘礦務局，作者注）督辦等呈稱，該德人並無可疑形跡」，「該督辦遵照本部所定處置敵國礦商辦法改為雇員」，「現既處雇員地位，所有該礦一切業務自由直省原派督辦等主持辦理」[79]。

這年十一月，應英國駐華公使館要求，漢納根與另一位德國僑民一起被北洋政府收容，移送到一處專門看管敵國僑民的暫居地[80]，即北京房山縣雲居寺。這裏雖是敵僑集中的地方，生活條件、衛生環境尚好。多年以後，曾在這裏居住過的人的回憶錄中對這裏沒有怨言。而這裏管理敵僑的官員得知漢納根曾在甲午海戰為中國效力，允許他只要在晚上規定的時間返回寺院即可，個人有外出行動的自由。相對於其他的遣返對象，這已經是非常難得的待遇。

為了保全自己苦心經營的井陘煤礦，漢納根寫信給中國政府，請求看在自己曾經在清政府時期的功勞，而「推念故舊，賜予優待」。在這年十二月寫給外交部的信中，他稱自己「在戰時則奮袂而起，效命疆場，始蒙中國政府，晉以文階，崇以武秩」，「雖曰論功行賞，實亦與各國厚待年高有功之意相符」[81]。不過，顯然這份言辭懇切甚至淒婉的請求書並沒有打動中國政府當權者的心。時易世變，中國政府本就欲藉加入世界大戰，奪回清政府時期因不平等條約而喪失的權益，當然不會因漢納根過去對清政府的功勞而對他網開一面。更何況在大的戰爭中，個體本就是容易被犧牲不計的。

一九一八年十一月十一日德國戰敗投降。消息傳來，漢納根與其他德國在華僑民一起被遣送回國。他在中國的所有不動產、債券、股票，包括在井陘礦務局的股份，都作為敵國財產被沒收。漢納根將自己在井陘礦務局的全部文件契約手續等，都交由高星橋保管，與家人只攜帶了現金細軟等，黯然離開中國。

漢納根重回中國與井陘礦權爭奪戰

在國內度過難捱的一年時間後，好不容易形勢有所鬆動，漢納根將夫人和孩子留在德國，獨自一人於一九二二年第四次來華，此時他已是六十八歲的老人了。他這次回到中國，並不表面上，只是作為德國僑民在天津居住，過問井陘礦務局的事務，但實則費盡心機，想通過與中國高層的關係和外交途徑，重新奪回井陘礦權。

▶黎元洪像。

一九二二年六月，直系軍閥曹錕、吳佩孚趕走皖系總統徐世昌，領銜聯合十省區的督軍、省長通電「恭迎我黎元洪大總統依法復職」。於是，黎元洪再任大總統。黎元洪與漢納根原是舊相識。他一八八三年考入天津北洋水師學堂，一八八八年入海軍服役，一八九四年參加中日甲午海戰。在「高陞號事件」中，連同黎元洪在內的一百八十二名清軍水師官兵，在落水後，被漢納根游泳報信所救。漢納根既是黎元洪曾經的上級，也是救命恩人，兩人後來始終維繫著這戰爭中結下的深厚情誼（漢納根家族珍藏著一幅壁報，畫面描述了辛亥革命的戰鬥場面，畫的右上角有黎元洪像）。後來黎元洪下野到天津做寓公，與漢納根也是鄰居。兩人酷愛騎馬，經常一起到馬場賽馬。漢納根選擇在此時回到中國，自然是為了找黎元洪幫忙。

同時，漢納根還通過德國使館向北洋政府提出，就井陘礦務有限公司礦產進行「會商」。一戰結束之後，在一九二〇年代初期，本已遭到全部凍結的德國在華商業就以出人意料的快速方式得到了重建。「令人不可思議的是，這一進程得益於德國喪失治外法權及當時遍及中國的戰亂。『特權』的喪失，使德國企業家意想不到地得到了較其他西方國家的公民更為有利的位置。同時，連年的戰亂使中國成為世界上最大的軍火消費國」[82]。一戰後的德國政府及軍火商與中國軍閥之間的友好關係，使漢納根的腰板也硬了不少。

漢納根試圖收回屬於他名下的那部分煤礦股權並重新分配資產。經多方努力協商，一九二二年九月三十日，由外交部特派交涉員祝惺元、礦務局總辦徐世綱作為中方代表，與漢納根的代表包爾，重新簽訂井陘礦改辦合同。合同規定：井陘礦產歸直隸省所有；原德方股本以一半劃歸省有，作為戰爭賠款，以剩下的一半入股；煤礦股本定為四百五十萬元，中方擁有百分之七十五的股權，德方則享有百分之二十五的股權；利潤按股本提成；以二十年為期限，期滿（即一九三七年）由直隸省無條件收回[83]。

漢納根幸運地要回了井陘煤礦四分之一的股權（合一百一十二點五萬元），關鍵是他得以重整旗鼓繼續經營煤礦。翌年一月，井陘礦的新井舉行開工儀式。漢納根又通過高星橋，向顏惠慶內閣的陸軍總長、後來成為國務總理的張紹曾行賄，打通關節，得到大總統黎元洪的批准，由井陘礦務局修築了一條延長至新井的鐵路支線，便利了運煤和銷售[84]。

漢納根沒有料到的是，「位尊而權不重」的黎元洪第二次就任大總統不過一年時間，就於一九二三年六月再度下臺。與曹錕、吳佩孚一起發電擁護黎元洪復職的直系軍閥王承斌，一年前曾親自到天津促駕，黎元洪初不允，王承斌竟至聲淚俱下、長跪不起，黎元洪才入京就職。豈知不到一年，王承斌等就在天津進行倒張紹曾內閣的活動，為曹錕當總統鋪路。為了逼黎元洪下臺，他還親自帶兵，在天津楊村火車站圍困黎元洪，奪走總統印璽交給曹錕。同年九月，在曹錕賄選總統時，時任直隸省長的王承斌總管賄選籌款工作。

為了籌款，王承斌又把目光投向財源滾滾的井陘煤礦，決定將井陘礦務局重新「收回國有」。他一方面叫手下天津警察廳廳長楊以德緝拿高星橋（估計應當是為高星橋賄賂張紹曾一事），另一方面動用武力將高經營的三百多座焦炭窯全部沒收。失去黎元洪這座靠山，漢納根只能自保，無力顧及高星橋。最後，井陘礦務局「報效」曹錕煤款二百萬元，而高星橋只能無奈地交出井陘煤礦的售煤權。

兩年後的一九二五年，失意的漢納根因肺炎醫治無效在天津去世。一九三七年，包爾代表漢納根家屬與日本商人談判，以一百三十五萬元的代價出讓了德方在井陘煤礦的一切權利。十月十二日，合同簽訂，同日，日本人佔領井陘礦，十二月六日，改井陘礦務局為興中公司井陘采炭所[85]。

本來依據一九二二年中德雙方簽訂的改辦合同，應在一九三七年合同期滿後，中方無條件收回德方的井陘礦權，結果德方代表卻能在合同期滿後，仍以高價出售權利予日本人。雖無確切資料，但仍可以按邏輯推斷：首先，一九二三年，直隸省長王承斌憑藉著軍閥武裝，實際控制了井陘煤礦，此後並未再依股本分配利潤予漢納根及其家人，所以到一九三七年合同期滿，漢納根家屬仍保有依合同獲得自一九二三年以來的採煤利潤的權力（估計這筆款項為一百三十五萬元，即最後賣與日本人的價款）。其次，日本於一九三六年十一月二十五日同德國簽署反共產國際協定，其後又於一九四〇年九月二十七日，與德國和義大利代表在柏林簽署《德義日三國同盟條約》，成立了以柏林——羅馬——東京軸心為核心的軍事集團。對於盟國的僑民日本人自然需要特殊照顧，因此在盧溝橋事變之後，日本發動全面侵華戰爭，佔領了京津及華北地區，雖侵吞了中方在井陘煤礦的全部股權，卻依據改辦合同收買了德方的股權。不管怎樣，這一次，漢納根的家人總算沒有像上一次德國戰敗那樣，兩手空空地離開。

從一九一六年至一九二八年，中國陷入軍閥混戰的局面。那些手握軍權的將領們把中國分割成一塊一塊的勢力範圍，在這個範圍內對百姓巧取豪奪，以補充軍隊的給養和維持戰爭，同時自己中飽私囊、大發橫財。在軍閥混戰時期，不僅中國人生活在可怕的暴力和苛捐雜稅的深淵中，那些如漢納根一樣的外國僑民也難以倖免。而在更廣泛的世界範圍內，各個帝國主義國家為了爭權奪利所進行的血腥殘酷的世界大戰，更是將漢納根這樣的僑民一次又一次捲入漩渦。這次贏了，下次輸了。他們以為自己是英勇無畏的冒險家，但成敗之間，誰又曾真正掌握過自己的命運呢！

第六章 德璀琳、漢納根與近代天津的城市化

第一節 德璀琳、漢納根與天津市政建設

開埠以前外國人眼中的「天津衛」

明清以來，天津以其河海通津的重要地位，成為首都北京的門戶和出海口。由於天津的這種特殊地位，自鴉片戰爭之後，一直是列強發動侵華戰爭的首選目標。特別是第二次鴉片戰爭期間，英法聯軍三次進攻大沽口，兩次打到天津城，並一度於一八六〇年佔領天津城，最終逼迫清政府將天津開放為通商口岸。經過多年發展，天津逐漸成為一個繁華的大都市，中國北方的政治、經濟、軍事和外交中心。

事實上，開埠前的天津已經是一個貿易繁榮的港口城市。天津，或者確切地說，天津老城的發展是由於漕運和鹽業。對於建都北京的帝國來說，天津的地理位置具有非同一般的重要性：它位於南、北運河的交匯處，是北京的門戶，也是南方的糧、綢等重要物資運往北京的唯一通道；它還是北方重要的鹽業產地——早在五世紀前後，天津的漁民就「煮海為鹽」，從事食鹽的生產。那時的北魏政府開始在這裏設立了長蘆鹽運使。幾百年的時間裏，天津白河兩岸處處可見巨大的鹽堆。「一長列的鹽堆或鹽墩，每一行列，從頭到尾，有五十個堆。這些鹽墩大約有十八到二十英尺見方，二十四英

尺高，頂上蓋著草席，以禦惡劣氣候」；「每一堆約有五百噸鹽。像這樣的行列，沒有間斷也沒有改樣，沿兩岸達兩英里長」❶。大量的鹽坨說明了天津富庶的原因。漕運與鹽業成為推動天津向近代城市邁進的兩台發動機。

元朝以後，天津獲得了空前發展。這裏，不僅有來自浙江、上海、福建、廣東的商船運來大批南貨集散，甚至還有專賣洋貨的「洋貨街」。海運的盛行，使天津的船民也供奉起在中國南方沿海地區香火旺盛的媽祖，稱為北派媽祖。在元代，先後在大直沽修建了兩座天妃宮，又稱天后宮、娘娘廟，供奉的其實就是媽祖，以後歷朝歷代皆香火不輟。除了天津以外其他北方港口均未見媽祖遺跡，由此可見，天津幾乎是當時北方唯一的海港城市。

由於特殊的地理位置和商業的繁榮，天津很早就與世界結緣。元朝時期，天津是所有進貢國去北京覲見皇帝的必經之路。馬可・波羅稱天津為「天城」，他在遊記中還提到過「長蘆」。一六五五年，第一個荷蘭使團經天津前往北京。這個使團曾經描述天津為「中國最著名的沿海城市」，僅次於廣州和鎮江，而且「這個地方到處是廟宇，人煙稠密，交易頻繁，繁榮的商業景象實為中國其他各地所罕見」❷。英國人後來居上，一七九三年的馬嘎爾尼（Macartney）使團和一八一六年的阿美士德（Amherst）使團同樣都曾在天津短暫逗留。

兩次隨英國使團來訪的小司當東（George Staunton）先後對天津作了如下評述，第一次他寫道：「在那個時代（十三世紀），天津已在大城市之列；但是，長期以來，正如『天津衛』的『衛』字的中文含義所表示的，它一直帶有小城鎮的特點：地位不太顯著，只有有限的管轄權。」

❸第二次他寫道：「我們來到了這座大城市（天津），就發現它增添了許多花園……我們也發現一些穿著華麗的本地人在河岸策馬而行。這兒的房屋看上去比廣州附近的房屋較為美觀、寬敞。……河岸上，人群熙熙攘攘，他們大都穿著很好，舉止文雅——比我們在海邊上看到的人要整潔、好看得多——他們也確實比廣州人高傲。他們不說下流話，也沒有任何不滿意的表示——只是臉上都流露出善意的驚訝和好奇的表情而已。……無數的人群緊緊地擠在成排士兵行列後面的空地上，不僅平地上擠滿了人，就是一些鹽坨上也站著不少人。這樣，在至少兩三英里的地帶上，幾乎形成了一堵連綿不斷的人牆，此種景象實為世界各地所罕見。」❹

天津閉鎖的大門沒有因為馬嘎爾尼使團的要求而敞開，卻被英法聯軍的炮艦轟開。第二次鴉片戰爭中，進行了三次大沽口之戰。天津淪陷後，聯軍又繼續北上京城，劫掠焚毀了被譽為「萬園之園」的圓明園。在《天津條約》的基礎上又簽訂了《北京條約》，增闢天津為通商口

▶為招待馬嘎爾尼使團而在天津搭建的戲臺。

岸。至此，西方殖民者夢寐以求的將天津開放為商埠的要求終於靠武力得以實現。

兩次鴉片戰爭的徹底失敗，讓保守昏庸的清朝統治者和官員們不得不開始思考和探索「自強」之路，由此開始了中國第一次對內改革、對外開放、引進西方先進科學技術的現代化嘗試。在這場改革中，天津因為是洋務領袖李鴻章的官衙駐在地，成為洋務運動的策源地、北方的洋務中心和外交中心，一時洋人雲集。

天津被闢為通商口岸後不久，一八六一年赫德在天津創辦了津海關。在後來長期擔任津海關稅務司之前，德璀琳曾經在這裏度過三年時光。此後由於李鴻章的要求，德璀琳於一八七七年九月再次來到天津，任職津海關稅務司，從此沒有再離開被調往其他通商口岸。

德籍的英租界董事局主席

在天津早期的租界中，由於英國商人和洋行佔據優勢地位且有良好的規劃，所以英租界是所有租界中建設最早和最好的。在英租界中居住的不僅有英國僑民，也有許多其他國家的僑民和中國人。德璀琳就任津海關稅務司後，也把家安在了英租界。

各國在津設立租界後，基本上是按照西方的城市自治制度對租界進行管理。僑民們象徵性地付出一定租金獲得土地建房居住，繳納各項捐稅，按照西方的城市自治方式來選舉董事會管理租界，修建各種公共建築、設施。英租界的統治主體是董事會和其下屬的執行機構工部局。董事會由本國駐津領事館召集租界內具有一定資產的租賃者召開大會選舉產生，董事會成員任期為一年。由於任職津海關稅務司長達二十二年，而且擁有直隸總督李鴻章的親密友誼，從一八七八年至一八九三年的十六年中，除了中間一八八二年至一八八四年回國休假以外，德璀琳任英租界工部局董事會主席達十三年之久。他對英租界的發展貢獻巨大，在他任內的這十三年正是英租界奠定基礎而後飛速發展的時期。

一個有趣的事情是，在很多天津的地方史志資料中都記述德璀琳為「英籍德國人」。但實際上，德璀琳是個道地的德國人。首先，《海關題名錄》等海關史料都明確標明了德璀琳的德國國籍並且沒有其雙重國籍的記載。其次，赫德與德璀琳進行的所有爭鬥幾乎都是圍繞著英國與德國在華勢力和利益的爭奪，假如德璀琳為英國人，赫德就不能堂而皇之地稱自己是在為捍衛英國的利益而抵制德璀琳的競爭。再次，在開平礦案中，張翼授予德璀琳的「備用合同」上，明確說明要將開平礦產「轉讓給居住在中國的德國臣民」德璀琳，以便一旦不能取得英國保護的話，能將開平產業在德國領事館進行註冊❺。最後，德璀琳於一九一三年去世時，德國的幾家報紙都對其主要事蹟進行了報導：《尤利西報》（*Jülicher Kreisblatt*）稱其為「在華德國人的僑領」，《科隆報》（*Köln*）則稱「德璀琳先生是在中國生活的德國人中最德高望重的」❻。試想假如德璀琳加入了英國籍，哪怕是具有雙重國籍，民族自尊心極強的德國人必定視其為叛徒而不會給予如此讚譽了。

之所以會出現對德璀琳國籍的誤解，主要是由於他曾經長期擔任英租界工部局董事會主席並為英租界的拓展與建設做出了極大的貢獻。一般來說，人們會想當然地認為，英租界董事會的主席應當由英國人或者英籍人擔任。在德璀琳死後的《駐津英國工部局一九一八年章程》中確實明確規定，董事長必須由英國人擔任[7]。然而，此前的工部局章程中並沒有對董事長國籍的特別限制。一八六六年由英國公使頒佈的《地畝章程》第四款規定，英國人和外國人只要「言明遵守一切已制訂與批准的以及日後隨時由英國公使制訂與批准的章程及條例」[8]，即可在英租界購置地產；董事會由每年一次的常年納稅人會議選舉產生並依照章程管理租界行政，沒有不允許別國僑民擔任英租界工部局董事長的規定[9]。之後，一八八七年又制定了《英國租界現行規則》，重申了以上一八六六年《地畝章程》的規定，也沒有對董事長國籍的特別限制[10]。在中國其他劃有外國租界的通商口岸，如上海，治外法權和十九世紀的《土地章程》也同樣允許外國人通過工部局統治公共租界[11]。這樣，在當時，德璀琳以德國國籍而入主英租界的董事會並沒有任何法律上的障礙，只要他在英租界內購置了足夠的房產，遵守英租界的一切規章制度，並按章程繳納各項稅款，他就享有相應的選舉權和被選舉權，即便被選為董事會主席也是租界內僑民的民意罷了。

當時的外國觀察家指出，天津的英租界是外國僑民一切活動的中心，其成員來自各個國家。其國際性的特徵從當時英國工部局組成的人員上就可以看清楚了：「在五位董事中，一位董事長是德國人；一位董事是俄國人，其他三位董事是英國人」，這位德籍董事長指的就是德璀琳。德璀琳還一直致力於使英國租界實行地方自治，為此「他進行了長期而又艱巨的鬥爭」，這讓英國領事和使館當局「都感到非常頭痛」[12]。由此更加說明，德璀琳不可能加入英國籍，他只是一名居住在英國租界內的德籍僑民，為了個人利益和家庭居住舒適而致力於租界的建設。

「近水樓臺先得月」

英國僑民願意選舉德璀琳為工部局董事會主席，主要是由於德璀琳所擁有的權勢地位。在天津的外國人中，除了各國領事之外，地位最高的莫過於津海關稅務司。這本來是一個清政府內的官職，除了貿易關係外，與僑民並無領屬關係。但是由於天津地方的最高長官、直隸總督兼北洋大臣李鴻章掌管著清政府幾乎所有的對外交涉事務，對天津租界的發展有著重要的影響；而德璀琳跟李鴻章有著一種「深厚而持久的友誼、強烈的影響」，這使德璀琳成為租界僑民與地方政府之間最好的、最可依靠的橋樑和保障。還能有誰比深受李鴻章及清政府信任、手握地方財政大權的德璀琳更適合做這個「僑領」呢？英租界設立後的幾次擴充就充分說明了英租界僑民的明智選擇。

英租界設立之後，又經歷過三次擴張：第一次是在一八九五年與一八九六年之間，英國當局要求將英租界向西擴充一千六百三十畝，並於一八九七年為清政府所承認，稱之為「新增界」或「英國推廣租界」；第二次擴張是在一九〇二年，美國私自將本國在一八六〇年劃定的美租界總計一百三十一畝土地併入英租界，並為清政府所承認，稱之為「南擴充界」；第三次是在一九〇三年為清政府所承認的稱為「牆外租界地」，總計三千九百二十八畝。

第一次擴張英租界時，德璀琳正擔任英租界工部局的董事會主席。他肯定注意到了當時英租界的房荒現象。當時，由於貿易的發展，租界中洋行日多、僑民日眾，房屋的建設趕不上僑民人口的增加。在清政府批准將這一片土地劃為英國推廣租界之前，早在一八九二年，德璀琳就代表英國工部局在這裏購買土地。「正是在他的領導下，工部局把剩餘的稅收用來購買有害健康的水坑和租界以外令人厭惡的土地」。這一舉動最初遭到了英租界僑民的譏諷。但是很快，英國商人就意識到了德璀琳將租界加以推廣的明智之處，於是也紛紛自行購買土地。後來這裏終於正式成為英國推廣租界。所以，正是出於德璀琳的「遠見」，英國工部局進行了租界的第一次擴張。不久，新擴充的土地又被外國商行和投機家買走⓭。在英租界第二次擴張前，原來那塊美國租界的土地已經大部分由中國開平煤礦和招商局佔有，但李鴻章默許了這兩國的私相授受。英租界的第三次擴張則是在李鴻章的直接幫助下實現的。

長期作為天津最高地方長官，李鴻章經常接受德璀琳的邀請，參加英租界工部局舉辦的重要活動。例如，一八九〇年五月李鴻章參加了英租界工部局禮堂「戈登堂」的落成開放儀式，他在儀式上宣佈禮堂的正式開放，並將兩把紮著灰色和紅色緞帶的象徵性的銀鑰匙交給了董事長德璀琳；一八九二年李鴻章又受邀參加了在戈登堂舉辦的慶祝他七十歲生日的宴會。由於與德璀琳的友誼，李鴻章也樂於為英租界的發展盡一份力。一九〇一年，其時被清政府請來收拾殘局的李鴻章特意為英國擴充天津租界一事致函直隸候補道，要求將現在英界以南牆子外面積約二千四百畝的荒地預留給英租界，不得租與他國以為日後英租界擴充之用⓮。此後，李鴻章又為查勘地段、繪製地圖等事多次與天津地方官員及英國公使會同商議。雖然這些本在其職責範圍之內，但是李鴻章對於英租界發展的照顧還是與對別國不同。對於李鴻章的幫助與合作，天津的僑民曾充滿感激地給予高度評價，「天津在艱難的條件下所取得的顯著發展，在一定程度上是由於這位偉大政治家的存在而確立的各種聯繫，由於他對這個通商口岸的建設者所面臨的各種問題的理解，以及在解決這些問題時富有同情心的合作。」[15]

除了這三次擴充之外，德璀琳主持的英國工部局還強佔了租界以外的一些土地。其中，一八八六年他利用與李鴻章的「友誼」，獲得李鴻章贈與的租界外佟樓以南向西養牲園及附近土地。他在那裏建造了自己的房子——「尼泊爾別墅」，並在附近修建了遠東第一流的賽馬場。後來英國工部局又以溝通賽馬場的交通為名，修築了一條從賽馬場到英租界的馬路。利用這種「越界築路」的手段，這條馬路以及路兩側的大片土地，包括賽馬場在內的原本不屬於英租界的土地，都被英國工部局佔有[16]。

德璀琳、漢納根初到時的天津

德璀琳初到時的天津，雖然堪稱是一個繁榮的港口，人口的增長速度也很快：一八六〇年有人口約三十萬[17]，一八七二年大約有人口四十萬[18]，一八九六年人口則達到六十萬[19]，人口城市化的速度幾乎是一年增加一萬人（除了人口自然增長以外，主要來自於本國和外國的移民）；但是它仍然稱不上是一個建設良好的城市，特別是市容環境非常糟糕。

漢納根於一八七九年初次到訪時，形容天津的道路說：「整個天津只有四、五條石板鋪成的路。其他的五、六百條路都是骯髒的淤泥堆積的路。……這些道路大都不過十步寬，非常的狹窄。有時為了躲避馬車或者轎子，整個人就會被擠得貼到路邊房子的牆上」；路上不僅有人和車，「路邊居民家的豬經常跑到路上，所以有時你不小心還會被豬絆倒」[20]。另一位四處旅行經過這裏的日本人描述天津城裏的衛生環境也很惡劣：「行走在路上，便會覺得臭氣沖鼻，一堆堆污穢的垃圾讓你見了眼睛生疾」；城內地基很低，一旦下雨，「路面積水，深處沒腰」；夏天，「各處污水溝臭氣沖天，熱氣引發多種流行病，致使喪命無數」。當然，並不是只有天津的城市建設狀況如此糟糕，整個中國的城市也大都如此。「西方人有『四萬萬人之帝城北京污穢不堪之歎』，帝城尚且如此，況在天津城外。」[21]

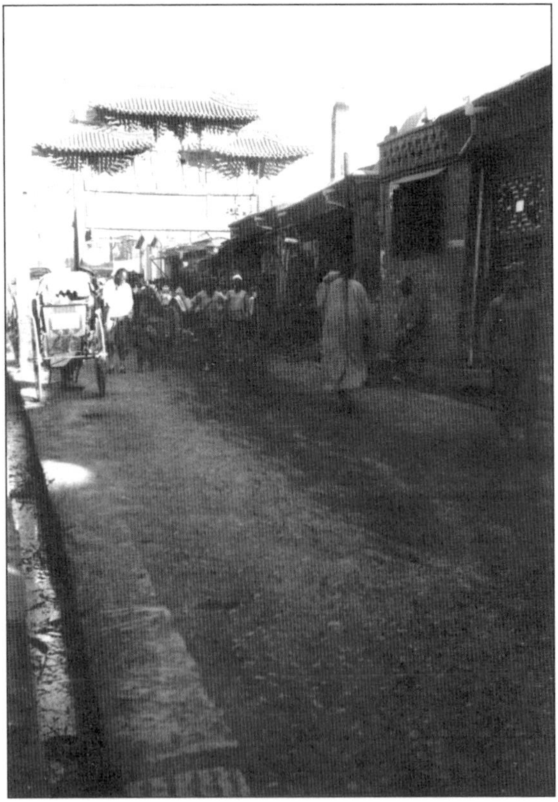

▶天津老城街道。

不過，這些外國人似乎忘記了，近代歐洲城市的市政狀況也好不到哪裏去。巴黎的中央菜場「瓜皮果殼成堆，污水橫流，爛魚遍地」[22]；十八世紀中期以前的倫敦「街道極髒，貴族和平民同樣聞慣街上的臭味」[23]；而一八七四年，「在『進步的文明中心』（如柏林）的一條陰溝，其臭氣不但令人難聞，而且也是對人們健康的一個威脅」[24]。所以，也有比較公允的西方觀察者認為，「天津的確很髒，但是卻並不比其他中國城市更髒，而且，就這一點而論，也並不比歐洲的許多城市更髒。」[25]

儘管來到天津的外國人都為骯髒的市容而搖頭，但是，他們也不得不承認天津是一個地位特殊、繁榮富庶的城市，天津人具有精明幹練而又樂於助人的優良品德。而且，「在帝國的其他任何城市裏也很少有像天津這樣又多又好的義務慈善機關，如育嬰堂、貧民院、救濟院和施粥廠等等」[26]。總的來說，天津人對外國人也是比較友好的。所以，天津仍然不失為外國僑民生活居住和進行貿易的理想之地。

在德璀琳來華的五年之前，根據一八六〇年十月的中英、中法《北京條約》規定，天津開放對外貿易，並允許外國人在津居住。開埠後，伴隨著對外貿易和工商業的發展，特別是在租界地區的市政建設，天津很快成長為北方最大的國際化港口城市。在這一過程中，如果不站在民族主義的立場並以被殖民者的心態來看的話，不得不說，以德璀琳、漢納根為代表的近代來華僑民對天津的城市化進程是做出了重要貢獻的。

中國古代城市的主要機能是防衛。中國人居住的天津老城，就坐落在運河與海河匯聚的三岔河口旁。與中國傳統城市一樣，它是由四方城牆圍繞保護的一個小城市，起到衛戍運河漕運和拱衛京都的作用。而近代租界的設立主要是出於經濟目的。援照澳門與廣州十三行的做法，英國人和法國人要求在天津各自設立專門供其僑民居住和貿易的區域，這就是租界。

最早設立的英、法租界選址在天津老城之南大約一公里的一個叫做紫竹林的村子，之所以選擇在這裏建租界，是由於他們看中了這裏優越的地理位置——海河自紫竹林這段開始河道變寬，有利於大型商船的進出和停泊，輪船可以直接駛入並停靠在租界碼頭，使運輸條件更為便利；這段海河航道還是從海上進入運河的必經之路，將這裏劃為租界，不僅具有最經濟、便捷的交通條件，而且在軍事上也佔據了扼制天津、直逼北京的通道。於是，以後其他國家的租界也沿海河兩岸設立，形成了一個老城之外東西窄而南北長的租界區。

依照中國傳統城市的建設規劃思想，租界所在地並不是理想的建造城市的所在——這裏河汊水窪眾多、整塊平地甚少，且多為河邊、海邊的鹽鹼地、泥地，疫病橫生。而各國租界卻都特意選擇在海河邊的荒地和沼澤上設立，「這個地區內盡是一些帆船碼頭、小菜園、土堆，以及漁民、水手等居住的茅屋，而這些破爛不堪的骯髒茅屋彼此之間被一道道狹窄的通潮溝渠隔開，……沼澤四圍乾燥一些的地方分佈著無數座好幾代人的墳墓」[27]。英國人和法國人的選擇可能大大超出了中國人的預料，所以最初的劃界很順利。

一開始，旅居天津的外國商人大多不願住在租界，而是在天津老城內外租地買房。「在一八六〇年到一八七〇年這十年間，大部分新來的外國商人陸續在天津城建起了他們的商號，甚至於那些已在租界建有房屋的，也還在天津城外保留有代理人和倉庫。」[28]然而，一八七〇年天津教案的發生改變了外國僑民的態度。教案中，包括法國領事豐大業在內的二十名法國人和俄國人被殺，在外國僑民中造成了極大的恐慌。事後，他們認為入住租界要比在天津城內外與中國人雜居安全得多，於是紛紛遷入租界租地造屋，因而促進了租界的發展。租界內，眾多洋行紛紛落戶，到一八七五年前後發展到近三十家，其中包括號稱英國「四大洋行」的怡和、太古、仁記和新泰興洋行。

德璀琳的城市夢想

殖民者的一個特點是冒險，另一個特點則是熱衷於社區建立和建設。德璀琳成長於德國古老的城市亞琛，這裏曾是歐洲權力的中心，被稱作「歐洲的搖籃」，也是查理大帝的皇宮所在地，就位於現在的市中心。西方的城市建設理念在德璀琳的心中深深紮下了根。他的頭腦中似乎一直湧動著一個夢想：要把天津建成一座和家鄉一樣偉大的城市。於是，他像一個真正愛家顧家的人一樣，精心建造、修飾、維護著自己的家園。

在城市建設當中，道路的修建是最為重要的一項內容。道路不僅方便了人們的出行，促進了人們的交往，而且對於商業和貿易的發展影響甚大，就如同上世紀八〇年代中國大陸在鼓勵農村人勤勞致富時喊出的鮮明口號——「要想富，先修路」。一八八七年，德璀琳修築了從賽馬場到英租界的碎石子路，不僅方便了僑民們的出行，而且直接獲得了馬路兩邊的大片土地。這也是天津歷史上的第一條碎石子路。九〇年代，德璀琳又自己出錢在租界的道路兩旁種植樹木。這一做法立即被新設立的德租界所仿效，於是德租界因為「給夏季馬路遮上一片濃蔭，從而成為各國人都非常喜愛的居住之區」[29]。這樣做的好處至少是提升了這個區域房地產的價格。後來民國第一位副總統黎元洪，下野後也把家搬到了德租界，與漢納根成為鄰居。

八國聯軍佔領天津期間，德璀琳還修建了一條由天津舊城西南角經炮臺莊、出僧格林沁圍牆之海光門、在德租界同大沽路相接的道路，而且這條馬路的修建得到了佔領軍政府的批准和經費支持。這條路長約二點五公里，路寬平均十二米，路基寬二十四米，耗資一萬元，歷時三個月修成[30]，被命名為德璀琳街。日本人說這條路是「德璀琳及漢納根二人為了繁榮附近自己的地面而私設的道路」[31]。這樣說，主要是由於這條路連接了天津舊城與德租界從而有利於德租界的發展。不過德璀琳、漢納根二人畢竟是德國人，利用自己在天津的人脈為德租界作一些貢獻也在情理之中。

此後，在德璀琳等人持之以恆、身先示範的影響下，天津地方政府下屬的工程局也鋪設了很多碎石路，大大方便了天津市內交通。在十九世紀八〇年代，天津老城區發生了很大的變化，「曾經滿處是深溝大洞、充滿淤泥和垃圾的水坑，使人噁心和可怕的道路……被墊平、取直、鋪築、加寬，並設置了路燈，使人畜都感到便利」[32]。

不惟天津城內，德璀琳還鼓動李鴻章興修天津直達北京的「京津大道」。過去幾百年間，京津之間最主要的交通聯繫，是通過運河航道，既向北京輸送南來的絲茶漕糧等貨物，也運送人員。然而，「若由水路溯流而上，至京須五六日，或值大水、水淺均虞阻滯，往往夏秋之際文報不通，行人斷絕」，而兩地之間陸上「二百四十里道路崎嶇更兼窪下，每逢霖雨即不能行」，京津之間這種糟糕的交通狀況，「不惟於商旅不便，設有官場緊要事件，相隔匪遙，而不能猝至，亦可慮也」

[33]。因此，一八九三年水災之後，德璀琳向天津道台和總督李鴻章建議，仿照之前修築海大道（一條天津老城通往大沽口的大道）的方式，徵募雇用沿途附近村民，以工代賑，修築京津大道並平時加以維護[34]。道路修通之後，京津之間原本五六天的行程，被縮短為三天左右，貿易量增長，天津的城市地位和財政稅收都得到了很大的提升。

除了鋪設道路，德璀琳還主持修建了中國近代通商口岸中的第一座市政大廳——「戈登堂」。這是一個大手筆，總共投資了三萬二千兩白銀。戈登堂位於維多利亞花園的北側，外貌像一座英國中世紀的古堡。它由天津租界的僑民自行設計，是折衷主義建築風格的代表，「諸如哥德式窗戶上安裝木頭窗櫺和木架子、雉堞狀的城垛和簇葉狀的尖塔頂等等」。但事實上，折中的結果是使它既具有哥德式建築的威嚴壯觀，又結合了天津本地的氣候條件，增強了適用性。一八八九年始建的這座市政

▶戈登堂夜景。

廳，於一八九〇年五月建成。在戈登堂開幕式上，德璀琳、李鴻章、美國駐華公使田貝、海關及天津道台、鹽運使、招商局輪船公司經理以及外國駐津領事都親往祝賀，成為一時盛事[35]。

對於由德璀琳提議修建的這座耗資巨大的工部局大樓，一開始被其他僑民批評為是對公共財富的「可悲的浪費」，因為它超過了當時的需要——除了作為租界繳地租人舉行一年一度的會議的會場、偶爾舉行的辯論會以及很少舉行的音樂會和晚會場所以外，這座大廈很少被使用[36]。不過在十年後的義和團運動中，當拳民和清軍用大炮轟擊租界時，各國的婦女和兒童們都躲到了戈登堂的地下室，得到了這座堅固城堡的庇護。後來，到二十世紀二〇年代，戈登堂終於正式成為英租界的民政總部，其中附設郵局、幼稚園和救火隊。它還長期作為天津舊租界標誌性建築，被印製到明信片上發往世界各地。

德璀琳與海河治理工程

天津的繁榮建立在貿易的基礎之上。作為天津對外貿易的主要管理者，德璀琳一直在不遺餘力地促進天津的貿易發展。在他任內，天津的貿易進出口量大幅增長。不過，對天津對外貿易起制約作用的卻是海河的淤塞問題，這甚至關係到天津能否保持北方最大港口城市的地位。然而，上游幾大支流的泥沙彙集於海河，時沖時淤，航道曲折難行，而且由海河帶來的泥沙在入海的大沽口處被潮水阻截，形成了一道與河道垂直成直角的攔沙壩。這些問題影響了天津港口地位的提升，也阻礙著天津的城市發展。

天津在開埠後洋貨傾至，按其市場需求量足可以與原產國直接通商。但是這項在外國商人看來「前途遠大」的計畫竟至失敗，就是因為大噸位的遠航船舶難以逾越大沽口的攔沙壩，進入海河。所以，在二十世紀以前天津的對外貿易仍然不得不以上海作為中轉站，靠沿海船運抵達天津大沽口外，再以小噸位駁船駛進海河、運往天津租界的各個碼頭，這極大地制約了天津對外貿易的發展。在津西方僑民清楚地認識到，「海河之狀況在至關天津商業並大眾福祉之諸事中，以重要性論，誠可謂無可比擬者。海河之狀況時甚有礙於本埠之貿易，而將來欲保持本埠在中國北方之商業優勢，則咸賴此問題之圓滿解決。」[37]

德璀琳自一八七七年調任津海關稅務司後，對海河航道問題極為關注。八〇年代他曾經嘗試疏浚河道，但未能奏效。一八八六年他首次提出將海河截彎取直的新方案。他認為，海河中的泥沙是由於潮水回流於河道曲折之處而造成淤積，截彎取直後河道將縮短大沽至天津之間的距離，還可縮短航船在海河中滯留的時間，並減少碰撞、擱淺等事故的發生，從而使航運費用大大降低[38]。但是，這一方案由於經費問題一直沒有得到解決。

到了九〇年代，海河的淤塞狀況加劇，水深只有五至八英尺深。到一八九八年，河道完全閉塞，全年之內沒有一艘輪船能夠開到海河碼頭，所有輪船的進出口貨物只能停泊口外，再由駁船轉運至租界碼頭[39]。由於河床太淺，甚至有一次「人們真的看見一個人從租界下邊的航道中徒涉過河」[40]。這直接損害到天津的內外貿易的繁榮和交通。於是，德璀琳積極敦促英租界工部局與天津洋商總會制訂措施挽救海河航運，一八九五年洋商會委託丹麥工程師林德（A. de Linde）對海河進行勘測，據以制定改良方案[41]。

除了說服在津外國商民採取措施外，德璀琳還加緊遊說天津地方政府疏浚治理海河。一八九〇年夏季，天津遭逢水災，「水災之鉅為數十年所罕見」。德璀琳趁機勸說李鴻章讓林德對海河進行詳細的勘測並繪製海河地形圖，他還說服李鴻章「用新式鐵鈀挑挖河淤」[42]。但是對於徹底整治海河的計畫，卻遭到天津地方官員的反對，未能進行。甲午戰後，在外國商界與列強駐津領事的直接干涉施壓下，一八九七年直隸總督王文韶同意以二十五萬兩白銀的成本價，由天津洋商會承辦海河首期治理工程[43]，聘請林德為海河治理工程的工程司[44]，並決定設立聯合相關各方開展海河疏浚等項工作的委員會——海河工程委員會。到一九〇〇年義和團運動爆發之前，海河工程委員會已完成了三道水閘的修築，幾處河灣也已裁直，不過在義和團運動中，這些工程又全被毀掉了[45]。

一九〇〇年七月八國聯軍佔領天津，成立了由八國聯軍共管的臨時軍政府性質的「都統衙門」。為防止再次發生類似義和團運動事件，使華北一旦有事，大型兵船能直接駛進海河、停泊到天津租界碼頭迅速救援，聯軍總司令瓦德西元帥決定將海河工程納入到都統衙門的管轄範圍之內。一九〇一年三月，都統衙門下令開始進行海河整治的首期工程，工程費用約二十五萬兩白銀由都統衙門承擔，並成立海河工程委員會負責海河工程。德璀琳被任命為海河工程委員會的三名委員之一，主要職責是用天津的關稅收入為海河工程提供資金來源。

海河工程委員會成立後的首期工程包括以前尚未完成的上游三段截彎取直工程、炸除全部沉船以清理河道、建造碼頭等[46]。首期工程從一九〇一年三月開始至一九〇四年，總共裁去六公里舊河道，新挖河道近二公里，使天津至泥窩的航程縮短近六公里，用時縮短一小時。裁去的舊航道為當時海河三處最難行的河灣。

經過整治工程，

▶整治工程前的海河。

▶整治工程後的海河。

一九〇二年秋，海輪經七、八小時的航程可暢行至紫竹林碼頭。駛進海河碼頭的船舶逐年增多，一九〇三年為三百三十三艘，翌年增加到三百七十四艘。一九〇四年八月內地連降暴雨，海河水位大漲，由於截彎取直工程，洪水得以迅速排入大海，天津未遭洪水淹沒[47]。以後，海河還陸續進行過兩次截彎工程，河道彎曲所造成的淤沙和航道壅塞問題得到極大改善[48]。由德璀琳最早提出的海河截彎取直工程至此獲得成功，內外貿易迅速增加，天津作為北方最重要港口的地位得以提升。

德璀琳與天津有軌電車

隨著租界的擴張和發展，人口日盛，交通問題也隨之而來。在租界和天津老城修建了大量道路後，傳統的馬車、轎子、人力車等交通工具已不能滿足人們的需要。一八七九年，使用電力帶動軌道車輛的有軌電車由德國工程師西門子在柏林的博覽會上首先展出。此後有軌電車在二十世紀初的歐洲、美洲、大洋洲和亞洲的一些城市風行一時。對於這種新鮮事物，天津的外國僑民們大概也津津樂道，更何況其中商機無限。

在八國聯軍佔領天津的兩年期間，圍繞修建有軌電車的特許經營權，德璀琳等在津西方僑民組成了一個辛迪加與日本人進行了激烈的爭奪。在這場較量中，日本人雖然先發制人，但德璀琳等在天津的西方僑民卻笑到了最後。

一九〇〇年八月，都統衙門剛剛成立不久，就有兩位歐洲人就有軌電車的特許經營權問題致函都統衙門。幾乎與此同時，都統衙門還收到了日本領事的信件，聲稱中國政府已經同意，授予往返天津中國城區與各租界的有軌電車特許經營權，要求都統衙門確認經營期間特別免稅的要求，還要求都統衙門不要再同意其他國家享受這種特許權。之後，於一九〇〇年十二月底，又有「由多國組成的一個委員會」向都統衙門提出交涉，請求授予特許經營權在天津開辦有軌電車。都統衙門只得令提出要求的幾方進行商議。翌年五月底，一位名叫奧斯維德（Oswald）的先生以「有軌電車公司」（Electric Tramway Syndicate）的名義（即前面那個「由多國組成的委員會」），向都統衙門重申修建電車的申請。到六月，爭奪終於有了的結果，都統衙門表示原則上同意將其管轄範圍內天津城區部分（但不包括租界）的特許經營權授予「有軌電車公司」。接下來，都統衙門與該「有軌電車公司」的兩位代表司圖諾（James Stewart）和寶爾（Georg Baur）幾次討論了授予特許經營權的條件[49]。都統衙門方面的法律代表埃姆斯（B. Eames，也譯作伊美斯，曾在開平煤礦礦權爭奪一事上給予德璀琳和胡佛法律指導）也參與了談判，並負責起草授予電車特許經營權的證書。

在前期的準備工作基本就緒後，當談及有關實質問題時，「有軌電車公司」的幕後操盤手終於現身，不出所料，正是德璀琳。德璀琳籌組了「天津電車電燈公司」（Electric Traction & Lighting Syndicate，由於需對鐵軌沿線及城區其他地方提供照明，故「有軌電車公司」易名為「電車電燈公司」）的董事會，邀請多位在津居住多年的西方僑民參加。他以未來董事長的身分與都統衙門的法律代表埃姆斯，直接就特許權年限、沿線和城區照明、利潤分成、施工時限和預算等問題進行幾次磋商，順利地達成一致意見[50]。

為什麼德璀琳能在這場較量中取得最終勝利呢？

首先，這與列強在華力量的對比有直接關係。讓我們看一下都統衙門的組成，這個軍政府性質的都統衙門實行委員制，各國委員均由本國司令官提名，再由聯軍司令官會議通過；他們代表各自國家，分配和保障其在天津的利益。都統衙門剛成立之時，委員會只有英、俄、日三國代表。日本是八國聯軍中唯一的東方國家，本來不受西方國家重視，但在攻打義和團的戰鬥中出兵人數眾多，作戰勇敢且傷亡慘重，因此贏得了各國的尊敬。義和團運動後，日本在華地位大大提升。他們此時提出申請，至少擁有三分之一的可能性，勝算較大。但此後，聯軍中的法國、德國、美國和義大利都先後增派了本國委員參加都統衙門委員會（由於奧匈帝國在華軍事力量有限，奧國司令官提出以德璀琳、漢納根的奧國親戚包爾為本國代表、參加都統衙門的要求被各國否定，後包爾改任巡捕局副局長）。於是，德璀琳也迅速組織了一個由西方各國在津僑民所組成的辛迪加，以對抗日本人的競爭。這時，德璀琳方面在委員會中能夠得到的支持就大大增加了。

其次，德璀琳在天津「深耕」多年，方方面面的人脈廣闊，又把持著津海關這一天津地方主要稅收來源，影響力自然大大超過日本人。在前面提及的曾經代表「有軌電車公司」出面的幾位外國人中，司圖諾是英國人，一八七六年即已來津，任天津機器局東局子總工程司；寶爾是德國人，一八八九年來津，任天津北洋武備學堂教習，兼克虜伯兵工廠駐華代表。他們與德璀琳一樣，都是在天津華界和僑界有一定影響力的西方僑民，能夠得到英國和德國政府的支持。這樣一個由多國組成的辛迪加，自然能得到都統衙門中佔據絕對優勢的西方國家代表的支持。所以，日本人雖然一早提出申請，甚至言明已得到中國政府的允准（這時的中國政府已沒有什麼說話的權力了），但仍然無法與聯合起來的西方僑民相對抗，最終只能接受失敗的結果。

得到都統衙門授予的特許經營權後，開辦公司的具體事宜由比利時世昌洋行（Edward Meyer & Co.）承辦。不過，這雖是一項「錢」途無量的專案，也是一項投資巨大的專案。德璀琳等幾位在華僑民雖有能力獲得都統衙門的支持，卻沒有足夠的財力來支撐這項投資。果然在資本籌措的過程中出現了困難。德璀琳於是又找到了歐洲的大財團，將公司權利轉讓給遠東國家公司，即同樣收買了開平煤礦的「東方辛迪加」。公司原本在香港註冊，後又改在比利時布魯塞爾註冊，資本額為六百二十萬元[51]。

一九〇二年，都統衙門將天津政權移交給中國政府後，這項特許經營權也要求中方予以承認和繼承。一九〇四年四月二十六日，中國與比利時雙方代表在天津簽訂了《天津電車電燈公司合同》。中國方面的代表有天津海關道唐紹儀、候補道蔡紹基、天津道王仁寶、天津府凌福彭；比利時方面的代表是比利時領事嘎德斯、比

▶天津有軌電車。

利時工程師沙特、世昌洋行海禮。合同規定，在中國政府管轄區內，以天津老城的鼓樓為中心，方圓三公里內的電車、電燈事業，由比公司獲得特許經營權；公司註冊資本二十五萬英鎊，為當時天津外商投資中最大的企業；合同為期五十年。合同簽訂後，經直隸總督兼北洋大臣袁世凱上奏光緒皇帝和慈禧太后批准生效，經營機構取名為「比商天津電車電燈公司」，總公司在比利時，公司辦事處設在當時的義租界三馬路（今河北區進步道）。

一九〇五年，電車軌道鋪設工程開工。

▶德璀琳家族後代保存的「比商天津電車電燈公司」股票。

一九〇六年六月二日，環城路線網工程完工，天津第一條有軌電車路線、也是中國第一條公交線路——單軌「白牌」電車正式開通運行，一九〇七年建成雙行軌道。之後，天津電車電燈公司陸續開闢了「紅牌」、「黃牌」、「藍牌」三種電車線路，形成了貫穿天津城商業繁華街區及日、法、義、奧、俄等國租界的交通網絡。

一開始市民對電車十分反感，一則因為仇洋心理，二則害怕乘車觸電，三則擔心票價昂貴，所以「只聞城間鈴鐺響，不見人影登車來」。後經華人暗授機宜，採取「先嘗後買」的行銷策略，減低票價，人們感受到現代交通工具的便利，乘客日多。隨著老城廂和租界區的商貿發展和天津城市人口的激增，電車的運客量也大幅增長。據檔案記載，到民國初年，比利時電車電燈公司就收回了之前的全部投資。從一九一六年至一九二八年的十三年期間，靠經營電車電燈兩項，共獲利二千五百七十二萬九千八百元，截至一九四二年被日本軍隊強制接管，共獲利至少達五六千萬之巨[52]。據說比利時一國的教育經費皆來源於此。德璀琳作為股東之一，獲利自然也是不少的。

漢納根洋行與城區排水系統

對於一個外來人口不斷湧入的大城市來說，人口密度的增長既帶來了商業的繁榮，同時也帶來了生活設施和公共衛生方面的巨大壓力。「人數不多的一群人，如果分散居住在一個小鎮上，周圍有廣大的田野，那不大會有問題，但如果同樣數目的這群人，大家都擠在一條街上居住，那就會變得污穢骯髒。」所以市政建設方面，除了鋪設道路以外，最突出的就是給排水問題。在西元前五世紀建造的羅馬城中，最古老的紀念物就是規模宏大的排汙明溝；而在十四世紀的英國，汙物和糞便被設計成由下水道排出，這樣，既沒有難聞的氣味，也沒有傳染病，而後者常常造成大規模的死亡和瘟疫流行[53]。

一九〇二年，這是距漢納根初次來華後的第二十四個年頭。二十多年來這座城市變化很大：租界內，人口迅速增加，各國建築鱗次櫛比；而在租界的示範效應下，天津老城的面貌也得到了很大改觀，尤其是道路建設方面。然而，這裏的衛生面貌仍與其城市地位極不相稱，偌大一座城市幾乎沒有一座公共廁所，尤其是老城區的污水只能排放到散亂的露天溝渠，談不上完善的排水系統。對於這一點，漢納根是深有體會的，因為初到天津時，為了更好地學習漢語，他就住在天津老城。

一九〇二年二月，都統衙門下屬公共工程局提交了一份關於天津城排水系統的報告，由曾參與海河治理工程的工程師林德與公共工程局局長聯合撰寫。都統衙門批准了這份報告，並撥付公共工程局二萬三千元經費[54]。漢納根很快便得到了這個消息。消息很可能直接來自於德璀琳的老朋友林德，然後經由岳父德璀琳轉達給漢納根。

這一年，漢納根在天津成立了一家股份制公司——「大廣公司」（Tientsin Land Improvement Company），也稱「漢納根洋行」或者直譯為「天津土地開發公司」。他當然想從老城區的改造中分得一杯羹，從事此時看來大有可為的房地產業。修造排水管道這種工程，對於曾在旅順和威海建造了眾多海防工事、經驗豐富的漢納根來說，實在是小菜一碟。事實上，漢納根看中的是通過這項工程可以得到的大片土地。

經過一番準備，他很快向都統衙門的委員會提出以佔用政府土地為條件，修建城區南部排水系統、修造溝渠的建議，並繪製了排水溝的線路圖和其他各類草圖。幾次修訂後，經公共工程局研究，都統衙門同意了該方案。該洋行在老城西南挖掘一個占地一百畝、被稱為「蓄水池」的排汙池，通過一條埋設於地下、延伸到日租界北端南馬路的排水管道，將老城區的污水排入海河下游，在排水管道經過的地面修建一條從海光寺至西南角寬十米的馬路[55]。在這項工程中，漢納根得到的最大利益是，根據與都統衙門最終達成的合同，「大廣公司」以每畝五元的價格購買五百畝土地，並且不用再向政府交納租金和稅款56。

漢納根在施工準備及施工過程中，接二連三地遇到了困難和問題。最主要的是來自施工所佔用或經過的路段、民房、土地、墓地等主人，其中既有中國人也有日本人和英國人，他們由於自身利益受到影響，而爭執不斷。

施工過程中首先遇到的麻煩是遷移施工地段中的墳墓。合同簽訂後，曾由都統衙門發佈了中文的告諭，要求「位於合同劃定地段內的墳墓立即遷走；無主墳墓或由排水公司負責遷移，或通過慈善機構遷移，費用由排水公司負擔」，「遷墳期限定為兩周」。工程開工不久，漢納根即向委員會提出請求，說「有一個姓楊的中國人散發、張貼佈告，指控與漢納根先生合作建造排水工程的華籍股東們破壞墓地，挑動居民阻撓排水工程施工；他要求巡捕局長負責查明，傳訊楊某，並當法官之面把事情解釋清楚」。漢納根沒有想到，中國人非常重視祖先墓地的位置和風水，所以遷墳遇到極大的抗議和阻撓57。

雖然漢納根對中國民間禁忌並不都很熟悉，但他懂得尊重中國人的傳統習俗。他認為只要向民眾講明排水工程的好處，人們是會通情達理的。於是大廣公司張貼安民告示，向民眾講解宣示排汙工程對改善生活環境、預防疾病特別是傳染性疫病的重要性，並鄭重承諾對施工中涉及到的所有事主將按規定給予合理補償。這樣終於得到了市民的理解，使矛盾出現轉機。原先被漢納根指控的楊某與漢納根達成了和解，而「過去一些華人對漢納根先生的洋行多次告狀，現又遞上一份支持該洋行的請求書」[58]。

除了來自中國人的麻煩，其他國家的人眼紅漢納根得到的利益，也紛紛給他製造難題。先是排水溝經過的日本租界，日本軍隊在施工路段要嘛挖壕溝、要嘛設射擊練習場，都妨礙了排水工程的施工；而英軍參謀長也曾向都統衙門的委員會提出抗議，反對漢納根洋行租讓土地的方式。經過都統衙門委員會的多方斡旋以及聯軍中德國統帥瓦德西的權勢，最終這些阻礙都得到了圓滿解決[59]。這也說明當時都統衙門由於行事公允、工作卓有成效，在駐軍和各國僑民中還是具有相當威望的。

漢納根修建的排水系統於當年完工。在此後長達五十年的時間裏，這套系統對市區的公共環境衛生始終發揮著重要作用，一直沿用到二十世紀五十年代才被改造。

第二節　德璀琳、漢納根對近代天津城市文化發展的影響

《中國時報》、《時報》和《直報》

隨著租界人口的不斷增長，人們相互聯繫、溝通資訊的需要也隨之日益增長，為此德璀琳首先在英租界創辦了天津第一份報紙。而為了滿足僑民們的文化需求、傳播和普及文化知識，德璀琳又將海關圖書館發展成為面向所有僑民的租界公共圖書館。德璀琳的這一系列舉動不僅極大地推動了租界文化事業的發展，而且促進了天津本地文化事業的發展，使天津成為當時北方的文化中心。

德璀琳年輕時曾經在《比利時星報》（*Etoile Belge*）工作，深知大眾傳播媒介在掌握資訊、控制輿論方面的重要性。作為英租界董事局主席，他參與創辦了天津第一家外文報紙《中國時報》（*China Times*）和中文報紙《時報》。德璀琳和漢納根還是出版發行這兩張報紙的天津印刷公司（**Tientsin Printing Company**）的創辦人和股東之一。

《中國時報》每週出版一份、三欄十二頁，主編是密嘉（**A. Michie**，又譯作米琪），於一八八六年十一月六日開始出版，一八九一年三月二十八日密嘉退休後停刊。一些當時公認的中國問題專家們曾為它充當撰稿人，如：丁韙良、明恩溥（**A. H. Smith**）、李提摩太、丁家立、濮蘭德等人。因此，「它的社論，斐然成章，很好地把握分寸，雖然篇幅有限，但是在邏輯性和公允方面可以列入遠東迄今最好的報紙之列」。這份報紙編輯的座右銘是「更多的關注」，「報紙大量關注與公共

利益有關的事物而不是如有些人所期望的只關注某些人或團體」[60]。例如，一八八六年報紙發行後的第一卷內，該報討論在曾紀澤就任總理衙門大臣後對李鴻章的影響、總督醫院的落成、這一年內鐵路的發展以及租界內的社交新聞等[61]。

在推動公共利益方面，《中國時報》發揮了相當大的作用。由於登載其上的一些建議的影響，很多重要的機構和有益的公共事業形成了，其中包括天津商會（Tientsin Chamber of Commerce）、天津文學辯論會、某些河道與港口改進工程以及各種土地、道路和公用事業計畫[62]。由此可見，德璀琳一開始的辦報宗旨，就是使其為租界建設和公共事業服務，而不單單是作為社交通訊的管道；《中國時報》作為天津租界地方自治的一種媒體工具，發揮了溝通資訊、增強僑民凝聚力和認同感的重要作用。

作為《中國時報》停刊後的繼承者，《京津泰晤士報》（*Peking & Tientsin Times*）於一八九四年創刊。它吸收了《中國時報》的一些成功的經驗，因而在中國北方的影響力日盛。許多上層的中國人都是它的訂戶和讀者，在長江以北，幾乎是無處不見；而且，它發行到國外的數量是近代所有在華的英文報中最大的[63]。《京津泰晤士報》在國內外的巨大影響由此可見一斑。雖然德璀琳並不直接擁有該報的股份、該報名義上也是份商業報紙，但它接受英租界工部局的資助，實際上是份半官方報紙。德璀琳作為董事局主席，仍然可以把它作為自己的喉舌來扶持，讓它代自己發聲，掌控輿論。

與《中國時報》同時創辦的《時報》是一份中文日報，這也是天津第一份中文報紙，曾得到直隸總督李鴻章的大力支持，有兩年時間是由李提摩太擔任主編。報紙登載中國的新聞、上諭以及其他中文刊物不會有的綜合資訊，約在一九○○年停刊[64]。

德璀琳還出資辦過另一份地方性商業報紙——《直報》，於一八九五年正月創刊，中文日報，共八版，被認為是《時報》的後身。甲午戰爭期間，《直報》以積極的態度報導戰爭。大量登載以嚴復為代表的維新派知識分子為挽救民族危機所刊發的一系列時事政治評論文章，力主變法圖強，以西方科學取代八股文章，力倡新學和廢除專制政治，是反省甲午戰爭探討強國之路的重要論壇。因為報導袁世凱部嘩變的消息，一九○四年三月袁世凱命令其停止發行。當年六月、九月兩度易名為《商務日報》、《中外實報》繼續出版。報社位址也由開始的英租界海大道老菜市汽燈房巷遷至英租界海大道廣東路[65]。

《直報》雖有德璀琳的背景，可以發表比較激進的時評，但其本身畢竟是一份商業性報紙，不可能有太多篇幅發表維新文章。而嚴復等人在《直報》上發表時評、抨擊時政、宣導維新後，對其產生的社會影響深感振奮，同時報紙「通外情、啟民智」、引導輿論的功能，也早為新派知識分子所重視；於是，嚴復等人於一八九七年十月二十六日，在天津英租界創辦了由他主編的天津第一份中國人自辦報紙《國聞報》。其增刊《國聞彙編》曾刊載嚴復所譯的《天演論》，闡發保種保群、自強進化之公理，與上海梁啟超主編的《時務報》南北呼應，在維新運動中發揮了很大的輿論宣傳作用。

由於《時報》、《直報》等中文報紙的出版發行，中國社會的上層人士已習慣了「人在家中坐便知天下事」的便利，對資訊的需求不斷增長。報紙這種由德璀琳等外國在華僑民所發起創辦的大眾資訊傳播工具，特別是中國人受其影響而自行創辦的報刊，在義和團運動後蓬勃發展起來。一九○二年袁世凱接管天津後，中國有史以來第一份由政府發行的報紙——《北洋官報》，就在天津出現了，這是清朝末年一份頗具權威性的官方報紙。一九〇二年六月十七日，《大公報》在天津創刊，日發行量達五千份，一舉成為國內令人注目的報紙。一九一二年十二月，梁啟超在天津創辦了學術性刊物《庸言》雜誌，創刊號即取得發行萬份的空前成績，第七期後激增至一萬五千份，是當時中國發行量最大的刊物，有力地推動了新文化運動的開展[66]。

外國人在華創辦中文報紙，當然是為了控制輿論，為其在華利益服務，因此辦報需要瞭解和尊重中國人和中國文化，這樣才能不致引起反感而達到預期效果。一九二七年出版的《中國新聞發達史》曾評價說：「外國在中國宣傳，不獨為其自國報紙（外國文報紙），即在中國報紙亦可宣傳。德國的《中外實報》（天津）得有極大的效果……」；並認為其成功之處在於，「他能猜出中國人心理，將內容形式，處處都迎合著中國人的心理而編輯。所以就是中國人自己亦往往不知讀的是外國報。」[67]這可以說是對德璀琳等外國僑民發起創辦報紙的極高評價了。

博文書院與北洋大學堂

德璀琳一直積極推動李鴻章向西方學習的步伐。身為德國人，他非常清楚高等教育在德國統一和崛起的過程中所發揮的重要作用。十九世紀初普魯士實行改革時，教育即為其中的重要內容。所以，德璀琳極力向李鴻章建議，創辦一所綜合性的大學——博文書院——以培養洋務運動所需要的高級人才。

德璀琳心底始終埋藏著一個願望，就是彌補自己未能接受高等教育的遺憾。在德國，大學畢業生的社會地位非常高，比一般的商人或一般的企業主更受尊重。德璀琳由於父親早逝造成的家庭困難而沒能繼續大學教育。但越是沒有得到的往往越是珍惜。成為中國第一所大學的創辦人，這個想法對德璀琳而言，非常具有吸引力。不過，為了學校的順利創辦，深諳李鴻章心理的德璀琳，把這頂高帽戴在了李鴻章頭上。他對外解釋自己首創大學的目的時說：「中堂駐津二十餘年，偉烈豐功震今鑠古，一切悉照西法，盡心盡力，為國為民，將來該院人才輩出，蔚成中興之業，庶我中堂之威望，永昭聲名洋溢，此尤區區之熱忱也。」[68]

前文第四章述及，除了為中國培養人才，德璀琳開辦博文書院，還有一個企圖，那就是以為學校募集資金為名，攫取承辦修築鐵路的特權。對於德璀琳所暴露的這個野心，李鴻章是不可能予以批准的。後來，在經費的籌措上，中國方面只有津海關道劉汝翼捐給博文書院白銀二千

▶德璀琳所建博文書院校舍。

兩，德璀琳不得不與赫德商議，博文書院的經費由海關支出白銀五千兩作為常年經費的一部分並按年籌寄。除此之外，赫德還自掏腰包捐助了兩千兩，作為對中國教育現代化的支持[69]。德璀琳最後一共籌得白銀三萬零八百四十五兩六十六分，於一八八六年十月勉強開工建造博文書院。

德璀琳一手經辦了書院的建造和籌款等具體事務。他將博文書院的院址選在大營門外梁家園村。這裏不僅靠近英國租界，而且毗鄰海河，地理位置極佳，是一塊升值潛力很高的土地，後來那裏成為德租界界址。歷時兩年六個月，德璀琳終於在海河邊建造起一片四合院式的大樓和樓房相連的平房作為第一期校舍[70]。

後來，建造後續校舍的經費不敷，德璀琳又以已建成的校舍為抵押，向德華銀行借款本息共計白銀三萬二千五百九十三兩零三分。由於歷年水災「移緩救急」，後面的捐款也難以為繼，再加上李鴻章看到前期派出國外留學的學生回國後「無差可派」而感到灰心失望，放棄對博文書院的支持[71]。這樣，這所由德璀琳發起並一手經辦的大學最終沒能開辦起來。在天津僑界，西方僑民們把博文書院的創辦失敗視作德璀琳的「笨法」之一[72]，但顯然也承認他創辦中國第一所大學的初衷和為此付出的努力。

開辦近代中國第一所大學的設想是一件非常偉大的事情，博文書院如能創辦成功，將使中國近代高等教育提前六年，從而更早更多地培養出有用人才。但是，德璀琳創辦博文書院的目的，不只是想要幫助中國引進西學、培養高級人才，他想要的更多。時任津海關道的周馥很快就察覺了德璀琳的不良用心，因此在博文書院的建造問題上，對德璀琳處處予以牽制阻撓。德璀琳曾為籌措資金而要求李鴻章，允許以博文書院的名義，在英租界以南河岸開設米棧、按期收取租金。他就此事與周馥進行了商議[73]。周馥對此事的答覆現在無從查考。但是，從結果上來看，學校最終沒能開辦，說明周馥沒有同意開設米棧，對於學校的其他事情也是不熱心的。作為一名精明幹練的洋務官員，周馥對德璀琳的野心一直保持警惕。對德璀琳這種以培養人才為名、攫取中國利權為實的舉動，周馥不可能給予積極支持；相反，很有可能，正是他在李鴻章面前反復陳說利弊，明裏暗裏對德璀琳創辦博文書院加以掣肘，才使其困難重重而終至失敗。從動機和可能的後果來看，我們也不能說這是清朝封建保守官員對新事物的敵視與扼殺。

好在甲午戰爭後，舉國上下要求自強的呼聲日高。清政府也把立學堂列為應及時辦理的實政之一，原來阻礙大學創建的經費等問題得到解決。近代中國第一所大學——北洋大學堂，終於在博文書院的基礎上創辦成功，於一八九五年九月在《申報》登報招生。此後，北洋大學堂在中國第一次完全引進了近代西方的大學制度，初創法律、土木、礦冶、機械四科，皆為國家現代化所急需科目。畢業的學生被資送出國留學，都能學有所成，為近代中國各方面事業的發展和進步做出了極大的貢獻。飲水思源，德璀琳對中國近代高等教育的創議之功也不應被遺忘。

德璀琳、漢納根與天津的賽馬運動

天津的僑民熱衷於各種體育活動。其中最重要的運動是賽馬和草地網球。一種運動之所以會受到僑民的推崇主要在於其能炫耀財富和社會地位。「一項高級別的運動項目，從定義上說，就是一種要求大批昂貴用具、或者昂貴設施、或二者兼備的運動。」[74]賽馬和草地網球與一般運動相比，都需要更大的專業性的場地、昂貴的設施、專業的訓練以及相配套的服裝等等。因為這些原因，天津僑民非常熱愛這兩種運動。

「草地網球運動吸引著所有人：兒童、青年人、成年人，乃至老頭子和老太婆。他們一清早就手執球拍來回奔跑，一直打到天黑。他們打得很認真、鄭重，邊打邊用英語鄭重其事、神氣十足地叫道：Play! Your game!（打呀！您的球！）會打網球被認為是好風度的標誌。不會這種最新的投擲運動的人在此地社會上將被視為怪人或可疑分子，因為每天必須打網球，正如每天必須吃飯一樣，一個人必須打網球，就像一個人必須遵守禮節和裝束入時一樣。」[75]

賽馬就更不用說了。這種在歐洲被視為貴族運動的項目在天津、上海、北京和香港等通商口岸的僑民中非常流行。這項運動也是天津僑民開展最早的休閒運動。天津賽馬會（Tientsin Race Club）在一八六三年五月舉行了第一次賽馬會，一位路過天津的旅行者發現，「天津處於極度激動狀態中」[76]。

德璀琳到天津後，很快迷上了這項運動。因為這一時期天津的道路狀況極差，僑民出行時主要依靠騎馬，而買馬、養馬的費用極低廉，所以幾乎每個僑民家裏都會養上一兩匹馬。一八七九年漢納根來到天津不久，家中馬廄裏就養了三匹馬：一匹白馬是德璀琳送的，為了上下班和學中文騎用；兩匹棕色的馬，一匹是李鴻章的送禮，另一匹則是一位李鴻章屬下大將的送禮[77]。

騎馬是一種體育運動，賽馬則是一種休閒娛樂活動。德璀琳和漢納根對天津的賽馬運動做出了極大的貢獻。從一八八六年開始，德璀琳連續多年擔任天津賽馬會的秘書和旗手[78]。在他任職以前，天津最早的賽馬場設在海光寺一帶，賽馬會每年在那裏舉行一次只有歐洲人參加的馬賽[79]。德璀琳任職後，利用他與李鴻章的友誼，讓天津賽馬會接管了英租界以南的「養牲園」。他和漢納根一起修建了新的賽馬場。賽馬場「賽道周長一點五英里，賽道極寬，可輕易容納十四匹馬並肩賽跑，十八匹的話也並不嫌擁擠。賽道裏是一圈同樣長度的訓練用跑道。再裏面是一條防洪用的排水溝以保持賽道乾燥。排水溝裏是一條煤渣路。賽馬場的最外面環繞著一條小河」[80]。馬場設有看臺，老的看臺在一九〇〇年被燒毀，一九〇一年就立刻建了一座新看臺，一直使用到一九二五年才被三座混凝土看臺所取代[81]。這座跑馬場「在許多方面，是所有中國賽馬

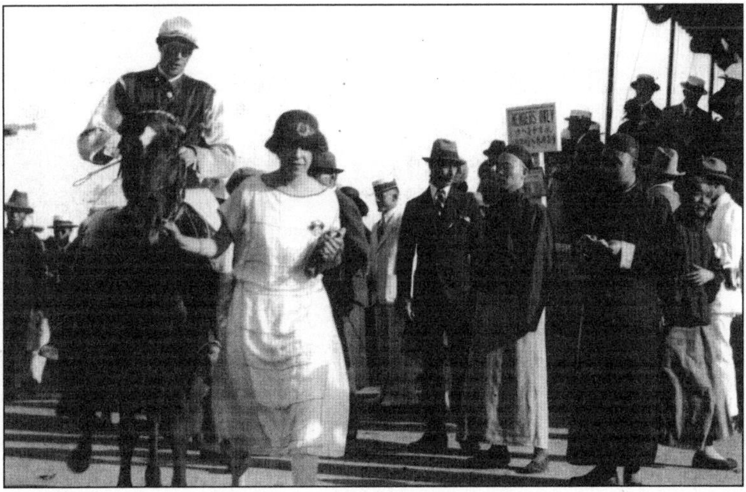

▶德璀琳家的賽馬。

場中最好的」[82]。

一八八〇至一八九〇年的十年間，是租界開始逐漸發展的時期，特別是有了新的賽馬場，天津賽馬俱樂部改為一年舉行兩次賽會，即春季和秋季兩次賽會。據說，德璀琳「會把『十有八九能取勝的馬』留在馬廄裏，以便讓年輕而不抱什麼希望的敵手有一次機會」。漢納根的馬匹也曾多次獲勝，「取得人人垂涎的冠軍」。而另一位女婿納森的一匹有名的賽馬，一共贏了七次「冠軍錦標賽」（Champion Stake）、四次「天津有獎賽馬」的勝利[83]。一八九三年天津賽馬會舉行的一次會議上，德璀琳還與漢納根一起建議，應在每個賽會為中國騎手舉行兩次比賽。後來由天津道台向這個中國騎手的比賽捐贈了一個獎盃，所以被稱作「道台杯」（Taotai's Cup），該項賽事一直是最好的賽事之一[84]。

在德璀琳和漢納根的領導下，天津賽馬會得到很好的經濟效益，於是馬會將原來在馬場旁的天津鄉誼俱樂部（Tientsin Country Club）併入到馬會，使人們在賽馬之餘

▶天津賽馬場的鄉誼俱樂部露天舞池。

有了一個休息娛樂的去處。改建後的鄉誼俱樂部擁有室內舞廳、室內游泳池、保齡球場，此外還設有餐廳、茶廳、劇場、彈子球房、露天舞池等多功能設施，成為京津中外人士聚會休閒的高級娛樂場所。

天津的賽馬用的是蒙古馬。這種馬並不高大，特徵是擁有粗糙的皮毛、多毛的馬皮以及特別短的馬腿，通常只被用來騎乘或者拉貨。這種馬貌不驚人，短途速度也並不很快，但耐力極強。「天津的賽馬不能跟香港與上海相比，因為那兒的賽馬場上奔跑著有英國良種馬，……天津的馬只有蒙古矮種馬，它們是名副其實的供馬主或騎手的乘用馬，卻能以七分四十秒跑完三英里賽程。它們是一些勇敢、強壯的小畜牲，它們會一直奔跑直至倒下。」[85]每年，馬會都派出專人到蒙古去收購馬匹，帶回天津後再分配給各馬主。

一九〇〇年義和團運動期間，天津租界遭到義和團和清軍的炮擊，許多房屋被破壞。德璀琳建在跑馬場旁的別墅被燒毀，跑馬場的看臺也同樣遭到厄運。曾給僑民帶來無限歡樂的賽馬則命運不同。北京的僑民躲入使館區，遭到清軍圍困兩個多月。由於食物匱乏，那些賽馬被它們的主人和騎手吃掉[86]。而天津雖然也遭到圍困，但沒有人吃掉他們的賽馬，並且德璀琳等人的賽馬也躲過了炮火的襲擊，安然無恙[87]。所以，義和團運動過後的第二年，劫後餘生的僑民們就搭建了新的看臺，立即恢復了賽馬。

德璀琳非常熱衷於賽馬這項典型的英國貴族式運動。「他在賽馬方面所取得的成功可以寫一本書，而且他一向是以最高尚的和最有運動員風格的精神參加賽馬。……主要由於他對養牲園的小心管理和精心養護，現在的賽馬會才能有一個在遠東地區無與倫比的賽道和設施。」[88]不知道德璀琳是否也像漢納根一樣，想要「向一貫在這個領域佔有優勢的英國人證明，德國人在這項運動上也很精通」[89]。

漢納根與避暑勝地北戴河

外國僑民在中國的生活，除了工作和日常的消遣娛樂之外，他們也把休閒度假的習慣帶到了中國。對於海關洋員來說，一八六九年《大清國海關管理章程》中就規定，內班職員工作七年後可享受兩年拿半薪的休假，並准予報銷本人及家庭成員（五名以內）的返程路費的一半[90]。回本國度假，路遠迢迢，車顛船簸，費時耗力，所費不貲，且並不是所有僑民都有如海關洋員那樣的帶薪休假期。於是，每年夏季暑熱難耐之時，不能經常回國度假的來華外國僑民們，就千方百計在中國各處尋找氣候涼爽的消暑度假地。這樣，僑民們居住的地方除了租界之外，還另在中國氣候宜人的深山或海濱建設了許多避暑地。

在華僑民最早開闢的是廬山一帶「牯嶺」和「蘆林」兩大避暑地。這是由英、俄、美等國傳教士通過「永租」方式，陸續拓展而形成的，是長江以南各地僑民的避暑勝地。而北方僑民夏季的避暑去處，則為北戴河海濱。一八九三年，被德璀琳引薦給李鴻章的英國工程師金達，因修築津榆鐵路勘查路線，來到北戴河一帶。他發現這裏風景秀麗，潮緩沙軟，為最佳的海水浴場。他回到天津後，向僑民們廣為宣揚。於是，許多西方僑民慕名前來，擅自在當地購地建屋。

本來北戴河距秦皇島、山海關尚有一段距離，外國人也並不想在此修建碼頭、把它變成一個港口，但是為了個人私利，卻非要把北戴河說成是跟鐵路修建密切相關的地方。「鐵路之關係西人者，莫如距山海關約六十餘里北戴河一區」，事實上，則是看中「此地山清水秀，避暑最宜」。因為知道鐵路即將連通此處，交通方便，因此不單是天津本地租界，連同附近北京等地稍有實力的僑民，都爭湧而來，「左近地方爭先購地，價遂大漲，刻已建有平房數間耳」[91]。一八九八年，清政府自開秦皇島為通商口岸時，鑑於毗鄰的北戴河已有外人蓋屋避暑的情況，經北洋大臣委派津海關道李岷琛、候選道王修植、開灤礦物局總辦周學熙等勘測，清政府正式劃定戴河以東至金山嘴（實為鴿子窩）沿海向內三華里為避暑區，將北戴河海濱（即戴河以北的海濱）劃為准許外人雜居的地區，使該地成為又一個外人的避暑地[92]。很快，這裏就建起了成片的西式建築。

漢納根於一八九九年第三次來華後，把家庭和事業的重心完全放在了中國。他的井陘礦務公司開辦後，煤礦方面的事務基本上進展順利。煤炭一車車開採出來、運輸出去，金錢就源源不斷地進到了漢納根的腰包。他很快就有了大把的餘錢，在北戴河建起了自己堅固漂亮的磚石結構的避暑別墅。漢納根的北戴河別墅位於今保四路，是一座建築面積一千四百多平方米的兩層樓房。朝向大海的別墅正面有採光極好的寬大圓窗，外面還像所有的殖民地房屋一樣，有一圈圍廊，漢納根一家可以在那裏一邊納涼，一邊欣賞大海的波濤，甚至一日三餐都是在那裏享用。在外籍人士的別墅中，他的別墅不僅位置是最好的，面積也是數一數二的。

別墅建成後，每年夏天，漢納根夫人埃爾莎都要帶著孩子們去北戴河別墅區避暑，漫步、游泳、日光浴、呼吸新鮮空氣，間或發起一些小型音樂演唱活動。大海的浪濤聲，林地的松濤聲，百鳥的鳴啾與漢納根夫人的女高音交織在一起，成為這裏人們注目的中心。而漢納根在一九一一年將井陘煤礦售煤處交予高星橋經營之後，徹底解決了市場開拓和銷售問題，

▶漢納根家在北戴河的別墅。

▶漢納根家在北戴河的別墅室內。

礦山那邊又有德國工程技術人員負責，公司一切走上正軌，於是，他也能安心地過起悠閒的半退休生活，一年中倒有半年的時間是在北戴河的別墅中度過。他還告訴高星橋北戴河作為避暑修養的好處，說這塊風景區將來必會漲價。後來，高星橋發財後，也在北戴河買了許多土地，興建了很大的別墅[93]。

以英、美籍僑民為首的外國人在北戴河組建了地方自治性質的組織——避暑會，其中創建最早的是「石嶺會」。於每年夏季召開類似於租界納稅人大會的租地人大會或者會員大會；董事會由一名會長和五名副會長組成，其下設有相當於租界工部局的執行機構。一九〇〇年義和團運動後，根據《辛丑合約》，八國聯軍可以在北京至山海關沿線駐軍。之後一直到第二次世界大戰爆發以前，北戴河掀起了房地產開發的熱潮。除了「石嶺會」之外，外國僑民又先後創設了東山會、廟灣會、燈塔會、夏令會等眾多團體組織，他們各自為政，行動肆無忌憚，不僅佔據大片土地，而且還干預地方行政[94]。雖不知道漢納根具體屬於哪一個團體，但以他的資歷和個性，必然是某一組織中具有重要位置的成員。

為了抗衡外國人將北戴河變成准租界的企圖，一九一六年第一次到北戴河的北洋政府交通總長朱啟鈐，就醞釀成立自治組織。第二年，為了便利中外遊人到北戴河避暑旅遊，由北寧路局鋪設了鐵路支線，每年夏季通車。一九一九年，朱啟鈐號召在海濱避暑的中國知名人士在西山創辦「地方自治公益會」。公益會加緊進行市政建設，當年由公益會劃地建造了蓮花石公園，公園內建有體育場、高爾夫球場和跑馬場等。同年還開發了第一、第二、第三公共浴場，使北戴河的旅遊設施初具規模，也逐步奪回被外國人侵佔的國家主權[95]。為了促進這裏的旅遊業和房地產開發，三〇年代，在北京的《民報》、天津的《新民晚報》、上海的《文匯報》上都刊有廣告，介紹北戴河的別墅、旅遊風光及設施。

中國原有眾多避暑勝地，例如北京的圓明園、頤和園，承德的避暑山莊，不過這些都是為皇室專享的避暑場所，普通人甚至官員亦不能涉足。外國僑民把西方的度假旅遊這種生活方式帶到了中國，並介紹給中國人，改變了他們的生活方式，客觀上，也使中國近代的旅遊業開始了它的發軔期。

城市化與現代化

長久以來，只有東方和遠東才有大城市，只是自十六世紀以及隨後的兩個世紀裏，城市才在西方成長起來並逐漸超過東方。國外學者認為，由於中國人對待城市的態度不同於西方人導致了東西方城市發展程度的差異。雖然，東西方的城市都是建立在流通和交換的基礎之上，但是之後的城市發展軌跡卻截然不同。歐洲城市化進程的背後代表著一種生活方式向另一種新的生活方式的轉化，這個過程同時造就了一個市民階層，他們主導著城市的文明進程。然而，在中國，由於工業化的滯後，城市卻沒有上述的地位與作用。

封建社會的中國沒有截然的城鄉對立，中國文明的獨特之處在於其「農」字是不含鄙視之意的，在中國，城市並不代表著比鄉村更高的文明水準。中國人的價值標準使城市中沒有形成市民階層和上流社會，城市人也沒有代表和支配中國人生活的基調：無論在服裝式樣、飲食方式、交通工具或是日常生活的其他顯見的方面，都沒有顯示出應有的區分。由於缺少市民階層，中國的城市沒有市政廳，官吏是代表中央政府在進行統治而不是自治的。城裏人並不以身為城市人為榮，相反，他們崇尚在經商或從政成功之後退隱鄉村的生活方式[96]。陶淵明隱居鄉野「採菊東籬下，悠然見南山」式的田園生活，幾乎是所有高尚士紳的理想生活境界。在中國的城市裏，儘管不像歐洲那樣分為高尚住宅區和貧民窟而是窮人富人雜處一起，但是每一位有錢的官員或者富商都有自己的私人庭院，因而中國人對建造城市公共建築、公共園林缺乏興趣。總之，在近代，中國與歐洲的城市在市政建設方面的明顯差異，既受到工業化發展程度的影響，也受到不同文化價值觀的影響。

天津的城市發展自然也受到這兩方面因素的影響。一方面，由於漕運和鹽業的發展給城市的一部分人帶來了巨額財富，天津有一些大鹽商，他們擁有非常壯觀的私人花園，如鹽商查家的水西莊，乾隆皇帝來津時就住在他家。另一方面，由於尚未進行工業化，城市總體發展落後，表現為環境衛生惡劣、缺乏公共設施、給排水系統和道路交通系統等等。

由於英租界建設得日益先進，吸引了大量有錢的中國人遷入居住。儘管有一八六六年的章程限制，但實際上，只要「找尋一個容易打交道的英國人，讓他作名義上的業主」，中國人就能在英租界裏獲得地產，而且「在後來的兩個推廣租界地的市政當局制訂的章程中，沒有限制中國人租取土地的條款，一九一八年採用的適用於整個英國租界的土地規章中也沒有這種規定」[97]。這樣，遷往租界居住的中國人越來越多，二十世紀初，天津的八國租界裏總共居住著中國人九千四百三十三戶、人口六萬一千七百一十二人，而全部外國人加起來戶數只有一千四百三十六戶、人口六千三百四十一人，中國居民的人口總數幾乎是外國人的十倍[98]。

遷入租界的中國人很快接受了西方的生活方式、生產方式及風俗習慣，並將這些新鮮事物傳播到中國社會，促進了中國社會的現代化進程。除了自來水、下水道、電燈、電話、馬車、汽車等物質文明，還包括按鐘點作息制度、星期制度、教育制度、市政管理制度、選舉制度等制度文明，都對天津、上海等近代通商口岸的城市發展和社會演進產生了「極其廣泛而複雜的影響」[99]。

十九世紀末、二十世紀初，中國近代第一所大學、第一所工業技術學校、第一所西醫醫院、第一所女子師範學校、第一個市政機構、第一座機器鑄幣廠、第一家電報局、第一家機械化農場……諸多中國現代化進程中的「第一」紛紛在天津出現，在近代郵政和鐵路、新式教育和職業教育、市政機構和司法等領域引領風氣之先，且成為北方乃至全國清末新政之示範[100]。這不能不說是僑民和租界所帶來的西方現代文明對中國的現代化所產生的影響由表及裏、由物質層面向制度層面逐漸轉化的深刻體現。

第三節　天津租界中的西方僑民

租界的設立及租界裏的外國僑民

近代天津在被闢為通商口岸後很快成為一個國際化的大城市，曾經有很多外國僑民在此居住。他們在這裏掙扎、奮鬥，開創屬於自己的生活，過著既不同於當地、也不同於本國的獨特生活，並且形成了一個「單獨的和日益擴大的社會」[101]。

天津租界的設立與近代中國的政治形勢緊密相關，它們是列強歷次侵華戰爭的產物。第二次鴉片戰爭中，英法聯軍

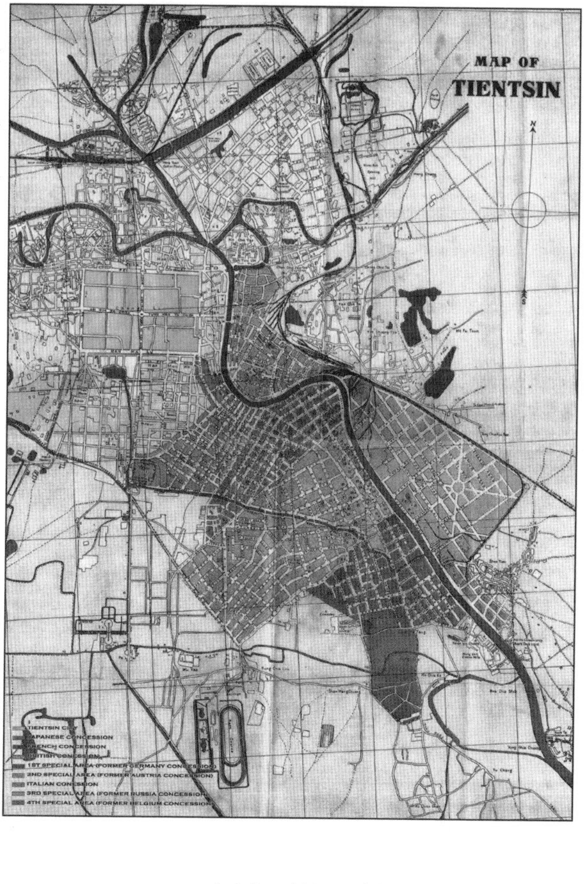

▶天津的八國租界。

佔領了天津城，根據一八六〇年簽定的《北京條約》，天津被闢為通商口岸，英、法、美三國在天津劃定了租界。從此，列強每發動一次侵華戰爭，天津的租界就擴大和增加一次。中日甲午戰爭以後，德國藉口「調停」有「功」，在天津劃定了德租界；日本則以「戰勝國」的淫威，在天津劃定了日租界。一九〇〇年八國聯軍入侵天津，在天津設有租界的英、法、德、日等國，擅自對租界進行擴張；沒有租界的俄、義、奧等國，即以本國軍隊佔領的地盤劃定租界；比利時雖未參加八國聯軍，這時也乘機在天津強劃了比租界。一九〇二年，美租界併入英租界，天津形成八國租界並立的局面。這些租界的總面積相當於當時天津老城的八倍多，這在全國設有租界的城市中是獨一無二的。天津成為帝國主義瓜分中國的一個縮影。

隨著天津貿易的繁榮和租界的發展，各國僑民紛紛來到天津租界。「貿易開始的頭一兩年，交易量頗大，商人獲致巨富，例如某商人從一八六一年起，數年之間積聚了大筆財產，現在帶了每年可得利息五千元的財產而離去。」[102]這種事例很容易被到處傳揚，吸引越來越多的人來天津尋找發財致富的機會。年復一年，港口出現了新來者。這些人有時留下來，有時走了。「幾乎每個來中國的人都認為在這裏可以快速致富」[103]，因此租界中總是不缺少做著發財夢的來中國淘金的外國僑民。

天津開埠時，只有不多的外國商人和兩三個基督教（新教）傳教士住在天津老城的內外。一八六一年，天津總計有二十八位僑民。他們當中包括：第一個到天津傳教的美籍新教傳教士柏亨利（Dr. Henry Blodget）以及其他五位傳教士和他們的夫人、英國駐津副領事、第一任津海關稅務司，還有其他在津開辦洋行或洋行的雇員們[104]。一八六六年，據英國領事統計，包括商人、傳教士及外交官在內，共有一百一十二人，其中英國五十八人，美國十四人，德國十三人，俄國十三人，法國十人，義大利二人，瑞士一人，丹麥一人。一八七七年天津口岸的僑民人口為一百七十五人，一八七八年為二百零一人，一八七九年增加至二百六十二人，後者中有成年男性一百二十三人，女性五十八人，兒童八十一人。一八九〇年，天津的僑民人口大幅增長，有六百一十二人在各領事館登記。一八九八年日本在津劃定租界以前，在津的外國僑民主要是西方僑民。之後，日本在津僑民人數飛速增長：一八九九年日本在津僅有商人七十七人，一九〇一年即增至一千二百一十人[105]。一九〇六年，根據海關統計，居住在天津的外國人口達到六千三百四十一人[106]。這一時期，從外國僑民的數量來看，天津確實可以稱得上是一個國際化程度很強的現代大城市。

熱衷於服裝競賽的僑民

租界裏僑民的生活是舒適而豐富多彩的。起初僑民基本上是仿照或者照搬本國的方式居住和生活，但是時間長了，就難以避免地融入一些中國當地的特性。很快他們就形成了通常被統稱為殖民地式的生活方式，這一特徵具體體現在他們日常生活的衣食住行與社交娛樂等方方面面。

在各種現代炫富方式出現以前，古代和近代社會的人們展示自身財富地位和風度儀表的最佳方式莫過於穿著打扮。根據一個人的衣著來判斷一個人的社會地位等級，是最方便實用的方法。歐洲人尤其對時裝有一種歷史悠久的特殊的偏愛。十七世紀的一位歐洲使節說：「一個人如果沒有二十五到三十套各式各樣的衣服就算不上有錢，有錢人必須每天換裝。」[107]

像其他通商口岸裏的歐美僑民一樣，天津的僑民也熱衷於這種服裝競賽。這裏的紳士們制訂了一整套穿著規矩。他們的衣著不僅嚴格地因時令而異，而且依一天內的不同時間和服裝的不同用途而異。他們依據所做的事情和所到的場合，在一天內仔細換裝數次，極為重視穿著打扮的各種細枝末節。一位義和團時期到訪天津的細心的觀察者這樣描述道：「夏天，熱帶的軟木遮陽帽一定要和薄薄的熱帶衣服和輕巧的鞋子同一色彩，同一風格。如果領帶的色調和樣式同皮帶、襪子不相協調，那將被認為是嚴重地有損風雅和身分。在天津，從來沒有一個珍惜自己的尊嚴和聲譽的大人閣下或先生不是穿著運動服來到打網球的 **recreation-ground**（休息場）。他從來不會犯那種和男賓吃飯時穿燕尾服，而和女賓吃飯時卻穿著晚禮服這種顛三倒四、不可饒恕的亂穿衣服的錯誤。」[108]

租界裏有各種服裝商店，專門為僑民們製作和進口時裝，其款式來自時尚之都巴黎的當季流行樣式。在一九二八年出版的天津租界英文洋行目錄中，經營服裝和

▶盛裝出席天津德國學校活動的德國僑民們。

女帽的商店有七家，鞋店四家，百貨商店二十二家，專營手錶珠寶的商店有八家，基本能夠滿足僑民們日常的服裝要求。用中國人的眼光來看，這些商店的數目簡直是大大超過需求了。

除此之外，作為在華僑民的領袖人物，赫德與他治下的海關也盡其所能地幫助僑民保持他們西方文明的生活方式和各種奢侈享受。一八七二年總稅務司赫德專門下發了一道通令，就如何處理有關免稅貨物進行了指示，後面還列了一張長長的免稅物品清單[109]。其中，穿著用品被列為一大項，其類別被細分為：各種成衣、外國靴鞋、襪、男子服飾用品及女帽、男女洋人用衣料以及金銀首飾。從那張免稅物品的清單上可以看出，由於航運業的發達，僑民的生活並不因為與家鄉距離遙遠而有太大的不同。可以想像，總稅務司的體貼一定慰藉了那些遠離故土、身在「文明邊疆」的僑民孤寂的心靈，讓他們在滿足物質需求的同時也獲得精神上的安慰。

吃肉的歐洲人

歷史學家布羅代爾說：「食物是每個人社會地位的標誌，也是他周圍的文明或文化的標誌。」[110]歐洲人是肉食者，不論是富有的還是貧窮的人都習慣以肉食為主要食物來源；而中國是農耕文明的國家，國民以糧食為主食，吃肉很少，幾乎沒有為屠宰而飼養的家禽。據統計，十八、十九世紀，在歐洲的大城市中，法國巴黎人均每年消費五十一到六十五公斤肉，德國漢堡人均每年肉消費量則達到六十公斤[111]。在中國，由於人口過多，供牛羊生活的土地必需用來養活人。中國人不養或很少飼養牛羊。那麼以肉為主食的歐美僑民來到中國後吃些什麼呢？

這個問題至少在天津並不難解決。初到天津的僑民發現他們不需要為肉食的供應而擔憂，這裏「各種食物極為豐富，我們在這一方面的要求都能及時得到滿足，雖說，在牛肉問題上，他們有時是有點兒不切實際的，因為在這一地區，所有的牛都只用來拉犁」[112]。二十世紀初，租界內有兩處市場，英租界與法租界各一處。它們不僅建築規模宏大、設備完善，而且有非常詳細的衛生管理章程。這兩處菜市場每日消費額驚人，在很大程度上說明了天津租界的繁榮興盛。一九〇九年日本人曾對英租界、法租界及華界的三處菜市場作過一次肉食品的消費調查。根據此項調查，僑民們的肉食供應種類豐富，包括：雞、鴨、鵝、野雞、小野鳥、洋雞、鴿子等禽類，兔、牛、豬、羊、野羊等肉類，雞蛋、鴨蛋、鴿蛋等蛋類；從平均日消費量來看，禽類為一千九百五十隻，肉類為五百三十一頭（隻），蛋類為二萬零五百顆[113]。調查資料雖然是包括本地人消費量的，但即使華界的中國市場消費額占到一半，租界僑民日消費量仍然是相當可觀的。

▶漢納根家的餐桌。

除了肉類供應的數量，僑民們也關心品質。為了保證肉類食品的衛生安全，在原德租界、靠近租界地中心的一處地方，應僑民們的要求，耗資五萬元建造了一座新式屠宰場。所有牲畜圍欄、屠宰房、冷藏間，都是在外國專家的監督下建成，冷藏設備也是專門從國外訂購的。運進這裏的牲畜和運出的肉都要進行食品衛生檢驗[114]。屠宰場設在現在屬於中國人的地方，為的卻是僑民們自身的健康安全。僑民們還美其名曰，是為了給中國地方當局做示範。

來自本地的供應之外，僑民們還從歐洲進口大量食品飲料。在海關免稅物品清單中，食品位列榜首，其種類紛繁複雜，包括：魚、肉、禽、各種野味罐頭、魚子醬、香腸、麵餅、葡萄乾、蛋糕、夾心糖、咖啡、可可、黃油、牛奶酥等，各種新鮮的蔬菜、水果、蜜餞、鹹菜等，光是麵粉就有粗磨粉（包括粟米粉及燕麥粉）和砂穀粉（葛粉、玉米粉等），還有酸辣醬、各種香料、調味汁、調料、香精等；飲品列在次位，包括：外國苦啤酒、甜露酒、甘露酒、樹莓酒、蘇打礦泉水及礦泉水、檸檬汽水等。相信有了這些食品飲料，來自歐洲的巧婦們一定可以做出家鄉風味的食物，僑民餐桌上的內容與本國也就沒有什麼不同。僑民們用酒肉填飽了腸胃，思鄉的愁緒就無處安放了。

從吹泥填地到「萬國建築博覽會」

對於天津的僑民來說，最令他們富有成就感的，可能就是在一大片荒蕪的沼澤地上，建起了一座有著不同建築風格和現代設施的花園城市。

在英、法、美三國租界建立的初期，由於這一地段地勢低窪，需要大量土方填埋地基，才能再建房屋，因此花費甚巨且耗時費力。任何人想要在英租界或法租界建造房屋，都必須讓他的承建商買來好多車的土來填平和墊高地基。後來，他們則發明了另一種就地取材的方式——吹泥填地。即「採取圍墊築池的方法，在某一劃定的區域四周築起土墊，其高度高出規劃所要求的地平面，中間形成池狀，然後向池內泵入海河工程局的戽斗式挖泥船從海河挖掘的河泥。」這些來自海河的淤泥通過埋設在規劃好的租界道路下面的管道，用水泵抽送到需要填墊的地區，在池內沉澱，水分經過蒸發和滲透而消失，一塊平坦的地基也就出現了。運用這種方法，大片的沼澤以每年二十至二十五萬土方的速度被填平變成可以建房的平地[115]。

很多後來宏偉的建築和舒適的居民區在以前都是深深的池塘或者墳地。曾經有一位英國女孩說，天津是「好天無地，而英國是好地無天」，意思是說，天津有一個晴朗美麗的天空，卻沒有土地，而英國有一片美麗的土地，但是卻沒有好天氣。在吹泥填地這種方式出現後，天津也終於有了適合建房的土地，地價在十年間就增長到以前的十倍。「這些土地很快就被外國商行和投機家認購，刻著多少有些神秘的姓名首字母的界石，如雨後春筍般到處鑽了出來。……使那些被葬於地下的居民得以消逝，取而代之的是居住舒適而愉快地生活在世的家庭。」[116]

在居住方面，因天津擁有九國租界，各個租界的居民都在模仿本國建築風格的基礎上建造自己的房屋，所以天津的租界素有「萬國建築博覽會」的美譽。但是，從另一個角度來說這也是殖民地或租界地的典型建築特徵。用建築學術語來說，叫做折衷主義（Eclecticism）風格，即以模仿或照搬西洋建築為特徵的潮流。

天津租界的早期建設中，英租界是一枝獨秀。最初，它的房屋建築式樣大抵是模仿香港的。「結果常常是，寬敞的房屋擺滿了傢俱，宜於夏天居住，但一到冬天，卻使人一看到就感到寒意」[117]。因此，後來建築的式樣特別是室內設計更加符合本地的氣候條件。不過，他們的室內裝飾和傢俱擺設仍然是歐洲式樣的。這同樣應歸功於海關的照顧，客廳、餐廳、寢室、浴室、廚房、配

▶德璀琳府邸。

▶德璀琳府邸室內。

膳室及帳房傢俱，彈子房、地球房（即保齡球）及球場傢俱，保險櫃、火爐、爐柵、灶、火爐用具、火爐圍欄、煤簍等，煤氣裝備、鈴等，書籍、樂譜、樂器等，馬具、輓具及馬車等，甚至玻璃及水晶器皿、瓷器、陶器、瓦器以及鍍金屬器皿等，統統被列入免稅放行物品。所以，如果僑民們想把他們在歐洲的家原封不動地搬到天津或者其他通商口岸的租界區，無論是傢俱擺設還是器皿裝飾，都不會遇到什麼困難。

總體上，由於各國租界管理當局嚴格規定租界內的建築必須採用外國式樣[118]，因此這些建築的立面和外部裝修風格上基本還是保持著各國的風格：有富於浪漫色彩的哥德式建築，有反映西洋古典復興思潮的巴洛克和洛可可式建築，還有德國日爾曼式、古希臘廊柱式、西班牙式，以及現代風格的公寓建築等等。

在租界建立到二十世紀以前的這段時間內，

▶漢納根府邸。

▶漢納根府邸室內。

租界裏新修建的西式洋房中間仍然混雜著一些中國人簡陋的泥坯房，構成獨特的租界風景。那個時期，初到天津租界的漢納根看到這樣的景象：「在（租界）那裏居住著很多歐洲人。他們的住所大多是兩三層的中歐結合式小洋樓，並且帶有很大的花園，讓人看起來就很舒服。在長達半英里的街上很少見到老城裏簡陋的中國人居住的用泥土修成的矮小的泥屋。」他不禁感歎：「這樣的景象即使在上海和香港也不多見。」[119]

隨著租界僑民人口的增加，在二十世紀初期各國租界的大規模建設開始以前，租界裏「幾乎經常不斷發生房荒」，「天津的房屋一蓋好，就會馬上租出去並立刻住上人」，甚至「很多房屋還遠沒有竣工就有人預訂了」[120]。租界的房地產業迅速發展起來，進一步促進了租界的繁榮，也方便了僑民的生活。

從轎子到汽車、從帆船到火車

隨著天津城市道路的發展，僑民的出行日益便利。在天津城和租界區內，初期因為當時租界內的道路建設尚不完善，僑民外出只有騎馬或雇轎子。一八七九年，漢納根初次隨德璀琳去拜見李鴻章時，記述道：「我們雇了兩頂轎子。前面有一個人騎馬開道，後面還有一個人保護。每頂轎子都有四個轎夫，另外還有兩個人在轎子旁邊跟隨。總共有十四個人隨著我們倆趕往總督府。」這倒並非是為了排場，而是這一路行來確實不容易，「不僅僅是路途較遠，並且路也不好走，所以前面有個人開道是非常明智的」。居住時間較長後，一般僑民在出行時就改為騎馬，因為這樣更為快捷，且馬匹的價格和飼養它們的用費並不昂貴[121]。

義和團運動以後，僑民出行主要乘坐西式馬車和人力車（或稱東洋車）。這一時期，租界和天津城內的道路建設都得到很大發展，行車走路不再是一件艱難的事情。私人用和營業用的馬車增加了很多。一九〇六年據天津巡警總局統計，天津共有西式馬車五百一十二輛，其中為僑民專用（包括私人用和營業用）的有三百三十三輛。人力車自一八八二年由日本經上海引進天津，並首先在外國僑民中使用。由於它比以往中國使用的各種車輛更為輕便，所以很快流行起來，數量迅速增加。一九〇六年天津有人力車夫八千八百零二人，人力車六千七百三十八輛[122]。但是，一九〇六年有軌電車開始在天津老城和奧、義、俄、法、日各租界鋪設鐵軌運行，因其價廉，人力車的經營受到打擊。因英國租界當局不願將電車經營權讓與比利時，所以英租界內沒有電車運營，人力車仍是主要的交通工具[123]。

福特發明汽車後的第八個年頭，即一九〇一年，天津出現了第一輛汽車。到二十世紀二、三〇年代，汽車開始在天津租

▶英租界維多利亞路上停靠的人力車和汽車。

界內大量出現，銷售汽車的經銷商十四家，而汽車修理廠也有十四家之多[124]。富裕的僑民在市內出行有了更多的選擇。

僑民往來本國與僑居地或者外出旅行也變得越發便捷。最初，馬嘎爾尼使團從英國到中國在海上航行了九個月；之後繞過好望角的航線使航程縮短到四個月；一八六九年蘇伊士運河的通航使得歐洲至中國的航程縮短至兩三個月[125]；蒸汽輪船的使用進一步使十九世紀七〇年代歐洲各種商船兵船能夠「不畏風浪行四十餘日抵華」[126]。剛開埠時，天津與外國的運輸全部以上海為中轉站。直到二十世紀初期，天津同歐美各地的直接運輸逐漸有所增加，來往於天津的外國旅客也逐年增多：一八九〇年，乘坐輪船來津的外國旅客約有四百多人，離津則有三百多人；一八九九年，來津外國旅客一千三百人，離津一千一百人[127]。

除了海上運輸，陸上交通的發展使僑民遠行有了更為迅速、經濟的交通工具——火車。一九〇五年西伯利亞鐵路修築完成後，由天津至倫敦的行程大大縮短，較之前的海路行程縮短一半。旅客和郵件由倫敦到津用時二十二天，柏林及聖彼得堡到津十八天，後來倫敦至天津的郵件又縮短至僅需十七日[128]。這樣，後來的歐洲僑民更多的是通過鐵路而不是海路來到中國。

以漢納根一家為例。據其家族後代介紹，一九一九年一戰結束後，漢納根一家作為戰敗國僑民，被遣送回國。他們乘坐一艘名為「丹諾號」（Denor）的中型客船離開了中國，經過兩個多月的航行到達荷蘭的鹿特丹港，幾天後又經陸路回到德國。一九二三年初，漢納根的採礦事業進行得一帆風順，於是漢納根夫人帶著孩子們乘坐「喬治・華盛頓號」豪華班輪回到中國，路途本應是從德國西部港口往南再往東行駛，而他們選擇了另一條相反的路線——先從歐洲大陸往西去美國，再橫跨太平洋到中國，藉機做了一次北半球的環球旅行。漢納根最小的兒子迪特（Dieter von Hanneken）回憶說，那年他年僅九歲，已記不清當年是在德國還是法國的港口上的船，但他依稀記得那是一艘巨大的輪船，船上有寬闊的甲板、許多漂亮的房間；在寬敞的餐廳裏就餐時，一隊穿著吊帶西裝褲紮著領結的銅管樂手、鼓手不停地演奏著流行音樂；最讓他難以忘懷的是，他得到一位侍者的同意，可以不停地按著電鈕，讓電梯不住地升降；他們抵達紐約後，又乘坐五天五夜帶有臥鋪的火車從東向西橫越美國，抵達西海岸的三藩市遊玩，然後乘船駛往中國，到達中國已經是五月份了[129]。兩年後漢納根因病於天津去世，他的遺體被裝在棺材裏，由漢納根夫人經西伯利亞大鐵路運回國安葬。漢納根一家的旅程，見證了當時人們旅行方式的不斷變化，正是有了輪船和鐵路等交通工具的不斷改進、升級，資本主義才能暢行無阻地進行遍及全球的殖民拓展。

「直把他鄉作故鄉」

人們的生活並不只是工作。從僑民踏上這方土地開始，社交生活和各種娛樂就一起構成其生活的重要組成部分。在天津，參加各種俱樂部活動是僑民休閒娛樂和社交聚會的最主要方式。

俱樂部在僑民的社交生活中佔有重要地位，那位在義和團時期來津的敏銳的俄國記者描述說，在天津的僑民，除了好客的俄國人以外，其他外國人極少在家裏接待客人，有的也只是請來參加宴會而已。他們「相互間的交往只限於正式的拜訪和打網球。隨便到有家眷的外國人家裏是根本不行的」。他分析說：「這是由於婦女人數太少，而客居天津的她們的保護人——紳士們又是醋意十足之故吧。」[130]所以，俱樂部就成為一個重要的社交場所。除了飲酒作樂，打打麻將，玩玩橋牌與撲克，或者從圖書館裏借一本書，這裏也是洽談生意、獲得各種消息的良好場所[131]。

天津俱樂部是最老的一個，在租界開始的早期已經紮根了。「根據英國人明智的倡議，在中國、朝鮮、日本的各主要港口城市都辦起這樣的萬國俱樂部，它們成為操各種不同語言的僑民相互接近和聯絡的中心。當地土著——中國人、朝鮮人和日本人，以及half-cast（混血兒）不得進入俱樂部。只有白色人種才能成為它的高貴的會員。俱樂部事務由各國代表選舉產生的委員會管理。」俱樂部裏各種設施齊全，設有餐廳、台球場、九柱戲場、圖書室和擁有很多報刊的閱覽室。俱樂部的僕役是中國人。俱樂部的所有會員都是經過挑選的，同時，他們也都有權推薦賓客，但必須嚴格注意他的社會等級。只有各國軍人可以被認為是俱樂部的常客[132]。一九〇〇年前後，德國俱樂部、

▶天津德國俱樂部。

法國俱樂部、日本俱樂部、義大利俱樂部和美國俱樂部也紛紛成立。每個國家俱樂部都有它的網球會和運動俱樂部[133]。

英國是列強中在華勢力最大的國家，英租界也是天津所有租界的中心。不過，在這遙遠的異國他鄉，各國僑民站在殖民者的立場，縱使有背後各自國家的支持甚至軍隊的保護，但面對周圍的億萬中國民眾，也不免常懷惴惴，不得不將彼此的民族差異放在一旁，聯合起來成為一個共同體，才能獲得安全感。所以，最有勢力的英國人並沒有將他們的制度、他們被公認的島民的保守與孤僻性格帶到這裏，也由於德璀琳的努力，天津「根本沒有排外的英國俱樂部，……沒有一家英國的高爾夫球俱樂部、網球俱樂部、足球俱樂部，也沒有一家英國賽馬俱樂部……現存的社會團體中沒有一家的成員僅限於英國人而排斥其他外國人的」[134]，有的是屬於各國僑民的公共俱樂部。租界的各個方面似乎都體現了它的國際性，賽馬俱樂部被命名為「天津賽馬會」，運動俱樂部被稱作「天津草地網球會」、「天津水球會」、「天津馬球會」、「天津高爾夫球會」、「天津板球會」等等。但毋庸置疑，諸如賽馬、網球、馬球、板球這些運動都是典型的英國運動項目。所以，天津租界裏所遵循的仍然是英國式的社交娛樂法則。

據外來觀察者的描述，天津僑民一天的生活離不開各種俱樂部。他們的生活很規律：白天，他們辛勤工作，晚上休息，嚴格恪守英國人訂下的規規矩矩的生活方式。在一上午繁忙緊張的工作後，來自歐美的僑民們通常在中午下班後「坐人力車或騎腳踏車去天津俱樂部，在那裏互相見面，讀電訊和報紙，交換消息」。到下午，「四點鐘辦公室結束工作。歐洲人騎自行車或騎馬到郊外的休息場打網球，在那裏和婦女們見面」。晚上八時進晚餐後，年輕人和單身漢去俱樂部或旅館玩檯球、打牌或者痛飲威士忌。「不論白天，還是夜晚，高貴的萬國俱樂部會員總是沒個停地喊著要杯 "whisky and soda"（『威士忌摻蘇打』）」[135]。

在探討天津租界的社交生活和休閒娛樂活動為什麼如此豐富多彩的原因時，有幾個因素是需要考慮到的。首先是由於貿易的發展，天津的僑民人口日益增長，而許多僑民在數年之間就積聚了大筆財富，這使他們擁有了雄厚的物質基礎去開展各種需要耗費大量金錢的活動，以炫耀他們的財富和地位。其次是由於買辦制度，以英國人為代表的外國商人在天津經商大都依靠買辦籌措各種事宜，而自己則貪圖於社交活動的快樂。日本人不屑地評價道：「其執行勤務的時間很短，以盡可能的藉口為理由，頗多休業。夜間一概聚集在俱樂部，沉溺於打檯球和飲酒，或者玩弄撲克牌，達到深更半夜者不乏其人。總之，行住坐臥過於奢侈，就近乎苟且偷安。」[136]第三是由於煤氣與電力照明的廣泛應用。十九世紀八〇年代開始，煤氣與電力照明在天津出現。一八八八年英國工部局與天津煤氣公司（The Tientsin Oil-gas Company）簽定合同，由後者提供英租界內的路燈照明。之後，一八八九年到一八九〇年冬季英租界內鋪設煤氣管道，使用煤氣照明[137]。同年夏季，荷蘭領事館大樓裏率先安裝了一千燭光的電燈。一九〇四年比商電車電燈公司開始為海河東岸的俄、義、奧、比租界提供居民用電和安裝路燈。一九〇六年仁記洋行建電廠向英租界供電。法、日、德租界也在二十世紀初相繼建發電廠向本國租界供電。有了煤氣和電力照明設施，才最終使人們擺脫了「日出而作，日落而息」的生活方式，有了更多的閒暇時間並有條件開展豐富多彩的休閒娛樂活動，開始了真正的「夜生活」。

為什麼到中國來？

僑民的在華活動是中外文化交流的一條重要管道。在過去的研究中，一般稱這些隨帝國主義侵略而來華工作生活的外國人為「淘金者」或「冒險家」，認為他們來中國的目的就是進行殖民掠奪、發不義之財。顯然，這樣的分析太過簡單。事實上，近代西方僑民大量湧入中國，既有資本主義向全球擴張、西方列強侵略中國的大背景，也有僑民自身的經濟動機，同時還受當時西方社會、思想、宗教、個人等非經濟因素的影響。

近代來華僑民中最早也最重要的僑民是商人。遠洋貿易的巨額利潤吸引了大批商人不遠萬里來到中國。「由於兩地市場市價不一致，產品在穿越大洋時價格陡升」。這說明，「在交通與通訊條件困難的舊時代，單靠距離就足以製造超額利潤」[138]。驚人的利潤自然吸引了眾多商人們不懼大洋上的驚濤駭浪、乘著不斷改良的商船萬里迢迢來到地球的另一邊淘金。投機成功的結果是極為令人振奮的。一八三三年英國東印度公司對華貿易特權被取消後，兩個蘇格蘭裔英國商人威廉・查頓（William Jardine）與詹姆士・馬地臣（James Matheson）在廣州成立了怡和洋行。怡和洋行在這兩人及其後人的經營下在中國大陸存在了一百一十七年。從最早的鴉片和茶葉等貿易生意到後來從事的工廠、礦業、鐵路、銀行等事業，怡和洋行後來成為中國四大洋行之一。靠著在中國發的「洋財」，回英國後，合夥人之一的馬地臣在蘇格蘭西部的赫布里底群島買下了一個小島，並在上面修建了一座城堡。他的姪子，亞歷山大・馬地臣（Alexander Matheson），繼任怡和洋行的合夥人，回國後以七十七點三萬英鎊鉅款收買大批土地，成為蘇格蘭的大地主。這些投機成功的個案吸引了更多的投機家來到中國。鴉片戰爭以前，僅在廣州就有五十五個各國洋行進行越洋貿易[139]。直到一八六九年蘇伊士運河通航和一八七一年在上海、倫敦和美國間的海底電報電纜鋪設，商業資本家靠距離產生的超額利潤才逐漸減少。

儘管對商人、資本家或者說投機家、冒險家來說，來中國的目的是為了獲得巨額利潤，但對那些為數更多的失業工人、失地農民、破產商人、退伍軍人及剛剛畢業進入社會的學生來說，來到中國不過是為了尋找就業機會、獲得更為舒適的生活而已。以最早開始工業化的英國為例：工業革命結束後，由於生產發展、生活水準提高，人口增長的速度驚人，一八〇一年至一九〇一年的一百年間，人口從一千五百九十萬增加到四千一百五十萬，遠超過以前，也超過當時歐洲的任何國家。這使英國需要向海外大量移民。歐洲大蕭條期間，英國糧價一跌再跌，導致大批農民失去土地；工人的失業率則在一八七九年和一八八六年高達百分之十一點四和百分之十點二；與此同時，本國企業在海外投資設廠需要一批專業技術人員和管理人員。於是，失地農民和失業工人成為移民的重要組成部分。十九世紀下半葉至二十世紀初，英國出現移民海外的三次高峰[140]。不只是英國，十九世紀也是整個歐洲對外移民的高峰時期。上述這些人與那些為追逐利潤而奔走於世界各地的資產階級不同，他們是殖民主義的工具而不是最大和最根本的受益者。

僑民來華除了受物質利益、資本主義發展和帝國主義殖民政策的影響外，也受一系列非經濟因素的影響，包括社會文化、宗教傳統、個人因素等方面的影響。僑民向海外移民的時代是在文藝復興的啟蒙之後，人們的自我意識進一步的增強，資本主義的萌芽給那些在森嚴的封建等級制度下找不到獲得榮譽、財富和權力的機會向上流動的人、尤其是年輕人以莫大的鼓舞，他們具有更強烈的成就動機，推動著他們去追求、完成自己所認為最重要的、有價值的工作，他們嚮往能夠在海外殖民地獲得改變自己命運的機會。而中國恰是能夠給與他們這種機會的地方之一。

在等級社會中，向上流動進入一個更高的社會階層是許多人行為的動機之一。在一個社會階層已經相對固定的環境來說，出身中下層的人由於他們掌握的社會資源較少，單憑自身努力而在本國獲得好工作的可能性幾乎不存在。他們很難在原來的社會中提升自己的社會經濟地位，唯一的指望就在於自己後天的努力和機遇，海外殖民地無疑是一個充滿了機會的地方。中國由於處在半殖民地半封建社會，發展的機會更多。比如，海關總稅務司赫德，父親本來只是一個酒店老闆，出身不高，頂多算是中產階級。由於赫德在中國經過多年奮鬥而身處高位並為確保英國在華利益立下功勞，英國封他為貴族，進入上流社會。德璀琳同赫德的情況相似，他的父親只是公證員，屬於新興中產階層，家裏並無資產，這使他只能在父親去世後僅完成中學學業即輟學工作而不能進一步接受高等教育。德璀琳是一個雄心勃勃的人，他的野心和他所擁有的才能使他不甘於平凡的生活，決定他一生命運的冒險註定要在遙遠的東方開始。漢納根由於莽撞而失去在軍隊中的前途，被勒令提前退伍。如果沒有德璀琳提供的到中國發展的機會，他的人生之路將一片黯淡，更不會有日後的巨大聲望和財富。赫德、德璀琳、漢納根等不過是眾多來華僑民中的代表，他們的成功既有個人的努力奮鬥，更離不開中國這個總是能提供無限機遇、令人血脈奔湧的人生舞臺。

戰爭與僑民

天津租界是近代中國政治舞臺的「後臺」，乃至世界戰爭的組成部分。國際關係的複雜不可避免地體現在不同國籍的僑民之間。在兩次世界大戰中，曾經在義和團運動中組成義勇隊並肩作戰對抗中國軍民的各國僑民，依照他們的國籍形成不同的陣營，壁壘森嚴，再不復德璀琳生前其樂融融的僑民大家庭。

第一次世界大戰結束後，德國和奧匈帝國作為戰敗國，失去了它在中國的租界和一切特權。戰爭結束的消息傳來，英法僑民走上街頭，歡慶勝利。他們湧入德租界，用磚頭石塊砸碎德國人的窗戶，將聳立在德租界主要路口的一尊德國戰爭紀念碑——身穿鎧甲、手持利劍的「羅蘭德騎士」立像拉倒，砸成碎塊。之後不久，德、奧兩國的僑民被中國政府遣送回國，財產也被沒收。

第二次世界大戰爆發之前，德義日結成三國軸心，而英法兩國則站在對立的一方。一九三七年日本開始全

▶羅蘭德騎士像前的德國僑民們。

面侵略中國，天津淪陷後，日本人在英、法租界周圍架設鐵絲網實行封鎖，英、法租界成為「孤島」。一九三九年六月十三日清晨，大戰一觸即發，天津的兩千名英國和法國僑民被作為人質關在自己的租界內，不得自由出入。此後，一九四〇年四月，希特勒的坦克橫掃西歐，英國也面臨德國入侵。英國決定在中國戰場向日本妥協，從華北和上海撤軍；而法國已被德國打敗，其在天津的租界成了准淪陷區。為了體現友好和國際性，日本人邀請德國和義大利的軍隊到天津接收英法租界。德國陸海軍趾高氣揚地重返天津，納粹德國的旗幟高高飄揚在英租界標誌性建築戈登堂的堡頂上空。

▶戈登堂上空的納粹旗幟。

一九四一年十二月八日，太平洋戰爭爆發，日本為報復美國限制日裔美籍人在美國本土活動，於一九四二年三月在山東濰縣設立了一座外僑集中營，西方人稱為「濰縣集中營」。集中營先後共關押了兩千多名華北地區的歐美僑民，其中絕大多數是牧師、教師、醫生、商人和學生，甚至還包括三百二十七名兒童。出生在天津的新學書院教師、英國著名奧運會四百米短跑冠軍埃里克・利迪爾（Eric Liddell）、美國前駐華大使恆安石（Arthur W. Hummel Jr.）、山東大學的創始人赫士（Watson M. Hayes）等眾多知名人士都曾被囚禁於此。直到一九四五年，集中營被解放。

德國僑民的命運也好不到哪裡去，他們並未因遠離歐洲戰場而倖免於戰爭之外。納粹政府在天津、上海這樣的僑民聚居地設立了納粹支部以控制僑民的思想，血統不「純淨」的兒童被從德國僑民學校中驅逐出去，軍隊甚至出動艦艇來到中國運送被徵召入伍的適齡青壯年回歐洲參戰。一些德國僑民家中懸掛著希特勒的照片，但是也有像家在天津、被西門子公司派到南京的德國人拉貝（John H. D. Rabe），在南京大屠殺中冒著生命危險救助中國難民，留下記錄日軍暴行的《拉貝日記》。

「一個國家如被迫將其領土一些部分租給他國，或給予他國任何形式的治外法權，那麼該國的『領土完整』即令未被破壞也受到了限制。」[141] 租界設置不久，中國人就為收回租界進行了不屈不撓的鬥爭。在中國租界史上，天津租界是唯一經受過中國軍民武裝進攻的租界：義和團運動中，天津的租界遭到義和團和清軍的圍攻和炮擊，損失慘重。一九一六年天津西開天主教堂建成後，法租界當局立即派出武裝軍警強行佔領老西開地區，以致引發了一場聲勢浩大的天津民眾抗法愛國鬥爭。這次鬥爭在各地民眾的支援下，堅持了數月之久，使法租界當局的陰謀一時沒能得逞。

天津租界的割據是列強侵略戰爭的產物，天津租界的收回也與戰爭緊密相關。第一次世界大戰中，中國加入協約國一方，向奧匈和德國宣戰。戰後，中國作為戰勝國收回了這兩個國家在天津的租界。俄國「十月革命」取得勝利後，蘇維埃政權聲明放棄沙俄在華取得的一切特權。（由於美、英、法等國施加壓力，直至一九二四年八月天津地方當局才正式接管俄租界。）一九三一年，比利時政府將在津租界交還給當時的國民政府。第二次世界大戰中，日本偷襲珍珠港後第二天，中國政府向德、義、日三國宣戰，宣佈收回日租界和義租界。戰爭中，英國同意將天津英租界交還給中國，法國維琪政府則將法租界交還給天津偽政府。一九四五年八月日本投降後，天津地方政府得以實際收回日、義、英、法四國租界。至此，天津的所有租界正式全部收回。

租界被收回後，即面臨僑民的遣送問題，並不是所有的僑民都願意回歸故國。雖然身處異國他鄉，僑民的日子卻比在本國過得更加舒適愜意。在天津開埠後的初期，雖然有一些僑民由於貿易的繁榮快速致富而後攜著財富離開，但是還是有很多人留了下來。他們把天津視作自己的第二故鄉，把租界裏的家當作真正的家園去建設、愛護。而他們的後代，那些出生在天津的僑民，更是把這裏看作自己的故土。所以，當戰爭結束後，很多人不得已才離開了中國。戰敗國的僑民沒有選擇，他們只能回到祖國。而戰勝國的歐美僑民及戰爭中逃亡到天津的猶太人和俄國人，他們中的大部分回到了本國，其餘部分僑民則選擇移居美國、加拿大、澳大利亞、以色列及南美洲的移民國家，在那裏開始新的生活。然而，無論在哪裏，他們永遠不會忘記在天津租界裏生活的種種往事。

第七章　德璀琳與漢納根家族

第一節　德璀琳家族

德璀琳家的五朵金花

德璀琳、漢納根這樣的西方僑民，最初來到中國時，都是年輕的單身漢。當幾十年過去，他們或終老於異國他鄉、或葉落歸根回歸故土，這時他們身後已經是一個個枝繁葉茂的大家庭了。

一八七三年德璀琳第一次回國休假，他被赫德指派，代表中國政府第一次參加了維也納世界博覽會。在這次展會中，德璀琳表現出色，獲得了清政府授予的「三品銜」和奧地利政府授予的勳章，他還在維也納認識了出身名門的埃維琳．鮑爾小姐（Eveline Bauer, 1853-1938）。在到處彌漫著醉人花香、飄散著美妙樂章的「音樂之都」，芳齡二十的鮑爾小姐漸漸陶醉於德璀琳的翩翩風度和堂堂儀表，對德璀琳傾力描述的神秘東方也充滿了嚮往。他們很快於第二年春天完婚，然後於一八七五年一起乘船返回中國。

德璀琳夫婦一生共養育了五個女兒：埃爾莎（Elsa）、朵拉（Dora）、露西（Lucy）、埃維琳（Eveline）和吉賽拉（Gisela）。大女兒埃爾莎於一八七四年出生於寧波，當時德璀琳正在寧波海關任職。朵拉和露西的出生年份不清，四女兒埃維琳出生於一八八八年，小女兒吉塞拉於一八九五年出生。

由於在華多年而深受中國文化的影響，德璀琳對於沒有兒子一事是非常敏感並感到遺憾的。據他的後代講，大女兒出生的消息傳出後，德璀琳在海關的上級、中外同僚、當地商人、各路朋友紛紛前來祝賀，好生熱鬧。二女兒出生時，前來賀喜的洋人不少，賀喜的中國人卻不如大女兒出生時多。等到三女兒、四女兒相繼出生時，前來賀喜的中國人已經寥寥無幾。再到第五個女兒吉塞拉出生時，賀喜的洋人依舊很多，卻已經沒有中國朋友來賀喜，這讓德璀琳非常不解。之後的很長一段時間裏，在和中國人接觸時，德璀琳總有一種異樣的感覺，似乎誰都想說些什麼，誰又都沒說出什麼。這種欲言又止的樣子幾乎在每一位熟悉的中國朋友身上都能看到。又過了一段時間，他隱隱約約聽到中國朋友對他有這樣的議論：「德大人真夠可憐的，一連氣兒得了五個女兒，沒有一個男孩，照這樣生，怕是要絕後。」原來中國朋友不來給德璀琳女兒道賀的本意是，沒有兒子的人家本來就夠難過的了，再去登門賀喜，那就有點居心叵測了。

對於一位自幼在歐洲長大的人來說，中國人的推理方式實在是不可思議。不過天長日久，德璀琳的心中也不是沒有遺憾的。而德璀琳的中國對手則很喜歡拿德璀琳沒有兒子一事來打擊他。前文曾提到，李鴻章的洋務幹將周馥素來不喜歡德璀琳的跋扈，每次德璀琳與下屬慶丕一起去拜訪他時，周馥都會藉問候德璀琳的四個女兒（當時最小的女兒還沒有出生）和慶丕的四個兒子來刺激德璀琳，弄得他懊惱不已❶。

雖然沒有兒子，但是五個美麗可愛的女兒帶給德璀琳極大的幸福和驕傲。埃爾莎身材高挑，自幼熱愛音樂，對歌劇藝術情有獨鍾。朵拉、露西和埃維琳也都非常惹人喜愛，德璀琳和夫人參加社交活動時，總會帶上她們。赫德曾在信中誇獎她們，說「埃爾莎和露西這兩個姑娘的確出落得非常可愛」，「她倆的確非常漂亮可愛，作為姑娘們的父親是感到驕傲的！」，「露西和朵拉，……可愛的姑娘」❷。由於在華僑民人口中，婦女和兒童都比較少，而德璀琳來自維也納的妻子嬌小美麗、長袖善舞，是天津租界外國人圈裏的社交皇后，五個女兒也個個可愛。所以，赫德與德璀琳雖然在後來的利益競爭中關係緊張，甚至赫德對德璀琳本人漸生厭惡，但對德璀琳的家人卻始終都抱有好感。

德璀琳的家庭是天津租界裏最重要的家庭之一。德璀琳本人和幾個女兒都多才多藝、擅長體育。他們的日常生活是當時租界裏上層僑民的典型生活，高雅而又富有活力。「人們這樣說到他本人、德璀琳夫人和他們的五個女兒：『他們的家在整整一代裏成為天津的社交中心，從那兒，就像從聖地一樣，散發出親切又高尚的影響』。」❸

大女兒埃爾莎最具有德國人和奧地利人的特點——酷愛音樂，曾經被父親送回德國接受正規的聲樂教育，在德國還演出過作曲家華格納（Wilhelm R. Wagner）的歌劇。學業結束後，她便返回中國陪在父母身邊。在這裏，她經常參加「天津業餘劇團」的冬季演出和化裝舞會活動。據後來人評價，九〇年代初期一齣「英國皇家軍艦平納福號」（H. M. S. Pinafore）的上演，使天津業餘劇團「達到了它的全盛期」。在這齣戲中，尚未成為漢納根夫人的埃爾莎扮演「約瑟芬」（Josephine）一角獲得成功，其他參演者還包括時任津海關稅務司、後來成為總稅務司的安格聯（Francis Aglen）。在當時這齣戲被認為是「地方演出的傑作」[4]。

德璀琳的幾個女兒繼承了父親熱愛運動的天性，她們的網球打得很好。在十九世紀八〇年代開始風靡於天津等通商口岸的草地網球運動中，埃爾莎是最好的球員之一，她與其他租界裏的夫人小姐們還於一八八九年成立了一個「婦女草地網球俱樂部」（Ladies' Lawn Tennis Club），經常在戈登堂前的維多利亞花園的網球場打球。埃爾莎婚後離開天津，妹妹朵拉就承繼了姐姐在網球界的地位，一八九九年十二月四日的《倫敦與中國電訊報》（*London And China Telegraph*）上曾登載過一則消息，說朵拉以兩個「六比三」擊敗對手林德夫人，贏得了天津網球錦標賽的女子單打冠軍[5]。以後，四小姐埃維琳也參加這項比賽，並且經常獲勝。一九一九年天津網球會舉辦了第一次面向華北所有僑民的公開賽，這項賽事一直延續到一九二四年。已成為納森夫人的埃維琳獲得了首屆女子單打公開賽冠軍和一九二一年開始的混合雙打公開賽冠軍[6]。後來，除了朵拉不幸因感染結核病早逝，埃爾莎和埃維琳都很長

▶漢納根夫人（中間下跪者）演出劇照。

壽，再次證明了運動強身的道理。

德璀琳的五個女兒在天津租界內，在父母的庇護下，就像公主一般無憂無慮地生活著。她們不僅受到天津僑民的喜愛，在北京僑界也大受歡迎。當一八九四年德璀琳為甲午中日之戰而赴京與赫德進行商議時，兩個女兒埃爾莎和露西隨行陪伴父親來到北京。在赫德給金登幹的信中說，幾乎「整個北京都全力安排他們在此期間的接待和消遣」❼。

德璀琳家族在天津

女兒們雖然不能繼承德璀琳的事業，但是通過聯姻，德璀琳家族得到了發展壯大。同她們的父母一樣，大女兒和四女兒也把自己的小家安在了天津，在這裏她們的丈夫都獲得了巨大的財富，她們也獲得了美滿的婚姻和幸福的家庭。但是，幾個嫁到國外的女兒卻像是從溫室裏遷出的鮮花，婚姻生活並不幸福，甚至離婚、早逝。

大女兒埃爾莎於一八九五年二十一歲時，嫁給了在甲

▶德璀琳夫婦及女兒女婿。

午戰爭中獲得極大聲譽的漢納根。婚後他們一起回到德國居住。一八九九年，漢納根第三次來華，他們這一次把家安在了天津，一住將近二十年，直到第一次世界大戰德國戰敗，他們作為僑民被遣送回國。在這裏他們生育了兩個兒子和兩個女兒，組成了一個幸福的大家庭。

二女兒朵拉，於一九〇二年結婚。這一年五月五日的《倫敦與中國電訊報》上登載了朵拉在天津聖路易教堂（Saint Louis Church，也稱紫竹林天主教堂）與英國外交官克里夫蘭上校（Major Cleveland）舉行婚禮的消息[8]。由於新郎急著赴印度就職，時間倉促，兩人沒有來得及舉辦盛大的婚宴，來賓僅限於至親好友，教堂的婚禮一舉行完，就由賓客們將新婚夫婦送到火車站，乘火車前往上海。據漢納根次子迪特所整理的家譜資料，這對年輕的夫婦從上海再前往印度。到達印度不久，朵拉因無法適應那裏炎熱的氣候和惡劣的衛生條件，感染上結核病。之後，她前往當時醫療技術先進、醫治結核病最為有效的瑞士進行療養，卻在那裏不治去世，屍骨埋於異鄉。

▶德璀琳大家族合影（德璀琳此時已去世，居中坐扶手椅者為德璀琳夫人）。

三女兒露西，一九〇一年第一次結婚，嫁給了一位義大利貴族、海軍軍官德・丹緹（Salvatore Denti di Pirayno）。他們在天津相遇，當時丹緹是義大利駐津外交官（他最終卸任於義大利海軍上將任上）。離開中國後，他們定居於義大利，在這裏夫妻關係轉為惡劣，並最終離婚。露西於一九一四年左右回到天津，並遇到她的第二任丈夫美國人哈瑞・拉克（Harry Lucker，又譯為盧克或盧克爾）。拉克是一位精明的律師，除了律師事務，還經商，他在天津參股創辦了美豐洋行，擁有福特汽車公司在中國北部的分銷權，獲利豐厚。一九一七年露西死於難產，她的骨灰後來被漢納根夫人帶回德國，一起埋在了漢納根家族墓地，兩姐妹最終相伴於地下。而她的兒子則幸運地存活下來，由最小的姨媽吉塞拉撫養長大。一九三一年，鰥居的拉克與一位駐紮在天津的美國軍官的妹妹結婚，二人育有三個孩子。

四女兒埃維琳，小巧可愛、性格幽默、善於模仿。一九〇八年她嫁給英籍猶太人沃爾特・納森（Walter. S. Nathan）。納森曾任南非英國殖民軍的陸軍少校，參加過一八九九年爆發、歷時近三年的南非戰爭（Anglo-Boer War）。在南非時，他與曾任開平煤礦總工程師的胡佛結為至交，經胡佛介紹於一九〇三年來華，接任開平礦務有限公司總辦，一九一二年又出任與灤州礦務局合併後組成的開灤礦務總局的總經理，一九二三年辭去總經理職務但繼續任開平公司董事。納森夫婦也是天津租界中的重要人物，他們在天津生育了兩個女兒。納森夫人繼承了母親的長壽基因，一直活到一九六九年，以八十一歲高壽去世。他們的大女兒派特里西亞（Patricia Detring-Nathan）則繼承了母親和大姨媽表演的才能，是上世紀三〇年代的一名英國女演員，藝名Sari Maritza，曾在電影《城市之光》（*City*

Lights）中與卓別林（Charles Chaplin）共舞一曲探戈而名動一時。

小女兒吉賽拉於十九歲那年，即一九一四年，嫁給年長她十一歲的駐津英籍愛爾蘭軍官科克派翠克（J. Kirkpatrik），他們生有兩個兒子。由於丈夫酗酒，他們於一九二七年離婚，大兒子歸父親撫養，小兒子則由母親撫養。這一年她帶著幼子和露西的兒子改嫁給美國軍官約翰·伊森（John D. Eason），並生下了他們自己的兒子。因為這個孩子出生登記在美國德克薩斯州[9]，所以吉塞拉應是在美國結婚生子的。後來她一直隨丈夫孩子定居於美國，也很長壽。

德璀琳的五個女婿非富即貴，也都在天津的僑民圈中佔有很高的社會地位，他們與德璀琳一起構成了天津租界裏的一個繁榮的僑民大家族。由於德璀琳的地位和財富，他家中的一些重要活動也成為天津乃至整個華北地區的社交盛事。

一位曾經在天津居住的外國人記述了德璀琳三女兒的

▶德璀琳的外孫女派特里西亞。

婚禮盛況。一九〇一年十二月十四日，剛剛經歷了義和團運動劫後餘生的天津歐美僑民們終於有了一件令他們感到振奮的事，那就是德璀琳夫婦為他們的三女兒露西舉行的盛大婚禮。由於結婚雙方的地位都很高：男方是義大利貴族、外交官，女方的父親則是天津租界裏的「古斯塔夫大王」，於是這成為一九〇一年整個華北地區最重要的社交盛事。天津所有的報紙都充斥著關於這場婚禮的報導。婚禮在天津法租界的聖路易教堂舉行。德璀琳夫婦向租界的重要僑民都發出了請柬，由於他們的國籍不同，所以請柬也是由多種語言寫成的。據這位觀察者說，婚禮上到處都是「鮮花、佩戴珠寶的女士、穿著制服的男士、貴族、外交官和他們的家眷、最重要的中國官員」[10]。每位賓客都以能參加這個婚禮為榮，而通過這樣的社交活動，德璀琳也向所有人展示和炫耀著自己在中國獲得的成功。

德璀琳的遺囑與沒收敵產風波

一九一三年德璀琳去世之後，靈柩葬於他的別墅花園

▶德璀琳的小女兒吉塞拉在天津舉行的婚禮。

的一角，永遠留在了這塊自己視為家園的土地上。作為德璀琳大女婿和事業夥伴的漢納根，成為他財產的託管人和遺囑的執行人。德璀琳在華多年，身居要職，除了津海關稅務司的豐厚薪酬之外，更在房地產、交通、礦業、銀行、報業、飯店、賽馬等諸多行業投資經營，生前積累了巨額財富，包括房地產、股票、債券、珠寶、存款等等。德璀琳去世後，按照遺囑，家產被分為十六份，按比例公平地分配給家人：德璀琳夫人得十六分之四；四個在世的女兒各得十六分之三⓫。

德璀琳去世的第二年，第一次世界大戰爆發後，中國政府於一九一七年參加協約國，對德、奧宣戰，取消了德國和奧匈帝國的租界和領事裁判權，並宣佈沒收敵國僑民在華產業。漢納根作為德國僑民，與其他男性敵國僑民一起被集中關押起來。經代理德僑事務的中立國荷蘭的駐華公使與北洋政府外交部協商，出於人道主義，中國政府釋放了漢納根與另一名德國僑民。而德璀琳和漢納根的在華產業，尤其是漢納根的井陘煤礦和由德璀琳、漢納根承租的德租界和英租界推廣界內的土地和其上的房子，則悉數予以沒收。

幸運的是，德璀琳去世於一戰爆發之前，所以遺囑的有效性得到中國政府的承認；而且漢納根之外的其他幾個女婿分別來自英國和美國這兩個戰勝國，除了股票、現金等，遺囑中分給露西（此時已去世，其遺產由其幼子繼承）、埃維琳和吉塞拉的不動產也得以保留。從這一點來看，德璀琳在當初為幾個女兒擇婿的時候，是非常有眼光的。即使他並沒有預料到在他身後會爆發列強之間的世界大戰，但是將家族關係建立在多個在華最有勢力的國家背景上，以便必要時能夠獲得不同國家政府的保護和援助，這不能不說是深謀遠慮的。這一點與他當時把開平煤礦賣給比利時的東方辛迪加以獲得多國保護的作法簡直如出一轍。

一九一九年，中國宣佈結束與德國的戰爭，並於一九二一年與德國簽訂新的和約。翌年，德國使館照會中國外交部，要求派員與漢納根會商，解決井陘煤礦股權等問題⓬。同時，經過美國和英國駐華公使歷時近三年的多番交涉，三個英美籍繼承人得到了遺囑內自己那份財產。精明的三女婿拉克還藉口漢納根欠其債務，要求北洋政府發還漢納根在中國的房產。同年，北洋政府發還了漢納根在天津和北戴河的房產⓭，他還要回了井陘煤礦百分之二十五的股權⓮。這筆財產在二十世紀初，對於一個家庭來講不啻為天文數字。據他最小的兒子迪特回憶，漢納根第四次來華後，一家人依舊居住在原來德租界內自己的房產中。照此分析，多虧英、美、德三國政府的幫助，漢納根原來被沒收的財產確實均被發還了。而對中國政府來說，本來以段祺瑞、蔡鍔等人為首的北洋將領，希望藉參與第一次世界大戰的機會，使中國作為戰勝國收回被德國佔領的國土及其在華的一切特權，其中自然包括收回天津和武漢的德租界及天津的奧匈租界，但是由於帝國主義國家之間盤根錯節的關係以及在華的「共同利益」，這個根本目的卻沒能完全實現。由此，德璀琳、漢納根家族幸運地保全了家族財產。

第二節　漢納根的婚姻與家庭

德璀琳家族與漢納根家族的淵源

漢納根來華及在華事業的拓展，除了個人的才華和努力之外，還源自於德璀琳的鼎力相助。德璀琳不僅把漢納根引薦給李鴻章，成就了漢納根一生的事業，還把鍾愛的大女兒嫁給他，兩人成為僑居中國並肩奮鬥的親密戰友和血脈相連的翁婿。那麼，德璀琳為什麼要如此幫助漢納根呢？

其實，對於德璀琳這樣一個孤身來華奮鬥的僑民，即使在中國已經獲得了相當大的成就，並且在中國官員和外籍僑民圈子中建立了相當廣泛的人脈，他仍然需要來自德國的「自己人」來幫助拓展事業，把根基紮得更牢。特別是海關已經為赫德及其家屬和英國親信所把持，而李鴻章身邊也不乏其他意圖獲得機會的外國人圍繞，德璀琳尤其需要一位來自祖國、同時又是自己熟悉和信任的朋友，形成以自己為核心的利益圈子。一八七九年，當李鴻章對德璀琳說想找一位畢業於歐洲軍事學校的軍官擔任自己的軍事顧問時，德璀琳立即抓住機會向李鴻章推薦了德國退役炮兵少尉漢納根。

漢納根比德璀琳小十二歲，是德璀琳母親的學生。德璀琳的父親去世後，母親帶著德璀琳兄弟二人投靠在亞琛的娘家。德璀琳的外祖父曾擔任過亞琛地區的衛戍司令，但已退休多年，家境也並不富裕，雖能為德璀琳母子提供遮風擋雨的居所，但是兩個正在成長中的少年花銷依然很大（主要是受教育的費用），德璀琳的母親只得外出工作，以撫育兩個兒子。對於德璀琳母親這樣生長於高級軍官家庭、受過一定教育的婦女來說，擔任貴族的家庭教師是當時首選的體面工作。於是，她來到當地的大貴族漢納根家，成為漢納根兄弟的家庭教師。德璀琳的母親一定是位情商（EQ）很高的人，由於她的關係，德璀琳家族與漢納根家族始終保持著深厚的友誼。日後，德璀琳在中國海關的豐厚工資足以供養母親，她不再受雇於漢納根家族，但即便是結束了雇傭關係，兩個家庭也依然住得很近、來往密切，後來又一起搬到了德國的溫泉療養勝地、富人雲集的威斯巴登（Wiesbaden）定居。

漢納根經德璀琳的大力舉薦來到中國後，德璀琳在天津的家就成為漢納根經常拜訪的地方。德璀琳府毗鄰租界跑馬場，是一座寬敞豪華、具有哥特式風格的別墅，門前的碎石路也是德璀琳修築的。初次來華的漢納根是個年輕的單身漢，於是德璀琳家成為他常常做客的地方。德璀琳是看著自己長大的親切如手足一般的大哥，德璀琳夫人則熱情好客、親切隨意。在德府，他不必預約即可隨時造訪，並且品嘗到熟悉的家鄉風味，和自己在德國的家幾乎沒有什麼區別。

在德璀琳的府邸，漢納根遇到了自己後來的人生伴侶埃爾莎。不過，埃爾莎比漢納根整整小二十歲，漢納根初到天津時，她還只是一個五歲的小姑娘。對那時的埃爾莎來說，漢納根更多的就是一個親切的年輕叔叔。而且，後來漢納根被委派去旅順修建炮臺，一年中也難得回天津幾次。在漢納根第一次來華的八年時間裏，他把幾乎全部精力都放在了事業上，待在旅順的時間要大大超過在天津。

漢納根剛到旅順時，那裏只有他一個外國人，沒有什麼可以交際的人，辛苦工作一周後，星期天只有一個人帶著獵狗到山上打獵、排遣寂寞。一直到一八八四年，炮臺初見規模，這時旅順才來了幾個歐洲人參與施工；不久，又開來一輛由什切青工廠製造的大型挖土機，帶來好幾位德國人，之後又增加了一位主管新建軍醫院的英國醫生、一位航海教練、一位地雷和水雷部門的指揮員。

這十幾位歐洲人的到來，使旅順儼然成為一個「國際化都市」。雖然人多了起來，生活不再像原來那樣寂寞，但這些人都是隻身來華的單身漢，況且施工重地，本就難見異性身影；所以，儘管父親多次在家信中催促漢納根考慮婚姻大事，但「巧婦難為無米之炊」，他的「個人問題」還

▶漢納根全家合影。

▶漢納根的子女在北戴河別墅。

暫時無法解決，只能擱置一邊。

漢納根出身名門貴族，一心想要建功立業，大概他想要尋覓的妻子一定是能夠在事業上助自己一臂之力、並且才貌出眾的，因此到他第二次來華時，仍然是孤身一人。不過，當他再度造訪天津的德璀琳府邸時，卻驚喜地發現，埃爾莎已經長成一位亭亭玉立的大姑娘了。之後，漢納根就像從前一樣，常常到德府邸登門拜訪。他很快就陶醉於埃爾莎美妙動聽的歌聲，成為埃爾莎歌劇表演的忠實觀眾和熱烈的追求者。

▶漢納根晚年。

不久，朝鮮戰事吃緊，漢納根毅然請命參戰。他在「高陞號事件」和後來的甲午海戰中，表現英勇，又負了傷，回到天津養傷休息。此時的埃爾莎正值崇拜英雄的年紀，一顆少女

▶漢納根的四個子女。

的芳心終於被充滿英雄氣概的漢納根打動。一八九五年三月五日，埃爾莎嫁給了漢納根，兩人雖相差二十歲，但男方剛剛因軍功成為中國的將軍，女方則才貌雙全，二人的家世背景又堪稱門當戶對，這倒真是一樁美滿的姻緣。從此，作為十幾年事業上的合作者，德璀琳與漢納根又締結了更深一層的關係。

在近二十年的婚姻生活中，埃爾莎為漢納根生下了兩兒兩女。在這個家庭裏，氣氛歡樂輕鬆。埃爾莎經常在天津的家裏和北戴河的避暑別墅舉辦小型音樂會，縱聲高歌，引得鄰居也都側耳傾聽。漢納根常說，「愛和歡笑是最好的生活」。甲午戰後，漢納根退出清朝海軍，轉而經商。在岳父德璀琳的幫助下，他不僅承接了天津地下排水系統工程，而且還開辦了井陘礦務公司。他和埃爾莎的家庭也成為天津租界中的著名家庭，在僑民中擁有很高的地位。德璀琳去世後，他的夫人與漢納根一家生活在一起。漢納根去世後，德璀琳夫人又與漢納根夫人一起回到德國。一九三八年去世後，德璀琳夫人也葬於漢納根家族墓園。所以漢納根家族的墓園裏，葬著德璀琳夫人、埃爾莎和露西三位德璀琳家族的女性，兩個家族血脈相連，已是不分彼此了。

▶漢納根去世後夫人與子女合影。

僑民的閃電式婚姻

就其美滿幸福的婚姻生活來說，漢納根無疑是非常幸運的。不過，大多數來華的年輕單身漢們就沒那麼走運了。在近代中國各通商口岸中，僑民人口的性別比例嚴重失調。據一八七九年的津海關年報，這一年天津的外籍僑民有二百六十二人，其中成年男性一百二十三人，女性五十八人，還有兒童八十一人[15]；義和團運動爆發之前，僑民性別比大約是男女十比一。當時來津訪問的俄國新聞記者描述說，僑民家庭通常並不十分歡迎那些單身漢們來訪，以防發生不愉快的桃色事件。於是，那些租界裏的外國青年們常常不得不回到本國尋找伴侶，再帶回中國，這就是典型的殖民地式婚姻。回國時間的短暫造成這種婚姻通常是閃電式的。

一八六六年已成為海關總稅務司的赫德第一次回國休假。在姑媽的介紹下與未來的妻子海絲特（Hester. J. Bredon）見面，五天後即向她求婚，不到三個月就結了婚，蜜月一過又返回中國。德璀琳第一次回國休假也有一個主要目的，就是尋找配偶。一八七三年他在維也納結識了當地的一位大銀行家的女兒埃維琳・鮑爾小姐。他們相識不到一年就結了婚，然後一起返回中國。還有很多人是在第一次來華之前，迅速成婚、再攜新婚妻子來到中國。當日後成為美國第二十九位總統的青年胡佛第一次來中國時，是與夫人露（Loo Hoover）一起在船上渡的蜜月，露也是那個年代少數受過高等教育的女性之一（與胡佛一樣畢業於史丹佛大學）。來華傳教的丁家立在開始傳教生涯前做了充分的準備，包括進神學院學習三年和在啟程前半年娶了一位年輕的妻子安（Anne Runcie Jerrell）作為自己傳教的忠實伴侶和助手。

著名歷史學家費正清分析說：「求婚的速度表明，除了一直到老的某種程度的恩愛之外，雙方都具有對方想要得到的東西。」[16]僑民單身漢在遙遠的異國他鄉有了一個伴侶和主婦，建立起自己溫馨的家；那些遠嫁的女士們，則嚮往著在充滿異國風情的地方成為高貴的夫人。

「你到底需要一個妻子幹什麼？」十九歲即離家來到中國的赫德在回答這個問題時，考慮得非常實際——除了相互依靠，彼此慰籍，「為你的襯衫縫上一粒扣子，或在你需要時給你的手帕鑲一個邊，……織補你的襪子」，跟你說話，為你親手煮茶，這些現實的需要對那些單身漢來說，「足以放棄任何浪漫感情」[17]。至於那些來華的婦女們，如果不是為了過上奴僕成群的富裕生活，大概年輕嬌柔的她們也不會萬水千山地來到中國。中國的房價、工人的傭金以及食品的價格都很低，花很少的錢就可以租到很大的房子，一切飲食起居家務都可以雇用中國人代勞，而在西方國家，只有最富裕的人家才雇得起傭人。一位英國女士回憶她在上海的生活時講到：一次她的手帕掉地，自己不撿，拉鈴叫來管家，管家也大擺架子，又叫來小工，讓小工撿起手帕[18]。「嬌弱、多病——需要多方照顧，醫療看護，還有眾多的僕人，等等。這就是一個英國夫人在中國的情況」[19]。當然，不只是英國太太如此，其他僑民也多以在華勢力最大的英國人為榜樣。一九二三年北洋大學雇用的一位美國教師寫信給他尚在美國的太太說，他們在天津的家中將雇用一位會做西餐的廚師、一名僕人（No.1 boy）、一個苦力（負責打掃衛生和洗衣）和一位阿媽（女僕兼保姆），四個僕人的傭金加起來才只有四十五墨西哥元，而食品的費用每月還要七十五墨西哥元呢[20]。大多數外國人在家裏雇用超出實際需要人數的中國傭人，不僅是因為中國的工資便宜，更是為了擺架子，以炫耀自己的地位。同樣，一位「嬌弱、多病」的太太無疑也是他們成功的象徵之一。

赫德結婚時是三十一歲，新娘只有十九歲；德璀琳結婚時三十二歲，新娘二十一歲；德璀琳的幾個女兒結婚時也只是十九歲到二十歲多一點的年紀，而幾個女婿卻都已三十歲出頭，大女婿漢納根結婚時甚至已經四十一歲了。這種十歲以上的年齡差距說明，除了性別比例嚴重失調以外，大多數來華的男性外國僑民初到中國時還沒有能力結婚和供養一個家庭，只有待他們奮鬥多年獲得了一定的經濟基礎和地位之後，才有可能考慮成家的問題，即所謂「先立業，後成家」。赫德剛到中國時就曾經在日記中記過，「我的薪水養不起一個英國妻子」。說這話時，赫德的年薪只有二百英鎊[21]，大約十年之後，他已被委派為中國海關的總稅務司，年薪也增長到四千英鎊[22]，即使在倫敦也算是很高的薪水了。這時，他才有能力考慮娶一位英國太太，於是在第一次回國休假時就閃電般地結婚了。而德璀琳、漢納根及其他幾個女婿在結婚時，也都已功成名就。有了婚姻家庭，德璀琳、漢納根們在中國才真正成家立業，那些聰明美麗、能歌善舞的女僑眷們也使租界的生活變得更加生氣勃勃。

很多電影或者文學作品中，常常會有西方男性與中國女性之間的浪漫愛情故事。在實際情況中，這種事情——不管是真正的愛情、還是普通的兩性關係——確實存在，但很少發展成為真正的婚姻。對那些初到中國、尚未成功的年輕男性西方僑民來說，單身漢的生活寂寞乏味、無人照顧。而在一些新開闢的港口租界裏，他們有可能一星期、幾個月甚至常年見不到一位同樣來自西方的女性，例如漢納根負責營造的旅順口就沒有一位異性。在這種情況下，有一些年輕單身漢會在中國女性那裏尋找安慰。在早期租界裏人口較少的時候，這種情況尤其常見，雖然沒有結婚，但是有的僑民公然把同居的中國女性當作妻子看待，有的還寫下遺囑，要把全部財產留給中國妻子。然而，與中國人的婚姻在高等級的僑民圈子中仍會被視作醜聞，混血的私生子也得不到西方社會的承認和接受。赫德在回國成婚之前，在中國有一位秘密情人，兩人的關係長達八年時間，並且還生育了三個子女。不過，他心裏非常清楚，按照維多利亞時代的標準，這段與中國人的浪漫史會被視作「放蕩和見不得人的事情」。為了掩蓋這段關係不使後來的家庭難堪，赫德把他婚前整整四年的日記全部銷毀。中國情人死後，他們生育的三個子女也被赫德作為「養子女」送到國外撫養[23]。所以，中外通婚的現象是極少見的，至少在西方僑民圈中是這樣。這說明，婚姻的融合就像文化上的融合一樣，是極難辦到的一件事。

結束語　僑民與中國的現代化

一九〇七年六、七月間，天津縣舉行了中國歷史上第一次地方選舉，城廂內外和四鄉選民依次投票，選舉出議員三十人、議長一人、副議長一人，組成了「天津縣議事會」。在此之前，一九〇二年，為了從八國聯軍手中收回天津主權，時任直隸總督兼北洋大臣的袁世凱把軍隊改編為警察，進行短期培訓，建立起中國第一支警察部隊；一九〇六年，天津府、縣試行改革，探索行政與司法分立的經驗；翌年，天津府高等審判分廳（即高級法院）、天津縣地方審判廳（即中級法院）、天津檢事局（即檢察院）正式成立，這是中國近代第一套法院系統和檢察機構……一直以來秉持「中學為體，西學為用」原則的洋務運動，終於從單純對西方器物的模仿深入到制度層面的革新。

德璀琳、漢納根剛到中國時，抱著按照西方的模式改造中國的志向，在軍事、外交、教育、經濟等方面為李鴻章的洋務活動出謀劃策、奔走效勞。但在這一過程中，特別是中日甲午戰爭之後，他們逐漸認識到，同當時幾乎所有的封建官僚一樣，李鴻章從根本上並不承認西方建立在工業化基礎上之先進的制度文化，這些封建官僚認為歐洲賴以打敗中國的只不過是堅船利炮；這些外在、表面的東西很容易引進、學習並能收立竿見影之效，就像通過購買英國、德國的艦船大炮，李鴻章很快就建立起一支北洋海軍；然而，如果沒有將改革引入到制度層面，不能從根本上走上工業化、現代化道路，種種洋務運動的成果就成為無源之水、無本之木，會輕易地失去，如同北洋海軍的最終覆滅。

甲午戰爭的失敗，如當頭棒喝，使更多的人認識到，只有實行真正的改革，才能拯救中國。之後，庚子事變使清政府的統治陷入空前的危機，不但洋務派，而且最高統治者也意識到，單純學習西方的科學技術而不觸及政治體制的變革，是不可能成功的。為了挽救清政府搖搖欲墜的統治，慈禧太后於一九〇一年下令變法，開始推行新政，特別是對政治體制加以改革，即學習德國和日本的君主立憲制度。這一政策的演進，實質上正是洋務運動的繼續和深化。

作為主張改革的地方實力派大員，袁世凱雖然非常能幹、有閱歷，但是對西方民主制度沒有什麼深刻的認識。他在天津領導的地方自治性質的政治體制改革，其實是建立在對租界管理體系和八國聯軍臨時政府的一系列政策的模仿基礎之上。地方自治是西方近代城市管理的模式，是民主制度的基礎。天津被迫開放後，大量湧入的西方僑民不僅帶來了代表西方現代物質文明的資本主義生產方式，而且也第一次導入了西方城市自治和社區建設的理念，為天津的城市化和民主化發展提供了學習的樣本。

在租界，僑民為了維護共同利益，依照西方民主制度，用地方自治的方式對社區進行管理、處理涉及公共領域事務。在這裏，「國家」雖然以領事館和駐軍的形式發揮著重要的作用，但是不分國籍的租界居民在涉及一般公共事務的日常活動中發揮著更大、更直接的影響。租界內的最高統治機構是董事會，由具有一定資產的納稅人召開會議選舉產生，其執行機構是工部局。工部局在董事會的授權下，負責日常行政管理，如填築土地、開闢道路、興建自來水、電燈、下水道等公用事業，以及為維持地方秩序而成立租界警察和義勇隊等，並且他們還負責徵收地捐、房捐和各種營業稅等，這充分體現了各租界當局的地方自治特徵。

如果說租界的管理和建設只是給天津地方官員和精英階層帶來了良好的示範作用，那麼一九〇〇年後存在了兩年時間的八國聯軍臨時政府（即都統衙門）所起的作用，就是把以前與天津普通人生活相對隔絕的租界社區建設模式和自治理念直接移植到天津城。袁世凱接收天津時，直接繼承了該衙門部門設置，基本形成了管理城市的基礎性機構。他不僅全盤接受了之前都統衙門下達的各項市政管理建設的政策和措施，而且決心進行進一步的制度建設，於是就有了前述在天津建立的一整套現代立法司法行政系統。這說明，中國的洋務運動經歷了從強制到自覺、從單純學習西方技術到學習西方民主制度進而改革中國政治的巨大轉變。推本溯源，僑民客觀上對此起到了不容忽視的仲介作用。

本文無意為任何人或群體翻案，只是意圖對以德璀琳、漢納根為代表的近代來華僑民群體在中國現代化進程中所發揮的作用，做儘量客觀全面的描述和評價。如果讀者讀完全文，仍然對這個特殊群體在華的立場和作用有任何疑問的話，只要看看中國首位駐外公使郭嵩燾關於赫德的一段評語，就可以了然了。他說：「赫德是極有心計的人，在中國辦事是十分出力。然卻是英吉利人民，豈能不顧本國？臣往常問之：君自問幫中國，抑幫英國？赫德言我於此都不敢偏袒，譬如騎馬，偏東偏西便坐不住，我只是兩邊調停。臣問：無事時可以中立，有事不能中立，將奈何？赫德笑言：我固是英國人也。」[1]如果說赫德是「騎牆派」的話，那德璀琳、漢納根已經從牆上下來了，只不過他們既不是站在德國的一方，也不是站在中國的一方，而是站在個人的立場上，他們是「為自己的人」。

參考文獻

檔案、報紙資料：

《籌辦夷務始末》（同治朝），北京：故宮博物院，1930年。

《礦務檔》，臺北：近代史研究所，1960年。

天津檔案館未刊檔案，天津海關檔。

臺北國立故宮博物院圖書文獻館未刊檔案，軍機及宮中檔。

臺北中央研究院近代史研究所未刊檔案，數位典藏近代外交經濟重要檔案。

德國尤利西市檔案館保存的德璀琳出生證明。

吉塞拉之子出生登記。http://files.usgwarchives.net/tx/bexar/vitals/births/1927/bexeg27.txt。

Charles Daniel Tenney, Charles Daniel Tenney Papers, ca. 1900-1920.（美國達特茅斯學院未刊檔案）。

《申報》，上海：上海書店，1893年。

Julicher Kreisblatt, 1913-1-11.

The Chinese Times. Tientsin: Printed and Published for the Proprietors by The Tientsin Printing Co., Volume 1, From November 1886 to December 1887.

London And China Telegraph. http://newspaperarchive.com/london-and-china-telegraph/1899-12-04/page-3/。

The China Years. http://www.webinche.com/china/grandparents.html。

中文書目：

《李鴻章全集》，長春：時代文藝出版社，1998年。

《袁世凱奏議》，天津：天津古籍出版社，1987年。

《郭嵩燾日記》，長沙：湖南人民出版社，1982年。
《郭嵩燾詩文集》，長沙：嶽麓書社，1984年。
《薛福成選集》，上海：上海人民出版社，1987年。
中國人民政治協商會議天津市委員會、南開區委員會文史資料委員會，《天津老城憶舊》，天津：天津人民出版社，1997年。
中國人民政治協商會議天津市津南區委員會，《清末天津小站練兵》，內部出版。
中國人民銀行總行參事室，《中國清代外債史資料：1853-1911》，北京：中國金融出版社，1991年。
中國史學會，《中日戰爭》，上海：新知識出版社，1956年。
中國史學會，《洋務運動》，上海：上海人民出版社，2000年。
中國社會科學院近代史研究所翻譯室，《近代來華外國人名辭典》，北京：中國社會科學出版社，1981年。
中國近代經濟史資料叢刊編輯委員會，《中國海關與中日戰爭》，北京：中華書局，1983年。
中國近代經濟史資料叢刊編輯委員會，《中國海關與郵政》，北京：中華書局，1983年。
井陘礦務局編審委員會，《井陘礦務局志》，石家莊：河北人民出版社，1993年。
天津大學校史編輯室，《北洋大學——天津大學校史》，天津：天津大學出版社，1990年。
天津市地方誌編修委員會，《天津通志‧附志‧租界》，天津：天津社會科學院出版社，1996年。
天津市政協文史資料研究委員會，《天津的洋行與買辦》，天津：天津人民出版社，1987年。
天津市郵政局、天津市檔案館，《天津郵政史料》，北京：北京航空航天大學出版社，1989年。
天津市檔案館，《近代以來天津城市化進程實錄》，天津：天津人民出版社，2002年。
天津市檔案館、天津海關，《津海關秘檔解譯——天津近代歷史記錄》，北京：中國海關出版社，2006年。
天津市檔案館、南開大學分校檔案系，《天津租界檔案選編》，天津：天津人民出版社，1992年。
天津社會科學院歷史所、天津市檔案館，《津海關年報檔案彙編，1865-1911年》，內部發行，1993年。
天津海關譯編委員會，《津海關史要覽》，北京：中國海關出版社，2004年。

王述祖、航鷹，《近代中國看天津：百項中國第一》，天津：天津人民出版社，2007年。
王家儉，《洋員與北洋海防建設》，天津：天津古籍出版社，2004年。
王覺非，《近代英國史》，南京：南京大學出版社，1997年。
王鐵崖，《中外舊約章彙編》，上海：三聯書店，1982年。
余三樂，《早期西方傳教士與北京》，北京：北京出版社，2001年。
李守孔，《李鴻章傳》，臺北：臺灣學生書局，1978年。
李宗一，《袁世凱傳》，北京：國際文化出版公司，2006年。
李競能，《天津人口史》，天津：南開大學出版社，1990年。
來新夏（等），《北洋軍閥史》，天津：南開大學出版社，2001年。
來新夏，《北洋軍閥》，上海：上海人民出版社，1988年。
金正昆，《外交學》，北京：中國人民大學出版社，2004年。
宓汝成，《中國近代鐵路史資料：1863-1911》，北京：中華書局，1963年。
宓汝成，《帝國主義與中國鐵路：1847-1949》，北京：經濟管理出版社，2007年。
姜鳴，《中國近代海軍史事日誌，1860-1911》，北京：生活・讀書・新知三聯書店，1994年。
姜鳴，《龍旗飄揚的艦隊：中國近代海軍興衰史》，北京：生活・讀書・新知三聯書店，2005年。
胡繩，《從鴉片戰爭到五四運動》，北京：人民出版社，1998年。
孫修福，《中國近代海關高級職員年表：1861-1948》，北京：中國海關出版社，2004年。
張俠、楊志本、羅澍偉，《清末海軍史料》，北京：海洋出版社，1982年。
張建偉，《溫故戊戌年》，北京：作家出版社，1999年。
張春興、楊國樞，《心理學》，臺北：三民書局，1980年。
張國輝，《洋務運動與中國近代企業》，北京：中國社會科學出版社，1979年。

戚其章，《甲午戰爭史》，北京：人民出版社，1990年。

戚俊傑、劉玉明，《北洋海軍研究》，第二輯，天津：天津古籍出版社，2001年。

陳旭麓，《近代中國社會的新陳代謝》，上海：上海人民出版社，1992年。

陳詩啟，《中國近代海關史》，北京：人民出版社，2002年。

陳霞飛，《中國海關密檔——赫德、金登幹函電彙編，1874-1907》，北京：中華書局，1990-1996年。

湯象龍，《中國近代海關稅收和分配統計：1861-1910》，北京：中華書局，1992年。

黃一農，《兩頭蛇：明末清初的第一代天主教徒》，上海：上海古籍出版社，2006年。

黃勝強，《舊中國海關總稅務司署通令選編》，北京：中國海關出版社，2003年。

黃景海、奚學瑤，《秦皇島港史（古、近代部分）》，北京：人民交通出版社，1986年。

雷頤，《李鴻章與晚清四十年》，太原：山西人民出版社，2008年。

熊月之（等），《上海的外國人，1842-1949》，上海：上海古籍出版社，2003年。

熊性美、閻光華，《開平煤礦礦權史料》，天津：南開大學出版社，2004年。

劉晉秋、劉悅，《李鴻章的軍事顧問漢納根傳》，上海：文匯出版社，2012年。

劉海岩（等），《都統衙門——天津臨時政府會議紀要》，天津：天津社會科學院出版社，2004年。

蔣家珍，《中國新聞發達史》，上海：世界書局，1927年。

蔡爾康、（美）林樂知，《李鴻章歷聘歐美記》，長沙：湖南省新華書店，1982年。

聶寶璋，《中國近代航運史資料》，上海：上海人民出版社，1983年。

顧長聲，《從馬禮遜到司徒雷登》，上海：上海書店出版社，2004年。

（英）雷穆森（O. D. Rasmussen）（著）、許逸凡、趙地（譯），《天津租界史（插圖本）》，天津：天津人民出版社，2008年。

（日）中國駐屯軍司令部（著）、侯振彤（譯），《二十世紀初的天津概括》，內部發行，1986年。

（日）高柳松一郎（著）、李達（譯），《中國關稅制度論》，上海：商務印書館，1927年。

（英）魏爾特（著）、陸琢成（等譯），《赫德與中國海關》，廈門：廈門大學出版社，1993年。

（美）斯特琳・西格雷夫（著）、秦傳安（譯），《龍夫人：慈禧故事》，北京：中央編譯出版社，2005年。

（德）師丟克爾（著）、喬松（譯），《十九世紀的德國與中國》，北京：生活・讀書・新知三聯書店，1963年。

（美）柯偉林（著）、陳謙平（等譯），《德國與中華民國》，南京：江蘇人民出版社，2006年。

（英）菲利浦・約瑟夫（著）、胡濱（譯），《列強對華外交：1894-1900》，北京：商務印書館，1959年。

（德）俾斯麥（著）、楊德友、同鴻印（等譯），《思考與回憶：俾斯麥回憶錄（第二卷）》，北京：生活・讀書・新知三聯書店，2006年。

（英）赫德（著）、傅曾仁（等譯），《步入中國清廷仕途：赫德日記：1854-1863》，北京：中國海關出版社，2003年。

（英）赫德（著）、布魯納（等編）、陳絳（譯），《赫德與中國早期現代化：赫德日記：1863-1866》，北京：中國海關出版社，2005年。

（美）馬士（著）、張匯文（等譯），《中華帝國對外關係史》，上海：上海書店出版社，2000年。

（美）柯文（著）、林同奇（譯），《在中國發現歷史》，北京：中華書局，2002年。

（義）利瑪竇、金尼閣（著）、何高濟（等譯），《利瑪竇中國劄記》，北京：中華書局，1983年。

（美）K. E. 福爾索姆（著）、劉悅斌、劉蘭芝（譯），《朋友・客人・同事：晚清的幕府制度》，北京：中國社會科學出版社，2002年。

（美）費正清、劉廣京（編），《劍橋中國晚清史（1800-1911）》，北京：中國社會科學出版社，1993年。

（日）曾根俊虎（著）、范建明（譯），《北中國紀行：清國漫遊志》，北京：中華書局，2007年。

（美）威羅貝（著）、王紹坊（譯），《外人在華特權和利益》，北京：三聯書店，1957年。

（美）約翰・羅爾克（著）、宋偉（等譯），《世界舞臺上的國際政治》，北京：北京大學出版社，2005年。

（英）愛尼斯・安德遜（著）、費振東（譯），《英國人眼中的大清王朝》，北京：群言出版社，2001年。

（美）丁韙良（著）、沈弘（等譯），《花甲憶記：一位美國傳教士眼中的晚清帝國》，桂林：廣西師範大學出版社，2004年。

（法）費爾南・布羅代爾（著）、顧良（等譯），《15至18世紀的物質文明、經濟和資本主義》，北京：生活・讀書・新知三聯書店，2002年。

（美）路易斯・芒福德（著）、宋俊嶺（等譯），《城市發展史——起源、演變和前景》，北京：中國建築工業出版社，2004年。

（美）施堅雅（著）、葉光庭（等譯），《中華帝國晚期的城市》，北京：中華書局，2000年。

（俄）維特（著）、王光祈（譯），《李鴻章遊俄紀事》，上海：東南書店，1928年。

（法）白吉爾（著）、張富強、許世芬（譯），《中國資產階級的黃金時代（1911-1937）》，上海：上海人民出版社，1994年。

（美）保羅・福塞爾（著）、梁麗真（等譯），《格調：社會等級與生活品味》，北京：中國社會科學出版社，1998年。

（俄）德米特里・揚契維茨基（著）、許崇信（等譯），《八國聯軍目擊記》，福州：福建人民出版社，1983年。

（英）普特南・威爾（著）、冷汰、陳詒先（譯），《庚子使館被圍記》，上海：上海書店出版社，2000年

文章和論文：

向中銀，〈晚清時期外聘洋員生活待遇初探〉，《近代史研究》，1998年第5期。

陳絳，〈在華西人與中國早期近代化〉，《近代史研究》，1991年第2期。

游戰洪，〈德國軍事技術對北洋海軍的影響〉，《中國科技史料》，1998年第4期。

（英）鐘斯（著）、許逸凡（譯），〈天津〉，《天津歷史資料》，1964年第三期。

「中國北方外國人的『聖經』《京津泰晤士報》（*Peking and Tientsin Times*）」。http://www.022tj.net/tianjinwei/article.php?itemid-12-type-news.html。

The Lucy Detring's marriage. 14 Decembre 1901, Tientsin。http://fotoarchivio-piovano.blogspot.com/。

外文書目：

Austin Coates, *China Races.* Cambridge: Oxford University Press, 1984.

Constantin von Hanneken, *Briefe aus China: 1879-1886; als deutscher Offizier im Reich der Mitte.* Köln: Böhlau Verlag GmbH & Cie, 1998.

Demetrius C. Boulger, *The Life of Sir Halliday Macartney.* London: John Lane The Bodley Head, 1908.

George H. Nash, *The Life of Herbert Hoover: The Engineer 1874-1914.* New York: W. W. Norton & Company, 1983.

John K. Fairbank et al ed., *The I. G. in Peking.* Cambridge, Massachusetts: The Belknap Press of Harvard University Press.

Juliet Bredon, *Sir Robert Hart, the Romance of a Great Career.* London: Hutchinson, 1910.

Paul King, *In the Chinese Customs Service: A Personal Record of Forty-Seven Years.* New York: reprint, 1980.

Stanley F. Wright, *Hart and the Chinese Customs.* Belfast: WM. Mullan & Son Ltd., 1950.

THE NORTH CHINA HONG-LIST 1928. Tianjin: The North China Advertising Co., 1929.

Vera Schmidt, *Aufgabe und Einfluβ dereuropaischen Berater in China*: *Gustav Detring (1842-1913) in Dienste Li Hung-chang*. Wiesbaden: Harrassowitz, 1984.

William F. Tyler, *Pulling Strings in China.* London: Constable & Co. Ltd., 1929.

後記：環球尋訪德璀琳與漢納根家族

對歷史人物研究的一大難題在於資料的搜集和整理。德璀琳、漢納根在天津先後去世之後，一個曾在天津僑界盛極一時的大家族如風流雲散。一百年匆匆過去，時過境遷，無論在他們大半輩子生活奮鬥過的中國，還是在他們出生成長的德國，現在都已經沒有什麼人知道他們了。釐清他們一生活動的軌跡以評價他們對中西文化交流的貢獻，更需要大量的私人資料，如日記、書信、家譜、檔案以及家族後代的口述史等。為了獲取第一手資料，我們踏上了環球尋訪德璀琳與漢納根家族後代的旅程。

德璀琳的五個女兒分別嫁給德、英、美、義四國國籍僑民，其後代早已回歸本國，如何在全世界找到他們的後代真如大海撈針。不過，當我們開始著手去尋訪他們的時候，卻似得到了德璀琳與漢納根二人在天之靈的幫助，讓我們的尋訪旅程一帆風順，陸續找到散居於各國的十一位德璀琳、漢納根後裔，記錄和拍攝了他們的敘述，翻譯了他們珍藏的大量書信、文件、書籍，還到德國北部拜謁了漢納根的故居和墓地。

我們得到的第一條寶貴線索，來自於居住在漢堡的莫妮卡・施提羅博士（Dr. Monica Strelow）。她的中文名字叫石慕寧，出生在天津，直到十八歲才回到德國。二〇〇〇年我們第一次在天津相見的時候，她已是六十五歲的老人，卻說得一口流利的天津方言。因為對天津濃濃的鄉情，她非常願意幫助我們尋找在德國的漢納根後代。聰明的莫妮卡想到「漢納根」是個法國姓氏，在德國並不多見，於是就從電話簿上尋覓，然後試著給漢堡一位姓漢納根的人打電話。無巧不成書，那人竟是「天津漢納根」的遠房姪孫。

我們在莫妮卡的家裏與「漢堡漢納根」見了面。這位赫爾曼・馮・漢納根（Hermann von Hanneken）先生向我們介紹了漢納根家族的起源，說他們是軍人世家，他的曾祖父也是將軍，是老漢納根將軍的兄弟。他還告訴我們，據不完全統計，如今居住於世界各國的漢納根家族成員多達數百人，不少人現仍居住在德國。從赫爾曼那裏我們得知，漢納根的小兒子迪特還健在，現定居於美國；漢納根的外孫郎厄（Karl C. Lange）先生就住在德國，他對漢納根本人的歷史知道得更加詳細。

經赫爾曼介紹，幾天後我們抵達德國西部一個小城拜訪了郎厄先生。郎厄先生是漢納根大女兒之子、漢納根遺產在德國的繼承人之一。他送給了我們一本收錄了漢納根第一次來華時期與父母的通信及其親屬的部分家書，書名為《中國來信》。一百二十六封書信，幾乎對那個時期漢納根經歷過的每一件大事都有所涉及，時間跨度雖然只有短暫的八年，但對於研究漢納根來華初期的經歷是不可多得的珍貴資料。接下來，最奇妙的是，當郎厄先生為我們打開其家族珍藏了一個多世紀的老相簿，一張張泛黃的老照片在我們眼前翻過，德璀琳、漢納根及他們的家人，彷彿立刻從以前的資料上立了起來，掀開了時間為他們遮上的層層面紗，變成了一個個活生生的人，在他們天津的別墅裏盡情歡笑、引吭高歌，一切變得不再遙遠，恍若觸手可及……

更神奇的經歷還在後面。二〇〇二年，我們約請郎厄夫婦與郎厄先生的妹妹及其丈夫來天津訪問，來看一看他們先祖生活過的地方，尋訪先人故跡。當他們參觀「近代天津博物館」的時候，意外地遇到了另一位德璀琳的後代、現居美國南卡羅來納州格林維爾市的建築師布魯斯・伊森（Bruce Eason）夫婦。郎厄先生兄妹是德璀琳大女兒的外孫，而伊森先生則是德璀琳最小的女兒吉塞拉的孫子。從來不曾相識的他們竟各自跨越了半個地球，相遇在我們的身邊。這種神奇的巧合，簡直就像是小說和電影裏的情節。

原來，伊森先生是受天津市市長邀請來訪。同許多人一樣，年輕時的伊森對自己家族的歷史並不瞭解，直到祖母去世時將幾件家族遺物傳給他，他赫然發現，其中一個玉碗竟是中國清朝的慈禧太后賞賜給他曾外祖父德璀琳的。從此，他開始留意搜集德璀琳的資料，並對中國、特別是天津產生了濃厚的興趣。二〇〇二年的一天，他讀報紙時意外得知，他所在城市的市長懷特先生、也是他的鄰居和好友要去中國天津訪問。他急忙給市長家裏打電話，想把有關德璀琳的歷史資料交給市長，不巧的是，市長已經去機場了。正當伊森抱憾時，市長竟又回家了——因天氣原因，航班推遲了。伊森高興地把資料拿給市長看，並拜託他在天津尋找一條名叫「馬場道」的道路。伊森驕傲地說：「那條路是我的曾外祖父修築的。」懷特市長在天津訪問時不但經過了馬場道，而且下榻的飯店正是昔日德璀琳為股東之一的利順德大飯店。天津市長李盛霖聽懷特市長談起其城市有一位德璀琳的後裔，立即熱情邀請伊森訪問天津。這就有了伊森夫婦的天津之行。

遠隔萬里、素不相識卻血脈相通的德璀琳後代，幾雙手緊緊握在一起，此情此景，我們只能感歎，冥冥之中，德璀琳、漢納根似乎在指引著他們的後人，不約而同地彙聚到了他們視為家園的天津，來到了一直追尋他們事蹟的我們身邊，為我們講述他們的故事……

可惜的是，「小舅舅」迪特年事已高，不能接受我們的邀請回天津看看。於是，二〇〇四年十月，我們前往美國去拜訪他。從東海岸到西海岸，我們先到了南卡羅來納州格林維爾市回訪伊森先生一家。在他家，我們親眼看到了那隻德璀琳獲賜的玉碗，玉質瑩潤、閃著幽光，慈禧太后似乎在用這隻玉碗時刻提醒著德璀琳：不要忘了，你捧著的是中國給你的「飯碗」。一隻銀光閃閃的大獎盃擺放在氣派的餐桌上，細看杯身，那是德璀琳獲得的天津賽馬冠軍獎盃。伊森還給我們展示了「天津電車電燈公司」的股票。這些德璀琳的遺物更使我們拉近了與那段歷史的距離。

離開南卡羅來納，我們又飛往加利福尼亞州的聖地牙哥市。在這裏，我們終於見到了漢納根唯一在世的最小的兒子迪特里希・馮・漢納根（Dieter Von Hanneken，即迪特）。他出生於一九一四年，漢納根在天津去世後，

▶伊森夫婦與本書兩位作者合影。

隨母親、外婆和二姐（他的哥哥留在中國經商，後去新疆探險失蹤；長姐因騎馬摔傷，病逝於天津）離開天津回國。一九三八年，第二次世界大戰之初，德軍正橫掃歐洲之時，他已年滿二十四歲，本應服役，但不願充當納粹炮灰，就移居到了美國。他原想成為好萊塢的編劇，卻未能如願，轉而就讀於英國倫敦經濟學院，畢業後回到美國當了一名律師。

迪特離開天津時年紀雖小，但已懂事，至今仍清楚地記得兒時的諸多細節：在德租界的家門前，一條小河（即牆子河）蜿蜒而過，往東流過去不遠即匯入海河；海河裏許多輪船、帆船和漁船來來往往；家裏的中國廚師能像變魔術似的把河裏、水塘裏的魚蝦蟹做成各種美味，那是自從離開天津後就再也沒有嘗到過的味道；還有照顧自己的「中國阿媽」（即保姆），每逢父母外出不在家時，阿媽就被賦予父母的權力，這些中國阿媽們淳樸親切的面容仍牢牢地印在他的腦海中……

▶漢納根次子迪特。

我們打開攝影機，將一位耄耋老翁對中國家鄉鮮活生動的記憶，默默地記錄了下來。不用提問，也不需要提醒，那些美好的回憶就如涓涓溪流，從他心裏流出，成為我們收穫的最珍貴的史料。老人還為我們提供了他親自整理的德璀琳家譜。他告訴我們，德璀琳除了早逝的兩個女兒朵拉和露西之外，其他三人都很長壽，但遺憾的是，埃維琳在英國已沒有後代，只有埃爾莎和吉塞拉的後代枝繁葉茂。特別是漢納根一家在回到德國後，於一九二〇年在漢堡以西一個小鎮購置了一片面積約二點五平方公里的農場，並修建了幾座別墅，這在德國農場裏算是規模很大的了。漢納根的家族墓園就坐落在農場裏，墓園裏安葬著漢納根夫婦、德璀琳夫人和露西四位家族成員。

二〇〇六年，一個下著綿綿秋雨的清晨，我們再次來到德國，前往漢納根農場拜謁他的墓地。在一個半圓形土丘的南端，蔥郁的林木掩映著一座高大的花崗岩十字架。十字架下方鐫刻有墓主漢納根的德文名字——Kangstanding V・Hanneken。據當年親眼目睹漢納根下葬的「漢堡漢納根」赫爾曼的母親說，一副包有鐵皮的木質棺材安放在磚砌的墓室之中。

站在墓前，我們獻上鮮花，與沉睡在這裏八十多年的漢納根默默相對。遙想他在旅順八年灑下的辛勤汗水，在甲午海戰中與北洋將士一起揮灑的激情和熱血，在井陘煤礦指揮生產的意氣風發，在北戴河海濱別墅與家人休憩的恬然自得，被當作敵僑遣送回國的黯然神傷……種種情境交織在眼前，令人不勝感慨；更聯想到德璀琳在天津留下的種種印記，裁彎取直後的海河、戈登堂和維多利亞花園、郵政局、博文書院、利順德飯店、馬場道……突然間腦海中閃過一個念頭，如果一個人的名字因為他所做的那些有利於時人和後人的事而被人們想起並銘記，那就是「不朽」了吧！

文中的「我們」實為一個團隊，即「近代天津博物館」的創辦人、作家航鷹女士、館長劉悅先生、研究員劉晉秋先生和劉欣女士、天津大學張暢博士。其中，航鷹女士為尋找搜集德璀琳、漢納根的史料，曾五次前往德國漢納根故居拜訪其後代親屬；劉悅先生和劉晉秋先生作為助手，分別先後陪同航鷹女士赴德國，又經數年合作於今年出版《李鴻章的軍事顧問漢納根傳》一書；劉欣女士在德國為航鷹女士一行充當翻譯和嚮導，並不辭勞苦整理和翻譯了大量搜集到的德文資料；張暢女士與劉悅先生曾於二〇〇四年前往美國拜訪漢納根次子和伊森先生、拍攝記錄口述史資料，於二〇一一年前往德國德璀琳故鄉搜尋史料並感受其成長環境氛圍。所以，能夠在全球尋訪到德璀琳、漢納根後代，實是整個團隊經年努力的成果！

受臺灣《傳記文學》出版社盛情邀請，張暢與劉悅在該刊歷時近一年、連載了九篇關於德璀琳與漢納根的文章，並於連載後將其重新整理，輔以新搜集到的史料和照片，終於完成這部《李鴻章的洋顧問：德璀琳與漢納根》。本書出版離不開《傳記文學》出版社的大力支持，特別是編輯簡金生先生的幫助，他深厚的史學基礎、嚴謹的工作態度、體貼的服務精神，都讓本書的作者甚為感動和敬服，因此，本書又是一個團隊合作的成果！

▶漢納根墓。

無法想像，沒有以上團隊的支持，何以完成此書。萬語千言凝聚於心，化作筆端卻只有一句：「感謝！」

附錄一：德璀琳大事年表

1842年12月28日	出生於德國北威州（Nordrhein-Westfalen）尤利西市（Jülich）。
1850年	父親去世，隨母親、弟弟遷往亞琛。
約1860年	中學肄業，前往比利時布魯塞爾工作，先後任職於一家絲綢店和《比利時星報》。
1865年 4月	初到中國海關；最初在煙臺後轉淡水任供事。
1867年	在津海關任三等幫辦。
1869年10月	升二等幫辦。
1870年 1月	暫時代理淡水（臺北）海關稅務司。
1871年	以二等幫辦任淡水海關代理稅務司；
7月	升頭等幫辦。
1872年 3月	署鎮江海關稅務司；
	向德國政府建議在長江岸邊設立一個德國居留地。
1873年	首次回歐洲休假；
5月	與葛德立、杜德維、漢南和包臘組成中國代表團參加在維也納舉行的萬國博覽會，獲得奧地利政府頒發的佛蘭西斯・約瑟夫（Francis Joseph）下級爵士勳章。
1874年	與維也納的埃維琳・鮑爾（Eveline Bauer）女士結婚；
9月中旬	偕新婚妻子離開歐洲返回中國；
	大女兒埃爾莎（Elsa）在寧波出生。
1875年 3月	被派往牛莊海關（營口）任稅務司；
	初識李鴻章，並奉命協助李辦理中英《煙臺條約》談判工作。
1876-1877年	任東海關（煙臺）稅務司。
1876年11月	陪同李鴻章和赫德在天津大沽口視察接收由英國購回的第一批炮艇。
1877年 5月	請金登幹在英國尋找公司設計郵票，未果；
12月	任津海關稅務司。
1878年 2月13日	清政府授以三品花翎總兵銜；
3月	正式受命試辦中國郵政，海關書信館對公眾開放，並成立華洋書信館，同時開辦京津騎差郵路；
6月	請上海海關造冊處設計和印製了中國第一套郵票——大龍郵票；
本年內	說服李鴻章下令北洋水師各艦幫助海關託帶郵件；開闢兩條陸上郵路；

籌備參展巴黎博覽會，獲得法國政府頒發的武官榮譽勳位（Legion of Honor）。

1878-1882年	任天津英租界工部局董事會主席。
1879年12月	試辦郵政業務得到赫德肯定，並獲赫德指派負責向其他各口岸推廣郵遞業務；同時新建四條陸上郵路；
本年內	幫助李鴻章驗收第二批清政府購自英國的艦艇；籌備參展費城博覽會。
1880-1881年	建議李鴻章將煙臺的艇船及其水勇調來天津進行訓練，之後赴英國駕駛訂購的兩艘軍艦，經大西洋、地中海、蘇伊士運河、麻六甲海峽駛回，中國海軍首次揚威海外；幫助李鴻章驗收購自英國的艦船；修建大沽船塢並建議李鴻章在旅順修建炮臺以作北洋水師停泊處。
1882年 4月	第二次回歐洲休假； 親赴位於德國什切青的伏爾鏗船廠考察；
6月5日	因修建大沽船塢有功，清政府授以雙龍三等第一寶星；
7月7日	到達英國倫敦度假，並游說英國政府同意鴉片貿易專賣計畫；
本年內	獲得巴西政府頒發的玫瑰上級爵士勳章、丹麥政府頒發的丹尼布羅格（Danebrog）下級爵士勳章和羅馬教廷頒發的庇護九世（Pius IX）上級爵士勳章。
1883年12月	中法戰爭爆發，即由英國趕赴法國打探消息。
1884年 2月	休假期滿回中國，暫派廣州任粵海關稅務司。
4月 7日	接任廣州稅務司才一星期，即以調赴天津執行特別任務而卸任。
5月 7日	陪同李鴻章開始與法國代表福祿諾進行談判；
11日	雙方簽訂《中法會議簡明條款》（即「李福協議」）；
6月 5日	清政府授以雙龍三等第一寶星勳章；
8月27日	中國向法國宣戰，再次受命和盛宣懷出面與法方交涉，失敗；
11月10日	就任津海關稅務司；
12月	開始運作架設天津至大沽口的電話線路。
1884-1893年	任天津英租界工部局董事會主席。
1885年11月	參與北堂遷移談判，秘密在皇城內什剎海邊選地以建造天主教新堂；
本年內	天津至大沽口電話線路完成，並正式移交給天津電報局；英國擬任赫德為駐華公使，李鴻章曾竭力薦其為總稅務司，未果。
1886年 9月	向李鴻章建議開辦中國第一所大學，即北洋大學的前身——博文書院； 向李鴻章舉薦英國人金達，就鐵路發展提出建議；
12月 3日	因北堂遷移一事有功，清政府授以二品花翎總兵銜；
本年內	在天津參與創辦《中國時報》和《時報》；提出海河裁彎取直的新方案；

	接受李鴻章贈與的租界外佟樓以南向西「養牲園」及附近土地，準備修建新賽馬場；開始連續多年擔任天津賽馬會的秘書和旗手。
1887年	開工建造津海關新辦公大樓；修築了從賽馬場到英租界的碎石子路。
1888年	四女兒埃維琳（Eveline）出生。
1889年	獲得各國政府頒發的獎章，包括葡萄牙的基督上級爵士勳章、普魯士的二等王冠勳章和比利時的利奧波德（Leopold）武官勳章。
1890年 5月	邀請李鴻章參加英租界工部局禮堂「戈登堂」的落成開放儀式。
1892年	在戈登堂為李鴻章舉行慶祝七十歲生日的宴會；建議李鴻章整治海河；代表英國工部局在後來成為英國推廣租界的地方購買土地。
1893年	向李鴻章建議並開始修築「京津大道」。
1894年 7月	中日甲午戰爭爆發，被李鴻章任命為開平礦務局及津榆鐵路會辦以方便保護礦產；
11月	清政府授以一品頂戴花翎，赴日本調停中日戰事。
1895年 3月5日	長女埃爾莎嫁與漢納根；
本年內	小女兒吉塞拉（Gisela）出生；出資創辦《直報》。
1895-1896年	主持英租界向西擴充一千六百三十畝，稱為「英國推廣租界」。
1896年 1月	因參與中日甲午戰爭調停，清政府授以雙龍二等第二寶星；任天津海河工程委員會委員；
3月	陪同李鴻章出訪歐洲，負責李在德國期間的翻譯接待工作，並與德國政府商談修訂關稅一事，之後留在歐洲度假。
1897年年初	返回中國；
本年內	陪同開平礦務局督辦張翼赴秦皇島海濱考察，確定在那裏修建港口；與漢納根合夥在德國組建「德中工業與礦山開發公司」；在「養牲園」建「尼泊爾別墅」。
1898年春	結識英國商人墨林，共同策劃開發直隸礦產。
1899年 2月	任新設立的秦皇島關稅務司；
本年內	撮合開平礦務局向墨林借款二十萬英鎊以修建秦皇島碼頭和開辦新礦。
1900年6-7月	八國聯軍入侵時，受張翼委託保護礦產，卻將開平煤礦轉讓給在英國註冊的「開平礦務有限公司」。
11月	任津海關稅務司，同時管理津海關和秦皇島分關；
本年內	修建了一條由天津舊城西南角經炮臺莊、出僧格林沁圍牆之海光門、在德租界同大沽路相接的道路，後被命名為德璀琳街。

1901年 3月	被任命為新成立的「海河工程委員會」的三名委員之一，為海河工程提供資金保證；
本年內	幫助胡佛與張翼簽訂「移交約」，將開平礦務局一切產業和權益盡行移交給英國開平礦務有限公司；請李鴻章幫助英界以南牆子外面積約三千九百二十八畝的荒地併入英租界，稱為「牆外租界地」；向「都統衙門」提出申請開辦有軌電車；
12月14日	三女露西（Lucy）嫁與義大利貴族、海軍軍官德・丹緹（Salvatore Denti di Pirayno）。
1902年 1月	清政府授以雙龍二等第一寶星；
5月	次女朵拉（Dora）嫁與英國外交官克里夫蘭上校（Major Cleveland）。
1904年	受清政府指派赴英協助張翼向墨林公司提出訴訟； 因開平礦務局所付車馬費一事為赫德所知，被迫辭去稅務司之職。
1906年	參股興建的天津有軌電車開始運營。
1908年	四女埃維琳嫁與開平礦務有限公司總辦、英籍猶太人沃爾特•納森（Walter. S. Nathan）。
1913年 1月 4日	在天津寓所病逝，葬於自家花園。

附錄二：漢納根大事年表

1854年12月 1日	出生於德國特里爾（Trier）。
約1870年	在普魯士卡得特（Cadet）軍官學校學習。
1873年	在東普魯士第八步兵團第四十五營任候補軍官，後晉升為少尉軍官。
1877年	被調往美因茨（Meinz）的野戰炮兵團第二十七營。
1878年	因與社會黨人的衝突，被免除軍職。
1879年 9月	初次啟程來華；
11月 2日	初次拜見李鴻章；
12月	正式被李鴻章聘用為軍事顧問。
1880年 2月	為李鴻章訓練軍隊的同時，兼任修葺大沽炮臺的工程師；
5月	受李鴻章指派，修築旅順炮臺。
1883年 7月	經德國駐華公使轉呈並施加影響，得到德皇的寬宥，允准了退役軍人的身分；
11月	旅順炮臺一期工程竣工。
1886年 4月	因修築旅順各處炮臺有功，清政府授以三品花翎頂戴；再赴山東修築威海炮臺；
9月 8日	父親去世。
1887年	回國休假。
1891年10月	清政府賞賜花翎總兵銜。
1893年 1月	清政府再賞給寶星；第二次來華。
1894年 7月23-25日	以私人身分護送清軍搭乘「高陞號」運輸船入朝鮮，遭日本軍艦擊沉，落水後連續游泳數小時上岸求救，救回北洋水師官兵一百二十人；
8月	受命以「北洋海防總監」之職監督管理水師；
9月18日	黃海海戰爆發，參與指揮作戰並英勇負傷； 戰後獲清政府頒發二等第一寶星，並獲慈禧太后接見，授以提督銜；
10月	聲明除非授予實權並加賞黃馬褂，否則拒絕回到北洋水師； 上書清政府建議編練新軍，由外國軍官指揮；
年底	應總理衙門邀請赴京面商編練新軍事宜。
1895年	因編練新軍計畫失敗，傷癒後回國，新軍由袁世凱接手訓練； 與德璀琳長女埃爾莎結婚。
1897年 4月	在德國組建「德中工業與礦山開發公司」。

1898年 4月　雇用奧地利人包爾前往中國，協助德璀琳開展礦山開發業務。

1899年　第三次來華；

10月　結識赴天津招募股本開辦井陘煤礦的鄉紳張鳳起。

1900年 6月　修復天津至北京之間遭受義和團破壞的電報線，稱「瓶頸電報線」，後被改造為京津之間第一條電話線。

1902年　在天津成立「大廣公司」（Tientsin Land Improvement Company），也稱「漢納根洋行」，承接修建天津老城排水系統工程，當年完工。

1903年　與張鳳起簽訂中德合辦井陘煤礦的正式合同；

11月　井陘礦務公司舉行開工典禮。

1905年　辦礦申請被袁世凱駁回，張鳳起的採礦權被收回。

1908年 4月　與津海關道蔡紹基簽訂中德官商合辦井陘煤礦合同，改名直隸井陘礦務局。

1914年　建煉焦廠，煉出中國第一批優質焦炭。

1917年 8月　鑑於中國對德國宣戰，主動向北洋政府申請，由礦務局德方總辦自降為雇員。

1918年 11月　被北洋政府收容，移送到專門看管敵僑的北京房山縣雲居寺；

12月　寫信向北洋政府陳情，請求「推念故舊，賜予優待」，未果，被遣送回國，家產被沒收。

1922年 9月30日　派包爾為代表與北洋政府重新簽訂井陘礦改辦合同，收回井陘煤礦四分之一的股權；

其後第四次來華，繼續經營井陘礦。

1923年 1月　井陘礦新井開工；

6月　直系軍閥王承斌收回高星橋的售煤權。

1925年 3月14日　在天津因病去世，終年71歲。

註釋：

《前言》

1（法）費爾南・布羅代爾（著）、顧良（等譯），《15至18世紀的物質文明、經濟和資本主義》（北京：生活・讀書・新知三聯書店，2002年），第一卷，頁473。

2 黃一農，《兩頭蛇：明末清初的第一代天主教徒》（上海：上海古籍出版社，2006年），自序，頁4。

《第一章　清末洋務運動與洋顧問》

1 Paul King, *In the Chinese Customs Service: A Personal Record of Forty-Seven Years* (New York: reprint, 1980), p. 74.

2 William F. Tyler, *Pulling Strings in China* (London: Constable & Co. Ltd., 1929), p. 43, footnote 1.

3（英）雷穆森（O. D. Rasmussen）（著）、許逸凡、趙地（譯）、劉海岩（校訂），《天津租界史（插圖本）》（天津：天津人民出版社，2008年），頁68。

4 Stanley F. Wright, *Hart and the Chinese Customs* (Belfast: WM. Mullan & Son Ltd., 1950), p. 511.

5 John K. Fairbank et al ed., *The I. G. in Peking* (Cambridge, Massachusetts: The Belknap Press of Harvard University Press), letter 342,389, letter 493,563.

6 雷穆森，《天津租界史（插圖本）》，頁69。

7 根據德國尤利西市檔案館保存的德璀琳出生證明。

8《尤利西報》（*Jülicher Kreisblatt*）1913年第2期，1月8日，頁3。

9《尤利西報》（*Jülicher Kreisblatt*）1913年第3期，1月11日，頁5。

10 Vera Schmidt, *Aufgabe und Einfluβ dereuropaischen Berater in China：Gustav Detring (1842-1913) in Dienste Li Hung-chang* (Wiesbaden: Harrassowitz, 1984), p. 6.

11 關於德璀琳來華時間，《近代來華外國人名詞典》稱是1864年，但《海關職員題名錄》上記錄他的「初到」時間是1865年4月。這裏從後者說法。

12（日）高柳松一郎（著）、李達（譯），《中國關稅制度論》（上海：商務印書館，1927年），頁19。

13 陳霞飛，《中國海關密檔——赫德、金登幹函電彙編（1874-1907）》（北京：中華書局，1990~1996年），第二卷，頁651。

14 轉引自（英）魏爾特（著）、陸琢成（等譯），《赫德與中國海關》（廈門：廈門大學出版社，1993年），頁361-362。

15 不同時期，海關內班的人事編制不盡相同。1861年赫德初次抵京時所呈的《通商各口徵稅費用》中規定的海關職員有：稅務司、副稅務司、幫辦寫字、扡子手（即查緝關員，1927年後稱稽查員）、通事、書辦、差役、水手六等，其中前三種為聘用洋員的內班職員，後五種為外班職員。1869年11月1日頒佈的海關總稅務司署通令第25號，對海關內部建制進行了新的調整，在其附件《大清國海關管理章程》中規定，內班職員分為：稅務司、副稅務司、頭等幫辦前班、頭等幫辦中班、頭等幫辦後班、二等幫辦前班、二等幫辦中班、二等幫辦後班、三等幫辦前班、三等幫辦中班、三等幫辦後班。1875年，總稅務司署在《海關職員錄》中對海關的組織機構和人員安排作了明確的記載，各口內班職員一般有：稅務司、副稅務司、頭等幫辦前班（A）、頭等幫辦後班（B）、二等幫辦前班（A）、二等幫辦後班（B）、三等幫辦前班（A）、三等幫辦後班（B）、四等幫辦（A）、四等幫辦（B）。

16 黃勝強，《舊中國海關總稅務司署通令選編》（北京：中國海關出版社，2003年），頁85-92。

17 1869年的《大清國海關管理章程》規定：「供職滿七年後，自期滿後任何一年之四月一日起准予長假二年，支半薪。」

18 孫修福，《中國近代海關高級職員年表：1861-1948》（北京：中國海關出版社，2004年），頁3-5。

19 魏爾特，《赫德與中國海關》，頁362。

20 陳霞飛，《中國海關密檔——赫德、金登幹函電彙編（1874-1907）》，第一卷，頁99-101、39。

21 黃勝強，《舊中國海關總稅務司署通令選編》，頁223-225。

22 陳霞飛，《中國海關密檔——赫德、金登幹函電彙編（1874-1907）》，第一卷，頁605、617、619、625、637、643、645、650；第二卷，頁133、136；第三卷，頁448-453。

23 陳霞飛，《中國海關密檔——赫德、金登幹函電彙編（1874-1907）》，第二卷，頁258。

24 黃勝強，《舊中國海關總稅務司署通令選編》，頁85-92。

25 （美）斯特琳・西格雷夫（著）、秦傳安（譯），《龍夫人：慈禧故事》（北京：中央編譯出版社，2005年），頁134。

26 （德）師丟克爾（著）、喬松譯，《十九世紀的德國與中國》（北京：生活・讀書・新知三聯書店，1963年），頁47-48。

27 師丟克爾，《十九世紀的德國與中國》，頁47-48、50-51。

28 雷穆森，《天津租界史（插圖本）》，頁38。

29 熊月之等，《上海的外國人（1842-1949）》（上海：上海古籍出版社，2003年），序言，頁3。

30 師丟克爾，《十九世紀的德國與中國》，頁48。

31 師丟克爾，《十九世紀的德國與中國》，頁49。

32 轉引自 Vera Schmidt, *Aufgabe und Einfluβ dereuropaischen Berater in China：Gustav Detring (1842-1913) in Dienste Li Hung-chang*, p. 83.

33 轉引自 Vera Schmidt, *Aufgabe und Einfluβ dereuropaischen Berater in China：Gustav Detring (1842-1913) in Dienste Li Hung-chang*, p. 83.

34 轉引自Vera Schmidt, *Aufgabe und Einfluβ dereuropaischen Berater in China：Gustav Detring (1842-1913) in Dienste Li Hung-chang*, p. 83.

35 轉引自 Vera Schmidt, *Aufgabe und Einflußdereuropaischen Berater in China：Gustav Detring (1842-1913) in Dienste Li Hung-chang*, pp. 83-84.

36 施丟克爾，《十九世紀的德國與中國》，頁107-108。

37 Constantin von Hanneken, *Briefe aus China: 1879-1886; als deutscher Offizier im Reich der Mitte* (KÖln: Böhlau Verlag GmbH & Cie, 1998), pp. 84-87.

38 施丟克爾，《十九世紀的德國與中國》，頁95-96。

39 轉引自（英）菲利浦・約瑟夫（著）、胡濱（譯），《列強對華外交》（北京：商務印書館，1959年），頁166。

40 轉引自熊性美、閻光華（主編），《開平煤礦礦權史料》（天津：南開大學出版社，2004: 9），頁51。

41 轉引自熊性美、閻光華（主編），《開平煤礦礦權史料》，頁74。

42 （德）俾斯麥（著）、楊德友、同鴻印（譯），《思考與回憶：俾斯麥回憶錄（第二卷）》（北京：生活· 讀書· 新知三聯書店，2006年），頁45-49。

43 施丟克爾，《十九世紀的德國與中國》，頁332-334。

44 師丟克爾，《十九世紀的德國與中國》，頁91。

45 Vera Schmidt, *Aufgabe und Einflußdereuropaischen Berater in China：Gustav Detring (1842-1913) in Dienste Li Hung-chang*, pp. 85-90.

46 Vera Schmidt, *Aufgabe und Einflußdereuropaischen Berater in China：Gustav Detring (1842-1913) in Dienste Li Hung-chang*, pp. 77-78.

47 劉晉秋、劉悅，《李鴻章的軍事顧問漢納根傳》（上海：文彙出版社，2012年），頁17。

48 劉晉秋、劉悅，《李鴻章的軍事顧問漢納根傳》，頁17。

49 劉晉秋、劉悅，《李鴻章的軍事顧問漢納根傳》，頁8。

50 劉晉秋、劉悅，《李鴻章的軍事顧問漢納根傳》，頁18、20、21。

51 劉晉秋、劉悅，《李鴻章的軍事顧問漢納根傳》，頁39。

52 劉晉秋、劉悅，《李鴻章的軍事顧問漢納根傳》，頁40-43。

53 劉晉秋、劉悅，《李鴻章的軍事顧問漢納根傳》，頁44。

54 劉晉秋、劉悅，《李鴻章的軍事顧問漢納根傳》，頁44。

55 劉晉秋、劉悅，《李鴻章的軍事顧問漢納根傳》，頁114。

56 《籌辦夷務始末》（同治朝）（北京：故宮博物院，1930年），卷40，頁13-22。

57 《籌辦夷務始末》（同治朝），卷63，頁23。

58 （英）赫德（著）、傅曾仁（等譯），《步入中國清廷仕途：赫德日記：1854-1863》（北京：中國海關出版社，2003年），頁331。

59 向中銀，〈晚清時期外聘洋員生活待遇初探〉，《近代史研究》，1998年第5期，頁196。

60 孫修福，《中國近代海關高級職員年表：1861-1948》，頁3-76。

61（美）馬士（著）、張匯文（等譯），《中華帝國對外關係史》（上海：上海書店出版社，2000年），第三卷，頁416頁。

62（英）赫德（著）、陳絳（譯），《赫德與中國早期現代化：赫德日記：1863~1866》（北京：中國海關出版社，2005年），第5。

63 轉引自陳絳，〈在華西人與中國早期近代化〉，《近代史研究》，1991年第2期，頁42。

64 聶寶璋，《中國近代航運史資料》第1輯（上海：上海人民出版社，1983年），下冊，頁1227。

65 陳絳，〈在華西人與中國早期近代化〉，頁44-45。

66 西格雷夫，《龍夫人：慈禧故事》，頁134。

67（美）柯文（著）、林同奇（譯），《在中國發現歷史》（北京：中華書局，2002年），頁5-6。

68 陳絳，〈在華西人與中國早期近代化〉，頁55。

69 本文中所指的洋顧問不包括曾在唐朝、元朝朝廷內做官的晁衡、馬可波羅等人，因為他們沒有發揮顧問的作用。

70 余三樂，《早期西方傳教士與北京》（北京：北京出版社，2001年），頁90。

71 轉引自余三樂，《早期西方傳教士與北京》，頁88。

72 關於耶穌會士對中國近代科學技術發展的作用，何兆武與何高濟兩位學者認為：利瑪竇等人雖然帶來一些近代新器物和新知識，開啟了清代講求經世致用的實學的學風；但他們的整個思想理論體系是陳腐不堪的經院神學，是和近代科學和近代思想格格不入的東西，不僅遠遠落後於同時代的西方學者，也遠遠落後於一些同時代的中國學者。因此，不能認為是傳教士傳來了近代科學。詳見利瑪竇、金尼閣（著）、何高濟（等譯），《利瑪竇中國劄記》，中譯者序言。

73 余三樂，《早期西方傳教士與北京》，頁183-190。

74 關於徐日昇、張誠在《尼布楚條約》簽訂過程中所發揮的作用，詳見余三樂，《早期西方傳教士與北京》一書中〈徐日昇、張誠與中俄〈尼布楚條約〉的簽訂〉一文。

75 余三樂，《早期西方傳教士與北京》，頁190。

76 余三樂，《早期西方傳教士與北京》，頁183。

77 轉引自陳旭麓，《近代中國社會的新陳代謝》（上海：上海人民出版社，1992年），頁33。

78 轉引自陳旭麓，《近代中國社會的新陳代謝》，頁31。

《第二章 清末外交與李鴻章的幕府》

1《李鴻章全集》（長春：時代文藝出版社，1998年），卷一，頁3033-3036。

2 吳汝綸（著）、宋開玉（整理），《桐城吳先生日記》（石家莊：河北教育出版社，1999年），頁906。

3 Charles Daniel Tenney, *Reminiscences of Li Hung-Chang,* Charles Daniel Tenney Papers, ca. 1900-1920 (美國達特茅斯學院未刊檔案), No.11, pp. 3-4,7.

4 （美）K. E. 福爾索姆（著）、劉悅斌、劉蘭芝（譯），《朋友・客人・同事：晚清的幕府制度》（北京：中國社會科學出版社，2002年），頁146。

5 Paul King, In the Chinese Customs Service: *A Personal Record of Forty-Seven Years,* p. 71,88.

6 1862年英國人馬格里作為軍醫隨英軍來到受太平軍威脅的上海。在這裏，他遇到了李鴻章並得到李的賞識。之後，他毅然放棄在英軍中的職位，投到李鴻章的幕下，為李鴻章訓練軍隊、管理兵工廠。1863年馬格里幫助李鴻章在松江創建了第一座兵工廠，以後又在蘇州及南京主持江南製造局和金陵機器局的日常工作。1870年李鴻章去天津赴任直隸總督後，接管了天津機器局。馬格里又幾次奉命到天津去指導天津機器局的技術工作。馬格里管理下的幾座現代化兵工廠為淮軍提供了大量的軍火，使其成為中國裝備最好的一支軍隊。馬格里還為李鴻章與外國人的交涉出謀劃策，在1866年至1867年，他被李鴻章任命為外交顧問，充當其與外國領事之間的聯絡官，成為李鴻章的左右手。此後，1876年李鴻章為他謀得了中國駐倫敦公使館參贊的職位，隨郭嵩燾赴英，在公使館克盡職守30年，並成為李鴻章在英國的眼線。

7 Demetrius C. Boulger, *The Life of Sir Halliday Macartney* (London: John Lane The Bodley Head, 1908), pp. 24-75,150.

8 轉引自福爾索姆，《朋友・客人・同事：晚清的幕府制度》，頁147。

9 轉引自姜鳴，《龍旗飄揚的艦隊：中國近代海軍興衰史》（北京：生活、讀書、新知三聯書店，2005年），頁287。

10 Charles Daniel Tenney, *The Chinese Ancestral Rites,* Charles Daniel Tenney Papers, No.1, p.5.

11 Paul King, In the Chinese Customs Service: A Personal Record of Forty-Seven Years, p. 192.

12 德璀琳此時育有四個女兒，後來又生了一個女兒。

13 Paul King, *In the Chinese Customs Service: A Personal Record of Forty-Seven Years,* p. 192-193.

14.（英）赫德（著）、費正清（等編）、傅曾仁（等譯），《步入中國清廷仕途：赫德日記：1854-1863》，頁421。

15 郭士臘是一個臭名昭著的傳教士，既傳教又充當間諜、走私鴉片，還直接參加過第一次鴉片戰爭。

16 黃勝強，《舊中國海關總稅務司署通令選編》，頁31、81-82。

17 天津社會科學院歷史所、天津市檔案館，《津海關年報檔案彙編（1865-1911年）》（內部發行，1993年），上冊，頁46。

18 黃勝強，《舊中國海關總稅務司署通令選編》，頁82、86、93。

19 Charles Daniel Tenney, *The Chinese Language*, Charles Daniel Tenney Papers, No.3, p.3.

20 Charles Daniel Tenney, *Miscellaneous correspondence about Tenney*, Charles Daniel Tenney Papers, No.15,p.4.

21 劉晉秋、劉悅，《李鴻章的軍事顧問漢納根傳》，頁48-50。

22 赫德，《步入中國清廷仕途：赫德日記：1854-1863》，頁49-50。

23 赫德，《步入中國清廷仕途：赫德日記：1854-1863》，頁49。

24 赫德，《赫德與中國早期現代化：赫德日記：1863-1866》，頁420、422。

25 天津社會科學院歷史所、天津市檔案館，《津海關年報檔案彙編（1865-1911年）》，上冊，頁46。

26 Paul King, *In the Chinese Customs Service: A Personal Record of Forty-Seven Years,* p.19.

27 赫德，《步入中國清廷仕途：赫德日記：1854-1863》，頁421。

28 雷穆森，《天津租界史（插圖本）》，頁68，註釋2。

29 Paul King, *In the Chinese Customs Service: A Personal Record of Forty-Seven Years*, pp.72,74.

30 陳霞飛，《中國海關密檔——赫德、金登幹函電彙編（1874-1907）》，第二卷，頁617。

31 陳霞飛，《中國海關密檔——赫德、金登幹函電彙編（1874-1907）》，第三卷，頁108。

32 Vera Schmidt, *Aufgabe und Einfluβ dereuropaischen Berater in China: Gustav Detring (1842-1913) in Dienste Li Hung-chang,* p. 18,22.

33 陳霞飛，《中國海關密檔——赫德、金登幹函電彙編（1874-1907）》，第三卷，頁290。

34 Vera Schmidt, *Aufgabe und Einfluβ dereuropaischen Berater in China：Gustav Detring (1842-1913) in Dienste Li Hung-chang*, p.10.

35 （美）費正清、劉廣京（編），《劍橋中國晚清史（1800-1911）》（北京：中國社會科學出版社，1993年），頁193。

36 （日）曾根俊虎（著）、范建明（譯），《北中國紀行：清國漫遊志》（北京：中華書局，2007年），頁166。

37 《郭嵩燾詩文集》（長沙：岳麓書社，1984年），頁189-190。

38 《李鴻章全集》，頁4559-4565、4586-4588、4630-4631。

39 陳霞飛，《中國海關密檔——赫德、金登幹函電彙編（1874-1907）》，第三卷，頁139-140。

40 （美）威羅貝（著）、王紹坊（譯），《外人在華特權和利益》（北京：三聯書店，1957年），頁670-671。

41 陳霞飛，《中國海關密檔——赫德、金登幹函電彙編（1874-1907）》，第三卷，頁169-170。

42 陳霞飛，《中國海關密檔——赫德、金登幹函電彙編（1874-1907）》，第三卷，頁304-305。

43 陳霞飛，《中國海關密檔——赫德、金登幹函電彙編（1874-1907）》，第三卷，頁304-305。

44 陳霞飛，《中國海關密檔——赫德、金登幹函電彙編（1874-1907）》，第三卷，頁286-287。

45 Vera Schmidt, *Aufgabe und Einfluβ dereuropaischen Berater in China：Gustav Detring (1842-1913) in Dienste Li Hung-chang,* p. 44-45.

46 陳霞飛，《中國海關密檔——赫德、金登幹函電彙編（1874-1907）》，第三卷，頁529-530。

47 威羅貝，《外人在華特權和利益》，頁85-86。

48 《李鴻章全集》，頁3884-3886、3891、3875、3879。

49 《李鴻章全集》，頁3882、3877、3883、3888。

50 《李鴻章全集》，頁3903、3904、3908、3910-3912。

51 《李鴻章全集》，頁4993-4994。

52 泰勒是德璀琳的私人秘書，密嘉是倫敦《泰晤士報》駐華通訊員及天津《時報》的編輯。

53 轉引自戚其章，《甲午戰爭史》（北京：人民出版社，1990年），頁339。

54 轉引自菲利浦・約瑟夫，《列強對華外交：1894-1900》，頁55。

55 陳霞飛，《中國海關密檔——赫德、金登幹函電彙編（1874-1907）》，第六卷，頁87、244。

56 李鴻章全集》，頁4993-4994。

57 菲利浦・約瑟夫，《列強對華外交：1894-1900》，頁57-58。

58 中國近代經濟史資料叢刊編輯委員會，《中國海關與中日戰爭》（北京：中華書局，1983年），頁75。

59 魏爾特，《赫德與中國海關》，頁283。

60 蔡爾康、（美）林樂知，《李鴻章歷聘歐美記》（長沙：湖南省新華書店，1982年），頁65。

61 蔡爾康、（美）林樂知，《李鴻章歷聘歐美記》，頁58-72。

62 Constantin von Hanneken, *Briefe aus China: 1879-1886; als deutscher Offizier im Reich der Mitte,* p.11.

63 劉海岩（等編），《都統衙門——天津臨時政府會議紀要》（天津：天津社會科學院出版社，2004年），頁343、348。

64 Vera Schmidt, *Aufgabe und Einfluβ dereuropaischen Berater in China: Gustav Detring (1842-1913) in Dienste Li Hung-chang,* p.77.

65 （美）約翰・羅爾克（著）、宋偉（等譯），《世界舞臺上的國際政治》（北京：北京大學出版社，2005年），頁21。

66 金正昆，《外交學》（北京：中國人民大學出版社，2004年），頁20。

67 陳霞飛，《中國海關密檔——赫德、金登幹函電彙編（1874-1907）》，第三卷，頁285。

68 陳霞飛，《中國海關密檔——赫德、金登幹函電彙編（1874-1907）》，第三卷，頁638。

69 轉引自陳詩啟，《中國近代海關史》（北京：人民出版社，2002年），頁64。

70 陳霞飛，《中國海關密檔——赫德、金登幹函電 彙編（1874-1907）》，第四卷，頁262。

71 黃勝強，《舊中國海關總稅務司署通令選編》，頁29。

72 陳詩啟，《中國近代海關史》，頁185-186。

73 中國人民銀行總行參事室，《中國清代外債史資料：1853-1911》（北京：中國金融出版社，1991年），頁69-71。

74 陳霞飛，《中國海關密檔——赫德、金登幹函電彙編（1874-1907）》，第二卷，頁492-493。

75 陳霞飛，《中國海關密檔——赫德、金登幹函電彙編（1874-1907）》，第一卷，頁483-484。

76 天津海關譯編委員會，《津海關史要覽》（北京：中國海關出版社，2004年），頁230-231，附錄8。

77 雷穆森，《天津租界史（插圖本）》，頁68。

78 天津海關譯編委員會，《津海關史要覽》，頁222-223、226-227，附錄6、附錄7。

79 雷穆森，《天津租界史（插圖本）》，頁68。

80 Paul King, *In the Chinese Customs Service: A Personal Record of Forty-Seven Years,* p.74.

81 赫德，《赫德與中國早期現代化：赫德日記：1863-1866》，頁420、422。

82 陳霞飛，《中國海關密檔——赫德、金登幹函電彙編（1874-1907）》，第一卷，頁6。

83 赫德，《赫德與中國早期現代化：赫德日記：1863-1866》，頁145。

84 陳霞飛，《中國海關密檔——赫德、金登幹函電彙編（1874-1907）》，第一卷，頁76。

85 陳霞飛，《中國海關密檔——赫德、金登幹函電彙編（1874-1907）》，第二卷，頁110-111。

86 陳霞飛，《中國海關密檔——赫德、金登幹函電彙編（1874-1907）》，第二卷，頁298、305、665-667。

87 陳霞飛，《中國海關密檔——赫德、金登幹函電彙編（1874-1907）》，第三卷，頁5-6。

88 陳霞飛，《中國海關密檔——赫德、金登幹函電彙編（1874-1907）》，第二卷，頁638。

89 陳霞飛，《中國海關密檔——赫德、金登幹函電彙編（1874-1907）》，第三卷，頁130、295、479、509-511、529-531。

90 陳霞飛，《中國海關密檔——赫德、金登幹函電彙編（1874-1907）》，第三卷，頁605。

91 Juliet Bredon, *Sir Robert Hart, the Romance of a Great Career* (London: Hutchinson, 1910), p.174.

92 陳霞飛，《中國海關密檔——赫德、金登幹函電彙編（1874-1907）》，第四卷，頁75。

93 Vera Schmidt, *Aufgabe und Einfluβ dereuropaischen Berater in China: Gustav Detring (1842-1913) in Dienste Li Hung-chang,* p.9.

94 馬士，《中華帝國對外關係史》，第二卷，頁410。

95 雷穆森，《天津租界史（插圖本）》，頁68。

96 Paul King, *In the Chinese Customs Service: A Personal Record of Forty-Seven Years*, p.74.

97 張春興、楊國樞，《心理學》（臺北：三民書局，1980年），頁438-441。

98 陳霞飛，《中國海關密檔——赫德、金登幹函電彙編（1874-1907）》，第二卷，頁608。

99 葛雷森（W. H. Clayson），英國人，1870年入中國海關海班1872年任海關緝私用大巡船「飛虎號」管駕官。1880年率中國海關在英國購買的四艘炮艦回到中國。李鴻章委派他在天津船政學堂訓練駕駛員。1887年又回到海關。

100 章師敦（S. J. Johnstone），英國人，1880年4月進中國海關，任大巡船「飛虎號」管駕副。

101 雷穆森，《天津租界史（插圖本）》，頁69。

102 Paul King, *In the Chinese Customs Service: A Personal Record of Forty-Seven Years*, p.73.

103 陳霞飛，《中國海關密檔——赫德、金登幹函電彙編（1874-1907）》，第二卷，頁661。

104 Paul King, *In the Chinese Customs Service: A Personal Record of Forty-Seven Years*, p.21.

105 陳霞飛，《中國海關密檔——赫德、金登幹函電彙編（1874-1907）》，第一卷，頁12、26-27、49。

106 馬士，《中華帝國對外關係史》，第三卷，頁68、71。

《第三章 清末外交與李鴻章的幕府》

1 《中華帝國對外關係史》，第二卷，頁36-37。

2 陳霞飛，《中國海關密檔——赫德、金登幹函電彙編（1874-1907）》，第一卷，頁141。

3 陳霞飛，《中國海關密檔——赫德、金登幹函電彙編（1874-1907）》，第一卷，頁534-535。

4 《李鴻章全集》，奏稿，頁1324-1325；陳霞飛，《中國海關密檔——赫德、金登幹函電彙編（1874-1907）》，第二卷，頁44。

5 天津市檔案館、天津海關，《津海關秘檔解譯——天津近代歷史記錄》（北京：中國海關出版社，2006年），頁179-180。

6 陳霞飛，《中國海關密檔——赫德、金登幹函電彙編（1874-1907）》，第二卷，頁271-272、614-615。

7 陳霞飛，《中國海關密檔——赫德、金登幹函電彙編（1874-1907）》，第二卷，頁271-272。

8 馬士，《中華帝國對外關係史》，第二卷，頁262。

9 陳霞飛，《中國海關密檔——赫德、金登幹函電彙編（1874-1907）》，第二卷，頁579-580。

10 《李鴻章全集》，奏稿，頁1339。

11 《李鴻章全集》，朋僚函稿，頁3767。

12 陳霞飛，《中國海關密檔——赫德、金登幹函電彙編（1874-1907）》，第二卷，頁641。

13 《籌辦夷務始末》（咸豐朝），第72卷，頁16。

14 陳霞飛，《中國海關密檔——赫德、金登幹函電彙編（1874-1907）》，第二卷，頁445-446。

15 張俠、楊志本、羅澍偉（等編），《清末海軍史料》（北京：海洋出版社，1982年），頁12-13。

16 張俠，《清末海軍史料》，頁156-160。

17 張俠，《清末海軍史料》，頁156-160。

18 天津市檔案館，《津海關秘檔解譯——天津近代歷史記錄》，頁189、190。

19 《李鴻章全集》，奏稿，頁1655-1656。

20 轉引自姜鳴，《龍旗飄揚的艦隊：中國近代海軍興衰史》，頁287。

21 湯象龍，《中國近代海關稅收和分配統計：1861-1910》（北京：中華書局，1992年），頁25。

22 湯象龍，《中國近代海關稅收和分配統計：1861-1910》，頁28-29。

23 《李鴻章全集》，奏稿，頁1256、1268。

24 根據〈全國各海關歷年解撥海防經費統計表〉（1875-1910年）統計得出。湯象龍，《中國近代海關稅收和分配統計：1861-1910》，頁178-181。

25 天津檔案館未刊檔案，「天津海關」，目錄號：IX，卷號：405，頁6、9、10、11、14、16、17、21-22、23、24、28、32、36。

26 張俠，《清末海軍史料》，頁157。

27 麗如銀行，又稱東方銀行，東亞銀公司。它的前身是印度孟買的西印度銀行。總行後遷往倫敦，在香港、上海、福州等地設有三處分行，在廣州、天津、廈門和漢口等通商口岸由洋行代理。是第一個入侵中國的外國殖民地銀行。赫德在麗如銀行擁有股份。

28 滙豐銀行是為與中國貿易的公司提供融資服務而於1864年在香港建立的。1865年開始營業，同年在上海設立分行，而後在廣州、福州、廈門、寧波、天津、北京、營口、煙臺、漢口、九江、汕頭、海口、淡水、基隆和澳門等地設立分支機搆。其股東幾乎全部是以中國為其主要基地的通商口岸各大洋行的老闆。

29 陳霞飛，《中國海關密檔——赫德、金登幹函電彙編（1874-1907）》，第二卷，頁1-2。

30 天津市檔案館，《津海關秘檔解譯——天津近代歷史記錄》，頁185。

31 天津市檔案館，《津海關秘檔解譯——天津近代歷史記錄》，頁187。

32 《李鴻章全集》，奏稿，頁1660-1662。

33 陳霞飛，《中國海關密檔——赫德、金登幹函電彙編（1874-1907）》，第二卷，頁666-668。

34 陳霞飛，《中國海關密檔——赫德、金登幹函電彙編（1874-1907）》，第二卷，頁632-633、638-639；第三卷，頁6。

35 陳霞飛，《中國海關密檔——赫德、金登幹函電彙編（1874-1907）》，第二卷，頁638-639；第三卷，頁295。

36 陳霞飛，《中國海關密檔——赫德、金登幹函電彙編（1874-1907）》，第三卷，頁479。

37 《薛福成選集》（上海：上海人民出版社，1987年），頁125-127。

38 陳霞飛，《中國海關密檔——赫德、金登幹函電彙編（1874-1907）》，第三卷，頁509-510。

39 王家儉，《洋員與北洋海防建設》（天津：天津古籍出版社，2004年），頁171。

40 陳霞飛，《中國海關密檔——赫德、金登幹函電彙編（1874-1907）》，第五卷，頁221-222。

41 《薛福成選集》，頁144。

42 中國史學會，《洋務運動》（上海：上海人民出版社，2000年），第二冊，頁568。

43 摘譯自Constantin von Hanneken, *Briefe aus China: 1879-1886; als deutscher Offizier im Reich der Mitte.*

44 摘譯自Constantin von Hanneken, *Briefe aus China: 1879-1886; als deutscher Offizier im Reich der Mitte.*

45 摘譯自Constantin von Hanneken, *Briefe aus China: 1879-1886; als deutscher Offizier im Reich der Mitte.*

46 天津市檔案館，《津海關秘檔解譯——天津近代歷史記錄》，頁189。

47 1874年，日本艦隊以琉球船民事件為由，入侵臺灣；沈葆楨帶艦入臺交涉退兵，形成中日雙方的第一次正面衝突。

48 董進一、戚俊傑，《北洋海軍與劉公島》（北京：海洋出版社，2002年），頁59。

49 參考劉晉秋、劉悅，《李鴻章的軍事顧問漢納根傳》第三、四章部分內容。

50 摘譯自Constantin von Hanneken, *Briefe aus China: 1879-1886; als deutscher Offizier im Reich der Mitte.*

51 摘譯自Constantin von Hanneken, *Briefe aus China: 1879-1886; als deutscher Offizier im Reich der Mitte.*

52 摘譯自Constantin von Hanneken, *Briefe aus China: 1879-1886; als deutscher Offizier im Reich der Mitte.*

53 參考劉晉秋、劉悅，《李鴻章的軍事顧問漢納根傳》第三、四章部分內容。

54 參考劉晉秋、劉悅，《李鴻章的軍事顧問漢納根傳》第三、四章部分內容。

55 姜鳴，《中國近代海軍史事日誌（1860-1911）》（北京：三聯書店，1994年），頁184。

56 張俠，《清末海軍史料》，頁226。

57 《李鴻章全集》，奏稿，頁1864-1865。

58 轉引自游戰洪，〈德國軍事技術對北洋海軍的影響〉，《中國科技史料》，1998年第4期，頁25。

59 張俠，《清末海軍史料》，頁274。

60 姜鳴，《中國近代海軍史事日誌（1860-1911）》，頁184、186。

61 （英）泰萊（著）、張蔭麟（譯），〈泰萊甲午中日海戰見聞記〉，中國史學會，《中日戰爭》（上海：新知識出版社，1956年），第六冊，頁55。

62 游戰洪，〈德國軍事技術對北洋海軍的影響〉，《中國科技史料》，1998年第4期，頁26。

63 （德）漢納根（著）、孫瑞芹（譯），〈漢納根大尉關於高陞商輪被日軍艦擊沉之證言〉，中國史學會，《中日戰爭》，第六冊，頁19-22。

64 （英）高惠悌（著）、孫瑞芹（譯），〈高陞號船長高惠悌（Galsworthy）的證言〉，中國史學會，《中日戰爭》，第六冊，頁22-25。

65 漢納根，〈漢納根大尉關於高陞商輪被日軍艦擊沉之證言〉，《中日戰爭》，第六冊，頁19-22。

66 漢納根，〈漢納根大尉關於高陞商輪被日軍艦擊沉之證言〉，《中日戰爭》，第六冊，頁19-22。

67 高惠悌，〈高陞號船長高惠悌（Galsworthy）的證言〉，《中日戰爭》，第六冊，頁22-25。

68 張俠，《清末海軍史料》，頁318。

69 天津市檔案館，《津海關秘檔解譯——天津近代歷史記錄》，頁208-209。

70 關於在中日甲午戰爭前期中國北方水師的情況與功績的報告。摘譯自Constantin von Hanneken, *Briefe aus China: 1879-1886; als deutscher Offizier im Reich der Mitte,* 附錄二。

71 摘譯自Constantin von Hanneken, *Briefe aus China: 1879-1886; als deutscher Offizier im Reich der Mitte*, 附錄二。

72 泰萊，〈泰萊甲午中日海戰見聞記〉，《中日戰爭》，第六冊，頁51。

73 摘譯自Constantin von Hanneken, *Briefe aus China: 1879-1886; als deutscher Offizier im Reich der Mitte*, 附錄二。

74 中國史學會，《中日戰爭》，第六冊，頁50。

75 姜鳴，《中國近代海軍史事日誌（1860-1911）》，頁214。

76 天津市檔案館，《津海關秘檔解譯——天津近代歷史記錄》，頁203。

77 Charles Daniel Tenney, *Reminiscences of Li Hung-Chang*, Charles Daniel Tenney Papers, No.11, pp.5-6.

78 參考劉晉秋、劉悅，《李鴻章的軍事顧問漢納根傳》第六章部分內容。

79 戚俊傑、劉玉明，《北洋海軍研究》（天津：天津古籍出版社，2001年），第二輯，頁343。

80 摘譯自Constantin von Hanneken, *Briefe aus China: 1879-1886; als deutscher Offizier im Reich der Mitte*, 附錄二。

81 摘譯自Constantin von Hanneken, *Briefe aus China: 1879-1886; als deutscher Offizier im Reich der Mitte*, 附錄二。

82 摘譯自Constantin von Hanneken, *Briefe aus China: 1879-1886; als deutscher Offizier im Reich der Mitte*, 附錄二。

83 姜鳴，《中國近代海軍史事日誌（1860-1911）》，頁215。

84 摘譯自Constantin von Hanneken, *Briefe aus China: 1879-1886; als deutscher Offizier im Reich der Mitte*, 附錄二。

85 張建偉，《溫故戊戌年》（北京：作家出版社，1999），頁31。

86 摘譯自Constantin von Hanneken, *Briefe aus China: 1879-1886; als deutscher Offizier im Reich der Mitte*, 附錄二。

87 譯自Constantin von Hanneken, *Briefe aus China: 1879-1886; als deutscher Offizier im Reich der Mitte*, 附錄二。

88 摘譯自Constantin von Hanneken, *Briefe aus China: 1879-1886; als deutscher Offizier im Reich der Mitte*, 附錄二。

89 關於在中日1894-1895年戰爭期間建立一支中國皇家軍隊計劃擱淺的報告。摘譯自Constantin von Hanneken, *Briefe aus China: 1879-1886; als deutscher Offizier im Reich der Mitte*, 附錄三。

90 摘譯自Constantin von Hanneken, *Briefe aus China: 1879-1886; als deutscher Offizier im Reich der Mitte*, 附錄三。

91 摘譯自Constantin von Hanneken, *Briefe aus China: 1879-1886; als deutscher Offizier im Reich der Mitte*, 附錄三。

92 摘譯自Constantin von Hanneken, *Briefe aus China: 1879-1886; als deutscher Offizier im Reich der Mitte*, 附錄三。

93 摘譯自Constantin von Hanneken, *Briefe aus China: 1879-1886; als deutscher Offizier im Reich der Mitte*, 附錄三。

94 摘譯自Constantin von Hanneken, *Briefe aus China: 1879-1886; als deutscher Offizier im Reich der Mitte*, 附錄三。

95 《李鴻章全集》，朋僚函稿，頁3691-3692。

96 摘譯自Constantin von Hanneken, *Briefe aus China: 1879-1886; als deutscher Offizier im Reich der Mitte*, 附錄三。

97 轉引自來新夏（等），《北洋軍閥史》（天津：南開大學出版社，2001年），頁95-97。

98 摘譯自Constantin von Hanneken, *Briefe aus China: 1879-1886; als deutscher Offizier im Reich der Mitte*, 附錄三。

99 摘譯自Constantin von Hanneken, *Briefe aus China: 1879-1886; als deutscher Offizier im Reich der Mitte*, 附錄三。

100 摘譯自Constantin von Hanneken, *Briefe aus China: 1879-1886; als deutscher Offizier im Reich der Mitte*, 附錄三。

101 赫德，《步入中國清廷仕途：赫德日記：1854-1863》，頁427-428。

102 Charles Daniel Tenney, *Speech on Education in China,* Charles Daniel Tenney Papers, No.12, p.4.

103 摘譯自Constantin von Hanneken, *Briefe aus China: 1879-1886; als deutscher Offizier im Reich der Mitte*, 附錄三。

104 摘譯自Constantin von Hanneken, *Briefe aus China: 1879-1886; als deutscher Offizier im Reich der Mitte,* 附錄三。

105 摘譯自Constantin von Hanneken, *Briefe aus China: 1879-1886; als deutscher Offizier im Reich der Mitte*, 附錄三。

106 陳霞飛，《中國海關密檔——赫德、金登幹函電彙編（1874-1907）》，第三卷，頁638。

107 摘譯自Constantin von Hanneken, *Briefe aus China: 1879-1886; als deutscher Offizier im Reich der Mitte*, 附錄三。

108 摘譯自Constantin von Hanneken, *Briefe aus China: 1879-1886; als deutscher Offizier im Reich der Mitte*, 附錄三。

109 摘譯自Constantin von Hanneken, *Briefe aus China: 1879-1886; als deutscher Offizier im Reich der Mitte,* 附錄三。

110 摘譯自Constantin von Hanneken, *Briefe aus China: 1879-1886; als deutscher Offizier im Reich der Mitte,* 附錄三。

111 來新夏，《北洋軍閥》（上海：上海人民出版社，1988年），第一冊，頁37-38。

112 來新夏，《北洋軍閥》，第一冊，頁37-38。

113 轉引自來新夏（等），《北洋軍閥史》，頁95-97。

114 來新夏（等），《北洋軍閥史》，頁100-105。

115 轉引自來新夏（等），《北洋軍閥史》，頁110。

116 《李鴻章全集》，奏稿，頁1100。

《第四章　德璀琳、漢納根與中國近代郵電、鐵路事業》

1 中國近代經濟史資料叢刊編輯委員會，《中國海關與郵政》（北京：中華書局，1983年），編輯説明，頁1。

2 天津市檔案館、天津海關，《津海關秘檔解譯——天津近代歷史記錄》，頁21。

3 王鐵崖，《中外舊約章彙編》（上海：三聯書店，1982年），頁97-198。

4 中國近代經濟史資料叢刊編輯委員會，《中國海關與郵政》，頁2-3。

5 中國近代經濟史資料叢刊編輯委員會，《中國海關與郵政》，頁1-3。

6 天津市郵政局、天津市檔案館，《天津郵政史料》（北京：北京航空航天大學出版社，1989年），第二輯，頁2。

7 陳霞飛，《中國海關密檔——赫德、金登幹函電彙編（1874-1907）》，第一卷，頁535-536。

8 陳霞飛，《中國海關密檔——赫德、金登幹函電彙編（1874-1907）》，第二卷，頁2-3。

9 陳霞飛，《中國海關密檔——赫德、金登幹函電彙編（1874-1907）》，第一卷，頁535-536。

10 陳霞飛，《中國海關密檔——赫德、金登幹函電彙編（1874-1907）》，第二卷，頁4-5。

11 陳霞飛，《中國海關密檔——赫德、金登幹函電彙編（1874-1907）》，第一卷，頁621。

12 中國近代經濟史資料叢刊編輯委員會，《中國海關與郵政》，頁13。

13 天津市郵政局、天津市檔案館，《天津郵政史料》，第二輯，頁202-203、207。

14 中國近代經濟史資料叢刊編輯委員會，《中國海關與郵政》，頁10。

15 轉引自天津市郵政局、天津市檔案館，《天津郵政史料》，第二輯，頁156-157。

16 中國近代經濟史資料叢刊編輯委員會，《中國海關與郵政》，頁8-10。

17 中國近代經濟史資料叢刊編輯委員會，《中國海關與郵政》，頁5-8。

18 天津市郵政局、天津市檔案館，《天津郵政史料》，第二輯，頁301。

19 中國近代經濟史資料叢刊編輯委員會，《中國海關與郵政》，頁8-10；天津市郵政局、天津市檔案館，《天津郵政史料》，第二輯，頁209-211。

20 天津市郵政局、天津市檔案館，《天津郵政史料》，第二輯，頁218-233。

21 天津市郵政局、天津市檔案館，《天津郵政史料》，第二輯，頁186-326。

22 中國近代經濟史資料叢刊編輯委員會，《中國海關與郵政》，頁10-15。

23 中國近代經濟史資料叢刊編輯委員會，《中國海關與郵政》，頁8-10。

24 中國近代經濟史資料叢刊編輯委員會，《中國海關與郵政》，頁15。

25 中國近代經濟史資料叢刊編輯委員會，《中國海關與郵政》，頁15-20。

26 天津市郵政局、天津市檔案館，《天津郵政史料》，第二輯，頁222-272。

27 天津市檔案館、天津海關，《津海關秘檔解譯——天津近代歷史記錄》，頁5-10、10-11。

28 天津市郵政局、天津市檔案館，《天津郵政史料》，第二輯，頁252-260。

29 天津市郵政局、天津市檔案館，《天津郵政史料》，第二輯，頁223。

30 中國近代經濟史資料叢刊編輯委員會，《中國海關與郵政》，頁8-10。

31 中國近代經濟史資料叢刊編輯委員會，《中國海關與郵政》，頁20-22。

32 陳霞飛，《中國海關密檔——赫德、金登幹函電彙編（1874-1907）》，第二卷，頁607-609。

33 陳霞飛，《中國海關密檔——赫德、金登幹函電彙編（1874-1907）》，第三卷，頁69、108-109。

34 中國近代經濟史資料叢刊編輯委員會，《中國海關與郵政》，頁79。

35 天津社會科學院歷史所、天津市檔案館，《津海關年報檔案彙編（1865-1911年）》，上冊，頁200-201。

36 （日）中國駐屯軍司令部，《二十世紀初的天津概括》，頁44-45。

37 （日）中國駐屯軍司令部，《二十世紀初的天津概括》，頁45。

38 陳霞飛，《中國海關密檔——赫德、金登幹函電彙編（1874-1907）》，第三卷，頁108。

39 雷頤，《李鴻章與晚清四十年》（太原：山西人民出版社，2008年），頁165。

40 （日）中國駐屯軍司令部，《二十世紀初的天津概括》，頁45-46。

41 王述祖、航鷹，《近代中國看天津：百項中國第一》（天津：天津人民出版社，2007年），頁81-82。

42 天津市檔案館、天津海關，《津海關秘檔解譯——天津近代歷史記錄》，頁30-31。

43 天津市檔案館、天津海關，《津海關秘檔解譯——天津近代歷史記錄》，頁32。

44 （英）雷穆森，《天津租界史（插圖本）》，頁73。

45 （英）雷穆森，《天津租界史（插圖本）》，頁73。

46 劉海岩（等編），《都統衙門——天津臨時政府會議紀要》（天津：天津社會科學院出版社，2004年），頁185、188、191。

47 （日）中國駐屯軍司令部，《二十世紀初的天津概括》，頁47-48。

48 中國社會科學院近代史研究所翻譯室，《近代來華外國人名辭典》（北京：中國社會科學出版社，1981年），頁457。

49 （英）雷穆森，《天津租界史（插圖本）》，頁61。

50 李守孔，《李鴻章傳》（臺北：臺灣學生書局，1978年），頁162-163。

51 熊性美、閻光華，《開平煤礦礦權史料》，頁8。

52 熊性美、閻光華，《開平煤礦礦權史料》，頁16。

53 英國鐵路工程師金達，出生於日本。年幼時由父親教授，後於俄國聖彼得堡修讀鐵路工程。一八七三年於日本任助理工程師，一八七八年前往上海，一八八〇年被開平礦務局雇用，負責修築胥各莊至唐山的鐵道，同時完成中國第一輛機車——中國火箭號。京山鐵路建成後，他成為中國首條營運鐵路唐胥鐵路總工程師。唐胥鐵路後發展為開平鐵路、關內外鐵路、中國鐵路總公司；金達任總工程師長達三十年，至一九〇九年退休為止。

54 （英）雷穆森，《天津租界史（插圖本）》，頁62。

55 熊性美、閻光華，《開平煤礦礦權史料》，頁21。

56 熊性美、閻光華，《開平煤礦礦權史料》，頁20-22。

57 天津市檔案館、天津海關，《津海關秘檔解譯——天津近代歷史記錄》，頁188。

58 張俠、楊志本、羅澍偉，《清末海軍史料》，頁232-251。

59 張俠、楊志本、羅澍偉，《清末海軍史料》，頁232-251。

60 宓汝成，《中國近代鐵路史資料：1863-1911》（北京：中華書局，1963年），第一冊，頁131。

61 天津社會科學院歷史所、天津市檔案館，《津海關年報檔案彙編（1865-1911年）》，上冊，頁253-254。

62 轉引自（英）雷穆森，《天津租界史（插圖本）》，頁64。

63 天津社會科學院歷史所、天津市檔案館，《津海關年報檔案彙編（1865-1911年）》，上冊，頁201。

64 天津社會科學院歷史所、天津市檔案館，《津海關年報檔案彙編（1865-1911年）》，上冊，頁238-239。

65 （英）雷穆森，《天津租界史（插圖本）》，頁61。

66 天津社會科學院歷史所、天津市檔案館，《津海關年報檔案彙編（1865-1911年）》，上冊，頁239。

67 （英）雷穆森，《天津租界史（插圖本）》，頁63。

68 天津社會科學院歷史所、天津市檔案館，《津海關年報檔案彙編（1865-1911年）》，上冊，頁239。

69 譯自Constantin von Hanneken, *Briefe aus China: 1879-1886; als deutscher Offizier im Reich der Mitte*，前言。

70 天津市檔案館、天津海關，《津海關秘檔解譯——天津近代歷史記錄》，頁212-214。

71 Charles Daniel Tenney, *Reminiscences of Li Hung-Chang*, Charles Daniel Tenney Papers, No.11, pp.6-7.

72 《申報》（上海：上海書店，1893年），第33冊，頁973。

73 （英）雷穆森，《天津租界史（插圖本）》，頁60-61。

74 天津社會科學院歷史所、天津市檔案館，《津海關年報檔案彙編（1865-1911年）》，下冊，頁28-29。

75 天津社會科學院歷史所、天津市檔案館，《津海關年報檔案彙編（1865-1911年）》，下冊，頁117。

76 天津社會科學院歷史所、天津市檔案館，《津海關年報檔案彙編（1865-1911年）》，下冊，頁141。

77 陳旭麓，《近代中國社會的新陳代謝》，頁218。

《第五章　德璀琳、漢納根與中國近代礦業》

1 轉引自張國輝，《洋務運動與中國近代企業》，頁181。

2 胡繩，《從鴉片戰爭到五四運動》（北京：人民出版社，1998年），頁302-303。

3 《李鴻章全集》，奏稿，頁878。

4 《籌辦夷務始末》（同治朝），卷55，頁15-16。

5 《李鴻章全集》，奏稿，頁878。

6 （美）馬士，《中華帝國對外關係史》，第二卷，頁226-227。

7 《籌辦夷務始末》（同治朝），卷55，頁15-16。

8 《籌辦夷務始末》（同治朝），卷68，頁37。

9 天津社會科學院歷史所、天津市檔案館，《津海關年報檔案彙編（1865-1911年）》，上冊，頁95-99。

10 熊性美、閻光華，《開平煤礦礦權史料》，頁5-13。

11 熊性美、閻光華，《開平煤礦礦權史料》，頁15-18。

12 轉引自張國輝，《洋務運動與中國近代企業》，頁204。

13 熊性美、閻光華，《開平煤礦礦權史料》，頁28。

14 （日）中國駐屯軍司令部，《二十世紀初的天津概括》，頁367。

15 熊性美、閻光華，《開平煤礦礦權史料》，頁10、12。

16 熊性美、閻光華，《開平煤礦礦權史料》，頁11。

17 熊性美、閻光華，《開平煤礦礦權史料》，頁21。

18 熊性美、閻光華，《開平煤礦礦權史料》，頁28。

19 陳絳，〈在華西人與中國早期近代化〉，《近代史研究》，1991年，第2期，頁47。

20 熊性美、閻光華，《開平煤礦礦權史料》，頁23。

21 黃景海、奚學瑤，《秦皇島港史（古、近代部分）》（北京：人民交通出版社，1986年），頁125。

22 熊性美、閻光華，《開平煤礦礦權史料》，頁22-24。

23 熊性美、閻光華，《開平煤礦礦權史料》，頁24。

24 熊性美、閻光華，《開平煤礦礦權史料》，頁25。

25 天津社會科學院歷史所、天津市檔案館，《津海關年報檔案彙編（1865-1911年）》，上冊，頁98。

26 孫修福，《中國近代海關高級職員年表：1861-1948》，頁470-474。

27 天津社會科學院歷史所、天津市檔案館，《津海關年報檔案彙編（1865-1911年）》，上冊，頁187-191。

28 熊性美、閻光華，《開平煤礦礦權史料》，頁66。

29 熊性美、閻光華，《開平煤礦礦權史料》，頁25。

30 熊性美、閻光華，《開平煤礦礦權史料》，頁48。

31 （俄）維特（著）、王光祈（譯），《李鴻章遊俄紀事》（上海：東南書店，1928年），頁 1-3。

32 熊性美、閻光華，《開平煤礦礦權史料》，頁55。

33 熊性美、閻光華，《開平煤礦礦權史料》，頁61。

34 熊性美、閻光華，《開平煤礦礦權史料》，頁28-41。

35 （英）雷穆森，《天津租界史（插圖本）》，頁126。

36 熊性美、閻光華，《開平煤礦礦權史料》，頁65-69。

37 熊性美、閻光華，《開平煤礦礦權史料》，頁70-72、76-77、78-79。

38 熊性美、閻光華，《開平煤礦礦權史料》，頁80、81-82。

39 熊性美、閻光華，《開平煤礦礦權史料》，頁83-94、95-103。

40 熊性美、閻光華，《開平煤礦礦權史料》，頁109、111-116。

41 熊性美、閻光華，《開平煤礦礦權史料》，頁51。

42 德華銀行是由德意志銀行牽頭，由德商在華開辦的銀行，創辦於1889年5月15日，是在中國設立較早的外國銀行之一。總行設於上海，其後又在天津（1890年）、柏林、加爾各答（1896年）、漢口（1897年）、青島（1898年）、香港（1899年）、濟南（1904年）、北京、橫濱（1905年）、神戶、新加坡、漢堡（1906年）以及廣州（1911年）等十三個城市設立了分支機構。它為德國與亞洲地區的貿易服務，經營存放款、外匯、發鈔和投資業務，向中國政府的借款曾達到上億美元，1914年以前是在華影響力僅次於香港上海滙豐銀行的外國銀行。第一次世界大戰中，德華銀行青島分行及其在山東投資的鐵路、礦山公司全部被日本接收，中國政府也接管了各地德華銀行。一戰後，德華銀行重新來華發展，但其地位已經遠非昔比。第二次世界大戰後，各地德華銀行再次由中國國家銀行接收。

43 熊性美、閻光華，《開平煤礦礦權史料》，頁48、55。

44 熊性美、閻光華，《開平煤礦礦權史料》，頁157-158。

45 劉海岩，《都統衙門——天津臨時政府會議紀要》，頁343、348。

46 《李鴻章全集》，奏稿，頁1940-1942。

47 熊性美、閻光華，《開平煤礦礦權史料》，頁67。

48 天津社會科學院歷史所、天津市檔案館，《津海關年報檔案彙編（1865-1911年）》，上冊，頁46-52。

49 熊性美、閻光華，《開平煤礦礦權史料》，頁79。

50 熊性美、閻光華，《開平煤礦礦權史料》，頁74。

51 熊性美、閻光華，《開平煤礦礦權史料》，頁79。

52 熊性美、閻光華，《開平煤礦礦權史料》，序言，頁6-7。

53 George H. Nash, *The Life of Herbert Hoover: The Engineer 1874-1914* (New York: W. W. Norton & Company, 1983), p. 131.

54 《礦務檔》（臺北：近代史研究所，1960年），第一冊，頁36。

55 George H. Nash, *The Life of Herbert Hoover: The Engineer 1874-1914*, p. 131.

56 熊性美、閻光華，《開平煤礦礦權史料》，頁130。

57 熊性美、閻光華，《開平煤礦礦權史料》，頁193-195。

58 《袁世凱奏議》（天津：天津古籍出版社，1987年），頁740-742。

59 摘譯自 Constantin von Hanneken, *Briefe aus China: 1879-1886; als deutscher Offizier im Reich der Mitte*, 尾聲。

60 德璀琳的妻子是奧地利人。

61 劉晉秋、劉悅，《李鴻章的軍事顧問漢納根傳》，頁179。

62 井陘礦務局編審委員會，《井陘礦務局志》（石家莊：河北人民出版社，1993年），頁1-2。

63 井陘礦務局編審委員會，《井陘礦務局志》，頁34。

64 井陘礦務局編審委員會，《井陘礦務局志》，頁2、9。

65 井陘礦務局編審委員會，《井陘礦務局志》，頁10-12。

66 天津社會科學院歷史所、天津市檔案館，《津海關年報檔案彙編（1865-1911年）》，下冊，頁224；井陘礦務局編審委員會，《井陘礦務局志》，頁56。

67 天津社會科學院歷史所、天津市檔案館，《津海關年報檔案彙編（1865-1911年）》，下冊，頁165-166。

68 天津社會科學院歷史所、天津市檔案館，《津海關年報檔案彙編（1865-1911年）》，下冊，頁225。

69 李宗一，《袁世凱傳》（北京：國際文化出版公司，2006年），頁133。

70 井陘礦務局編審委員會，《井陘礦務局志》，頁426-429。

71 唐紹儀，中國首批官派赴美留學幼童。唐紹儀與袁世凱早在朝鮮時就已相識，在朝鮮共事十年，一直是袁世凱的助手。袁世凱出任直隸總督後，就將唐紹儀一起帶到天津任海關道，協助自己從八國聯軍手中接收天津，處理涉外事務。1903年至1904年，出任北洋大學堂督辦。後歷任外務部右侍郎、寧漢鐵路總辦、郵傳部右侍郎、奉天巡撫、郵傳部尚書等職。民國成立後出任第一任國務總理，是南北議和時的南方代表。

蔡紹基，中國首批官派赴美留學幼童。曾任北洋洋務局及招商局總辦，天津海關監督和天津海關道。1895年出任北洋大學二等學堂總辦。1906年代理津海關道，1907年至1910年，任北洋大學堂督辦。

梁敦彥，中國首批官派赴美留學幼童，歐美同學會會長。回國後任教於天津北洋電報學堂，1904年至1906和1906年至1907年兩度出任天津海關道兼北洋大學督辦。後歷任清朝外務部右侍郎、外務部會辦大臣兼尚書、會辦稅務大臣、外務部尚書等職。1911年獲授耶魯大學名譽法學博士學位。民國後曾任北京政府交通部總長。

梁如浩，中國首批官派赴美留學幼童。1907年任天津海關道兼北洋大學督辦。後任關內外鐵路總辦。民國成立後任陸徵祥及趙秉鈞內閣外交總長。1921年出任華盛頓會議中國代表團高等顧問。

72 高渤海，〈天津買辦高星橋〉，天津市政協文史資料研究委員會編，《天津的洋行與買辦》（天津：天津人民出版社，1987年），頁215-233。

73 高渤海，〈天津買辦高星橋〉，《天津的洋行與買辦》，頁220。

74（法）白吉爾（著）、張富強、許世芬（譯），《中國資產階級的黃金時代（1911-1937）》（上海：上海人民出版社，1994年），頁78。

75 高渤海，〈天津買辦高星橋〉，《天津的洋行與買辦》，頁226。

76 高渤海，〈天津買辦高星橋〉，《天津的洋行與買辦》，頁226。

77 臺北中央研究院近代史研究所未刊檔案，「井陘礦局請改派總辦德人漢納根為雇員由」，館藏號：03-01-008-06-001。

78 臺北中央研究院近代史研究所未刊檔案，「漢納根言將井陘炭礦所有權利讓于日人特為聲明由」，館藏號：03-03-019-06-001。

79 臺北中央研究院近代史研究所未刊檔案，「指令敵僑漢納根移往第一指定敵國人民移居地由」，館藏號：03-36-040-04-049。

80 臺北中央研究院近代史研究所未刊檔案，「指令敵僑漢納根移往第一指定敵國人民移居地由」，館藏號：03-36-065-02-007。

81 臺北中央研究院近代史研究所未刊檔案，「呈請權念故舊賜予優待由」，館藏號：03-36-065-03-001。

82（美）柯偉林（著）、陳謙平等（譯），《德國與中華民國》（南京：江蘇人民出版社，2006年），頁19。

83 井陘礦務局編審委員會，《井陘礦務局志》，頁176。

84 高渤海，〈天津買辦高星橋〉，《天津的洋行與買辦》，頁232。

85 井陘礦務局編審委員會，《井陘礦務局志》，頁176。

《第六章　德璀琳、漢納根與近代天津的城市化》

1（英）愛尼斯・安德遜（著）、費振東（譯），《英國人眼中的大清王朝》（北京：群言出版社，2001年），頁62。

2 轉引自（英）雷穆森，《天津租界史（插圖本）》，頁10-11。

3 轉引自（英）雷穆森，《天津租界史（插圖本）》，頁12。

4 轉引自（英）雷穆森，《天津租界史（插圖本）》，頁13。

5 熊性美等，《開平煤礦礦權史料》，頁73、79。

6 *Jülicher Kreisblatt*, Nr. 2 vom, 8. 1. 1913, 3. Blatt. Beglaubigte Abschrift aus dem Gesurtensuch Jülicher. 德國尤利西市檔案館德璀琳檔案。

7 天津市地方誌編修委員會，《天津通志・附志・租界》（天津：天津社會科學院出版社，1996年），頁82。

8（英）鐘斯（著）、許逸凡（譯），〈天津〉，《天津歷史資料》，1964年第三期，頁42。

9（英）鐘斯，〈天津〉，頁42。

10 天津市檔案館、南開大學分校檔案系，《天津租界檔案選編》（天津：天津人民出版社，1992年），頁60-68。

11 熊月之等，《上海的外國人（1842-1949）》，頁90；（英）菲力浦・約瑟夫，《列強對華外交：1894-1900》，頁310-312、320-322。

12（英）雷穆森，《天津租界史（插圖本）》，頁54、69。

13（英）雷穆森，《天津租界史（插圖本）》，頁57、69。

14 天津市檔案館、南開大學分校檔案系，《天津租界檔案選編》，頁7-8。

15（英）雷穆森，《天津租界史（插圖本）》，頁67。

16 天津市地方誌編修委員會，《天津通志・附志・租界》，頁42。

17（美）丁韙良（著）、沈弘等（譯），《花甲憶記：一位美國傳教士眼中的晚清帝國》（桂林：廣西師範大學出版社，2004年），頁125。

18（日）曾根俊虎，《北中國紀行：清國漫遊志》，頁6。

19（英）雷穆森，《天津租界史（插圖本）》，頁19。

20 摘譯自Constantin von Hanneken, *Briefe aus China: 1879-1886; als deutscher Offizier im Reich der Mitte*.

21（日）曾根俊虎，《北中國紀行：清國漫遊志》，頁6。

22（法）費爾南・布羅代爾（著）、顧良（等譯），《15至18世紀的物質文明、經濟和資本主義》（北京：生活・讀書・新知三聯書店，2002年），第二卷，頁15。

23（法）費爾南・布羅代爾，《15至18世紀的物質文明、經濟和資本主義》，第一卷，頁661。

24（美）路易斯・芒福德（著）、宋俊嶺（等譯），《城市發展史——起源、演變和前景》（北京：中國建築工業出版社，2004年），頁313。

25（英）雷穆森，《天津租界史（插圖本）》，頁40。

26（英）雷穆森，《天津租界史（插圖本）》，頁35。

27 轉引自（英）雷穆森，《天津租界史（插圖本）》，頁34。

28（英）雷穆森，《天津租界史（插圖本）》，頁37-38。

29（英）雷穆森，《天津租界史（插圖本）》，頁85。

30 劉海岩等，《都統衙門——天津臨時政府會議紀要》，頁609、612、700-701。

31（日）中國駐屯軍司令部（著）、侯振彤（譯），《二十世紀初的天津概括》（內部發行，1986年），頁21-22。

32 轉引自（英）雷穆森，《天津租界史（插圖本）》，頁66。

33 天津市檔案館、天津海關，《津海關秘檔解譯——天津近代歷史記錄》，頁110。

34 天津市檔案館、天津海關，《津海關秘檔解譯——天津近代歷史記錄》，頁106-109。

35 （英）雷穆森，《天津租界史（插圖本）》，頁58。

36 （英）雷穆森，《天津租界史（插圖本）》，頁59。

37 天津海關譯編委員會，《津海關史要覽》，頁43。

38 天津社會科學院歷史所、天津市檔案館，《津海關年報檔案彙編（1865-1911年）》，上冊，頁240。

39 天津社會科學院歷史所、天津市檔案館，《津海關年報檔案彙編（1865-1911年）》，下冊，頁47、54、60、68、76。

40 轉引自（英）雷穆森，《天津租界史（插圖本）》，頁86。

41 天津海關譯編委員會，《津海關史要覽》，頁43。

42 天津市檔案館、天津海關，《津海關秘檔解譯——天津近代歷史記錄》，頁51。

43 天津海關譯編委員會，《津海關史要覽》，頁45。

44 天津市檔案館、天津海關，《津海關秘檔解譯——天津近代歷史記錄》，頁54-56。

45 （英）雷穆森，《天津租界史（插圖本）》，頁91-92。

46 劉海岩等，《都統衙門——天津臨時政府會議紀要》，頁217、334、366、466、252、264、283、463。

47 天津海關譯編委員會，《津海關史要覽》，頁49-50。

48 （英）雷穆森，《天津租界史（插圖本）》，頁131。

49 劉海岩等，《都統衙門——天津臨時政府會議紀要》，頁8-9、101、102、127、300、315、318-319。

50 劉海岩等，《都統衙門——天津臨時政府會議紀要》，頁336、337、343、348、350。

51 劉海岩等，《都統衙門——天津臨時政府會議紀要》，頁505、511、518、574、585、742、751。

52 楊長河，〈天津有軌電車開通的前前後後〉，《天津老城憶舊》（天津：天津人民出版社，1997年），頁190-193。

53 （美）路易斯・芒福德，《城市發展史——起源、演變和前景》，頁308、229、311。

54 劉海岩等，《都統衙門——天津臨時政府會議紀要》，頁584、595。

55 劉海岩等，《都統衙門——天津臨時政府會議紀要》，頁629、638、653-654、657-658、661、662-664、666。

56 劉海岩等，《都統衙門——天津臨時政府會議紀要》，頁663、666。

57 劉海岩等，《都統衙門——天津臨時政府會議紀要》，頁675、679、701。

58 劉海岩等，《都統衙門——天津臨時政府會議紀要》，頁745。

59 劉海岩等，《都統衙門——天津臨時政府會議紀要》，頁730、735、772、777。

60 （英）雷穆森，《天津租界史（插圖本）》，頁76。

61 *The Chinese Times*. Tientsin: Printed and Published for the Proprietors by The Tientsin Printing Co., Volume 1 (From November 1886 to December 1887).

62（英）雷穆森，《天津租界史（插圖本）》，頁76。

63「中國北方外國人的『聖經』《京津泰晤士報》（*Peking and Tientsin Times*）」。http://www.022tj.net/tianjinwei/article.php?itemid-12-type-news.html。

64（英）雷穆森，《天津租界史（插圖本）》，頁76。

65（日）中國駐屯軍司令部，《二十世紀初的天津概括》，頁333。

66 王述祖、航鷹，《近代中國看天津：百項中國第一》（天津：天津人民出版社，2007年），頁201、199、195。

67 蔣家珍，《中國新聞發達史》（上海：世界書局，1927年），頁66。

68 天津市檔案館、天津海關，《津海關秘檔解譯——天津近代歷史記錄》，頁212-214。

69 天津市檔案館、天津海關，《津海關秘檔解譯——天津近代歷史記錄》，頁212、211。

70 天津大學校史編輯室，《北洋大學——天津大學校史》（天津：天津大學出版社，1990年），第一卷，頁41。

71 天津市檔案館、天津海關，《津海關秘檔解譯——天津近代歷史記錄》，頁212-214。

72（英）雷穆森，《天津租界史（插圖本）》，頁237。

73 天津市檔案館、天津海關，《津海關秘檔解譯——天津近代歷史記錄》，頁211。

74（美）保羅・福塞爾（著）、梁麗真（等譯），《格調：社會等級與生活品味》（北京：中國社會科學出版社，1998年），頁156。

75（俄）德米特里・揚契維茨基（著）、許崇信（等譯），《八國聯軍目擊記》（福州：福建人民出版社，1983年），頁37。

76（英）雷穆森，《天津租界史（插圖本）》，頁40。

77 摘譯自Constantin von Hanneken, *Briefe aus China: 1879-1886; als deutscher Offizier im Reich der Mitte.*

78（英）雷穆森，《天津租界史（插圖本）》，頁267。

79 摘譯自Constantin von Hanneken, *Briefe aus China: 1879-1886; als deutscher Offizier im Reich der Mitte.*

80 Austin Coates, *China Races* (Cambridge: Oxford University Press, 1984), p. 93.

81（英）雷穆森，《天津租界史（插圖本）》，頁267。

82 Austin Coates, *China Races,* p. 93.

83（英）雷穆森，《天津租界史（插圖本）》，頁267、69、73、268。

84 Austin Coates, *China Races,* p. 95.

85 轉引自（英）雷穆森，《天津租界史（插圖本）》，頁40。

86（英）普特南・威爾（著）、冷汰、陳詒先（譯），《庚子使館被圍記》（上海：上海書店出版社，2000年），頁60、98。

87 Austin Coates, *China Races,* p. 108.

88 轉引自（英）雷穆森，《天津租界史（插圖本）》，頁69。

89 摘譯自Constantin von Hanneken, *Briefe aus China: 1879—1886; als deutscher Offizier im Reich der Mitte*.

90 黃勝強，《舊中國海關總稅務司署通令選編》，頁85-92。

91 天津社會科學院歷史所、天津市檔案館，《津海關年報檔案彙編（1865-1911年）》，下冊，頁62。

92 轉引自費成康，《中國租界史》（上海：上海社會科學院出版社，1991年），頁319-320。

93 天津市政協文史資料研究委員會，《天津的洋行與買辦》，頁222。

94 費成康，《中國租界史》，頁321。

95 費成康，《中國租界史》，頁325。

96 牟復禮，〈元末明初時期南京的變遷〉，（美）施堅雅（編）、葉光庭（等譯），《中華帝國晚期的城市》（北京：中華書局，2000年），頁113-115。

97 （英）鐘斯，〈天津〉，頁42。

98 （日）中國駐屯軍司令部，《二十世紀初的天津概括》，頁19。

99 熊月之等，《上海的外國人（1842-1949）》，序言，頁4。

100 詳見王述祖、航鷹，《近代中國看天津——百項中國第一》（天津：天津人民出版社，2007年），目錄。

101 （美）費正清、劉廣京（編）、中國社會科學院歷史研究所編譯室（譯），《劍橋中國晚清史（1800-1911）》（北京：中國社會科學出版社，1993年），上卷，頁250。

102 （英）雷穆森，《天津租界史（插圖本）》，頁40。

103 摘譯自Constantin von Hanneken, *Briefe aus China: 1879-1886; als deutscher Offizier im Reich der Mitte*.

104 （英）雷穆森，《天津租界史（插圖本）》，頁36-37。

105 天津社會科學院歷史所、天津市檔案館，《津海關年報檔案彙編（1865-1911年）》，上冊，頁39、191；下冊，頁19、105。

106 （日）中國駐屯軍司令部，《二十世紀初的天津概括》，頁18。

107 （法）費爾南・布羅代爾，《15至18世紀的物質文明、經濟和資本主義》，第一卷，頁373。

108 （俄）德米特里・揚契維茨基，《八國聯軍目擊記》，頁38。

109 黃勝強，《舊中國海關總稅務司署通令選編》，頁143-146。

110 （法）費爾南・布羅代爾，《15至18世紀的物質文明、經濟和資本主義》，第一卷，頁118。

111 （法）費爾南・布羅代爾，《15至18世紀的物質文明、經濟和資本主義》，第一卷，頁227。

112 （英）雷穆森，《天津租界史（插圖本）》，頁33。

113 （日）中國駐屯軍司令部，《二十世紀初的天津概括》，頁354。

114 （英）雷穆森，《天津租界史（插圖本）》，頁336。

115 （英）雷穆森，《天津租界史（插圖本）》，頁336。

116 （英）雷穆森，《天津租界史（插圖本）》，頁51、57。

117 （英）雷穆森，《天津租界史（插圖本）》，頁51頁。

118 （英）雷穆森，《天津租界史（插圖本）》，頁291。

119 摘譯自Constantin von Hanneken, *Briefe aus China: 1879-1886; als deutscher Offizier im Reich der Mitte.*

120 （英）雷穆森，《天津租界史（插圖本）》，頁57。

121 摘譯自Constantin von Hanneken, *Briefe aus China: 1879-1886; als deutscher Offizier im Reich der Mitte.*

122 （日）中國駐屯軍司令部，《二十世紀初的天津概括》，頁98、99-100。

123 天津市檔案館，《近代以來天津城市化進程實錄》（天津：天津人民出版社，2002年），頁191。

124 *Tientsin Hong-List,* published by the N. C. Advertising Co. and printed by the Tientsin Press, Ltd, 1928, p. 204.

125 （美）費正清、劉廣京，《劍橋中國晚清史（1800-1911）》，上卷，頁252。

126 《李鴻章全集》，譯稿，第10卷，頁6-7。

127 天津社會科學院歷史所、天津市檔案館，《津海關年報檔案彙編（1865-1911年）》，下冊，頁17、90。

128 天津社會科學院歷史所、天津市檔案館，《津海關年報檔案彙編（1865-1911年）》，下冊，頁131、172。

129 劉晉秋、劉悅，《李鴻章的軍事顧問漢納根傳》，頁212-213。

130 （俄）德米特里・揚契維茨基，《八國聯軍目擊記》，頁36-37。

131 （英）雷穆森，《天津租界史（插圖本）》，頁265。

132 （俄）德米特里・揚契維茨基，《八國聯軍目擊記》，頁36。

133 （英）雷穆森，《天津租界史（插圖本）》，頁265。

134 （英）雷穆森，《天津租界史（插圖本）》，頁266。

135 （俄）德米特里・揚契維茨基，《八國聯軍目擊記》，頁36-38。

136 （日）中國駐屯軍司令部，《二十世紀初的天津概括》，頁253。

137 （英）雷穆森，《天津租界史（插圖本）》，頁79。

138 （法）費爾南・布羅代爾，《15至18世紀的物質文明、經濟和資本主義》，第二卷，頁 436。

139 （美）馬士，《中華帝國對外關係史》，第一卷，頁82。

140 王覺非，《近代英國史》（南京：南京大學出版社，1997年），頁616、619、620、544。

141 （美）威羅貝，《外人在華特權和利益》，頁33。

《第七章　德璀琳與漢納根家族》

1 見第二章第一節。

2 陳霞飛，《中國海關密檔——赫德、金登幹函電彙編（1874-1907）》，第六卷，頁19、

24、424。

3 轉引自（英）雷穆森，《天津租界史（插圖本）》，頁70。

4 （英）雷穆森，《天津租界史（插圖本）》，頁55。

5 一八九九年十二月四日的《倫敦與中國電訊報》（*London And China Telegraph*）。http://newspaperarchive.com/london-and-china-telegraph/1899-12-04/page-3/。

6 （英）雷穆森，《天津租界史（插圖本）》，頁270-271。

7 陳霞飛，《中國海關密檔——赫德、金登幹函電彙編（1874-1907）》，第六卷，頁19。

8 一九〇二年五月五日的《倫敦與中國電訊報》。http://newspaperarchive.com/london-and-china-telegraph/1902-05-05/page-4。

9 出生證明見 http://files.usgwarchives.net/tx/bexar/vitals/births/1927/bexeg27.txt。

10 "The Lucy Detring's marriage", 14 Decembre 1901, Tientsin. http://fotoarchivio-piovano.blogspot.com/。

11 臺北中央研究院近代史研究所未刊檔案，「美人盧克請轉租敵僑漢納根經管之德璀琳地產如何辦理之處請示遵」，館藏號：03-36-138-01-023。

12 臺北中央研究院近代史研究所未刊檔案，「德使請派員與漢納根會商井陘煤礦案請迅速核辦由」，館藏號：03-03-019-04-007。

13 臺北中央研究院近代史研究所未刊檔案，「德僑漢納根天津財產業經發還如有債務關係應由原主自行處理至推廣英界內地畝早經依法清理其關於井陘礦務事係農商部主管本局無從核復由」，館藏號：03-36-158-01-010。

14 臺北中央研究院近代史研究所未刊檔案，「井陘礦務局德僑漢納根股份擬如何辦理由」，館藏號：03-36-158-01-013。

15 天津社會科學院歷史所、天津市檔案館，《津海關年報檔案彙編（1865-1911年）》，上冊，頁191。

16 （英）赫德，《步入中國清廷仕途：赫德日記：1854-1863》，頁412。

17 （英）赫德，《步入中國清廷仕途：赫德日記：1854-1863》，頁152-154。

18 熊月之，《上海的外國人（1842-1949）》，前言，頁4。

19 （英）赫德，《步入中國清廷仕途：赫德日記：1854-1863》，頁84。

20 *The China Years*, http://www.webinche.com/china/grandparents.html。

21 （英）赫德，《步入中國清廷仕途：赫德日記：1854-1863》，頁84、380。

22 （英）赫德，《赫德與中國早期現代化：赫德日記：1863-1866》，頁61。

23 （英）赫德，《赫德與中國早期現代化：赫德日記：1863-1866》，頁121、298。

《結　語》

1 《郭嵩燾日記》（長沙：湖南人民出版社，1982年），第三卷，頁49。

國家圖書館出版品預行編目資料

李鴻章的洋顧問：德璀琳與漢納根／張暢, 劉悅著. ——初版.
——新北市：傳記文學, 民101. 10
面；　公分. --（傳記系列；14）
ISBN 978-957-8506-75-6　（平裝）

1.德璀琳(Detring, Gustav, 1842-1913）2.漢納根(Hanneken, Constantin von, 1854-1925）3.傳記　4.自強運動　5.德國

784.31　101015509

傳記學粹001

李鴻章的洋顧問：德璀琳與漢納根

著　者：張暢　劉悅

出 版 者：傳記文學出版社股份有限公司
社　　長：成嘉玲
特約編輯：常愛傳
封面設計：Debby Lin
責任編輯：簡金生

地　　址：231新北市新店區復興路43號1樓
客服部電話：(02) 8667-5461
編輯部電話：(02) 8667-6489
傳　　真：(02) 8667-5476
E-mail：nice.book@msa.hinet.net；biogra-phies@umail.hinet.net
郵政劃撥：00036910・傳記文學出版社股份有限公司
登 記 證：局版臺業字第〇七一九號

總 經 銷：聯合發行股份有限公司
地　　址：231新北市新店區寶橋路235巷6弄6號4樓
電　　話：(02) 2917-8022
印　　刷：世新大學出版中心

定　　價：新台幣380元
出版日期：中華民國一〇一年十月初版

ISBN 978-957-8506-75-6